Judith und Christian Vogt
Ich, Hannibal

JUDITH &
CHRISTIAN VOGT

Ich, Hannibal

Rom wird vor ihr erzittern

Roman

PIPER

Von Judith und Christian Vogt liegen im Piper Verlag vor:
Schildmaid. Das Lied der Skaldin
Ich, Hannibal

Originalausgabe
ISBN 978-3-492-70658-2

Dieses Werk wurde vermittelt durch die Literarische Agentur Thomas Schlück GmbH, 30161 Hannover.
Redaktion: Hanka Leo
Karte: C. F. Srebalus
Satz auf Grundlage eines CSS-Layouts von digital publishing competence (München) mit abavo vlow (Buchloe)
Druck und Bindung: CPI Books GmbH, Leck
Printed in the EU

Cantabrer
Airenusier
Pyrenäen
Ilergeten
Andusiner
Iber
Helmantike
Iberer & Keltiberer
Olcader
Oretaner
Sagunt
Baecula
Iliturgi
Bastetaner
Bastuler
Helike
Gades
Qart-Hadašt /
Karthago Nova
Tarrakon
Emporion
Balearer
Rhodanus
Massalia
Allobroger
Alpen
Tauriner
Ticinus
Trebia
Placentia
Padus
Ligurer
Genua
Pistoria
Boier & Insubrer
Perusia
Trasimenischer See
Apennin
ETRURIEN
Hadria
ILLYRIEN
CORSIKA
SARDINIA
Ostia
Rom
CAMPANIEN
Capua
Neapolis
Gereonium
Cannae
Taras
INNERES
MEER
Utica
Qart-Hadašt /
Karthago
Hadrumetum
Cirta
SICILIA /
SIKELIA
Syrakus
Atlasgebirge
NUMIDIA
N
NW
NO
W
O
SW
SO
S

Für Macha und Fionn

Das 1. Jahr

I.

Wie ein neues Zeitalter näherte sich der Gott der Stadt.

»Das ist er!«

Alle, die murrend darauf gewartet hatten, dass ihr Feldherr vom Ende der bekannten Welt wiederkam, spähten ihm entgegen. Sosylos trat aus der Verwaltungsbaracke des Winterlagers, dicht gefolgt von Silenos. Der Sklave aus Sparta und der sizilische Grieche, sie beide waren angetreten, die Geschicke eines großen Mannes zu dokumentieren – in erbitterter Konkurrenz, natürlich. Jetzt kehrte der Mann zurück, dem ihre Schriften gerecht werden sollten. Der sizilische Grieche Silenos hatte immer offener gezweifelt: Wie viel Sinnsuche in einem fernen Heiligtum konnte man vor Soldaten und Heimatstadt rechtfertigen? Wie lange war es götterfürchtig, Melqart um ein glückliches Schicksal zu bitten, und wann wurde es Schwäche, nicht weiterzuziehen ohne göttliche Bestätigung?

Diese Frage hatte sich erledigt.

»Das ist er!« – der Ruf eines Jünglings im Stimmbruch auf Phönizisch.

»Er ist da!« – der tiefe Bass eines Veteranen auf iberischem Keltisch.

Sosylos' Chronistengeist wollte wissen, welchen »er« sie meinten: den lang ersehnten Hannibal, den jungen Strategen aus Qart-Hadašt, oder den Gott der Stadt, den er als Reittier gebändigt hatte.

Denn der Mann, der an Bord eines Schiffs zum Orakel in Gades gereist war, kehrte auf dem Rücken einer Bestie zurück. Nicht triumphal, wie es unweigerlich bald behauptet werden würde, sondern vorsichtig wie auf einem Pferd, das sich noch in die Kavallerie eingliedern musste.

Triumphal war die Turmhöhe der Bestie, ihre alabasterne Farbe, die Gewalt ihrer Schritte, die goldfunkelnden Spitzen der Stoßzähne. Ebenso golden blitzte das Zyklopenauge auf der Stirn des Elefanten und darüber das Hautbild einer Sonne auf der gefurchten Stirn. Es saß tief in den Poren wie die Zeichnungen unter der Haut von Barbaren.

»Es ist Melqart«, rief ein Bürgersoldat aus Qart-Hadašt.

Sosylos bezweifelte, dass Melqart, der höchste Gott der phönizischen Städte, Elefantengestalt annehmen würde. Es passte nicht zu Melqart, der – egal ob Gott oder Mensch – doch meist vor allem eins war: ein Mann. Und Sosylos' Blick hatte durch die Beine hindurch unweigerlich das Gehänge gesucht, aber Zitzen gefunden.

»Hannibal ist zurück!« Weder Zweifel noch Erleichterung klang in Silenos' Ruf. Nur Triumph – als habe er es immer gewusst. Silenos schlug Sosylos auf den Rücken. »Er ist wieder da! Wir ziehen weiter. Und dann werden wir Geschichte schreiben ... zumindest einer von uns.«

Sosylos ignorierte die Spitze. Wild schlug ihm das Herz in der Hoffnung, dabei zu sein, wenn die Welt sich wandelte.

Ein einzelner Mann auf einem einzelnen Monstrum zog ins Winterlager ein. Das gesamte Heer wandte sich ihm zu, jubelte in allen Sprachen, die in seinen Reihen gesprochen wurden. Reihen und Pulks begeisterter Männer formten eine Schneise für die Bestie. Der Mann auf ihrem Nacken knapp oberhalb der gezierten Stirn wankte mit jedem Schritt – nicht wie jemand, der zu fallen drohte, sondern wie ein geübter Reiter, der jede Bewegung mit den eigenen Muskeln abfederte. Wie genau er die Bestie lenkte, konnte in der jubelnden Menge niemand sagen, nicht einmal die Elefantenführer. Sie ähnelte den größeren Elefanten aus Persien und den kleineren numidischen Elefanten, doch der Sand einer älteren Welt rieselte in ihrem Atem. Sie war eines der großen Biester, das ahnten alle, eines der göttlichen Ungeheuer, die vielleicht einst die Welt regiert hatten, bevor die Menschen gewachsen und sie erst angebetet, dann vertrieben und schlussendlich gejagt hatten.

Hannibal hatte es unterworfen. Damit würde er das Heer anführen. Nicht auflösen, nicht zurückschicken, keinem Vertrag gehorchen, keine Hand zum Frieden reichen. Nein, seine Ankunft auf diesem Tier bedeutete nur eins: den Kriegszug.

Natürlich warteten Krieger auf den Krieg, er war zugleich ihr Daseinszweck und ihr Weg, sich aufzuschwingen zu einem anderen Dasein – wenn sie überlebten und bewiesen hatten, wer sie waren. Trotzdem fürchteten Krieger den Krieg, er erschreckte sie bis ins Mark, und deshalb jubelten diese hier nun mit blitzenden Augen und den Armen auf den Schultern der Kameraden. Die numidischen Reiter warfen ihre Helme in die Luft. Die Balearer ließen ihre Schleudern folgen, lachten und tauschten, wenn sie die falsche Lederschlinge aus der Luft fischten. Die Iberer schlugen auf ihre Schilde, dass es über Hügel und Stadt dröhnte. Die Stadtadligen aus Qart-Hadašt stimmten eins ihrer Lieder an Melqart an, eine klanggewordene Sehnsucht nach der alten Heimat, die »Neue Stadt« hieß. Sosylos, der Spartaner, nannte sie Karchēdón – in Rom machten sie Karthago daraus.

Die Gottheit wandelte unter ihnen, als wären sie nur Grashalme – doch behutsam darauf bedacht, niemanden zu streifen, unweigerlich zu verletzen. Die sinkende Sonne malte einen langen gemeinsamen Schatten von Monstrosität und Reiter.

Und dann, als wären Mann und Monster verbunden, stand die Kreatur still. Die Vielstimmigkeit von Knauf auf Schildbuckel, von vielsprachigem Jubel und Gesang, brach Kehle um Kehle und Schlag um Schlag ab, bis alle schwiegen. Plötzlich war selbst der leichte Wind laut, das Wiehern von einer

Koppel, das Absetzen eines Schildrands im Staub, der Ruf eines Vogels aus der Höhe.

Alles teilte denselben Herzschlag, einen elefantenen Herzschlag. Da regte sich die Gestalt in der Höhe endlich, schwang ein Bein über den Nacken und hielt sich einem Sakrileg gleich am Ohr der Kreatur fest, die mit einem langmütigen Ausatmen ein Knie beugte und den Feldherrn absteigen ließ.

Sosylos begriff es sofort. Er war neben dem Biest hergegangen, gefolgt von Silenos, und nach und nach hatten die Kommandanten des Heeres zu ihnen gefunden, angezogen vom Zentrum der Macht, das nun vom ungeheuren Elefanten stieg.

Hannibal trug eine goldene Maske, die Sosylos noch nie an ihm gesehen hatte, darüber waren die dunklen Locken kurz geschnitten, der Schulterschutz aus hartem Leder, der vorn und hinten am Brustpanzer befestigt war, ließ seine Statur entschlossen und kräftig erscheinen.

Aber die Größe stimmte einfach nicht und auch nicht die Haltung oder der Gang der Beine unter dem Streifenschurz. Nicht, dass dieser Mann hier schwach gewirkt hätte oder unsicher. Er war nur einfach nicht Hannibal Barkas.

»Hannibal!«, rief Hanno, Hannibals Neffe, dem es noch nicht aufgefallen zu sein schien.

»Du bist zurück und hast Gewaltiges mitgebracht!«, tönte der numidische Söldnerfürst Maharbal hinter Sosylos. »Damit sind wir unaufhaltsam.«

Maharbal grinste breit. Er war Hannibal treu ergeben, aber Silenos' Zweifel redeten Maharbal nach dem Mund: Auch der Numider hatte den Sinn angezweifelt, zu einem Heiligtum am Ende der Welt zu reisen, obwohl gerade ein Krieg ausgebrochen war. Sosylos korrigierte den Gedanken: Dieser Krieg war nicht ausgebrochen.

Vulkane brachen aus.

Kriege wurden begonnen.

Irgendeines Mannes Entscheidung war der Beginn, und in diesem Fall war es die Belagerung, Verwüstung und Plünderung einer Stadt gewesen. Die Ermordung der Männer. Die Vergewaltigung der Frauen. Die Entführung der Kinder.

Das hatte einen zweiten Krieg zwischen zwei alten Neuen Städten beginnen lassen. Die Entscheidung des Rats von Qart-Hadašt, Hannibals Entscheidung und ihrer aller Tausende Einzelentscheidungen, Tropfen, die einen Fluss füllten.

Doch das hier war nicht Hannibal.

Nicht-Hannibal rief durch den Mund der Goldmaske, die ein bärtiges Gesicht zeigte und doch keines verbarg: »Dies ist die Bestie, die uns den Sieg bringt!«

Nicht-Hannibal bemühte sich nicht einmal. Es war eine helle Stimme, die aus den Lippen der Goldmaske erscholl. Es waren helle Augen, die aus den Löchern im Gold sahen und Blicke suchten wie Klingen, die sich mit ihren kreuzen würden.

Silenos war der Erste, der der Verwunderung Worte gab. Er redete immer zu viel für jemanden, der nur niederschreiben sollte. »Du bist nicht Hannibal«, stieß er hervor. »Du bist Himilke!«

Die Augen hinter der Maske verengten sich, die Sonne blinzelte hinter dem westlichsten Hügel und legte Schatten auf das Gold.

Die Bestie, der Gott der Stadt, die Kreatur Melqarts gab ein beinahe menschliches Schnaufen von sich, ein Laut des Überdrusses. Der Rüssel schnellte herum, und keiner dieser zwar kriegserfahrenen, aber von Ehrfurcht gebannten Männer reagierte schnell genug. Der gewaltige ascheweiße Rüssel packte Silenos um die Mitte, hob ihn von den Füßen und ließ ihn dann auf die beiden Stoßzähne fallen.

Silenos von Kaleakte, der sizilische Chronist, war Geschichte, als er mit zerschmettertem Rückgrat und aufgeschlitzten Weichteilen gegen den Schild eines Iberers prallte.

Hannibal nahm die goldene Maske ab. »Was sagte er?«, fragte sie – laut und deutlich.

Das war der erste Moment in Sosylos' langem Leben, in dem die Zeit stillstand. Der Moment drohte, erst zu enden, wenn der nächste Zweifler von einem raschen Hieb der Stoßzähne zerschmettert wäre. Also schwiegen alle und gaben ihm Raum.

Hannibal hob die Brauen. »Nichts?« Sie beendete die Endlosigkeit mit einem raschen Lächeln. »Dann ist es an der Zeit, euch zu zeigen, wer uns gegen die Römer führt.«

Maharbal atmete hinter Sosylos so scharf aus, dass der es an der Ohrmuschel spürte. Dann wagte er es: »Hast du ihn im Gepäck?« Er hatte eine arrogante Art zu lachen, Maharbal. Doch er verstand sich auch auf das genaue Gegenteil, das Lachen, an dem andere Männer teilhaben wollten. Das Lachen, bei dem die Welt gut war und die Wolken aufrissen. Mit diesem Lachen tastete er sich zu Hannibal vor – das hatte er immer getan, auch als Hannibal noch der Ehemann dieser Frau gewesen war.

Sie erwiderte es, das Lachen, kehlig blitzte es auf wie zwischen aufgerissenen Wolken. Andere Männer fielen ein, dieses Lachen würde alles aufklären. Dann wurde es wieder finster. »Melqart hat euch Hannibal genommen und diese Bestie im Tausch gegeben. Ich war dabei.«

»Die Bestie soll uns anführen?«, brachte Qarthalo, karthagischer Kommandant der libyschen Infanterie, mit bebenden Bartspitzen hervor.

»So ist es Hannibals Wille. So ist es Melqarts Wille. Warte mit dem Urteil, bis ich die Geschichte erzählt habe, Qarthalo«, sagte sie ruhig.

Maharbal, dessen Wesen Tiere gehorchen wollten, trat auf den Elefanten zu, legte der weißen Kuh die Hand auf den Rüssel. Das Zyklopenauge des Elefanten verengte sich wie bei einem Menschen, der seine Missbilligung für sich behalten will. Der Rüssel schlängelte sich sanft um Maharbals

Handgelenk und zerrte ihn dann mit einem Ruck einen Schritt nach vorn und wie zur Verbeugung nach unten.

»Lass ihn los.« Weich wie Lammfell war die Stimme der Reiterin. Als wäre Stahl darin verborgen, gehorchte das Monstrum. Maharbal wich zurück und atmete mit geweiteten Nasenlöchern seine Erniedrigung beiseite.

»Das große Biest unserer Heimat führt uns an.« Sie hob wie entschuldigend die Hände. »Und ich führe das Biest.«

»Himilke«, schnaubte Maharbal, keine Spur mehr von dem Lachen. »Du kannst nicht ernsthaft glauben, dein Platz wäre ...«

»Du kannst Himilke einen Platz zuweisen, wie du willst. Sie ist nicht hier. Hannibal hat mir seinen Namen verliehen. Und die Bestie.«

»Aber wo ist Hannibal?« Sosylos presste die Lippen zusammen. Warum hatte er gesprochen? Das Biest war geduldiger mit Kriegern als mit Chronisten umgesprungen und würde ihn flugs zu Silenos' Leiche befördern, auf die Totenbahre der Geschichte.

Doch andere wiederholten seine Worte, am lautesten Mago, Hannibals jüngster Bruder, der gerade mit einem Pferd aus der Stadt gekommen war und zu begreifen versuchte, was niemand von ihnen verstand. »Wo ist mein Bruder? Wo ist Hannibal?«

Die Frau sah erst Sosylos an, dann Mago, einen trotzigen Schmerz in den Augen. »Hannibal ist tot«, flüsterte sie und sagte dann lauter: »Hannibal ist tot!«

Auch das wurde aufgegriffen, als Wispern, als Rauschen, als Sturm fegte es durch das Heer. Hannibal war tot.

Die Frau, Himilke hatte sie geheißen, schob das Kinn vor. »Aber er ist nicht für nichts gestorben. Nicht, wenn ihr mir zuhört. Ich war dabei. Mir hat er übertragen, was ihr an ihm geliebt habt. Was in ihm brannte. Seht mich an!«

Damit bot ihr der Elefant erneut sein Bein. Als seien sie zusammengewachsen wie die Kriegselefanten im Heer mit den jungen Männern, die als Treiber mit ihnen groß geworden waren, schwang sie sich auf seinen Nacken und reckte die Faust mit der goldenen Maske in die Höhe. Ein letzter Sonnenstrahl fing sich darauf, tanzte über die versammelte Menschenmenge eines Heers, das den Winter über gegoren und nun reif zum Aufbruch war.

»Ich bin Hannibal!«, schrie Hannibal, und mit einem gewaltigen Schütteln des Leibs, einem dröhnenden Schnauben des Rüssels und dem hallenden Tritt baumgleicher Beine verlieh die alabasterne Riesin ihren Worten Nachdruck.

II.

Fulvia betrachtete im Schein der Öllampen den Reigen aus Licht und Schatten auf ihren goldenen Armreifen. Sie atmete langsam ein und aus, als könnte ihr Atem, ihr bloßer Pulsschlag sie verraten. Schwach war sie geworden, und sie hatte den Schmuck in der Privatsphäre ihres Schlafgemachs übergestreift. Wie sehr sie ihn vermisste, wie gern sie sich die Haare hergerichtet hätte. Nicht nach der Schönheit selbst sehnte sich ihr Herz, sondern nach der Stärke, die ihr diese Schönheit verlieh.

Sie hatte darauf geachtet, weder von den Versklavten noch von den Freigelassenen des Haushalts, nicht einmal von einem Laren, einem Schutzgeist des Hauses, dabei beobachtet zu werden. Mit dem Schmuck fühlte sie sich wie eine Diebin, dabei war sie Herrin dieses Hauses. Die Regeln der Trauer verboten ihr das Gefühl von Halt, das ihr Schmuck auf der Haut verlieh. Sie durfte nicht schwach werden, aber der Quell ihrer Stärke blieb ihr verwehrt.

Es war hart gewesen, von einem Tag auf den anderen Ehefrau eines Patriziers und Vorsteherin seines Haushalts zu werden, dazu Mutter von drei Kindern, die nicht die ihren waren. Aber noch schwerer gewöhnte sie sich an den Gedanken, Witwe zu sein.

Kein ganzes Jahr war ihr als Numerius' Gattin vergönnt gewesen, bevor die Parzen entschieden hatten, seinen Lebensfaden zu durchtrennen. Ein maroder Zahn hatte sich entzündet und ihn das Leben gekostet. Was für ein banales Schicksal für einen Mann aus einer solchen Familie und in der Blüte seiner Jahre! In einem Alter, in dem er eine Karriere als Senator, Konsul, Heerführer hätte einschlagen sollen, war er an der fauligen, eitrigen Wunde verreckt, die der gezogene Zahn hinterlassen hatte.

»Domina?«, erklang die Stimme der Haussklavin aus dem Atrium. »Besuch.«

»Danke, Gaia, ich komme.« Mit der Atemlosigkeit einer Diebin streifte Fulvia eilig die Armreife ab, entledigte sich der Ohrringe und verstaute alles im goldverzierten Holzkästchen. Dann trat sie ungeschmückt aus dem dumpfen, fensterlosen Gemach, in dem sie zur Frau und ihr Mann zum Leichnam gemacht worden war. Sie löschte ihr Lämpchen – das säulengetragene Atrium um das Regenwasserbecken in der Mitte war von zahlreichen Öllampen golden beleuchtet. Es dämmerte, eine Sklavin entzündete weitere Lampen und entfernte gleichzeitig Zypressenzweige, die überall im Haus den Hauch des Todes überdeckt hatten. Sie hatten jetzt ausgedient: Der Trauerzug war vorbei, die Leiche verbrannt, die Urne außerhalb der Stadt beerdigt, und die Riten der Reinigung waren vollzogen. Als Mädchen hatte Fulvia Zypressenduft gemocht – jetzt war er verflochten mit dem Tod ihres Mannes und den Erwartungen an eine trauernde Witwe.

Wissend schienen sie die Wachsmasken der Ahnengeister, die Laren der Familie, vom Hausaltar anzustarren. Bei Numerius' Trauerzug waren die Masken von Familienmitgliedern getragen worden, jetzt warfen sie ihr anklagende Blicke zu. Gönnten sie ihr denn nicht den kleinsten Moment der Schwäche?

Hier im Atrium war Numerius' Leiche tagelang aufgebahrt gewesen – prunkvoll geschmückt und mit einer Münze für den Fährmann im Mund. Nun war das Atrium erleichternd leer.

Er war vermutlich ein guter Mann gewesen. Sie hatte wenig Vergleichsmöglichkeiten, doch selbst mit ihren siebzehn Jahren Lebenserfahrung hatte sie Tratsch aus anderen Ehen gehört, der sie erschaudern ließ. Numerius war älter gewesen als sie, wie üblich, aber nur etwas mehr als ein Jahrzehnt und nicht zwei oder gar drei! Sie hatte ihn nicht geliebt, aber er war ihr auch nicht zuwider gewesen – und für die Liebe, so versessen die Poeten auch danach waren, waren die wenigsten Ehen da. Numerius hatte sie nie geschlagen und ihr sogar immer wieder Geschenke gemacht. Vielleicht hätte sie ihn ja eines Tages geliebt? Vielleicht war bei ihm diese Neigung schon früher erwacht?

Er war Patrizier – gewesen –, und dass er sie als Tochter eines, wenn auch angesehenen, Plebejers geheiratet hatte, bewies doch schon seine Zuneigung. Ihre Eltern waren ganz aus dem Häuschen gewesen, sie so gut zu verheiraten – in die Familie der Cornelii Scipiones mit ihren Absicherungen in alle Richtungen: zu ihrer Klientschaft nach unten, lateral zu all den edlen alten Familien Roms und nach oben zu den beiden Konsuln, wenn sie nicht gerade selbst ein Konsulamt bekleideten wie in diesem Jahr. Fulvia hätte sich auch mit einem weniger angesehenen Mann zufriedengegeben. Als Kaufmannsgattin hätte sie nicht so viel Verantwortung gehabt: einen kleineren Haushalt mit einigen Sklaven und Freigelassenen, aber ohne ein wie aus gehende Senatoren und ohne die Klienten – Händler und Handwerker, die unter dem Schutz eines patrizischen Haushalts standen.

Vom angekündigten Besuch fand sie im Atrium keine Spur. Stattdessen wartete Gaia dort mit gefalteten Händen. »Im Triclinium«, flüsterte sie mit ihrer unmissverständlichen Sorgenfalte zwischen den Brauen. Die unangenehme Art von Besuch also.

Im Esszimmer hatte es sich ein junger Mann in Fulvias Alter auf der mittleren der drei Liegen mit einem Becher Wein bequem gemacht. Die hohe, breite Stirn verlieh ihm den Eindruck von Reife, aber der jungenhafte Blick strafte diesen Eindruck Lügen. Ein Grinsen erhellte sein Gesicht, als sie eintrat.

»Fulvia, die schönste Witwe diesseits des Rubicons!«

»Publius. Findest du solche Worte in Zeiten der Trauer nicht ... unangebracht?«, rügte sie ihn.

»Irgendwann müssen wir ins Leben zurückkehren. Endlich ist die Cena Novendialis geschafft – auch wenn ich immer noch Kopfschmerzen vom Wein hab. Das kommt davon, wenn man Sklaven aus dem Barbaricum kauft, die verdünnen ihn einfach nicht genug.«

Ja, für ihn als Mann war die Trauerphase mit dem Leichenschmaus neun Tage nach der Bestattung vorbei – die reich bestickte Toga zeigte es schon. Fulvias Pflicht war noch lange nicht getan – der Pater Familias war gestorben, sie von Ehefrau zu Witwe geworden, und das geschah nicht eben in neun Tagen. Es reichte nicht aus, mit den Klagefrauen zum Klang der Flöten und Hörner zu weinen. Sich gemeinsam mit ihnen die Haare zu raufen, die Wangen zu zerkratzen. Sie musste so viel intensiver trauern als die Männer der Familie, durfte nicht aufhören, Trauer zu tragen, während Publius wieder das Forum aufsuchen konnte, um seinen geliebten Gerichtsverhandlungen zu lauschen und sich danach mit seinen Freunden in den Bädern herumzutreiben.

»Darf ich dich fragen, was du von mir als Trauernder begehrst, Publius?«

»Die ausstehenden Beträge des Bestatters und der Schauspieler beim Trauerzug ... Ich will dir einfach nur mitteilen, dass ich sie beglichen habe.«

»Danke.« Sie neigte bescheiden den Kopf, blieb aber ungastlich mitten im Raum stehen, mit verschränkten Armen. »Das war alles?«

»Es ist an der Zeit, das Erbe mit dir zu besprechen. Willst du dir nicht auch einen Becher Wein bringen lassen?«

Schlagartig stieg Übelkeit in ihr auf. Natürlich führte er etwas im Schilde: Publius Cornelius Scipio der Jüngere, der Sohn des amtierenden Konsuls und der Neffe ihres Mannes, Numerius Cornelius Scipio, war ein arroganter Ehrgeizler und zugleich ein verschlagener Hund. Sie erzwang sich einen beiläufigen Ton. »Die Lage ist eindeutig. Aulus, Cornelia, Sextus und ich sind Hauserben. Sobald er volljährig ist, wird Aulus Pater Familias.«

»Es sei denn ...« Publius räumte seinem breiten Lächeln erst einmal eine schwer aushaltbare Pause ein.

»Es sei denn was?«

»Es sei denn, ihr habt keine Manusehe geschlossen ... Und: Es sei denn, es gibt ein gesiegeltes Testament. Aus der Zeit vor Numerius' erster Eheschließung. Das seinen Lieblingsneffen begünstigt, im Sinne seiner vielversprechenden rechtlichen und militärischen Bildung.« Der Lieblingsneffe prostete ihr zu.

»Verlass sofort mein Haus!« Eine eloquentere Entgegnung fiel ihr nicht ein. Er musste ihr aus den Augen, jetzt! Seinem Blick hielt sie stand, und er war es, der ihn weiterwandern ließ, bevor er betont langsam die Beine von der Liege schwang.

»Ich verstehe, dass du aufgeregt bist. Die Trauer, die Verantwortung ... und du kommst aus einer plebejischen Familie. Eure Gebräuche, Verantwortungen, Pflichten sind natürlich ganz andere, das muss dir alles sehr unvertraut sein. Du bist überwältigt. Darum bin ich großzügig, liebste Fulvia. Ich gebe dir und den Kindern einen Monat, um dieses Haus zu verlassen.«

Wie konnte er es wagen, der Witwe seines Onkels so wenig Respekt entgegenzubringen? Mochte er sie auch gering achten, den Toten musste er doch schätzen – als *Lieblingsneffe!* Die Fingernägel bohrten sich in ihre Handflächen. »Was für eine lächerliche Forderung! Damit kommst du nicht durch. Das wird dir ein Praetor schon austreiben!«

Das Recht war auf ihrer Seite – das hoffte sie zumindest, denn wie sollte sie sich mit derlei Dingen auskennen? Ja, sie hatte keine Manusehe geschlossen – was sie beim Erbe benachteiligte, ihr aber viele Freiheiten und Rechte eingeräumt hatte. Numerius war einverstanden gewesen, um die Familie durch eine neue Erbin nicht vor den Kopf zu stoßen. Er hatte gesagt, dass sie die Verbindung immer noch in eine Manusehe umwandeln könnten, wenn sie ihm nach ein paar Jahren Ehe genug vertraute, um sich ohne die Möglichkeit zur Scheidung ganz unter die Flügel seiner Patria Potestas zu begeben. Mit ihrem Vater hatte er es entschieden, und sie war einverstanden gewesen. Dass sie selbst ohne Erbe dastand, hatte ihr trotz des Trauerschleiers der letzten Tage durchaus klar vor Augen gestanden. Aber seine drei Kinder! Die waren zwar minderjährig, aber doch Hauserben, das konnte Publius ihnen nicht nehmen, es war ihr göttliches Recht!

Er leerte den Becher und stellte ihn auf ein Tischchen. »Ein Praetor?« Er schüttelte ungläubig den Kopf. »Willst du mich verklagen? Dann nimm dir besser einen Anwalt ... sonst endet es noch hässlich.«

»Raus.«

»Ein juristischer Rat noch: In Trauer wäre es unschicklich, Rechtsangelegenheiten zu vollziehen. Der seelische Schmerz macht unberechenbar. Als gute Witwe solltest du in Ruhe trauern können ... und dafür hast du ja noch einen ganzen Monat. Du siehst, ich bin kein Unmensch.«

»Raus!« Das Grinsen gehörte ihm aus dem Gesicht gekratzt! Welch Intrige gegen sie selbst und Numerius' Kinder – die drei waren nicht *ihr* Blut, sondern *seines!*

Ohne ein weiteres Wort ließ er sie allein.

Als sie seinem Blick nicht mehr ausgesetzt war, sank sie auf eine Liege und kämpfte mit den Tränen. Hatte sie während der letzten Tage nicht genug gelitten?

Nach wenigen Monaten Ehe war sie nun Mutter dreier fremder Kinder! Und wenn sie keinen guten Anwalt fand, standen sie bald ohne Vermögen, ja, ohne Dach über dem Kopf da. Aber kampflos bekam er sie nicht klein, das war sie auch Numerius' Kindern schuldig.

Sie zog die Nase hoch, aber ihre Stimme war fest, als sie die Sklavin rief: »Gaia, polier den Bronzespiegel und leg für morgen früh eine gute Palla und den Schmuck heraus. Die Zeit der Trauer ist vorbei. Wir ziehen in den Krieg.«

III.

Hannibals Brüder saßen aufrecht da, der jüngere – Mago – verschlossen, Hasdrubal – der mittlere – grimmig, beide nicht bereit zur Trauer.

Maharbals Fingerspitzen trommelten auf seine Knie. Die beiden Stadtedlen Qarthalo und Gisgo saßen flüsternd beieinander.

Sosylos hatte eine Wachstafel auf den Beinen liegen und wendete den Stilus in der Hand. Eine Reinschrift auf Papyrus würde am selben Tag noch ihren Weg in Hannibals Heimat antreten.

Konnte der Stratege tot sein? Hatten sie nicht schon seinen Vater und viel zu früh seinen Schwager verloren? Wen würde Sosylos als Nächstes Kriegskunst und Heeresverwaltung lehren? Hasdrubal, der das Oberkommando über das karthagische Iberien hatte übernehmen sollen? Oder Mago, der zwar wissbegierig und diszipliniert war, in dem aber nicht der Funke eines strategischen Genies glomm?

Sosylos hatte diesen Funken in Hannibal gesehen. Er hatte gehofft, dabei zu sein, wenn er zum Feuer wuchs. Doch er war erloschen, einfach so, bevor er auf Zunder hatte fallen können. Und das jetzt, da der Krieg beschlossene Sache war.

Eine vertrackte Lage, in die sie der Tod eines einzelnen Mannes gebracht hatte.

Wenn er denn tot war – wenn sie denn die Wahrheit sprach!

Sie, die aus der Nacht in die Baracke trat. Draußen, in der Dunkelheit, atmete das göttliche Biest wie eine Warnung. Sie trug Hannibals viellagigen Leinenpanzer, Hannibals Beinschienen, seine dunkle Tunika. Sie trug die Haare kurz wie er, hatte sein Schwert gegürtet, und sie trug sogar sein Lächeln.

Sie nahm auf einem Hocker Platz. Zweimal zwei Dutzend Augen musterten sie, fragten sich, was geschähe, würde man sie anrühren. Würde man sie fortschicken. Auslachen. Töten.

Niemand sagte etwas. Niemand tat etwas. Nur Maharbals Fingerspitzen trommelten.

»Ich werde euch erzählen, was geschehen ist«, sagte Hannibal leise. »Dann werdet ihr es verstehen.«

Aber was, wenn nicht, fragte sich Sosylos und setzte dennoch den Stilus im Wachs an.

»Hannibal beauftragte dich, Hasdrubal, das Heer zum Marsch bereitzumachen, während er eine lange Reise tat, um den Segen der Götter zu gewinnen. Allein – nur mit seiner Frau, Himilke.« Sie senkte den Blick, fügte an: »Das war ich.« Sie hob den Blick, fixierte Hasdrubal. »Ich sehe, du hast das Heer vergrößert, wie er befahl. Es ist marschbereit. Hört, was Hannibal opferte, damit wir diesmal siegen können.«

Die Stadtedlen warfen einander sprechende Blicke zu. Niemand hatte den langwierigen Krieg zu See und Land vergessen, die Niederlagen waren glänzende Narben im Fleisch von Qart-Hadašt. Diesmal siegen, das wäre etwas, wofür es sich lohnen würde, sogar dieser Frau zuzuhören.

»In Gades suchten wir die hohe Priesterin auf, und sie sprach zu uns, was sie in Sternen, Flügen und Blut gelesen hat: dass Melqart uns durch die große Bestie von Qart-Hadašt beistehen wird, wenn wir sie bezwingen, sie zähmen.

Tun wir es nicht und kehren ohne die Bestie zum Heer zurück, wird Hannibal euch in einen Krieg voller Siege führen, an die man sich für alle Zeiten erinnern wird, denen jedoch Niederlagen, Tod und die Asche einer verbrannten Heimat ein Ende bereiten. Nur wenn die Bestie dem Heer vorangeht, wird Melqart uns den Sieg schenken. Über Rom und seine Bundesgenossen. Über das Innere Meer. Kein Vertrag wird uns Grenzen ziehen, die nur der Himmel uns setzen darf.« Ihre Stimme klang selbst wie die einer Seherin, voll mit den Schatten, die die Erleuchtung warf.

Sosylos lauschte und schrieb nicht. Ein einziges Wort stand auf seiner Wachstafel: GADES.

»Wie starb er?« Die Trauer presste Hasdrubal die Zähne zusammen.

»Bei der Jagd auf die Bestie. Er starb dabei, sie zu unterwerfen. Sie verwundete ihn, er siegte und erlag seinen Verletzungen. Im Augenblick des Todes überantwortete er sie mir. Seine Bestie, seinen Namen, sein Schicksal.« Sie streckte die leeren Hände aus. »So ist es gewesen. Glaubt mir oder glaubt mir nicht. Lasst es die Seher aus Flug und Blut lesen, wenn ihr wollt. Ich bin hier. Ich bin Hannibal. Mir gehorcht die große Bestie unserer Heimat. Ich strebe nicht nach Macht, und ich habe es mir ganz sicher nicht ausgesucht, doch eine Frau kann an die Stelle eines Mannes treten. Alles, was der Mann dazu tun muss, ist zu sterben.«

»Und andere Männer müssen sie leben lassen.« Maharbal ließ es klingen, als warne er sie um ihrer selbst willen.

Mago, der Jüngste der Barkidenbrüder, hatte es schon begriffen. »Sie hat den Elefanten, den mein Bruder ihr gegeben hat.«

»Und der macht sie zu ... Hannibal?«, rief der graubärtige Gisgo aus. »Ein Elefant macht keinen Strategen! Schon gar nicht in *diesem* Krieg!«

»Wir müssen an den Rat schreiben und seine Antwort abwarten.« Qarthalo kratzte sich das Kinn, dass der Fingernagel im Bart schabte. »Aber Hannibal ist ausgezogen, um den Willen der Götter zu hören, und das da ...« Er deutete mit dem Daumen hinter sich auf die Wand und durch sie hindurch auf das große Biest. »... sieht aus wie der Wille der Götter.«

»›Hohe Sufeten!‹« Maharbals sardonische Stimme erhob sich über das Gemurmel. »›Hannibals Frau ist auf einem riesigen einäugigen Elefanten aufgetaucht und nennt sich nun Hannibal. Sollen wir ihr folgen? Ist sie nun unser Stratege? Wir erbitten rasche Antwort!‹«

»Es ist immer der Rat, der den Strategen bestimmt!«, rief Gisgo aus, obwohl bereits genug Männer in Maharbals Lachen eingefallen waren.

»Ist das so?«, erwiderte Maharbal. »Hat das Heer nicht schon bei Hasdrubal dem Schönen und auch bei Hannibal dem Rat die Entscheidung diktiert? Wählen sie nicht den Strategen, den wir bestimmen?«

»Wozu müsst ihr einen Strategen bestimmen? Das habt ihr doch schon getan. Hannibal ist euer Stratege«, sagte Hannibal. »Ich habe einen riesigen alabasternen Elefanten. Das Heer ist bereit. Aber natürlich, tauscht Briefe, wenn ihr müsst.« Sie hingegen tauschte einen Blick mit Maharbal, und beide verstanden sich auf die Weise, auf die Hannibal und Maharbal sich immer verstanden hatten. »Der Winter ist längst vorbei, und noch immer sind wir im Winterlager.«

Immerhin darin herrschte Einigkeit.

IV.

»Es kommt doch ohnehin niemand!« Aulus hatte so eine Art, gleichzeitig gelangweilt und empört zu klingen. Er war nur fünf Jahre jünger als Fulvia, aber ungleich anstrengender, als sie in seinem Alter gewesen war – davon war sie überzeugt.

»Aulus, deine Klienten verlassen sich auf dich. Wir müssen ihnen zumindest die Gelegenheit geben, hier zu erscheinen. Wir sollten für ihre Sorgen und Nöte ansprechbar sein. Du bist ein Patrizier, also benimm dich wie einer!« Sie wandte sich von ihm ab, um sein unvermeidliches Augenrollen nicht sehen zu müssen.

Er saß auf dem Thronsessel im Tablinum, sie an seiner Seite, mit dem Rücken zum Garten und dem Blick ins Atrium. Vor ihr ein Tisch, um Geschäftsangelegenheiten schriftlich festzuhalten. Darauf eine Wachstafel, die Fulvia verleitet hatte, wartend geometrische Muster zu kritzeln. Die Schriftrolle aus Papyrus lag daneben, so unbeschrieben wie der Verlauf des Vormittags. An den Wänden des Atriums stapelten sich in Holzregalen zahllose Rollen als stumme Zeugen alter Vereinbarungen. Heute würden keine mehr dazukommen: Die Klienten blieben aus. Und wer konnte es ihnen verdenken? Niemand verließ sich auf die Unterstützung einer machtlosen Witwe und eines mittellosen Kindes. Sie alle waren zu Publius Cornelius Scipio dem Älteren gelaufen, um ihre Männerbünde nach Numerius' Tod neu zu verhandeln. Immerhin war er einer der beiden amtierenden Konsuln von Rom – und Vater des Furunkels und Erbschleichers Publius des Jüngeren.

In diesem Raum hier waren Vereinbarungen getroffen worden, die die Geschicke der römischen Republik beeinflusst hatten. Das Tablinum atmete Macht. Aber diese Macht roch nach altem Patrizier. Einer siebzehnjährigen Witwe und einem zwölfjährigen Waisen hauchte der Raum keine Potenz ein.

Da verstummte das fröhliche Geschrei von Cornelia und Sextus, die Gaia bei ihrer Arbeit im Atrium neckten. Gaia war die letzte Sklavin, die Publius – das Furunkel – ihr gelassen hatte, und auch sie würde er anderswo einsetzen, sobald er Fulvia vor die Tür gesetzt hatte. Gaia war ein gutes Stück älter als sie, hatte selbst beinahe erwachsene Kinder und wusste, wie man mit ihren Launen umging. Fulvia graute es fast mehr vor der Vorstellung, sich allein um Numerius' drei Kinder mit all ihren Wehwehchen kümmern zu müssen als davor, bald kein Dach mehr über dem Kopf zu haben.

Aber, Götter der Unterwelt, sie würde die Quälgeister nicht im Stich lassen. Sie hatten dieses Fäkaltheater von einem Erbstreit ebenso wenig verdient wie sie!

Gaia trat in den Türrahmen. Die beiden Kleinen hatten sie ganz schön herumgejagt, eine Strähne hatte sich aus dem Knoten dunkelblonden Haars gelöst, das die gallische Herkunft ihrer Eltern verriet. »Besuch, Domina!«

»Ein Klient?«, fragte Fulvia hoffnungsvoll. Sie brauchten ein Zeichen dafür, dass Aulus als Patron ernst genommen wurde.

»Der Anwalt«, entgegnete Gaia. »Soll ich ihm erst einen Becher Wein und ein paar gefüllte Eier anbieten?«

Fulvia schüttelte den Kopf. »Die waren für die Klienten gedacht, nicht für den Anwalt. Schick ihn direkt rein.«

Gaia nickte und verschwand. Fulvia drehte die Armreife. Sie war die Witwe einer bedeutenden Persönlichkeit Roms: Iustitias Recht und Vestas Segen waren auf ihrer Seite, alles, was sie brauchte, war ein wenig Beratung. Beiden Göttinnen hatte sie in aller Frühe für Gerechtigkeit in ihrem Haushalt geopfert, und eine Situation wie die ihre würde kein göttliches Herz kaltlassen.

»Soll ich gehen?«, fragte Aulus beiläufig.

»Du musst lernen, dich um diese Angelegenheiten zu kümmern. Bald bist du der Pater Familias. Bleib.«

»Wenn es dich glücklich macht, Mutter.« Wieder dieser Tonfall.

Der Anwalt trat ins Zimmer; ein klein geratener, hagerer Mann mit zwei Schriftrollen in der Armbeuge, der mit schnellen Schritten leicht nach vorn gebeugt ging, sodass Fulvia Sorge hatte, er würde ihr auf den Schreibtisch kippen. Er trug die Toga eines Patriziers, und seine bleiche, sonnenlose Haut und die Glatze ließen Fulvia hoffen, genau den richtigen Mann für ihre Sache gefunden zu haben, einen Mann mit vielen Jahren Erfahrung und hoher Sachkenntnis.

»Aulus und Fulvia von den Cornelii Scipiones. Salvete«, begrüßte er sie.

»Du musst Lucius von den Porciern sein, dein Ruf eilt dir voraus. Setz dich bitte.« Er nahm auf dem Hocker vor dem Schreibtisch Platz. »Ich muss dich allerdings korrigieren: Ich gehöre nicht den Corneliern an, sondern den Fulviern.« Einen Verfahrensfehler aufgrund eines falschen Namens wollte sie nicht riskieren.

»Ah, keine Manusehe ... natürlich, deswegen bin ich ja hier«, entgegnete er.

»Mir liegt viel daran, diese Angelegenheit schnell zu klären. Im Sinne der Kinder.«

Sein Blick wanderte zwischen ihr und Aulus hin und her. Er seufzte. »Leider habe ich schlechte Nachrichten für dich, Fulvia.«

»Das Recht ist auf unserer Seite – also wird es der Praetor sicher auch sein«, schaltete sich Aulus in das Gespräch ein, als ließen sich schlechte Nachrichten damit verscheuchen.

Lucius hob die Hand. »Wenn ich erklären darf.« Vier Finger senkten sich, nur der erhobene Dozentenfinger blieb. »Es gibt ein Testament, mit sieben Siegeln gesiegelt, wie es verlangt wird. Ich habe es selbst geprüft. Es bestimmt Publius Cornelius Scipio den Jüngeren ohne jeden Zweifel zum Alleinerben.« Die Hand legte sich in seinen Schoß wie ein toter Vogel.

»Aber ...«

Lucius' Hand samt Finger stieg wieder auf. »Richtig, ›aber‹! Das würde die Hauserben umgehen. Wir könnten bonorum possessio contra tabulas klagen und damit das Testament anfechten zugunsten der Hauserben, sprich: Numerius' Kindern. Von denen du der Älteste bist, nehme ich an?«

Aulus nickte, zögerlich, als sei er unsicher, ob das etwas Gutes war.

»Das klingt vielversprechend.« Der Stein auf Fulvias Brust verlor ein wenig von seinem erdrückenden Gewicht. »Wo liegt das Problem?«

Erneut erlitt der Hand-Vogel den Tod. »Einerseits fühle ich mich als Rechtsvertreter einer trauernden Witwe unwohl. Eine Klage zu dieser Zeit ... das gehört sich einfach nicht.«

Auf dieses Spiel ließ sie sich nicht ein. Sie blickte Lucius herausfordernd an, strich am Hals über den Saum ihrer Palla, dass ihr Armschmuck golden aufblitzte. Das reich bestickte Tuch lag so locker auf ihrem Haar, dass auch die Ohrringe nicht zu übersehen waren, wie sie im Spiegel überprüft hatte. »Meine Zeit der Trauer ist beendet.«

»Das sehe ich«, entgegnete er sauertöpfisch.

»Nenn mir den eigentlichen Grund«, sagte Fulvia, froh, dass Aulus sie gerade nicht mit seiner Unreife in Verlegenheit brachte.

»Publius hat dem Gericht einen Zusatz zum Testament vorgelegt. Darin werden Aulus, Cornelia und Sextus ausdrücklich enterbt. Ergo ... sind sie damit keine Hauserben mehr.«

»Was?«, riefen Fulvia und Aulus gleichzeitig. Fulvia nahm die Hand ihres Ziehsohns und drückte sie kurz. Er ließ es geschehen. »Warum sollte Numerius in aller Götter Namen so etwas verfügt haben?«, herrschte Fulvia den Anwalt an.

»Eine solche Entscheidung benötigt keine Begründung, nur die ausdrückliche Nennung der Namen der männlichen Nachkommen. Es steht vielleicht damit in Verbindung, dass er die drei nach dem Tod seiner ersten Frau weggegeben hat. Allerdings ...«

»Das ist doch Hahnenkacke! Numerius hat seine Kinder geliebt. Er hat sie sofort nach unserer Hochzeit wieder zu uns ins Haus geholt!«

»Allerdings«, wiederholte der Anwalt gemächlich, »stünde den Kindern der Pflichtteil zu.«

Fulvia ließ die Schultern hängen. »Immerhin etwas ... Wie viel wäre ...«

»Wenn da nicht die zweite schlechte Nachricht wäre«, fuhr Lucius ungerührt fort.

»Götter der Unterwelt!« Ein Seitenblick in Aulus' leichenblasses Gesicht machte ihr die eigene Speiübelkeit bewusst. Aber sie brauchte ihre volle Aufmerksamkeit, später war genug Zeit, um Gift und Galle dieses Gelages aus schlechten Nachrichten auszuspeien.

»Publius – der Jüngere – hat dem Praetor mitgeteilt, dass er den Trauerzug – wie kostspielig die sind, ist ja allgemein bekannt – aus seinen Mitteln bestritten hat.« Der Blick des Anwalts wanderte von Fulvia zu Aulus. »Diesen Geldbetrag habe er Aulus, der den Bestatter beauftragt hat, vorgestreckt. Aulus' Pflichtteil würde die Rückzahlung gerade so abdecken.«

Fulvia brachte es nicht mehr fertig, ihre Fassade aufrechtzuerhalten. Mit den Tränen ringend, barg sie das Gesicht in den Händen. »Ja, er hat den Bestatter bezahlt!«, presste sie hervor. »Aber ... das ist doch an den Haaren herbeigezogen! Das muss der Praetor doch sehen! Das Testament stammt aus der Zeit vor Numerius' erster Ehe. Das mag gültig sein, wenn auch veraltet ... aber dieser Zusatz ...«

»... ist vermutlich gefälscht. Ich stimme zu. Aber ich muss dich und Aulus ausdrücklich davor warnen, dagegen vorzugehen. Publius kann alle möglichen Gerüchte in Umlauf bringen, um seine Kabale zu unterfüttern. Ehebruch der Mutter der Kinder, ein schlechtes Omen über Numerius' erster Ehe ... derlei Dinge.«

Fulvia hob den Kopf aus den Händen. Publius hielt sich für einen Strategen, verglich bei jedem Bankett die Politik Roms mit einem Schlachtfeld, in dem Zusammenhalt, Fronten und scharfe Waffen – Klingen dort, Zungen hier – ewig umeinanderkreisten. Gerüchte waren nur ein weiteres Schwert in einem solchen Kampf. Aber warum gegen sie?

»Dennoch steht der Testamentszusatz und damit Publius' Erbanspruch auf wackligen Füßen und ich halte die Aussicht einer Klage gegen das Testament trotz allem nicht für gering ... allerdings ...«

»Bitte nicht noch ein ›Allerdings‹!« Flehend heftete Fulvia den Blick auf seinen erhobenen Finger.

»Allerdings werden wir alle Register ziehen müssen. Freunde der Familie, Freigelassene und Klienten müssen Numerius' gutes Verhältnis zu den Kindern bezeugen. Ich werde mich beraten und eine lückenlose« – der Finger vollführte ein Flugmanöver – »Argumentationskette vorbereiten. Allerdings ...« Fulvia musste sich zusammenreißen, nicht gegen das Allerdings anzuschreien. So entwich ihr ein Zischen. »... sind meine Dienste nicht ganz billig.« Eine Spur Mitleid stand ihm in den Augen. »Vielleicht kann deine Familie mit der Finanzierung helfen. Die Fulvier sind nicht unvermögend, wie man hört.«

Fulvia schüttelte den Kopf. Ihr Vater hatte die Kontakte, die ihre Ehe mit sich gebracht hatte, für dubiose Geschäfte genutzt und Rom schon vor Monaten verlassen; angeblich, um die Beziehung zu einem Handelspartner zu pflegen, offensichtlich war er jedoch untergetaucht. Der Ruf ihrer Familie konnte ihr gerade nur zusätzlich schaden. »Nein, werden sie nicht. Der ältere Bruder meines Vaters behauptet, ich wäre eine Manusehe eingegangen und stünde nicht mehr unter ihrer Obhut.«

Als wäre die Hilfe ihrer Familie überhaupt notwendig, wenn sie tatsächlich eine Manusehe geschlossen hätte und Hauserbin wäre! Eine makabere Gottheit schien dieses Theater unterhaltsam zu finden.

In Lucius erwachte jedoch der Berufseifer. »Das klingt anfechtbar. Wir könnten eine Klage gegen ...«

»Ich verklage auf keinen Fall meine Familie!« Obwohl ihre Familie es verdient hatte: Der Vater war fort, und der Onkel hatte ihr und den Kindern die Tür vor der Nase zugeschlagen, als sie darum gebeten hatte, bei ihnen nach Ende der Monatsfrist unterzukommen! Solche Grausamkeit hatte sie nicht einmal ihm zugetraut. Unheilvolle dreizehn Tage hatte sie noch, dann standen sie auf der Straße.

Hätte sie damals doch eine verfluchte Manusehe geschlossen! Ihr Unglück hatte sie dem Ehegeschacher ihrer Familie zu verdanken. Aber auch sie hatte natürlich den Wunsch gehabt, sich nicht völlig der Güte und Strenge eines fremden Mannes auszuliefern. Sie hatte sich verstanden gefühlt in der nebulösen Angst einer jungen Braut vor all dem, was sie unter dem dunklen Mantel der Ehe vom Mädchen zur Frau machen würde, und hatte weiter zu ihrem Vater gehören wollen. Doch der Schicksalsfaden war gesponnen, es war vergeblich, es zu bereuen. Sie musste auf das Veränderliche im Heute Einfluss nehmen.

Sie sammelte ihre Gedanken, versuchte, zuversichtlicher zu klingen als noch einige Augenblicke zuvor – auch um Aulus' willen. »Bekräftige die Klage beim Praetor. Ich treibe das Geld auf.«

V.

Die Sphinx landete mit der Geschmeidigkeit einer Katze auf einem der schroffen Hügel an der Küste. Die Flanke des Hügels war für den Holzhunger des Winterlagers gerodet worden, und das verschaffte ihrer Reiterin Aussicht über die Ansammlung von Zelten, Hütten, Koppeln, Schuppen. Und über die Hafenstadt, von der Tamenzut nicht sagen konnte, ob sie in einem Anflug von Humor Qart-Hadašt, Neue Stadt, genannt worden war, ganz wie die Mutterstadt an der numidischen Küste, deren Name nicht mit ihr gealtert war. Es wäre nett gewesen, die Neuen Städte wenigstens zu nummerieren, so wie die Römer ihre Töchter.

In Qart-Hadašt jedenfalls, *diesem* Qart-Hadašt, hatte Hannibals Rückkehr Staub aufgewirbelt. Die große Bestie, die Tamenzut für Hannibal bezwungen hatte, stand mitten im Militärlager – die Pferde mieden sie und nahmen auf ihren Koppeln so viel Abstand ein, wie die Zäune erlaubten. Die Elefanten waren neugierig, mehrere Treiber pflockten erneut einen Bullen an, der sich losgerissen hatte. Er hatte aus Nervosität überall Haufen hinterlassen, eine Angewohnheit, die das große Biest nicht hatte, denn als ewiges Geschöpf musste es weder essen noch trinken, noch schlafen, noch kacken.

Es wich nie weit von Hannibals Seite, eine unübersehbare Warnung, den Willen der Götter nicht zu missachten.

Auch die Sphinx war ein solches Geschöpf. Tamenzut nahm dem Löwinnenleib das silberbeschlagene Zaumzeug ab, fuhr mit den Fingern durch die weiche Mähne und löste darin Knoten, strich mit den Handflächen über das goldflaumbewachsene Frauengesicht, das ob der Berührung die sinnlichen bernsteinfarbenen Katzenaugen schloss.

»Ruh dich aus«, sagte Tamenzut und erhielt ein zufriedenes Schnauben als Antwort, bevor die Sphinx sich in einer Kuhle auf der Hügelkuppe zusammenrollte.

Tamenzut aß getrocknete Datteln zu kaltem Hirsebrei – die letzten Löffel hatte sie gerade verschlungen, als eine gedrungene Silhouette die Rodung erklomm. Adherbal kam außer Atem bei ihr an.

»Du hast deine Ausdauer schleifen lassen«, bemerkte sie.

»Ich freue mich auch, dich zu sehen«, entgegnete ihr Schüler mit einem schiefen Lächeln, und sie stand mit einem Knacken im Rücken auf und schloss ihn in die Arme. »Wenigstens machen meine Knochen nicht solche Geräusche. Holt dich etwa das Alter ein?«

»Spekulierst du auf meine Nachfolge?«

Er lachte. »Als Bestienjäger des karthagischen Heers bin ich doch nicht auf deine Nachfolge angewiesen, alte Frau!«

»Ich sehe da unten nur eine Bestie, und das ist meine.«

»Du hast sie wirklich gefunden.«

»O ja. Ich wusste, sie ist nicht mehr in der Wüste. Die Biester eines Volkes wandern, wenn das Herz eines Volkes wandert.«

»Aber was soll dieses Herz bei den Römern, Tamenzut? Haben sie nicht schon genug Biester entwurzelt? Musst du ihnen jetzt auch noch eins schicken?«

Tamenzuts Blick irrte an ihm vorbei zum Meer – als könnte sie Rom jenseits davon sehen. »Sie sollten sich nicht auf ihren Eroberungen ausruhen. Sonst macht sie ihnen jemand streitig.«

»Du?« Adherbal versuchte vergeblich, sie zu ergründen.

»Ich?« Sie grinste unschuldig. »Reite ich etwa dieses Monstrum in einen Krieg? Ich bin eine Söldnerseele. Ich bin dafür bezahlt worden. Was die Ibererin mit dem karthagischen Biest anfängt, ist nicht meine Sache.«

»Und warum bist du dann hier?« Adherbal setzte sich zur geflügelten Raubkatze und tätschelte ihr die Flanke. »Altes Mädchen, lange nicht gesehen.«

Tamenzut grinste. »Ich stehe der Ibererin für weitere Vereinbarungen zur Verfügung.«

Entgeistert sah er sie an. »*Ich* bin der Bestienjäger für Hannibals Armee!«

»Das will ich dir nicht streitig machen. Fang der Armee deine Harpyien und zäume deine geflügelten Stiere. Ich jedoch fange *ihr,* was sie braucht.«

»Hannibal?«

Tamenzut zog die Sandalen aus und streckte die Füße ins frühlingskühle Gras. »Sie ist eine Frau. Du hast keine Ahnung, was eine Frau braucht.«

»Sie könnte es mir einfach sagen.«

Tamenzut lachte, sah, dass ihn das Lachen verletzte, und lachte noch ein wenig länger.

»Was braucht denn eine Frau? Hm?«, entgegnete er. »Was braucht eine Feldherrin oder eine Heerführerin, was ein Feldherr oder ein Heerführer nicht braucht?«

»Du hast keine Ahnung. Dabei warst du so lange mit mir unterwegs.« Sie seufzte und griff an ihren Gürtel.

»O nein! O nein, nein, nein!« Er sprang entrüstet auf und gestikulierte, alles an ihm wollte die dumme Frage zurücknehmen, doch sie war ausgesprochen. »Lass ihn einfach stecken, lass ihn ein einziges Mal einfach stecken!«

»Wie ein Mann ihn einfach stecken lassen würde?« Tamenzut kannte keine Gnade. Sie nahm die Lederscheide vom Gürtel und zog ihren Phallus heraus.

Adherbals Gegenwehr brach in lautes Gelächter, wie eine Welle, die auf Kiesel am Strand trifft und kichernd ausläuft. Tamenzut reckte ihren Phallus in die Höhe. Er hatte eine gute Größe, lang genug, um die meisten Männer ernsthafte Gedanken daran verschwenden zu lassen, ob ihrer denn nun größer oder kleiner war, aber nicht obszön groß, und vor allem: ohne Flügel, anders als der, den die Römer verehrten und an jeden Hauseingang und um jeden feisten Hals hängten.

»Adherbal, was einer Frau fehlt, die als Mann unter Männern gelten will, ist ein Penis.« Sie hatte wahrhaft den Langmut einer Lehrerin, nur ihre Mundwinkel quittierten sein Gelächter.

»Fängst du ihr einen? Oder schnitzt du ihn, so wie den da?« Adherbal streckte provozierend das Kinn vor.

»Ein Penis kann viele Gestalten annehmen. Eigentlich ist ein Penis nicht einmal ein Penis. Er kann einer sein, oder er kann etwas anderes sein. Hauptsache, er beweist, dass du Eier hast.«

»Bitte …«, keuchte Adherbal.

»Die Bestien, die ich ihr fange, werden beweisen, dass sie Eier hat. *Du* kannst solche Bestien nicht fangen.«

»Weil ich ein Mann bin? Und schon Eier habe?«

»Ach, Adherbal.« Sie lachte nun auch. »Weil du für selbstverständlich hältst, was dir die Welt gegeben hat. Hannibal und ich haben gemeinsam, dass das Einzige, was wir gratis bekommen, Zweifel sind.«

»Ich habe deine Sicht auf die Welt vermisst.« Adherbal grinste. »Aber verrat mir: Wie hast du diesen Elefanten gefangen?«

»Hast du Wein dabei?«, fragte sie, denn bei Tanits süßen Lippen, immer in der Nähe von Siedlungen und Menschen fiel ihr auf, dass Wein existierte und sie ihn vermisste.

Adherbal hatte wenig mehr als Essigwasser bei sich. Sie schnupperte missmutig und nahm einen Schluck. Dann sah sie ins windgepeitschte Grau des Himmels auf und suchte nach dem Anfangspunkt ihres Geschichtsfadens.

»Falls du wissen willst, wie er starb: Das weiß ich nicht«, begann sie schließlich mitten im Gewirr des Knäuels. »Es war ein Auftrag der Priesterin in Gades, Dido. Für sie bin ich schon einmal auf die Suche nach dem großen karthagischen Biest gegangen, im Umland von Qart-Hadašt.«

»Welchem Qart-Hadašt?«, unterbrach Adherbal sie bereits.

»Dem alten. Es gab keine Spur mehr von der Elefantenkuh, und Dido glaubte sie bereits in Iberien.«

»Große Biester können schwimmen, nehme ich an.«

»Die meisten. Tatsächlich fand ich ihre Spuren in der Nähe der Säulen des Herakles wieder, wo das Innere ins Äußere Meer fließt, und im iberischen Inland hörte ich, eine Elefantenkuh verbreite Angst und Schrecken unter den Iberern.«

»Wie die Karthager seit dem letzten Krieg. Das passt zu ihrem Biest.«

Sie hoffte, dass ihr Blick genug Dankbarkeit dafür ausdrückte, dass er das Offensichtliche aussprach.

Er lachte und winkte entschuldigend ab. »Erzähl weiter!«

»Feldherren und Handelsfürsten kommen nach Gades – zunächst, um den Segen Melqarts zu erbitten und die eine oder andere Ziege zu opfern, und dann für Geschäfte.«

»Ein Markt für unsereins.«

»Richtig. Händler kommen an den Küsten der Äußeren See von Süden, von jenseits der großen Wüste, und von Norden, von den Gestaden der Kelten. Sie sind gute Abnehmer für Bestien vom Inneren Meer, verkaufen sie weiter oder schützen damit ihre Handelszüge. Ich halte es wie sie, in umgekehrter Reihenfolge: Ich komme fürs Geschäft und bleibe für die Prophezeiungen.«

»Ist Dido gut? Oder hat sie nur einen guten Namen?«

»Sie sagt, sie stammt von der Dido ab, die Qart-Hadašt auf den Streifen einer Kuhhaut gründete. Sie sieht es so in der Vergangenheit, wie sie anderes in der Zukunft sieht.«

»Oder sie erfindet beides.«

Tamenzut lachte und nahm noch einen Schluck. »Du hast ihr noch nicht in die Augen gesehen, mein Schüler. Sie ist eine alte Frau mit knisternder dunkler Haut und dem Haar in dünnen Knoten, die aussehen, als könnten sie von ihrem Vogelköpfchen abbrechen. Ihre Augen wissen mehr, als in ein Menschenleben passt. Als junge Priesterin hat sie die Opfer in Qart-Hadašt begleitet, wann immer sie nötig waren, hat viele schreiende Kinder getröstet und in die Unterwelt geführt, wenn die Stadt ihren Tod brauchte. Sie sieht, mit welchem Blick die Götter auf die Stadt blicken. In Gades lauscht sie in einer unterirdischen Kammer im Heiligtum den Wellen, die gegen die Fundamente rauschen. Ich muss nie danach verlangen, sie zu sehen, weil sie stets schon weiß, dass ich da bin.« Beim Erzählen hatte sie begonnen, mit dem Phallus zu spielen. Es hatte etwas Beruhigendes, das fanden viele, die einen ihr Eigen nannten. Mit einem Ruck steckte sie ihn in die Lederscheide. »Sie hat manchmal Aufträge für mich. Oder sie befragt mich zu den großen Bestien; wo sie sind, ob sie noch frei sind.«

»Kann sie das nicht selbst sehen?«

»Die Geschicke der Menschen kann sie sehen, aber die der Bestien ebenso wenig wie die der Fischschwärme im Meer. Es besorgt sie, wie viele den römischen Bestienjägern in die Fallen gehen, wie viele nach Rom gebracht und Tanit-weißwohin gesperrt werden. Aber mir gab sie diesmal einen ähnlichen Auftrag: das große karthagische Biest zu fangen – bevor die Römer ihre Häscher danach aussenden. Ich dachte, sie wolle den Elefanten in Sicherheit bringen, denn sie teilt meinen Verdacht: Die Römer fangen Biester, um ihre Gegner zu schwächen. Seit sie die italischen Monstren gefangen haben, haben sie einen italischen Stamm nach dem anderen unterworfen.«

»Sie haben makedonische Monstren gefangen. Sizilische. Angeblich haben sie den kretischen Minotaurus!«

Sie lachte, doch es überlief sie kalt. »So weit können sie unmöglich wollen ...«

»Unmöglich ist ein Wort, das sie nicht kennen.«

»Wirklich nicht?«

»Nur *non potest*«, erläuterte er. »Nicht möglich.«

»Gut, dann haben sie wenigstens etwas zu sagen, wenn sie das alabasterne Biest zum ersten Mal sehen«, knurrte Tamenzut. »Dido jedenfalls, sie sagte zu mir: Bring die weiße Elefantin her, und ich werde ihr einen Reiter geben.«

»Und du bist allein los?«

»Nur ich, die Sphinx und zwei dreiköpfige Hunde, die ich eigentlich in Gades hatte verkaufen wollen. Es war nicht schwierig, die Bestie zu finden.«

»Nicht für dich.«

»Nicht für mich. Aber sie bot mir einen gewaltigen Kampf. Hast du sie von Nahem gesehen? Ihre Beine zermalmen, ihre Stoßzähne zerschlitzen – auch Hunde, leider; der Händler, der Interesse daran hatte, war sehr geknickt. Wusstest du, dass sie schon sterben, wenn nur einer ihrer Köpfe zerschmettert ist?«

»Ja.« Adherbal seufzte. »Ein echtes Problem mit den Viechern.«

»Doch ich saß auf dem Rücken der Sphinx«, nahm Tamenzut ihren Faden wieder auf, »und wir stürzten uns mit der Sonne hinter den Flügeln auf den Schädel der Bestie. Mein Speer fand sein Ziel über dem Auge der Gigantin, und die stählerne Spitze grub sich tief.«

»Und dann war sie dein.«

»Nicht doch, so schnell ging es nicht. Ihr letzter Kampf war ein Getöse, wie sie sich auf die Hinterbeine stellte, wie sie der Sphinx den Flügel brach, mich zu Boden schleuderte. Wie sie dazu ansetzte, mich zu zertrampeln – bevor mein Befehl in ihr wirkte.«

»Sie hatte den Fuß schon erhoben, nehme ich an.«

»O ja. Er schwankte über mir und machte den Tag zur Nacht. Und dann setzte die Alabasterne ihn einfach wieder ab und wurde müde wie ein Löwe und zahm wie ein Lamm.«

»Bist du auf ihr zurückgeritten? Bis nach Gades?«

»Nein, nicht bis nach Gades. Aber ich ritt auf ihr. Ich und auch die Sphinx, bis ihr Flügel geheilt war. Wir schleppten unsere geschundenen Gliedmaßen bis in die Vorberge, und dort verbarg ich sie und mich. Und dann, wie Dido es mir vorausgesagt hatte, kam Hannibal.«

»Er?«

»Nein. Sie.«

»Ich verstehe. Und … du hast ihr den Elefanten übergeben?«

»Ja. So war es Didos Auftrag.«

»Das ist rätselhaft. Und du weißt wirklich nicht, wie Hannibal starb?«

Tamenzut schüttelte den Kopf, ihr Blick schweifte in die Ferne. Eigentlich müsste sie nun Adherbal das Versprechen abnötigen, darüber zu schweigen, dass sie und nicht Hannibal das Biest bezwungen hatte. Aber sie kannte ihn, er kannte sie. Lehrerin und Schüler hatten eine andere Loyalität zueinander als Bestienjäger und karthagisches Heer.

»Ich weiß nur: Dido sah Hannibal scheitern.« Der Klarheit halber setzte sie nach: »Ihn. Es gab keinen Rat, den sie ihm geben konnte. Sein menschliches Schicksal und alle karthagischen Zukünfte führten ins Nichts.«

»Und dieser Elefant kann es ändern?«

»Sie kann das Schicksal von Bestien nicht sehen, Adherbal. Hörst du mir wieder nicht zu?«

»Ich höre dir zu!«, eiferte der gekränkte Schüler. »Aber kann sie nicht das Schicksal der Frau auf der Bestie sehen?«

»Nicht klar. Zu sehr sind die beiden jetzt verknüpft. Aber sie hofft. Sie hofft, dass es ausreicht.«

»Um Rom zu bezwingen?«

»Um nicht unterzugehen. Das wäre doch schon was.«

Adherbal lachte spöttisch. »Ich glaube, du hast den Penis zu lange stecken lassen. Nicht unterzugehen, das wäre schon was? Dann kennst du die Offiziere da unten schlecht. Rom soll brennen, und sie selbst wollen unsterbliche Sterne am Himmel sein.«

»Wer weiß. Ich bin nur eine einfache Bestienjägerin.« Sie sah ihn auffordernd an. Das alte Spiel, seit er fünfzehn war und sie eine narbenübersäte Dreißigjährige.

Er spielte mit. »Nein, du bist die beste Bestienjägerin.«

»Das mag sein«, sagte sie bescheiden. »Das mag sein.«

VI.

»Sie zaudert, weil sie eine Frau ist«, urteilte Mago, Bruder des toten Hannibal und Schwager der lebendigen. »Kriege und Frauen, das gehört einfach nicht zusammen.«

Maharbal lachte – nicht sein ansteckendes Lachen, sondern ein kurzes, bitteres »Pah«. Sie alle erinnerten sich an die getöteten, vergewaltigten Leiber der Saguntérinnen.

Frauen gehörten zum Krieg wie das Schlachtfeld selbst. »Kannst du nicht auf sie einwirken, Grieche? Du warst der Kriegsgelehrte der letzten drei Feldherrn, auf dich hört sie!«

Sosylos war es nicht lieb, auf konspirativen Treffen so direkt angesprochen zu werden. Dass er als Chronist daran teilnahm, war eine Sache, aber daran teilzu*haben*, das war unangemessen. Er ließ den Blick zwischen Mago und Maharbal hin- und herschweifen. Der eine wollte den Krieg, um aufzusteigen – am liebsten in den Rang seines toten Bruders –, der andere wollte den Krieg, um reich zu werden. Als Anführer der berittenen Numider war Maharbal bereits so weit aufgestiegen, wie es ihm in diesem Leben möglich war, aber reicher werden konnte man immer. So oder so waren Kriege im Großen wie im Kleinen Mittel zu Zwecken – und die Männer fieberten dem Mittel entgegen, weil sie um den Zweck bangten.

Krieg war wie das Allerheiligste eines Tempels. Man ging hinein und trat verwandelt wieder heraus. Waren nicht die Spartaner das beste Beispiel dafür, wie der Krieg Männer verwandelte? Die einen in versehrte, zitternde Veteranen, die anderen in Helden, Könige, wohlhabende Stammväter oder, wie in Rom, Konsuln. Und nicht wenige in beides, doch das war der Preis, denn man zahlte für ein Ritual der Verwandlung. Zauber hatten ihren Preis.

Hannibal wusste mehr darüber, als sie durchblicken ließ. Ob durch die Jahre der Beobachtung ihres Ehemanns, durch die Belagerung von Sagunt, an der sie teilgehabt hatte, oder durch eine angeborene Neigung, konnte Sosylos nicht sagen, aber sie wusste, dass die Mächtigen in diesem Winterlager es nicht abwarten konnten, die weniger Mächtigen in diesen Tempel zu führen, der sie alle verändern würde.

»Sie zaudert nicht«, sagte Sosylos schließlich, ein Urteil, das ihm schreibend so leicht- und sprechend so schwerfiel. »Sie hat den Bestienjäger entsandt, um die Biester der iberischen Stämme um den Iber und am Fuß der Pyrenäen zu fangen. Diese Taktik wird uns den Weg nach Norden ebnen.«

»Wir sind nicht mal losmarschiert. Die Soldaten gären im Winterlager und werden faul!«, beklagte Qarthalo.

»Vor wenigen Tagen kamen noch ganze Verbände von iberischen Söldnern aus dem Heimaturlaub zurück, ganz zu schweigen von der Schiffsladung balearischer Schleuderer«, wandte Sosylos ein. »Willst du ohne sie losziehen?«

Eine Gruppe Mauersegler zischte wie ein sommerliches Flirren über die flachen Dächer von Hasdrubals Stadthaus und den dicht an dicht stehenden Nachbarhäusern hinweg und ermahnte alle, dass das Frühjahr zur Neige ging.

»Aber uns geht wertvolle Zeit verloren! Die Spione sagen, die Römer nehmen unseren Sieg über Sagunt ernst genug, um ihre Legionen einzuschiffen«, sagte Mago, und auch das erntete ein »Pah« von Maharbal.

»Im Vertrag des ersten Kriegs steht, dass Qart-Hadašt die Gebiete bis zum Iber zustehen. Und umgekehrt, dass südlich vom Iber nichts Rom zusteht«, dozierte er. »Und doch sind Römer zum Rat nach Qart-Hadašt gereist, haben gesagt, sie schütteln Krieg aus ihrer Toga. Das ist lächerlich, haben sie sich im Fluss vertan? Sollen wir ihnen einen Ortskundigen schicken?«

»Meinem Bruder war klar, dass er ihnen mit dem Sieg über Sagunt den Krieg erklärt. Alle wollen diesen Krieg, Qart-Hadašt so sehr wie Rom. Wir müssen diesen Krieg aber so schnell wie möglich von unserem eigenen Land fortbringen, das war Hannibals Plan! Und das scheint sie nicht zu verstehen«, stieß Hasdrubal, Hannibals und Magos mittlerer Bruder, bitter hervor – ihm kam die Aufgabe zu, Iberien zu sichern, gegen Rom, das schon im letzten Krieg in und um Sizilien bewiesen hatte, dass es sich nicht davon schwächen ließ, weitab der Heimat und sogar in einem fremden Element zu kämpfen: dem Meer. »Aber einen Vorteil hat das Warten: Wenn doch noch ein Bote aus der Heimat eintrifft, der sie ihres Amtes enthebt ... Der Posten des Feldherrn ist nicht durch Familienbande vererbbar.«

Maharbal lachte, dass Sosylos mitgrinsen musste. »Er ist also nicht vererbbar, jener Titel, den ein Barkide nach dem anderen erhält und auf den auch ihr beide spekuliert?«

»Sie wählen den am besten Geeigneten aus – aus den großen Familien, natürlich«, entgegnete Mago. »Du kannst nicht leugnen, dass mein Bruder das war. In Sagunt hat er es bewiesen, und er könnte es weiterhin beweisen, wenn er diese baalverfluchte Reise nicht unternommen hätte!«

Hasdrubal lehnte sich vor, und sein Blick war so intensiv, dass selbst die Stadt kurz zu schweigen schien. »Was, wenn sie uns nicht die Wahrheit sagt? Wir alle wissen, dass sie Saginterin ist. Was, wenn das ihre Rache ist? Wenn sie unseren Auszug verzögert, damit wir leichte Beute für die Römer sind?«

Sosylos sagte nicht, dass ein vielzehntausendköpfiges Heer, das von Tag zu Tag anwuchs und die Biester von Stämmen und Völkern unter sich versammelte, nicht gerade als leichte Beute zu bezeichnen war. Der Vorwurf war ein anderer, und er war nun ausgesprochen.

Hasdrubal nickte in die Runde. »Ihr schweigt, weil es auch euch umtreibt. Ein schöner Gedanke, dass Hannibal durch sie bei uns ist. Dass sie er sein kann, damit sich nichts ändern muss. Dass sie ein Heer führen kann mit jenem großen Biest zwischen den Schenkeln, das nur auf sie hört. Es wird uns etwas kosten, sie loszuwerden. Die großen Biester können nicht sterben, oder wenn sie es doch können, so wird Qart-Hadašt nicht unbeschadet bleiben.«

»Aber wir sollten nicht aus einer Vermutung heraus handeln. Was, wenn Hannibal wirklich sein Leben für einen Sieg gegeben hat und sie sein Werkzeug ist, über den Tod hinaus?«, sagte Qarthalo, der zwar kein großer Taktiker war, aber dessen behutsame Abwägungen oft einen neuen Blickwinkel eröffneten. »Was, wenn wir nur vermuten, dass sie uns verrät, weil sie uns stört, weil wir sie loswerden wollen? Weil sie … nicht passt?«

Hasdrubal wies mit dem Finger auf ihn. »Wir sollten klarsehen, bevor wir handeln. Weshalb ich einen Seher herbeigerufen habe.«

Er klatschte in die Hände, und eine alte Sklavin führte über die Treppe einen Mann mit nackter Brust und dunklen Gewändern aufs Dach, der noch jünger als Mago wirkte. Unbeeindruckt trat der Jüngling unter die Verschwörer und stellte ein Tongefäß vor sich ab. Niemand regte sich, während er ein Messer bereitlegte, ein Tuch vom Gürtel zog und Kopf und Schultern damit bedeckte, bis kein Licht mehr auf seine bartlosen Züge fiel. Mit umständlicher Langsamkeit nahm er ein Beutelchen mit schwarzer Asche, vermischte sie mit Wasser zu einer schwarzen Paste und bestrich damit die hellen Innenseiten seiner Hände. Dann schien er bereit für die Eingeweidenschau.

In jedem Teil der Welt schien sie etwas anders abzulaufen. Sosylos kannte es nicht, dass sie außerhalb eines heiligen Ortes durchgeführt wurde, doch der junge Seher holte aus dem Tongefäß eine dunkle Leber, schnitt sie mit einer Präzision auf, als bewege er das Messer entlang einer gezeichneten Linie, beugte sich über das Organ, wie um es von den Blicken der Götter selbst abzuschirmen, und öffnete es vorsichtig. Es roch nach frischem Blut.

Der Seher stieß hauchend den Atem aus, als spräche er wortlos mit der Leber. Er wiegte sich, dann wippte sein Kopf, als nicke er ein. Schließlich klappte er die Leber zu, legte sie mit knappen Bewegungen seiner blut- und ascheschwarzen Hände zurück ins Tongefäß und streifte das Tuch vom Kopf.

»Sprich!«, forderte Mago ihn auf.

»Hast du für die Barkiden das Lamm geopfert?«, fragte Hasdrubal.

Der Jüngling lächelte, irgendwie waren ein paar Spritzer Blut auf seine Wange gelangt. »Natürlich, wie ihr gewünscht habt«, sagte er dann mit einer so tiefen Stimme, als spräche ein älterer, größerer, bärtiger Mann hinter ihm und er bewege nur den Mund. »Es ist sehr viel Blut geflossen, auch die Leber war blutig, blutiger, als sie hätte sein sollen.«

»Was heißt das? Wie ist mein Bruder gestorben?«

Der Seher hob die Brauen. »Blutig. Die Götter sind nicht subtil.«

»Hat seine Frau ihn ermordet?«

»Eine mächtige Frau war im Spiel. Sie brachte ihm den Tod.«

»Die Seherin in Gades? Dido?« Mago verschlug es den Atem. »Haben Himilke und sie sich verschworen?«

»Es gab eine Entscheidung im Tempel zwischen Leben und Tod. Die Priesterin eröffnete diese beiden Wege und einer wurde gewählt. Der blutige.«

»Aber ist er ermordet worden oder hat er seinen Tod gefunden, als er die Bestie erobert hat?«, fragte Hasdrubal ungeduldig.

Der Jüngling schob die Unterlippe vor. »Eine gute Frage.«

»Hast du sie der Leber gestellt?«

Das Grinsen, von seinen Lippen bezwungen, zuckte an seinen Augen auf. »Man kann eine Leber nichts fragen.«

Hasdrubal sprang auf. »Machst du dich über mich lustig?«

Qarthalo legte ihm die Hand auf den Arm. »Hasdrubal, hast du noch nie die Götter um Rat gefragt? Was erwartest du denn?«

Hasdrubal stieß ein halbherziges Lachen aus, dann blinzelte er frustriert. »Aber das blutige Lamm, die blutige Leber – das bedeutet, es steckt mehr hinter seinem Tod, als wir wissen?«

Der Seher hob den Blick in die Sonne und verengte die Augen zu Schlitzen. »Das kann man so sagen.« Damit erhob er sich und ging, und die alte Sklavin achtete darauf, dass er nichts berührte.

Maharbal räusperte sich. »Ich denke, wir sollten ein schnelles Schiff nach Gades schicken und die Priesterin verhören.«

Mago nickte heftig. »O ja. Und nicht nur Dido – wir sollten jeden einzelnen Menschen in dieser götterverdammten Tempelstadt verhören lassen, der meinen Bruder gesehen hat. Oder seine Leiche.«

Eine Leber war eine gute Ratgeberin.

Hannibal wartete am Brunnen eines schattigen Platzes. Mago und Maharbal, mit denen sich Sosylos gemeinsam auf den Weg zurück ins Heerlager gemacht hatte, schenkten der Frau mit dem gefibelten Kleid und dem Tuch über dem zu kurzen Haar keine Aufmerksamkeit und wandten sich nur zu Sosylos um, als der überrascht stehen blieb.

»Ich habe etwas vergessen. Geht ruhig vor«, murmelte er den beiden Verschwörern zu und trat erst zu ihr an den Brunnen, als der breitbeinige Reiterfürst und der bartlose Jüngling in den Gassen verschwunden waren. Er räusperte sich, als müsse er ihre Aufmerksamkeit erlangen, als warte sie nicht hier, um ihm zu zeigen, dass sie ihn gesehen hatte. Dass sie sie alle gesehen hatte.

»Ich nehme an, es ist ausgemachte Sache?«, sagte sie schließlich kühl. »Wer von ihnen soll mich ersetzen?«

»Wir haben uns nur getroffen, um ... zu würfeln. Etwas zu trinken.«

Sie zog die Mundwinkel hoch, es war kein Lächeln, nur ein Mienenspiel, das anerkannte, dass etwas gesagt worden war. »Der, den du Lesen und Schreiben, Griechisch und Latein, Kriegs- und Staatskunst, Geschichte und Geschichten gelehrt hast, ist tot.« Ihr Blick musterte ihn von Kopf bis Fuß. »Du hast ihn beinahe sein ganzes Leben begleitet, hast ihn mit großgezogen. Ich verstehe deine Trauer. Ich spüre sie auch, so wie du und ganz anders.«

»Ich weiß«, brachte er hervor, die Stimme plötzlich belegt. Wie groß musste ihr Kummer sein – niemand von ihnen hatte auch nur danach gefragt.

»Mit fünfzehn habe ich mich das erste Mal neben sein Pult gesetzt und dir zugehört, während nebenan sein Vater und mein Vater die Ehe ausgehandelt haben.«

»Du warst ein wissbegieriges Kind«, gab er zu. »Wie er.«

»Wie er. Seine Brüder zog es nie zu Büchern und Geschichtsstunden. Zu Lektionen über die Strategien Alexanders. Es zog sie zu Pferden und Mutproben.«

»Mutig war er auch.« Rasch fügte Sosylos es an, als ginge es darum, wie sein Schüler in Erinnerung blieb, und sie lächelte wie eine Witwe. Dann nickte sie, das Gespräch war beendet.

»Wir sehen uns im Lager.« Sie kehrte ihm bereits den Rücken. »Vergiss nicht, wer nach ihm deine wissbegierigste Schülerin war.«

VII.

Fulvia zog sich die Palla enger um den Kopf. Niemand durfte sie erkennen – hier, am Rande der Subura, wo sich eine neue Insula an die andere drängte, alle vollgestopft mit mittellosen Plebejern, Freigelassenen und Menschen ohne römisches Bürgerrecht. Sie hatte sich durch das dichte Treiben und die noch dichteren Gerüche zu ihrem Ziel durchgekämpft: ein unauffälliges zweistöckiges Haus etwas abseits des Trubels. Einzig die rot bemalte Tür und die Anwesenheit eines erstaunlich gepflegt aussehenden Schlägers, dessen Tunika zu eng geschnitten für seine muskulösen Oberarme war, zeugten davon, dass es sich nicht um ein Wohnhaus wie jedes andere handelte.

Gaia hatte ihr den Hinweis gegeben, dass sich hier gutes Geld machen ließ – besser als an anderen Orten dieser Art.

Dass der Tratsch von Sklavinnen für Fulvia einmal überlebenswichtig werden würde! Gaia hatte sogar diskret einen Termin für Fulvia arrangiert, und der Schläger ließ sie ein. Gäste waren nur auf Empfehlung hin willkommen.

Fulvia war kein Gast.

An einem Ort wie diesem war in den frühen Nachmittagsstunden noch nicht viel los. Der Raum verschlug Fulvia kurz den Atem, so intensiv roch er nach Rosenöl. Er war fensterlos und wurde von zwei Ölschalen und ein paar hängenden Lampen in schummriges Licht getaucht. Links und rechts gingen Flure ab. An den Türrahmen waren zahllose winzige geflügelte Penisse aus Bronze wie Perlenvorhänge an Schnüren aufgehängt. Der Vorraum wurde von einem Fresko aus Sandstein beherrscht, das eine Fulvia unvertraute Bestie oder Gottheit zeigte, ein gefiedertes Mischwesen mit langem Hals und Fangzähnen. Unter der Decke schmückten gepinselte, rote Buchstaben die Wand: MILLE IOCI VENERIS. Die tausend Spiele der Venus. So wenige von ihnen zu kennen, machte Fulvia nervös, zumal trotz der frühen Stunde gedämpftes Stöhnen aus dem linken Flur zu hören war.

»Du musst Gaia sein«, sagte eine Frau mit einer tiefen Stimme, wie dafür gemacht – und geübt –, in verführerischem Ton zu sprechen. Ihren Akzent konnte Fulvia nicht zuordnen. Die Frau war groß, athletisch gebaut, um die fünfzig und einer der schönsten Menschen, die Fulvia je gesehen hatte. Die dunklen Locken waren zu einer kunstvollen Frisur gesteckt, die seidene Tunika musste ein Vermögen gekostet haben. Ihre Kleidung war die einer reichen Plebejerin, aber sie trug sie ... wie ein frivoles Spiel der Venus.

»Nenn mich Ebriete. Ich bin die Wölfin, die diese Höhle führt«, fuhr sie fort.

»Salve, Ebriete.« Fulvia rückte ihre Armreife zurecht und schluckte am Kloß in ihrem Hals vorbei. Sie fühlte sich mit einem Mal unsäglich schmal und jung und bleich, verglichen mit dem dunklen Schimmer von Ebrietes Haut.

»Du hast mir etwas anzubieten.«

»J… ja.« Fulvia senkte den Blick, obwohl sie sich geschworen hatte, ihre Ehre erhobenen Hauptes zu verkaufen. Je näher sie dem Lupanar gekommen war, desto weniger überzeugt war sie von ihrem Entschluss, auf Pudicitia, die Göttin weiblichen Anstands, zu scheißen und zu tun, was getan werden musste. Welche Optionen blieben ihr schon? Fulvia hatte gebeten, eingefordert, geschmeichelt, gedroht, gefleht – zwecklos. Numerius war gestorben, bevor sie ein eigenes Geflecht an Beziehungen hatte aufbauen können. Seine Männerbünde waren wertlos für sie. Sogar der verschlossene Aulus hatte über wohlgesinnte Familien mehr Geld aufbringen können als sie – aber es reichte längst nicht für den Anwalt.

»Komm näher ins Licht, lass dich ansehen.« Ebrietes Blick glitt über Fulvias Leib. »Einmal umdrehen. Danke dir.«

Natürlich wurde die Ware begutachtet, das hatte sie vorher gewusst. Dennoch zitterte sie und ging offensiv gegen das Zittern vor: »Soll ich mich ausziehen?« Sie war jung und, wie sie so hörte, hübsch, das musste doch irgendetwas wert sein!

Ebriete lachte perlend. »Warte. Heb doch erst mal den Kopf. So schüchtern sieht man ja gar nichts von dir.« Sie fasste Fulvia sanft am Kinn, um ihr Gesicht zu betrachten, ihr in die Augen zu sehen. Bei anderen hätte die Geste herrisch gewirkt, aber bei Ebriete wirkte sie bestärkend. Sie nickte und lächelte Fulvia an. Dann trat sie zurück und versank, ohne zu blinzeln, in Fulvias Blick. Was ging ihr durch den Kopf? Fulvia streifte mit einem Ruck die schlichte Palla von Kopf und Schultern. Die Anonymität darunter war ihr auf dem Weg hierher willkommen gewesen, doch nun musste sie gesehen werden.

»Das hier ist nichts für dich«, brach Ebriete ihr Schweigen.

Fulvia kniff die Augen zusammen. Ebriete hatte sie noch nicht einmal nackt gesehen und wollte sie schon wieder fortschicken? Eben noch hatte sich alles in Fulvia gegen diesen

Ort gesträubt, jetzt war ihr Ehrgeiz geweckt. »Ich habe in eine vornehme Familie eingeheiratet. Ich habe Manieren. Das ist reizvoll für viele Männer! Und ich bin mir trotzdem nicht zu schade, um ... Soll ich mich nicht doch ausziehen?«

Sie fummelte an den Fibeln ihrer Stola herum, sorgsam darauf achtend, dass der Schmuck an Ort und Stelle blieb, als ihr ein besseres Argument einfiel als Nacktheit. Eigentlich hatte sie es nicht ansprechen und die Angelegenheit später schnell über die Bühne bringen wollen, aber jetzt konnte es als letzter Trumpf dienen: »Ich bin noch Jungfrau.«

Ebriete stutzte. »Man sagte mir, du seist eine junge Witwe. Stimmt das nicht?«

»Das stimmt.«

»Ist er etwa vor dem Vollzug des Matrimoniums verstorben?«

»Nein, nein. Sieh ... die erste Frau meines Mannes ist im Kindbett gestorben. Und er wollte, dass ich nicht so schnell schwanger werde. Er hatte ja bereits Kinder und wollte noch ein paar Jahre etwas von mir haben, bevor wir das Risiko einer Schwangerschaft eingehen, sagte er.«

»Ah, also hat er dich in den Arsch gefickt. Oder sich zwischen deinen Pobacken gerieben auf Philosophenart?«

Fulvia war in einem gebildeten Plebejerhaushalt groß geworden, und das Aussprechen solcher Details trieb ihr die Schamesröte ins Gesicht. »Meistens Letzteres«, presste sie kleinlaut hervor.

Ebriete winkte ab. »Kein Grund, sich zu schämen. Solche Spiele sind nicht unüblich in den Haushalten des Palatins. Hat er dir dabei denn auf andere Art Freude bereitet?«

Diese Fragerei wurde Fulvia immer unangenehmer. Konnte sie sich nicht einfach nur ausziehen? Zudem war ihr nicht ganz klar, worauf Ebriete hinauswollte. »Es wäre ... äußerst unschicklich, wenn sich ein Mann zu so etwas herablassen müsste.«

Ebriete seufzte. »Römische Männer wissen einfach nicht, was Spaß ist. Besonders nicht, wenn es um uns Frauen geht.« Sie trat an Fulvia heran, ergriff ihre Hand und barg sie in ihren. »Meine Liebe, glaub mir, das hier ist nichts für dich. Zweifellos würdest du in der Subura einen Zuhälter finden, der dir eine stattliche Menge Asse für deine Jungfräulichkeit bietet. Aber diese Zuhälter haben keinen Respekt – tu dir einen Gefallen und geh ihnen aus dem Weg. Dieses Haus hat aber keine Verwendung für eine, die einen kecken Wimpernaufschlag beherrscht, aber noch nie einen Schwanz gelutscht hat. Die keine Ahnung hat, wie man verführt oder verführt wird.«

Fulvia löste sich von Ebriete und hob ihre Palla vom Boden auf. Ihr Stolz war ebenso fort wie ihre Unsicherheit, zurück blieb nur Niedergeschlagenheit. Verzweiflung. Ihre Ehe war wertlos, nicht einmal zur Frau hatte Numerius sie gemacht – ein Mädchen war sie, das von Venus' tausend Spielen nur eins für Philosophen kannte!

»Aber ich brauche das Geld.« Als würde das etwas ändern!

Ebriete klopfte sich mit dem Finger auf die Lippen. »Du bist also verzweifelt. Verzweiflung treibt oft an, was wir im Schatten tun, aber es gibt andere Arbeit im Schatten, meine Liebe, die weniger Leidenschaft und Erfahrung verlangt, dafür Skrupellosigkeit. Mir könnte etwas Ehrloses einfallen, was deinen Qualitäten entspricht. Komm mit.«

Ebriete teilte den Vorhang aus geflügelten Penissen und ging voraus in den linken Flur. Sie horchte an der ersten Tür zur Rechten, klopfte dann an.

»Wer stört?«, kam ein tiefes Grollen aus dem Inneren.

»Ich bin's, mein Lieber.« Ebriete öffnete die Tür und bedeutete Fulvia, ihr zu folgen.

Die enge Kammer war von Öllämpchen erhellt und roch nach Rosenöl und Sex.

»Verschwindet, ihr Täubchen, ich muss mit ihm reden«, sagte Ebriete.

Ein schmaler, eingeölter Mann und eine üppige Frau mit großen Brüsten schoben sich an der entsetzten Fulvia aus dem Raum. Alle Kissen und Decken, die sich auf der Liege befunden haben mochten, waren in der kleinen Kammer verteilt, und darin saß ein bärenhafter Mann mit stattlichem Bauch, lehnte sich mit einem Seufzer gegen die Wand und grinste selbstzufrieden. Mit einem Kissen verdeckte er Vesta sei Dank sein Gemächt. Er verschränkte die drahtigen Arme, Schweiß glänzte auf heller Haut und im schwarzen Haar, das sich spärlich auf seinem Kopf, aber dicht auf seiner Brust lockte. Man sah ihm den Barbaren an, obwohl er glatt rasiert war nach Art der Römer.

»Darf ich vorstellen?«, fragte Ebriete. »Caras vom Stamm der Arevaker. Caras, das ist ...« Sie deutete auf Fulvia und machte keine Anstalten, sie mit dem Allerweltsnamen Gaia vorzustellen. Sie musste wohl ihre wahre Identität in die Waagschale werfen.

»Fulvia. Mein Name ist Fulvia.«

»Fulvia ist die Witwe eines Patriziers«, sagte Ebriete, was Fulvia so nicht gesagt hatte. Offenbar war sie durchschaubar wie frisches Wasser aus dem Aquädukt. »Die liebe Fulvia ist in einer verzweifelten Lage und bereit, für Geld alles Mögliche zu tun.«

»Wirklich?«, fragte Caras. »Genau so eine kommt mir wie gerufen.« Sein Akzent war eindeutig iberisch, und in seinem Blick flackerte eine Gier auf, die Fulvia mehr Angst machte als alles andere an diesem Tag.

VIII.

Das Flusstal öffnete sich nach Sagunt, doch Tamenzut umflog die Stadt in weitem Bogen. Die meisten Orte nahmen es nicht gerade gelassen auf, wenn sich ein geflügeltes Ungeheuer näherte. Das war der eine Grund. Der andere war Sagunt selbst und was dort geschehen war. Die achtmonatige Belagerung, nach der all der Frust, all die Wut, all die Gier der Soldaten die Belagerten überflutet hatten, als sei mit den äußeren Mauern ein innerer Damm gebrochen. Aus der Entfernung konnte Tamenzut schwarz verkohlte Stadtviertel sehen und rohes Holz wie glänzend vernarbte Haut, wo etwas Neues gebaut wurde. Sie wusste bereits, was sie über Sagunt wissen musste: In den Flüssen, die diesen Landstrich so reich machten, lebten Bestien, und Hannibal hatte Tamenzut entsandt, sie zu fangen. Aus der Luft hatte sie bereits mehrere Stellen ausgemacht, die Flussgötter anzogen – weite Becken mit ausgehöhlten Klippen, in denen sie hausten; flache flüsternde Stellen voller Steine, auf denen sie ihre Revierkämpfe ausfochten.

Der Mond stand günstig. Als er in dickbäuchiger Pracht aufging, war Tamenzut bereit. Die Sphinx ruhte am schattigen Flussufer, während ihre Herrin verschwitzt mit einer Kuh vom höher gelegenen Weideland heruntergestapft kam. Die Narben an den Beinen – sie war als Kind von einem Mantikor gebissen worden – wurden durchkreuzt von den Striemen der Dornsträucher, die das Flussufer weglos machten. Auch die Kuh war nicht sonderlich kooperativ gewesen, und nun scheute sie vor dem Geruch der Sphinx zurück. Tamenzut schnalzte mit der Zunge, und das Biest gähnte knurrend, streckte sich und kam auf grazilen Pranken aus ihrem Versteck.

»Du weißt, was zu tun ist.« Tamenzut zerrte am Strick der Kuh, die panisch muhend mit den Augen rollte. Sie band sie an einem Baum am Ufer fest. »Mach schon, sie kackt alles voll vor Angst!«

Die Sphinx legte ihre honigfarbene Pranke auf den Hals der Kuh, brachte ihr Menschengesicht nah heran, öffnete die Kiefer mit den spitzen Zähnen und leckte dann über das Fell der Kuh. Der barst beinahe das Herz, der Euter tropfte, der Darm schien vorerst entleert. Zitternd und schnaufend hielt sie still, als die Sphinx ihr über die Schlagadern am Hals leckte, über die Fesseln, das Rückgrat, sogar über den Euter. Die sanft bewimperten Augen, denen die Griechen eine Verwandtschaft mit der göttlichen Hera nachsagten, rollten unfokussiert umher.

»Genug.« Die Sphinx hatte an der tropfenden Milch Gefallen gefunden. Mit weißen Spritzern in ihrem goldbepelzten Frauengesicht gehorchte das Monster. »Wirklich.« Tamenzut seufzte. »Das ist mein Abendessen!«

Mit zwei langen Tauen war die Kuh an beiden Ufern festgebunden und in Position gebracht. Das Tier stand verstört und müde auf einem flachen Felsen im Wasser, die Dunkelheit tat das Ihre dazu. Doch lange musste sie nicht warten. Ihr monströser Duft nach dem Speichel der Sphinx und ihr für Flussgötter attraktives Äußeres lockten jene an, die um sie warben, noch bevor Tamenzut ihren Milchbrei heruntergeschlungen hatte.

Flussgottheiten gab es in zahllosen Gestalten: mit Schlangenleib oder Fischkörper, lüsterne Männer mit Flossen und Schuppen oder laszive Frauen, die sich in Enten verwandeln konnten.

Doch hier bewies Tamenzut das Donnern von Hufen auf Kies und im Wasser, dass sie richtiglag. Natürlich lag sie richtig.

Sie stellte die Schüssel beiseite und stützte sich auf den Speer. Ihr Leib schmerzte, wie immer, wenn sie diesen undankbaren Körper ausruhte, und sie versprach ihm, so bald keine Gnade mehr walten zu lassen.

Der erste Stier preschte flussaufwärts. Sein weißes Fell glitzerte feucht im Mondlicht, er musste gerade erst aus dem Wasser aufgetaucht sein. Wie bei der Sphinx war sein Gesicht menschlich, allerdings nicht bepelzt, sondern hell und nackt, die sich wie Rinnsale kringelnden Locken von Stierhörnern gekrönt. Sein Kinn zierte ein absurd wilder Bart. Die Miene war brunstverzerrt, die Nüstern waren geweitet, und er sog den Duft der Kuh ein: monströser Sphinxspeichel und die Angst eines gewöhnlichen Rindviehs. Tamenzut sah, dass sein Glied dabei war, sich auf eine Weise vom Rest des Leibs abzuspreizen, als wolle es damit nichts mehr zu tun haben. Gut: So würde kaum noch ein klarer Gedanke durch den Bestienschädel gehen.

Der Fluss geriet in Aufruhr, als ein zweiter Stier aus der anderen Richtung nahte, um ein vermeintlich göttliches Weibchen zu erringen. Dieser Stier war nachtschwarz, sein Gesicht lief in einem spitzen, dunklen Bart aus, in den menschliche Verehrerinnen Blumen geflochten haben mussten.

Gerade als der weiße Stier die Kuh bespringen wollte, prallte der schwarze Stier gegen ihn. Ein Horn riss ihm die Seite auf, er fiel ins Wasser, und mit einem wutschnaubenden, geilheitsblinden Gebrüll kam er wieder auf die Hufe.

Tamenzut gab ihrer Sphinx den stummen Befehl, noch zu warten, und sie hatte recht: Ein dritter Stier tauchte direkt vor der Kuh aus dem flachen Wasser. Er setzte sich aus mondlichtgrauen Tropfen zusammen. Das Gesicht eines unerfahrenen Jünglings blickte drein, als wolle er die Kuh um Rat in Liebesdingen bitten, den sie vielleicht erteilt hätte, wenn der Graue nicht in diesem Moment von dem Weißen auf die Hörner genommen worden wäre. Tamenzut durchfuhr ein Jubel: Das hier würde ein Kampf werden, wie sie ihn sich wünschte!

Schnaubend krachten beide Tiere gegen einen Felsen, Kies und Wasser schäumte begeistert. Der schwarze Stier wollte die Gelegenheit nutzen, sich über die Kuh herzumachen, doch Tamenzut durchtrennte eines der Seile, und die Kuh suchte das Weite am jenseitigen Ufer, nicht ahnend, dass ein zweites Tau sie noch hielt. Der schwarze Stier setzte ihr nach, da eröffnete die Sphinx den Kampf, von dem diese drei

Schwerenöter noch nicht gewusst hatten, dass er ihnen bevorstand. Mit Löwinnengebrüll trieb sie ihn zurück, und nun dämmerte es dem Weißen und dem Grauen, dass niemand aus diesem Spiel siegreich hervorgehen würde. Außer Tamenzut, natürlich.

Lautlos war sie heran, den Speer in der einen Hand, das Tau in der anderen, und warf dem Weißen die Schlinge über die Hörner. Sie zog zu, als er blindlings davonrauschen wollte. Mit einem Schnalzen straffte sich das Seil am Baum und warf den verletzten Giganten zurück. Tamenzut setzte den Speerschaft in den Kies und sprang auf den wie wütende Wellen geschwungenen Rücken der Kreatur. Schon wollte sie ihm die Speerspitze ins Hirn treiben, als er im Kreis bockte. Sie klammerte sich an seinen Locken fest, verlor den Speer. Fluchend ließ sie sich gerade rechtzeitig auf die rechte Seite des Stiers fallen, als der Graue in seltener Brüderlichkeit zwischen Konkurrenten mit den Hörnern nach ihr schlug. Sie prallte auf Steinen unter Wasser auf, ihr Fuß rutschte ab, sie spürte kaum, wie sich das Gelenk verdrehte. (Ihr Körper würde sie später daran erinnern.) Die Sphinx war heran, wie ein Hütehund trieb sie die Stiere zu einem brüllenden Pulk zusammen – sie auf der einen Seite, das Tau, das den Weißen hielt, auf der anderen.

Ein Hieb der Pranke ließ den Speer aus dem Wasser springen, Tamenzut fing ihn auf, wirbelte herum und pflanzte die im Mondlicht aufblitzende Spitze in die weiße Stirn vor ihr. Das Grollen, mit dem der Weiße die umliegenden Hänge mit den steinchenrieselnden Vorboten von Geröllawinen erschütterte, verklang zu einem jähen Winseln. Sie durchschlug den Knochen, zog dann den Speer zurück.

Als der Weiße in die Knie sackte, setzte der Graue mit panisch-jugendlichem Sprung über ihn hinweg. Die Sphinx setzte ihm nach, zog ihm Striemen ins Fell. Tamenzut wollte sich erst dem Schwarzen widmen, doch das Wasser um den

Grauen herum brodelte, seine Gestalt begann sich aufzulösen.

Mit einem Schrei sprang sie ihm am Schaft ihres Speers hinterher, wirbelte die Waffe in der Luft herum und versenkte sie mit grausamer Präzision in der Stirn des Grauen. Er sah sie mit verwunderten, verstörten Augen an.

Wie die Menschen in Sagunt, als die Karthager kamen?, schoss es ihr durch den Sinn. Monstren mit menschlichen Gesichtern – dabei kamen ihr manchmal die seltsamsten Gedanken.

Sie fuhr herum zum schwarzen Stier, der dabei war, eine zutiefst männliche Dummheit zu begehen: Statt zu fliehen, war er zum entgegengesetzten Ufer gerauscht und setzte dort der Kuh nach, deren Flucht am Tau scheiterte.

»Das wäre deine Gelegenheit gewesen, mein Freund«, sagte Tamenzut und fand ein drittes Ziel für den Hunger ihrer Speerspitze und ihrer Feldherrin.

IX.

Das Hochgefühl der dreifach erfolgreichen Jagd war längst verflogen, als Tamenzut mit den Stieren in Qart-Hadašt ankam. Sie hasste Schiffsreisen, doch Flussgötter konnten nun einmal nicht fliegen. Die Speerwunden in der Stirn waren äußerlich verheilt. Innerlich verheilten sie nicht: Erst mit dem Tod ihrer Jägerin würden die Bestien wieder frei sein, bis dahin war Tamenzuts Wille ihr Wille. Doch diese drei brachten ihren Willen an seine Grenzen. Tag und Nacht versuchten sie einander mit Heimtücke zu übertrumpfen, verkeilten ihr Gehörn, beharkten einander, bis Tamenzut sie an verschiedenen Enden des Handelsschiffs festband. Dazu kam, dass Monster zwar weder fressen noch saufen noch kacken *mussten,* diese drei es aber ständig taten.

Voller Überdruss kam sie im iberischen Qart-Hadašt an und platzte in unverkennbare Aufbruchsstimmung. Einheiten wurden aufgestellt und Pferde inspiziert, Zelte abgebrochen und Wagen gepackt, letzte Hand wurde an Waffen, Schilde und Ausrüstung gelegt. Sie sah in viele junge Gesichter, gespannt waren ihr Soldaten entgegengeeilt, um zu sehen, was sie brachte. Der durchdringende Geruch nach Feuer, Menschen, Pferden und Elefanten verwirrte die Stiere immerhin derart, dass sie einander ausnahmsweise nicht aufzuspießen versuchten. Nur knallrote Zahnabdrücke des Grauen im Ohr des Weißen zeugten vom Konflikt beim Verlassen des Schiffs.

»Keine einäugigen Elefanten«, hörte sie einen Jüngling rufen.

»Es sind bloß drei Ochsen, die dämlich gucken. Verwandtschaft von dir?«, erwiderte ein anderer mit erstem Bartflaum.

Andere lachten – es lag ein fiebriges Gluckern in ihrem Lachen, eine unbehagliche Nervosität, verstärkt von der Tatsache, dass die Stiere menschliche – männliche – Gesichter hatten. Tamenzut wusste, dass jene Monster den Menschen die schlimmsten waren, in denen sie sich selbst erkannten. Tamenzut hatte die Sphinx wohlweislich in die Berge geschickt; sie sorgte regelmäßig für panische Menschenmengen, die ihr voreilig Rätsellösungen präsentierten, obwohl sie nicht *diese* Sphinx war, nicht das große Biest von Theben.

»Keine Ochsen, Stiere«, korrigierte ein älterer Mann und wedelte mit der Hand zwischen den Beinen. »Immerhin haben sie Hörner zu bieten.«

»Scheiß ihm vor die Füße«, murmelte sie ins angeknabberte Ohr des Weißen. Der schnaufte in seinen struppigen wilden Bart und kackte dampfend vor iberische Sandalen.

Die Männer brachen in schreiendes Gelächter aus.

Tamenzut hielt erst im Schatten des Elefantenbiests an, in dem sich Hannibals Zelt befand. Doch statt Hannibal trank ihr Schüler dort Wein mit einem anderen Numider, der breite Armreife trug und den Anhänger einer berittenen Göttin.

»Wo ist Hannibal?«

»Ich freue mich auch, dich zu sehen, Tamenzut«, begrüßte Adherbal sie.

Tamenzut sah von oben herab auf die beiden sitzenden Männer. Sie gab sich bei den Männern ihres eigenen Volkes noch hochmütiger als bei iberischen, griechischen, keltischen oder römischen. Letztere mochten bei ihr annehmen, sie stamme aus einer Kultur mächtiger, kriegerischer Frauen wie den Kandaken von Kusch. Numidischen Männern war jedoch rasch klar, dass aus Klein-Tamenzut nur durch Zufall keine ihrer Ehefrauen und Mütter geworden war.

»Ich habe die Bestien, nach denen Hannibal verlangt hat.«

»Drei Ochsen.« Der andere Numider ließ ein attraktives Grinsen über seinem lockigen weichen Bart aufblitzen.

Sie legte die Hand an den Penis in der Gürtelscheide. »Es sind Flussgötter«, sagte sie langmütig. »Und zudem Stiere.« Penisse verschafften Respekt. Auch vor Stieren hatten Männer mehr Achtung als vor Ochsen oder – Tanit bewahre! – Kühen.

»Ich trinke gerade einen Becher Wein mit Maharbal.« Adherbal bemühte sich, die frühen Wogen dieses Kennenlernens zu glätten. »Möchtest du dich dazusetzen?«

»Ihr könnt später trinken und erst diese drei Flussgötter getrennt anleinen«, schlug Tamenzut vor. »Sie spießen einander sonst auf. Sie sind weniger schlau, als sie aussehen.«

»Dieser Mann hier hat Hannibal siebzehn iberische Stammesbiester gebracht«, prahlte Maharbal anstelle ihres Schülers. »Ihre Geiselnahme wird uns die Treue und die militärische Stärke von siebzehn Barbarenstämmen sichern. Und er soll jetzt deine drei … zänkischen, triefnassen Huftiere anleinen? Zeig etwas mehr Respekt, Frau.«

»Nein, nicht!« In Adherbals Augen stand die berechtigte Angst, sie könne den Penis herausholen und damit die Weinbecher auf dem Tisch zerschlagen. »Das ist meine Lehrmeisterin Tamenzut. Flussgötter sind mächtige Kreaturen, ich helfe ihr gern.«

»Kein Schüler muss sich dafür schämen, die eigenen Lehrer zu überflügeln. Vor allem, wenn es Lehrerinnen sind.«

O ja, dieser da. Der legte es auf Schwanzvergleich an, es war wirklich nicht ihre Schuld. Sie seufzte und zog den Penis hervor. Adherbal sprang auf und packte ihre beiden Hände.

»Ich helfe dir beim Anpflocken. Bitte«, flüsterte er. »Lass es.«

Sie übergab ihm eines der Seile. »Ich komme auf das Angebot mit dem Wein zurück«, drohte sie.

Maharbal hob prostend den Becher.

»Meisterin ...« Sie zogen die Stiere voran, und Adherbal schlug einen beschwörenden Tonfall an. »Es steht gerade alles auf Messers Schneide für deine Feldherrin, Elefant hin oder her. Maharbal ist einer von Hannibals Reiterfürsten. Obwohl er Numider ist, hat er Einfluss auf die Kommandanten und Berater aus Qart-Hadašt. Diese mächtigen Männer müssen bereits akzeptieren, dass eine Frau sich Namen und Stellung ihres Heerführers gibt – und ob sie das tun, ist längst nicht ausgemacht. Wenn du mit deinem Holzpenis um dich schlägst, hilfst du damit deinem Stolz, aber nicht Hannibal.«

»Wir sollten sie wirklich nicht mit mehr als einer Frau auf einmal konfrontieren«, spottete Tamenzut.

»Nicht mit mehr als einer Frau, die ihre Grenzen übertritt!«

Er war so talentiert darin, ihr ihre eigene Welt zu erklären. Niedlicher Schüler Adherbal.

»Ich habe es schon beim ersten Mal verstanden.«

»Entschuldige.« Der Graue hatte seinen Mumm wiedergefunden und rempelte den Schwarzen an, der ein gereiztes Muhen von sich gab. »Auseinander! Els Donner, was ist los mit diesen Biestern?«

Adherbal versuchte, sie auseinanderzuzerren, doch Tamenzut musste mit dem Speerschaft auf die flache Stirn des jugendlichsten Flussgottes schlagen, damit der Ruhe gab.

»Wie sollen die uns in einer Schlacht nützen?«

»Ach.« Tamenzut winkte ab. »Sofern es uns gelingt, eine brünstige Kuh mitten ins römische Heer zu stellen ...«

X.

Gewitterstimmung brodelte über den Köpfen der beiden Barkidenbrüder. Mago und Hasdrubal hatten einen Boten abgefangen – Sosylos sah es, als er mit einer Zählung von keltiberischen Stammeskriegern fertig war. Auch Hannibal, die mit dem Fürst sprach, war aufmerksam geworden. Als Ibererin wurde sie von der Heiligen Schar, den karthagischen Soldaten, mit Misstrauen bedacht, doch die iberischen Fürsten strahlten sie stets an wie eine vermisste Tochter.

Hannibal schwang sich auf ihre Stute, deren Fell genauso alabastern war wie die Haut des Elefanten – die Decke auf dem Rücken des Tiers hatte sie mit dem goldenen Sonnenmuster besticken lassen, das der Elefant auf der Stirn trug.

Auf dem Weg zu Mago und Hasdrubal wurde sie erkannt und gegrüßt, man machte ihr Platz und tuschelte hinter ihrem Rücken. Sosylos schloss verschwitzt zu ihr auf.

»Ein Bote aus Qart-Hadašt«, vermutete Hannibal und ließ sich vom Pferd gleiten. Die Zügel warf sie einem der libyschen Pferdeburschen zu.

»Wir sollten alle Kommandanten versammeln«, knurrte Hasdrubal – was verhieß, dass er die Nachricht missbilligte. Bedeutete das, dass sie zu Hannibals Gunsten ausfiel?

Hannibal streckte die Hand danach aus. Sosylos beobachtete: sie, wie sie las und dabei keine Miene verzog; Hasdrubal und Mago, wie sie ungeduldig dabei zusahen; Qarthalo, der sich die staubige Straße entlang zu ihnen vorarbeitete, ebenfalls zu Pferde. Er kam aus der Stadt, hatte sicher das karthagische Schiff anlegen sehen.

»Aha«, machte Hannibal, ein kurzer Laut des Verstehens, den die Iberer anders vorbrachten als die Karthager. Sie reichte den Brief an Sosylos weiter, doch bevor der die erste Zeile in sich aufnehmen konnte, ereiferte sich Hasdrubal bereits darüber.

»Es gibt Streit im Magistrat! Streit, der uns den Feldzug kostet!«

»Sie ist nicht einmal selbst Barkidin! Sie ist doch nur mit einem Barkiden verheiratet gewesen«, fügte Mago an.

Sosylos bemühte sich, das Gespräch und den Brief gleichzeitig zu erfassen.

»Die Barkidenfeinde im Rat waren schon immer gegen Hannibal. Dass keiner von euch beiden ernannt wurde, ist ihr Werk.« Sie nickte den beiden Brüdern wie mitfühlend zu. »Aber auch kein Mann aus einer anderen edlen Familie hat eine Mehrheit gefunden – weder Qarthalo noch Gisgo. Und deswegen wollen sie uns ausharren lassen.«

Ja, so stand es da. Der Rat der Einhundertvier hatte beschlossen, dass das Heer nicht nach Norden aufbrechen, sondern aufgeteilt werden solle, um Zentraliberien, seine Silberbergwerke und aufmüpfigen Stämme zu sichern. Ein neues Oberkommando würde aus Karthago eintreffen, sobald man sich geeinigt habe.

»Das wird uns die Köpfe kosten.« Hasdrubals Augen waren schmal vor Wut.

»Vor dem Rat oder hier?«, fragte Mago. Der Magistrat war dafür bekannt, Feldherren hinzurichten, mit denen er unzufrieden war. Meist rollten dabei keine Köpfe – die Betreffenden wurden ans Kreuz geschlagen.

»Für die Römer war Sagunt schon die Kriegserklärung«, erklärte Hannibal dem jüngeren Schwager und erntete ein Nicken vom älteren, der grollte: »Und das ist über drei Monate her! Wenn wir diesen Sommer verstreichen lassen, fallen sie hier ein. Mit Schiffen, mit Fußtruppen.«

»Dann führen wir den Krieg hier statt dort, wo Hannibal ihn führen will«, sagte Hannibal und klärte nicht auf, ob sie sich selbst oder den Verstorbenen meinte. »Was sagst du, Sosylos?«

Er öffnete den Mund und schloss ihn wieder. Er scheute sich nicht, Feldherren zu beraten, doch er war im Zweifel, ob diese Feldherrin mit einem Kriegszug gut beraten war. Feldherrin von Gnaden eines monströsen Elefanten – dieser Spuk würde doch bald ein Ende nehmen, *musste* doch bald ein Ende nehmen?

Er entschied sich für einen Allgemeinplatz: »Taktisch gibt es dazu nicht viel zu sagen. Entweder wir nehmen uns den Vorteil und tragen den Krieg zu ihnen, oder wir sind in der Defensive.«

Sie ließ den Blick schweifen, sah Qarthalo näher kommen und atmete tief den Geruch des Heers ein, das nach Aufbruch, Leder und geöltem Eisen roch. »Und was sagst du dazu, dass Qart-Hadašt zu den alten Sitten zurückkehrt und das Oberkommando zu einer Sache des Rates macht? Und nicht zu einer Sache des Heers selbst?«

Sosylos spitzte die Lippen und tauschte einen Blick mit Hasdrubal, dem Hannibals Worte Hoffnung in die dunklen Augen gesetzt hatte. Sosylos kratzte sich hinterm Ohr – nur dort fand er heutzutage noch Haare. »Seit das neue Qart-Hadašt gegründet wurde, hat das Heer in Iberien entschieden, wer es führt. Und der Magistrat hat diese Wahl stets abgenickt.«

»Und jetzt schicken sie jemand Neuen. Aus dem alten Qart-Hadašt. Seine einzige Erfahrung wird sein, mit aufmüpfigen Numidern gerangelt zu haben«, sagte Hannibal mit Bedacht.

Mago lachte.

»Er wird kein Barkide sein.« Hannibal wandte das Gesicht der Sonne zu. »Nicht wie ihr, meine Brüder. Oder ich.«

»Du kannst das Heer nicht führen. Wir lassen mich zum Heerführer bestimmen und teilen es Qart-Hadašt noch mit demselben Schiff mit.« Hasdrubal fixierte bei diesen Worten Sosylos, als erwarte er, dass der sofort ein Schreiben aufsetze.

Hannibal schüttelte den Kopf. »Einer muss das Heer führen, das in Iberien bleibt, denn die Römer werden versuchen, uns den Krieg zu bringen. Hannibal hat dich schon im Winter dazu bestimmt. Und einer muss das Heer führen, das nach Norden zieht, den Iber überschreitet und den Römern den Krieg bringt.«

»Und das willst du sein?«, höhnte Mago.

»Nein, das wird der Elefant sein. Habt ihr das vergessen?«

»Übergib ihn mir!«, forderte Mago. »Sag ihm, er soll mir gehorchen.«

Hannibal seufzte. »Das kann ich nicht. Dein Bruder hat ihn an mich geknüpft. Ihn an mich und mich an euch.« Damit packte sie Mago an der Schulter. »Aber du ziehst mit mir, Mago. Um ihn zu ehren: Hannibal zu ehren! Wir drei – Hasdrubal, du, ich – können Qart-Hadašt beweisen, dass wir diesen Krieg zu führen wissen.«

Hasdrubal stieß die Luft aus, zog die Stirn zu den Falten eines weitaus älteren Mannes zusammen. »Das heißt, wir widersetzen uns dem Befehl des Rates?«

Hannibal riss erstaunt die Augen auf. »Wolltest du ihm etwa gehorchen?«

Da lachte er. »Das Heer war leider nicht mehr zu stoppen, als das Schiff hier ankam. Oder was sagst du, Schreiber?«

»Das kann ich als Antwort formulieren«, bestätigte Sosylos, und alle vier grinsten breit, als Qarthalo bei ihnen ankam.

XI.

Das Winterlager war nur um sich selbst gekreist, ein Seil, das wieder und wieder in sich verdreht wird, oder eine Schleuder, die immer schriller pfeifend über dem Kopf eines Balearen zum Abschuss bereit gemacht wird.

Der Brief aus Karthago war wie die Entladung eines Onagers, wie das Loslassen einer Schleuder. Das Geschoss, das nun auf dem Weg war, war nicht mehr aufzuhalten.

Seine Flugbahn zu mutmaßen, fiel Sosylos nicht länger schwer: War er zunächst zurückhaltend darin gewesen, Hannibals Taten so zu beschreiben, wie er die ihres Mannes und dessen Schwagers und Vaters festgehalten hatte, so fiel es ihm nach dem Aufbruch immer leichter; zunächst auf Wachstäfelchen, dann – wann immer er die Muße und die Gelegenheit zu einer sauberen Abschrift hatte – auf Papyrus.

Bedeutungsschwer schien jeder morgendliche Marschbefehl, jedes abendliche Lied am Feuer, jeder Ochsenkarren, der mit Futter für die vierzig immer hungrigen gewöhnlichen Elefanten zu ihnen stieß, jede neue Botschaft aus dem Norden von Gallierfürsten, die Hannibal zusicherten, ihr Heer dürfe unbehelligt passieren, oder die ihr Unterstützung anboten, oder die die Bedingungen akzeptierten, die sie ihnen als Unterwerferin ihres Stammesbiests diktieren konnte.

Sie baute auf Verhandlungen auf, die der nun verstorbene Hannibal bereits begonnen hatte, und die Boten hatten Anweisung, von Hannibal zu sprechen, als sei es noch derselbe. Es wäre einem Gallierfürsten sicherlich egal, ob er mit einem jüngeren oder älteren Hannibal, Hasdrubal, dem Schwager, oder Hasdrubal, dem Bruder, dem einen oder anderen Hamilkar oder Mago zu tun hatte. Wie die Namen der Römer waren die der Karthager gleichförmig, und wichtig war, wofür sie standen. Wo*vor* sie standen – vor einem Heer, wie Gallien es noch nie gesehen hatte. Aber konnte eine Frau für dasselbe stehen? Demselben *vor*stehen? Sie würden es erfahren, wenn sie näher kamen.

Und näher kamen sie, Schritt für Schritt, Hügel für Hügel, Fluss um Fluss, Stadt um Siedlung um Dorf um Gehöft. Sie nahmen, was sie brauchten, und Sosylos wusste, dass das nicht nur Heu für die Pferde und Elefanten war. Es war nicht nur Nahrung für die Armee. Es waren nicht nur weitere Söhne Iberiens. Die Frauen in den Orten entlang des Weges ließen sich oft anziehen von Abenteuerlust, Kühnheit, der Ahnung davon, dass im Herz eines Kriegs etwas nicht enträtselbares Männliches lag, das ihnen verschlossen bleiben würde. Und wenn sie nicht davon angezogen wurden, nun ... es war fraglich, wie viel Rücksicht kriegslustige Männer auf die eigene Bevölkerung nahmen.

Hannibal war beschäftigt. Sie instruierte Boten, gab Aufträge an den Monsterjäger oder beriet sich mit den Kommandanten. Tagsüber ritt sie dem Heer voran – nicht vor der Vorhut, das wäre töricht, aber an der Spitze des Hauptheers, auf dem alabasternen Elefanten; als Versprechen auf Unvergessliches, Unaussprechliches.

»Die Römer werden bereuen, dass sie uns Krieg aus der Toga geschüttelt haben«, sagten die karthagischen Edlen im Heer.

»Wir ziehen gegen Rom«, sagten die einfachen Soldaten.

»Wir wagen, was Hannibal geweissagt wurde«, sagte Hannibal.

Doch was war das? Ein zweiter Krieg gegen Rom, um Italia zu besetzen? Ein Bündnis mit den Galliern, um einen Keltensturm zu wagen? Plünderung und Raub, um Städte voller Gold, Schiffe voller Handelswaren, Tempel voller Opfergaben zu erbeuten? Der ganze Westen des Inneren Meers? Oder das, was ihnen vor dem ersten Krieg gehört hatte? Sollte Rom eingenommen werden? Belagert? Zerstört? Zu einem dritten Qart-Hadašt gemacht?

Einmal, als alle Befehlshaber schlafen gegangen waren und nur Maharbal noch wie zufällig vor dem Zelt saß – ein Schemen vor dem Feuer, der entweder auf Hannibal achtgab oder sie beobachtete oder eine Gelegenheit suchte, das zu entscheiden –, hatte Sosylos Hannibal danach gefragt. Welchen Rat Hannibal in Gades gesucht hatte. Was Dido ihm gesagt hatte, dass er sogar gestorben war, damit es geschah.

»Dasselbe wie mir«, antwortete sie nur und sah kaum von einer seiner Schriftrollen auf. Abends besserte sie mit ihrer Hilfe ihr Griechisch auf, denn die Gallierfürsten würden Griechisch sprechen, gerade im Umland der griechischen Stadt Massalia. Viele Gallier sprachen und schrieben Griechisch, wenn sie Handel trieben. Untereinander redeten sie nur ihre keltischen Sprachen und schrieben nichts und blieben jenen Griechen, die über sie schrieben, ein Rätsel.

»Aber was ist das?«, hakte er nach. »Wie bringst du dieses ganze Heer dazu, dir zu folgen, ohne zu sagen, wohin es geht?«

Sie lächelte. Sie war immer von kaltem Gemüt gewesen, Himilke. Volle Lippen, die Myriaden winziger Nuancen kannten, von denen sie sich nur wenige gestattete. Eine breite Nase, wie das schwarze Haar ein Hinweis darauf, dass nicht nur Ibererblut in ihrer Ahnenlinie steckte. Sie trug es seit seinem Tod kurz wie Hannibal, und wie sein Haar auch legte es sich in Locken. Wenn sie sein Rüstzeug trug und die goldene Maske, machte sie viele glauben, dass sie Hannibal war. »Wir wissen doch alle, worum es geht.«

»Rom Land wegzunehmen? Wieder über das Meer zu gebieten? Rom in einem zweiten Krieg zu nehmen, was sie uns nahmen? Rache? Rom brennen zu sehen?«

Sie rollte die Schriftrolle zusammen. »Es geht um den ersten Schritt.«

»Jeder Schritt sollte wissen, wo er endet.«

»*Dass* es endet, hat die Seherin gesagt.« Hannibal wandte sich ihm zu, er schrak zusammen, als sie seine Hand nahm, eine glatte Hand, die seine tintenfleckige nahm, aus der die Adern hervorstanden. »Sosylos, sie sagte, dass es vollständig endet. Kein Qart-Hadašt wird mehr existieren. Die Männer getötet, die Frauen und Kinder verkauft. Das Land versalzen.«

Er riss die Augen auf. Sie legte den Kopf schief, ein Mundwinkel als versonnenes Halblächeln. »Dass es nicht endet, das ist mein Ziel. Wenn ich kein Ende kenne, dann wird es vielleicht auch kein Ende geben.«

Er nickte, und es fiel ihm schwer, nicht die Luft anzuhalten. Sein Herz flatterte, als seien sie Jugendliche vor dem ersten Kuss, doch dieses Bild stieg nur in ihm auf, weil sie eine Frau war. Hätte ein Mann ihm von Tod und Verderben erzählt und dabei seine Hand gehalten, hätte er das Herzflattern als das eingeordnet, was es war: ein schicksalhaftes Grauen.

Sie erreichten den Iber im Hochsommer. Furten führten hindurch, er war nicht schwer zu überschreiten. Dennoch war alles nördlich davon unsicheres Land, Gebirgsvorland mit Stämmen, die sich mit dem Vertrag, der den Karthagern den Iber als Grenze setzte, sicherer gefühlt hatten als mit einem hunderttausendköpfigen Heer auf ihrem Land.

Hannibal hatte Vorkehrungen getroffen: Die Biester der Ilergeten, Airenusier und Andosiner dienten in der Mitte des Heers als Geiseln gegen diese drei wankelmütigsten, gefährlichsten Stämme. Sie hatte zudem die Einheiten durchmischt, sodass keine einzige davon nur von Kriegern eines tributpflichtigen Stammes besetzt war, sondern dass sie sich immer mit den Männern mischten, die schon Sagunt erobert hatten und deren Treue Hannibal sich mit dem Plündern der Stadt verdient hatte.

In den Pyrenäen warteten die Bargusier auf die beste Gelegenheit – doch die kam nicht in der Furt. Zu geschickt baute die Vorhut nach und nach ein Nachtlager zu einer provisorischen Festung aus, die auch den mehr als zehntausend Pferden und vierzig Elefanten den Übergang ermöglichte, ohne dass ihnen wütende Keltiberer in die Flanken fallen konnten.

Abends beriet sich Hannibal mit dem Monsterjäger Adherbal und seiner Gehilfin, die kurz vor dem Abmarsch des Heers die Stiere gebracht hatte, die zu nichts taugten und nicht einmal Karren über den Iber gezogen hatten. Adherbal war ein kräftiger Numider um die dreißig, hübsch auf eine Weise, die Sosylos gefiel. Die Frau hingegen hatte Schultermuskeln wie Taue, dazu störten knotige, helle Narben die bronzene Haut und schienen sich wie Schlangen aus der kurzärmligen Tunika zu winden. Eine Menge Runzeln umgaben ihre Augen, weil sie zu oft in einen sonnigen Himmel geblinzelt hatte, und ihren Mund, weil sie zu laut und zu herrisch lachte. Ihr Haar war eng an den Kopf geflochten, die Zöpfe zu einem harten, kleinen Knoten am Hinterkopf gebunden. Sie saß breitbeinig da in einer Hose wie ein Gallier. Adherbal rief sie nicht zur Ordnung, was vermutlich bedeutete, dass sie seine Mutter war.

»Das bargusische Biest«, verkündete Adherbal die schlechte Nachricht, »wurde im vergangenen Jahr von römischen Monsterjägern erbeutet. Es war irgendeine Art Pferd.« Die meisten iberischen Stammesbiester waren irgendeine Art Pferd.

»Könnte man es befreien und den Bargusiern zurückgeben im Austausch für Friedfertigkeit und kampftüchtige Söhne?«

»Die Römer bringen alle Monster, die sie finden können, nach Rom. Sie lassen sie dort bei ihren Spielen antreten, richten Verbrecher damit hin«, warf die ältere Frau ein und spielte mit etwas in einer Lederscheide an ihrem Gürtel, vielleicht einem kurzen Knüppel oder einem Dolchgriff.

»Was, würdest du sagen, haben sie vor, Sosylos?« Hannibal zupfte gedankenverloren an ihrem sonnenverbrannten Nacken.

»Abwarten, bis wir vorbeigezogen sind, und uns dann in den Rücken fallen. Vielleicht versuchen sie, die anderen Biester zu befreien, um sich mit den zugehörigen Stämmen zu verbünden. Auf jeden Fall werden sie uns vom Nachschub abschneiden. Ab hier sind wir ein Heer in feindlichem Gebiet und nicht mehr ein Herrschaftsgebiet, das seine Grenzen verschiebt.«

Hannibal seufzte. Sie aß nebensächlich den Eintopf, den auch die Soldaten aßen. »Das wird früher oder später passieren, aber nicht jetzt schon. Also müssen wir das Land besetzen. Hol die Kommandanten, Sosylos. Wir spalten einen Teil des Heers ab, und dieser Teil muss die Bargusier beschäftigen. Uns den Rücken freihalten. Dieser Feldzug wird nicht ins Stocken geraten, nur weil wir uns langwierige Scharmützel mit Bergdörfern liefern.«

Nicht dass nachher doch noch ein neuer Heerführer eintraf.

XII.

Tags bildete das Hämmern vieler Schmieden die ständige Geräuschkulisse ihrer neuen Bleibe – und nachts das Rumpeln der Wagen, die Stahl und Kohle in die Werkstätten brachten und Schwerter und Speere zu den Legionen. Manchmal kam das Hämmern Fulvia wie eine Tempeldarbietung vor, die sie nur heimlich belauschen durfte – heute jedoch war einer der Tage, an denen es ihr eher wie eine Kakofonie der Unterwelt schien. Sie hatte Kopfschmerzen, Monatsblutungen und keine Perspektive, und zu allem Überfluss fragte Cornelia wie ein Pfeil aus dem Nichts: »Schickst du uns auch ins Waisenhaus?«

»Das war kein Waisenhaus, Cornelia. Das war eine Familie, die sich um uns gekümmert hat.« Aulus saß entnervt am Fenster und sah den Schmieden zwei Stockwerke tiefer zu. Er ging zurzeit nicht zur Schule – obwohl sie schon die Goldamulette, die die drei als Patrizierkinder auswiesen, zu Geld gemacht hatte, konnten sie sich nicht einmal mehr die öffentliche Schule leisten, auf die sie selbst gegangen war und die außer Aulus nur Plebejerkinder besuchten.

»Es war ein Waisenhaus«, beharrte Cornelia trotzig und zeigte Aulus eine unanständige Geste, die er ihr wahrscheinlich selbst beigebracht hatte. »Keine Mama und kein Vater und nur gemeine Leute!«

»Nein, ihr kommt nicht ins Waisenhaus. Ich kümmere mich um euch.« Fulvias feste Stimme vermochte sogar sie selbst zu überzeugen. »Komm, Cornelia, spiel mit!«

Fulvia hatte vergeblich zu spinnen versucht, aber Sextus war zu unruhig gewesen, und nun spielten sie auf dem Fußboden mit grob geschnitzten Holzpferden. Solche Zeitverschwendung gehörte sich zwar nicht, aber Spinnen war ein noch größerer Verdruss und würde sie auch nicht aus diesem Elend befördern. Die beiden Kleinen waren froh über ihre Spielgefährtin, zumal Aulus mit seinen zwölf Jahren kein Interesse mehr an Holzpferden hatte und es vorzog, sie mit seiner Langeweile zu belasten.

Mit zusammengepressten Lippen sah sie auf die beiden über die Pferdchen geneigten Kinderschöpfe vor sich. Natürlich würde sie sich weiter um die Kinder kümmern, die nicht ihre waren. Es gehörte sich so.

Als die Mutter der drei bei Sextus' Geburt gestorben war, hatte Numerius die Kinder fortgegeben. Er musste sich schließlich um so viele Angelegenheiten kümmern und wollte die Erziehung keiner Sklavin überlassen. Er hatte sich jedoch geschworen, sie zurückzuholen, sobald er wieder eine Frau an seiner Seite hatte.

Und das hatte er ja auch getan! Jetzt, da er seiner ersten Frau nachgefolgt war, hatten die drei in Fulvia immerhin eine Mutter. Sie hatte eine natürliche Veranlagung zur Erziehung dieses patrizischen Nachwuchses, kannte ihre neue

Rolle genau, und es machte gar nichts aus, dass sie nur fünf Jahre älter war als das älteste ihrer Kinder.

Das jedenfalls war die bröckelige Tonverkleidung an Fulvias Fassade. Denn woher sollte sie wissen, wie man mit einem Windelkind und einer rotzfrechen kleinen Göre umging, ganz zu schweigen von einem Jungen, dem gerade Stimme und Laune in den Keller sackten? Sie war selbst das jüngste Kind ihrer Eltern gewesen, die Jüngste im Haushalt! Danach fragte niemand – bis auf Gaia, die immer ein freundliches Wort, ein offenes Ohr und einen Rat für Erziehungsnöte gehabt hatte. Die beiden Kleinen fragten ständig nach der lieben Sklavin, und auch Gaia hatte Tränen in den Augen gehabt, als Fulvia und die Kinder ausgezogen waren. Einen Tag vor Ablauf der Frist war Fulvia gegangen, um Publius nicht zu gönnen, sie aus Numerius' Haus zu werfen.

Von Numerius' Freunden hatte ihnen niemand eine neue Bleibe angeboten, und Fulvia hatte nicht gebettelt. Niemand wollte es sich mit der Familie des amtierenden Konsuls verscherzen, indem man Partei in einem kleinlichen Erbstreit bezog.

Caras, der Kunde aus Ebrietes Lupanar, hatte ihnen Obdach in einer Insula organisiert, in der eine Handvoll iberischer Schmiedefamilien wohnte. Die Iberer hatten sich in Rom niedergelassen, sie waren frei, aber noch keine Bürger der Stadt. Für Rom fertigten sie den iberischen Gladius aus dem Stahl ihrer Heimat. Das Kurzschwert war bruchfester und schnitthaltiger als die Schwerter griechischer Machart, mit denen der überwiegende Teil der Legionen kämpfte. Caras hatte ihr die Werkstätten gezeigt und dabei so dahingesagt, dass er die brutalste Armee der Welt mit einer der besten Waffen der Welt ausstattete, Waffen, die bald vermutlich gegen sein eigenes Volk verwendet werden würden – aber die Bezahlung in Quadrigati stimmte.

Dank Caras hatte sie ein Dach überm Kopf, wenn auch ein karges, windschiefes, und er hatte ihr Geld gegeben, um den

Anwalt zu beauftragen. Damit würde sich ihre Lage vielleicht bald bessern – auch wenn die Verhandlung schon monatelang auf sich warten ließ. Darüber hinaus war nicht viel übrig geblieben; nur noch ein wenig lieb gewonnener Schmuck.

Der Preis für die Unterstützung des Iberers war ganz anders, als sie befürchtet hatte, und nicht annähernd so hoch. Caras hatte Männer geschickt, die Numerius' Aufzeichnungen gelesen und sich Notizen gemacht hatten. Einen ganzen Tag lang hatten sie das Haus auf den Kopf gestellt und dann alles säuberlich zurückgelegt.

Sie war nicht dumm; ihr war bewusst, dass die Schriftrollen Informationen über Klienten, Geschäfte und Vereinbarungen enthielten, ja, dass sie ein ganzes Netz an Verstrickungen von Roms herrschender Schicht offenlegten. Sicherlich interessierten sich eine Menge Leute dafür: verfeindete Patrizierfamilien, Collegien mit ihren kriminellen Machenschaften, gallische oder sogar punische Spione. Fulvia war sich im Klaren darüber, dass es schlichtweg Verrat an den Cornelii Scipiones war, diese Schriftrollen offenzulegen. Aber war sie ihrem Gatten über seinen Tod hinaus nicht bereits treu, indem sie sich um seine Kinder kümmerte? Das war doch die Hauptsache. Der Rest seiner Familie, die die eigenen Sprösslinge um ihr Erbe betrog, konnte von ihr aus im Orcus verrotten.

»Fulvia von den Corneliern?«, drang eine helle Stimme durch den Vorhang herein, als Cornelia gerade die Schnüre aus ihren Sandalen zog, um sie den Pferden als Zaumzeug anzulegen.

Kam etwa eine Nachricht vom Anwalt? Fulvia setzte Sextus von ihrem Schoß neben Cornelia und stand auf. Die beiden Kleinen spielten ausnahmsweise einmütig weiter. Aulus machte sich nicht einmal die Mühe, sich vom Fenster abzuwenden.

»Nicht von den Corneliern, aber ja. Tritt ein«, sagte Fulvia.

Eine große, blasse Sklavin mit hängenden Schultern zupfte den Vorhang beiseite. »Salve, Domina.« So war Fulvia lange nicht mehr genannt worden. »Ich übermittle dir und deinen Kindern Grüße von Quintus Fabius Maximus. Die Familie der Fabii hat von eurem schweren Schicksal nach dem Tod des ehrwürdigen Numerius erfahren und lädt euch ein, bei ihnen zu wohnen, bis der Gerichtsmagistrat die Missverständnisse aus der Welt geschafft hat.« Sie spähte verstohlen aus den Augenwinkeln in den Raum, ohne den Blick zu heben. Ja, selbst eine Sklavin rümpfte die Nase über die wenigen Besitztümer und die Mattenlager auf dem Boden. Fulvia beschloss, es zu übersehen. Ihre Vorfahren waren zu Geld gekommen, aber einst hatten sie in Armut gelebt. Niemand, dem die Parzen einmal übel mitspielten, musste sich dafür schämen!

Doch wozu die Einladung? Was versprach sich Fabius von ihr? Es barg ein gewisses Risiko, sich und die Kinder in die Gewalt eines Pater Familias zu begeben, doch das Gastrecht war *mos maiorum,* Sitte der Vorfahren, und jemand wie er würde es nicht mit Füßen treten.

Über Quintus Fabius Maximus wusste sie nur, was alle wussten: Er war mehrmals Konsul gewesen und hatte wie alle Männer auf diesem steilsten aller Karrierewege noch andere hohe Ämter in der Republik bekleidet. In jüngster Zeit war er vor allem deswegen in aller Munde, weil er an der Spitze einer Gesandtschaft nach Karthago gereist war, nachdem ein punischer Feldherr entgegen allen Verträgen eine Stadt in Iberia erobert hatte. Fabius' klangvolle Worte waren von allen Ausrufern wiedergegeben worden: Im Bausch seiner Toga habe er dem punischen Senat Frieden oder Krieg mitgebracht, je nachdem, wie sehr er Rom entgegenkommen wolle. Am Ende war es eine Kriegserklärung an Karthago geworden. Ein zweiter Krieg gegen die verlogenen Punier war für Rom ein wichtiger Schritt, doch solange das Innere Meer zwischen den beiden Städten schwappte, hatte Fulvia wirklich andere Sorgen.

Wollten die Fabii über sie Einfluss auf die Cornelii Scipiones ausüben, auf den Konsul, auf die Kriegsführung? Numerius hatte oft geflucht, wenn Fabius im Senat gegen ihn geredet hatte. Aber diesem musste bewusst sein, dass Fulvia keinen Einfluss mehr in dieser Familie hatte.

Vielleicht wollten sie Numerius' Familie nur demonstrieren, wie man einer Witwe und ihren Kindern Ehre erwies. Aulus könnte wieder zur Schule gehen, Cornelia und Sextus wären dort besser aufgehoben als in diesem baufälligen Hochbau und hätten mehr Erwachsene um sich herum. Sie wollte das Beste für die Kinder, aber sie waren verwöhnt und weinerlich.

»Richte meinen Dank aus. Das ist sehr großzügig. Ich werde das Angebot überdenken.«

Drei Tage und ein Treffen mit den Fabii später zogen sie um. Fulvia hatte den Eindruck, dass es Quintus Fabius Maximus tatsächlich darum ging, den älteren und den jüngeren Publius vorzuführen, während seine Gattin Iulia Mitleid zeigen wollte.

Die Kinder waren schon auf dem Karren zum Haus der Fabii mitgefahren, als Fulvia den Innenhof durchquerte. Der Geruch der Schmiedekohle vermischte sich mit den Kochfeuern der Garküchen, die die Menschen in den Mietshäusern mit Gebratenem und Geschmortem versorgten – in den Insulae durften die Familien nicht selbst kochen, das hätte Rom einmal mehr in Schutt und Asche gelegt.

Als sie gerade beschlossen hatte, dieses Kapitel klammheimlich abzuschließen, ohne sich von Caras zu verabschieden, holten schwere Schritte und ein tiefer Bass sie ein. »Fulvia, warte!«

Die massige verschwitzte Gestalt des Iberers war ohnehin einschüchternd, aber er hielt auch noch seinen Hammer in der Hand. Unwillkürlich wich sie einen Schritt zurück.

»Caras, ich wollte dir gerade sagen ...« Sie drehte ihren Armreif.

»... dass du umgezogen bist. Kein Problem. Wer lebt schon in einer Insula, wenn die Türen von einem Domus offen stehen?« Er verstand und hatte bestimmt nicht vor, irgendwelche offenen Gefallen einzufordern. Die Währung, die aus Geheimnissen ihres Mannes bestand, konnte sie schließlich nicht länger zahlen.

»Ich bin dir sehr dankbar. Es ist Zeit für uns weiterzuziehen.«

Er winkte ab. »Besser für euch.« Dann senkte er die Stimme. »Und für mich.«

Nun packte er sie doch am Arm. Seine Finger waren zwar schmutzig, doch er zog sie überraschend sanft in den Schatten des Portikus, unter dem er seine Schmiede aufgebaut hatte. Sie folgte zögerlich. Was wollte er denn noch?

Sie spürte sein Raunen auf der Wange. »Es gibt noch Dinge, die du für mich tun kannst. Du bist bei den Fabii untergekommen, ja?«

»Woher weißt du das?«

»Informiert zu sein gehört zu meinem Beruf.«

Skeptisch fiel ihr Blick auf seinen Amboss.

»Meinem anderen Beruf.« Sein Mund war immer noch an ihrem Ohr. »Du könntest dir und den Kleinen gutes Geld verdienen ... Mit dem Zugang zu einem einflussreichen Patrizierhaushalt mit alle seinen Gerüchten, seinen Besuchern, den ein- und aus spazierenden Senatoren. Du weißt, was ich meine.«

»Nein«, sagte sie eine Spur lauter als beabsichtigt und fuhr dann leiser fort: »Ich werde nicht meine Gastgeber bespitzeln!«

Ihr Körper versteifte sich, sie erwartete seine Reaktion. Würde er sie mit dem Verrat an Numerius erpressen? Oder würde er gar nicht erst Worte, sondern Schläge sprechen lassen? Welcher Mann konnte schon ertragen, dass eine Frau nicht gehorchte!

Caras jedoch wich einen Schritt zurück, ließ ihren Arm los und hob die Hände in einer offenen Geste. »Wie du meinst. Deine Entscheidung. Dann trennen sich unsere Wege.«

»Das tun sie. In Freundschaft«, bekräftigte Fulvia mit immer noch rasendem Puls.

»Mögen dich die Götter behüten, Fulvia.«

»Und dich, Caras. Danke dir für deine Großzügigkeit. Und dein Verständnis.« Sie wandte sich um und verließ das dreistöckig aufragend Ungetüm aus Holz und guten Hoffnungen.

»Fulvia!«, rief er ihr hinterher. »Wenn du mich brauchst, weißt du, wo du mich findest.«

Sie nickte ihm noch einmal zu, halb Bestätigung, halb Abschied.

XIII.

»Was brauchst du von mir?«, hatte Tamenzut Hannibal gefragt, und die hatte geantwortet: »Mehr wie diese da«, und auf die Stiere gedeutet.

Die Flussgötter waren mittlerweile Gegenstand jedes zweiten Witzes unter den Iberern. Die Stammesmonstren, die Adherbal gefangen hatte – ein silbernes und ein kupfernes Pferd sowie eine milchweiße Stute, zu deren Hufen bei jedem Schritt Wasser aus dem Boden quoll –, hatte Hannibal an numidische Fürsten verschenkt, die sich geschmeichelt fühlten und die Tiere nicht aus den Augen ließen. Manchmal ritten sie auf ihnen, jedoch nicht in Scharmützel mit den iberischen Stämmen, denn die Pferde durften den Gegnern nicht in die Hände fallen. Die Flussgötter jedoch schienen keinerlei Nutzen zu erfüllen.

Gut, dass Hannibal sie zu schätzen wusste.

»Wasserbiester?«, versicherte sich Tamenzut, und Hannibal lächelte, nickte und ging. Tanits Stern, das Lächeln der Feldherrin ließ Tamenzuts Steinherz in Lava aufgehen! Grinsend ging sie in die Wälder, um ihre Sphinx zu finden.

Massalia lag als griechische Hafenstadt an gallischen Gestaden. In solchen Städten kamen Handelsschiffe aus aller Welt an, an Bord nicht nur Güter, sondern auch handfeste Informationen, redselige Reisende, vage Gerüchte.

Massalia lag unweit vom Rhodanus, einem ansehnlichen Fluss, über dessen Delta Tamenzut die Sphinx weite Kreise fliegen ließ, um Vogelschwärme und sogar eine Herde Auerochsen zu bewundern – keine Monstren, sondern Geschöpfe, die in ihrem Dasein unabhängig waren von Menschen, sofern sie nicht unter ihren Speeren und Bogen starben. Monstren und Menschen hingegen – sie waren irgendwie verwandt. Nicht nur trugen viele Ungeheuer Menschenköpfe, nein, auch umgekehrt trugen viele Menschen Ungeheures in ihren Herzen. Viele sagten, die Welt habe einst den Bestien gehört und die Menschen seien aus ihnen entstanden. Doch vielleicht gebar die Welt der Menschen auch unvermeidlich Monstren. Sie wusste es nicht – sie wusste nur, dass sie der Anblick der Tiere an den Flussarmen mit einer Ruhe erfüllte, die ihr Ungeheuer nicht gewährt hätten.

Schon allein ihres Berufs wegen nicht.

Wie immer entließ sie die Sphinx noch vor den ersten Ausläufern der Stadt und musste einige Meilen bis zum Hafen laufen. Die Stadt selbst erfüllte sie wie alle Städte mit dreierlei: dem Gefühl, dass alle Städte gleich waren, der widerwilligen Faszination für dieses Über- und Nebeneinanderleben und dem Drang, sie zu verlassen, bevor die Nacht hereinbrach, weil es sonst möglich war, dass sie den Verlockungen weicher Schlafstätten und dunklen Weins für immer erlag.

Sie wurde beäugt – die numidische Frau mit Speer und Kampfnarben. Sie war sicherlich weder die erste oder einzige noch die absonderlichste Kämpferin, die diese Griechen in Gallien je gesehen hatten, aber Männer sahen ihr nach, und Frauen zogen ihre Kinder in Hauseingänge.

»Suchst du die andere?«, rief ihr ein ostphönizischer Händler am Hafen zu, und bevor sie etwas erwidern konnte, deutete er auf ein Schiff. »Die ist an Bord der *Taube* gegangen!«

Tamenzut wanderte am Kai entlang, wo makedonische, römische, phönizische Schiffe Reling an Reling Waren entluden. Tatsächlich saß eine Frau auf einem Fass, sie trug einen kurzen Bogen und einen Köcher mit Pfeilen in einer weichen Ledertasche über dem Rücken, und die Sonne fing sich in ihrer Wolke aus schwarzen Locken. Tamenzut blieb vor ihr stehen.

»Du bist also die andere.« Sie lachte verblüfft.

Amani musterte sie von oben bis unten und wedelte dann mit der Hand, als vertreibe sie eine Luftspiegelung. »Tamenzut?«

Tamenzuts Blick glitt über die schönen Hände. Sie hatten es ihr stets besonders angetan. Sie konnte schwören, dass Amani errötete, auch wenn das schwer zu sagen war. Natürlich, es war unangenehm, die Geliebte wiederzutreffen, die man vergiftet aus der Stadt hatte schaffen lassen.

»Suchst du etwa nach mir?«, fragte Amani.

»Nein. Aber man hat mich darauf aufmerksam gemacht, dass eine wie ich hier am Hafen herumlungert.«

»Und was willst du von einer wie dir? Bist du dir nicht selbst immer genug?« Amani glitt vom Fass herab, wie in Eile und auf dem Weg woandershin.

»Ich will gar nichts, ich bin genauso erstaunt, dich zu sehen. So weit weg von zu Hause.«

»Ich bin schon wieder kurz vor der Abreise. Aber das Schiff wird heute wohl nicht mehr ablegen, sie warten noch auf eine Lieferung aus dem Inland, und dort scheint gerade ein Krieg ausgebrochen zu sein.«

»Möglich«, sagte Tamenzut vage. »Lass uns was trinken gehen.«

Eine Hafentaverne stellte den sichersten Ort für welche wie sie dar. Die Orte, an denen Frauen in griechischen Städten am öffentlichen Leben teilhatten, waren klar definiert. Woanders als am Hafen hätte man ihnen kaum Wein ausgeschenkt.

Diese verdammten Städte mit ihrem Wein, Tamenzut hoffte, dass sie ihr nie zu gut gefielen.

Amani schilderte ihr knapp, was sie hergeführt hatte – es war eine traurige Geschichte, und dass sie mit ihrer gemeinsamen verknüpft war, entbehrte nicht einer gewissen Ironie.

Natürlich war Tamenzut Amani bei der Jagd nach einer Bestie verfallen – nicht irgendeiner, sondern nach Ketos, einem ganz formidablen Seeungeheuer, dem von alters her Mädchen geopfert wurden. Sie hatte gedacht, niemand könne etwas dagegen haben, von dieser Plage befreit zu werden. Doch Amani hatte sie gleich in mehrerer Hinsicht aufgehalten. Als Tamenzut sich nach liebestollen Monaten endlich entschlossen hatte, mit ihrer Jagd auf Ketos Ernst zu machen, hatte Amani sie vergiftet und in die Wüste schaffen lassen. Nachdem sie den Fängen des Schlafgifts entkommen war, hatte sie weder die Geliebte noch die Bestie, der die Geliebte diente, je wiedergefunden. Verletzter Stolz hatte sie in andere Gefilde verschlagen, und erst als Hannibal Wasserbestien verlangt hatte, waren ihr Ketos und deren Beschützerin wieder in den Sinn gekommen.

Offenbar war sie nicht die einzige Bestienjägerin, die kürzlich an Ketos gedacht hatte.

»Und du bist sicher, dass die Römer sie haben?« Der Wein schmeckte auf einmal sauer.

»Ich bin ihnen nachgereist, Hafen um Hafen. Auf Sardinia hätte ich sie beinahe eingeholt, ein Sturm hatte sie dorthin verschlagen. Nur mit einem halben Tag Vorsprung sind sie mir entwischt!« Saurer Wein oder nicht, Amani stürzte den Becher herab. »Jetzt ist Ketos in Rom. Und dahin kann ich ihr nicht folgen.«

»Könnten wir nicht versuchen, sie mit der Sphinx einzuholen?«

Amani schüttelte den Kopf, dass ihre Haarwolke bebte. »Es ist zu spät. Ich hab versagt und Ketos verloren. An diese …« Sie spie das Wort aus wie etwas Bitteres: »Stadt.«

»Es ist längst nicht mehr einfach eine Stadt.«

»Natürlich nicht. Sie sammeln die großen Biester dieser Welt ein. Wie Alexander der Große es versucht hat. Nur besser. Er wollte sie für seine Armee. Doch sie sperren sie weg wie Goldreserven, die sie irgendwann ausmünzen werden.«

Das war alles nicht neu, doch Tamenzut befiel eine mulmige Unruhe. »Sie führen sie nicht ins Feld?«

»Ich habe noch nie davon gehört, dass sie es tun. Sie brauchen sie nicht. Die Legionen sind ihr eigenes Ungeheuer.« Amani zischte den Atem aus. »Ketos liegt sicherlich angekettet in einem feuchten Kerkerloch. Sie werden ihr nicht mehr als eine Pfütze Wasser gewähren. Tamenzut, sie hatten sie zusammengeschnürt in einem Netz hinter ihrem Schiff! Wie einen toten Wal, den man nur noch zerhacken muss!«

Wie Traubensaft zu Wein vergor das mulmige Gefühl zu einer Erkenntnis. »Warum unterwerfen sie sie nicht?«

»Ich weiß nicht. Vielleicht wissen sie nicht, wie es geht. Kennen deine *Kunst* nicht?« Amani lachte freudlos.

Tamenzut ließ den Weinbecher kreisen, er malte dünne rotwässrige Kreise auf die Tischplatte. »Vielleicht, weil sie selbst untereinander so misstrauisch sind, dass sie keinem Einzelnen diese Macht geben wollen.«

»Ich reise morgen von hier aus weiter. Es soll Krieg geben. Irgendein Wahnsinniger auf einer Elefantenbestie.«

Tamenzut nickte nicht ohne Stolz. »Einer einäugigen Elefantenbestie, mit alabasterner Haut und einem Sonnenzeichen auf der Stirn, von dem einige flüstern, sie sei Melqart selbst. Sie ist jedoch ein Weibchen.«

Amani schnaubte. »Beim Auge der Sonne, ich hätte wissen müssen, dass du darin verstrickt bist!«

»Der Wahnsinnige auf der Elefantenbestie ist eine Frau. Der ich weitere Monstren fange. Sie braucht Wasserbiester. Wie deine Ketos, aber vielleicht etwas handlicher. Hast du eine Ahnung, welche noch nicht in Roms Pfützen liegen?«

Amani ließ den Blick schweifen. Ihn direkt zu erwidern, war ihr immer schon unangenehm gewesen, selbst wenn Tamenzut auf ihr gelegen und zu ergründen versucht hatte, was die andere fühlte. »In allen Häfen wird darüber geredet, dass Rom Bestienjäger anwirbt und in alle Richtungen ausschickt. Dass du noch nicht davon gehört hast ...«

»Ich war eine Weile in Iberien unterwegs. Da sind keine Römer.«

»Noch nicht.«

»Die Wahnsinnige auf der Elefantenbestie wird dafür sorgen, dass es so bleibt. Wenn ich ihr Wasserbiester bringe.«

»Ich hörte, sie haben einen ganzen Trupp Bestienjäger in Lerna verloren.« Amani zuckte mit den Schultern. »Aber das ist vielleicht selbst für dich eine Nummer zu groß.«

Tamenzut durchkreuzte die Weinkreise auf dem Tisch mit dem Finger. Ein Mann am Nebentisch rief ihnen weinselig etwas Provozierendes zu, doch sie gab vor, ihn nicht zu verstehen. »Lerna. Einen Trupp verloren. Ein Kampf, der die Bestie vielleicht schon geschwächt hat. Aber es ist weit.«

»Nicht für dich auf deiner Sphinx.«

»Kommst du mit? Sie kann zwei tragen.«

Doch Amanis Augen waren glasig, und das nicht vom Wein. Sie blinzelte, versuchte vergeblich, Wut und Trauer hinter den Wimpern zu verbergen. Abrupt stand sie auf, ein hässliches Lachen auf den weichen Lippen. »Denkst du, ich helfe dir dabei? Etwas zu tun, was ich verachte? Etwas Uraltes zu entwurzeln? Dem Land sein Herz zu nehmen?«

»Lerna besteht doch nur aus Sümpfen. Vielleicht ist sie sogar froh, mal rauszukommen.« Doch es war nicht die Zeit für Scherze.

»Rede dir nur ein, dass du anders bist als die Römer!«

»Ich *bin* es. Es ist nicht egal, wer ein Biest fängt.«

»Du unterwirfst es deinem Willen!«

»Jetzt tue ich es, damit sie gegen Rom kämpfen! Wenn Hannibals Elefantin Roms Mauern eingerissen hat, wird auch deine Ketos frei sein, Amani.«

»Frei.« Amani setzte sich nicht wieder hin, ihr Blick irrte durch die Spelunke, in der fettig flackernde Talglichter Tamenzut überreden wollten, noch zu bleiben. »Glaubst du, dafür kämpft deine Elefantenreiterin? Für Freiheit? Glaubst du, wir können uns den Traum leisten, dass Karthago uns von Rom befreien wird?« Sie schüttelte den Kopf. »Man muss schon fliegen können, um frei zu sein, Tamenzut. Am Boden herrscht immer jemand, teilt ihn unter sich auf, bis keine Ecke der Welt mehr übrig ist.«

Damit rauschte sie aus der Taverne.

Tamenzut folgte ihr, draußen brachte der graublaue Abendhimmel ihre Gedanken wieder in Gang. Lerna – man müsste schon wie Herakles sein, um es mit dem Biest von Lerna aufzunehmen! Adherbal musste ihr helfen. Eine Reise nach Griechenland würde sie auch auf dem Sphinxrücken mehrere Tage kosten. Doch wenn sie *damit* zu Hannibal zurückkehrten – oh, wie sehr würde es sich gelohnt haben! Allein für das Lächeln.

Amanis Sandalensohlen klapperten auf der Hafenstraße.

»Dass du die große Bestie deines Volkes verloren hast – der du geopfert worden bist! –, das macht etwas mit dir«, rief Tamenzut, als sie bei dem Schiff ankam, das still dalag auf einem Meer, das die Ungeheuer in seiner Tiefe verbarg. »Gib ihm nicht nach, deinem Herzen, wenn es dunkler werden will.«

Amani ging an Bord, ohne sich noch einmal umzudrehen.

Monsterjagen war ein schreckliches Geschäft. Aber eines, das Tamenzut die Freiheit verlieh, die Amani ihr vorwarf.

XIV.

Boten aus dem einen oder anderen Qart-Hadašt erfüllten Sosylos mit widerstreitenden Gefühlen: Einerseits wurde es immer dringender nötig, dass die Frau auf dem weißen Elefanten durch einen Mann ersetzt wurde, je näher sie dem Gebiet der Römer kamen. Bevor dieser Traum eines toten Feldherrn und seiner verschlossenen Ehefrau ein bitteres Ende finden konnte, musste ein Mann her, der wusste, wie man Armeen strategisch formierte, wie man kämpfte, ja, der die Männer *verstand.* Andererseits zogen sie nun bereits an der gallischen Küste entlang, und vielleicht war es den Männern nicht einmal so wichtig, wer voranging. Er, der den Feldzug niederschrieb, brauchte eine plausible Figur im Mittelpunkt, eine, die man der Nachwelt erklären konnte. Doch selbst Sosylos war mittlerweile von Neugierde gepackt: Wie weit würde es auf diese Weise weitergehen, mit dem Biest voran und der Frau auf seinem Rücken? Und war es nicht plausibel, wie Hannibal sein Leben auf- und sein Schicksal weitergegeben hatte für eine andere Zukunft als die geweissagte? Dass er beides weitergab an seine Frau, ganz, wie die Verteidigung von Argos gegen die Spartaner Telesilla zugefallen war, nachdem alle waffenfähigen Männer den Tod gefunden hatten?

Sicher, es schien mehr wie eine Geschichte als wie Geschichtsschreibung; aus einer älteren Zeit als dieser, einer Zeit, in der Götter eingriffen und Frauen als wilde Jägerinnen lebten, die sich dem Blick der Männer entzogen, selbst dem prüfenden der Historiker. Nie hätte er es für möglich gehalten, eine solche Geschichte zu erzählen, von Monstren und Mythen.

Deshalb war er ein wenig enttäuscht, als Maharbal ihn beim Latrinengang beiseitenahm und ihm zuraunte: »Der Bote aus Gades ist hier. Mit der Wahrheit.«

Hannibal hatte Unterhändler und Spione nach Massalia geschickt, doch wenig ließ darauf hoffen, dass man das Heer ungehindert passieren lassen würde. Der griechischen Kolonie war Rom näher als Qart-Hadašt, und daran hatten auch Sosylos' wohlformulierte Botschaften in perfekt gestelztem Griechisch und Hannibals Geschenke aus den Silberbergwerken Iberiens nichts geändert. Sie würden die gut befestigte Stadt, ihre Miliz und ihre gallischen Verbündeten umgehen müssen.

»Wir hören ihn an. Solange sie noch denkt, du bist kacken.« Maharbal grinste, und Sosylos ordnete seine Kleidung und kehrte nur zu gern den ausgehobenen Gruben den Rücken.

Ein junger Mann mit sonnenverbranntem Gesicht wartete bei der Pferdekoppel von Maharbals Einheit. Sosylos erkannte ihn: Die Verschwörer im iberischen Qart-Hadašt hatten ihn entsandt, jeden Stein in Gades umzudrehen.

»Wir haben nicht viel Zeit«, drängte Maharbal sofort. »Sag uns, ob sie die Wahrheit sagt.«

»Sie hat euch belogen«, sagte der Bursche nervös, als fürchte er die Reaktion des Numiders, der jedoch nur die Augen verengte. »Hannibal hat den Tempel in Gades betreten und nie lebendig verlassen. Ihm wurde von Verschwörern aufgelauert, und er wurde umgebracht.«

»Was ist mit dem Elefanten?«, fragte Sosylos. Die Geschichten von Mythen und Monstren, sie verloren gerade an Farbe.

»Eine berüchtigte Monsterjägerin hat ihn gefangen, heißt es. Sie sprach zuvor in Gades mit der Tempelpriesterin.«

»Habt ihr die Priesterin ausquetschen können?«, fragte Maharbal.

»Nein. Sie war verschwunden. Sie kann schließlich in die Zukunft sehen.«

»Kann sie das wirklich? Oder war das Teil der Lüge?«, fragte sich Sosylos laut, und Maharbal lachte ein bellendes »Ha«.

»Also, er ist lebendig in den Tempel, und dort ist er getötet worden? Die Priesterin hatte Anteil daran? Was ist mit seiner Frau – sie auch?« Sosylos' Kopf schwamm. Er hätte die gesamte Geschichte für eine Lüge gehalten, wäre da nicht der Elefant. Er war eine Wahrheit, eine dickhäutige, einäugige Wahrheit.

»Wir konnten es nicht herauskriegen«, sagte der Jüngling. »Wir haben alles versucht. Die alte Priesterin war nicht aufzutreiben, und niemand sonst scheint im Tempel Zeuge gewesen zu sein.«

»Nicht einmal seine Frau?«

»Wir wissen es nicht genau. Es kann sein, dass sie dort war.«

»Teil der Verschwörung oder nicht?« Maharbal wollte ebenso dringend wie Sosylos, dass die Geschichte Sinn ergab.

»Sie hat uns jedenfalls belogen.« Sosylos seufzte. »Wozu hätte sie uns von Hannibals Kampf und Opfer erzählen sollen, wenn nicht, um zu verschleiern, was wirklich geschah?«

»Und statt sich nach dem Mord am Ehemann aus dem Staub zu machen, führt sie sein Heer an?« Maharbal wiegte skeptisch den Kopf. »Wie ist sie in den Besitz des Elefanten gekommen?«

»Eine Bestienjägerin erhält in Gades regelmäßig Aufträge. Sie war kurz vorher dort, hat einen Kerberos feilgeboten, aber nicht verkauft, weil sie sofort ins Inland aufgebrochen ist, nachdem sie mit der Priesterin geredet hat.«

»Und da hat sie den Elefanten gejagt und unterworfen und Hannibal übergeben? Wozu?« Maharbal zischte frustriert.

»Niemand weiß es. Niemand hat die Jägerin mit dem Elefanten gesehen – sie ist nicht mit ihm nach Gades zurückgekehrt.«

»Die Bestienjägerin, wer war das?«

»Eine Frau aus Numidia wie du«, sagte der Karthager. »Sicher an die fünfzig Jahre alt, entstellt von Narben und Muskeln. Trotzdem kann sie sich die Männer und Frauen aussuchen, heißt es, und tut es auch ohne Scham. Sie reitet auf einer Sphinx.«

»Adherbals Lehrmeisterin!« Maharbal fuhr herum, seine Sandalen malten Halbkreise in den Staub, als er den Blick schweifen ließ. »Die Alte ist hier irgendwo!«

Seine Lehrmeisterin also. Sosylos hatte sie für Adherbals Mutter gehalten, aber so sehr unterschieden sich Mütter und Lehrmeisterinnen nicht.

»Hol sie«, blaffte Maharbal in Sosylos' Richtung wie ein Herr zu seinem Sklaven.

Keiner der Barkiden, denen er gedient hatte, hatte großes Gewese darum gemacht, aber tatsächlich war Sosylos immer noch ein Sklave. Er blieb trotzdem stehen. »Und dann?«, wollte er wissen.

»Ich hole Mago und die Edlen. Dann setzen wir Hannibal ab.«

»Elefant hin oder her«, bemerkte Sosylos trocken.

»Irgendwie, ja! Das überlegen wir uns, wenn wir die Wahrheit aus der Bestienjägerin rausgekriegt haben. Geh schon.«

»Das muss ich nicht. Hannibal hat beide weggeschickt, die Lehrerin und den Schüler. Sie bringen ihr mehr Ungeheuer.«

Maharbal stieß die Luft aus. »Wir dürfen nicht zulassen, dass sie über noch mehr gebietet. Das hat jetzt ein Ende. Wir müssen Mago als Strategen einsetzen und sie dazu zwingen, ihm den Elefanten zu übergeben!«

Doch auch für Mago war eine Botschaft eingetroffen. Ein phönizisches Handelsschiff hatte Waren, Spione und Neuigkeiten nach Massalia gebracht, und von dort waren dem Heer zwei Boten mit zwei verschiedenen Nachrichten entgegengeritten. Einer zu Maharbal – einer zu Mago.

Mago war aufgelöst, wütend, rang nach Luft und Worten, als Sosylos ihn antraf. Er hatte sich ins Zelt zurückgezogen, der Bote saß davor bei einigen Soldaten und stillte den Durst des langen Ritts durch die Sommerhitze. Der Kleidung nach zu urteilen, kam er aus dem nordafrikanischen, nicht dem iberischen Qart-Hadašt. Sosylos trat ins Zelt, wo Mago sich mit knirschenden Zähnen die Locken raufte. Er war Anfang zwanzig, und in mancher Hinsicht sah er aus, wie sein ältester Bruder Hannibal als Knabe ausgesehen hatte. Mago wurde oft für sechzehn, siebzehn gehalten, und Sosylos gemahnte sich selbst, ihn nicht zu unterschätzen.

»Ein Bote ist eingetroffen«, teilte er ohne Umschweife mit.

»Ja. Aus Qart-Hadašt. Der Mutterstadt.«

»Nein, aus Gades. Bei Maharbal.«

Mago sah auf, seine Augen waren rot, als hätte er geweint, doch es stand kein trauriger Kummer darin, sondern ein zorniger. »Aus Gades!«, rief er aus. »Was sagt er?«

Es war unklug, Aussagen mündlich weiterzugeben. Subjektivität würde sie beugen wie eine Linse, die Licht bündelt, damit es nur noch eine einzige Sache bescheint. Also schüttelte Sosylos den Kopf. »Er wird selbst berichten.«

»Ich habe eine Botschaft aus Qart-Hadašt«, stieß Mago hervor und nahm das Pergament vom Tisch. Es hatte sich wieder zusammengerollt, und er warf es Sosylos zu. »Mein Bruder ... Er wurde ermordet.«

Sosylos zwang seine Augen zur Langsamkeit, um die Bedeutung aufzunehmen und nicht nur die Wörter. Mago fluchte und schwor Rache, doch er blendete ihn aus. Auch in Qart-Hadašt hatte man Boten nach Gades entsandt – deshalb hatten Antwort und Entscheidung des Rats so lange auf sich warten lassen. Nun informierte der Rat Mago darüber, dass Hannibals Leiche in den Vorbergen gefunden worden war – notdürftig verscharrt, seine Ruhe von Tieren gestört. Er würde in Qart-Hadašt die Feuerbestattung erhalten, die einem Sohn der Stadt zustand. Mago wurde mit dieser Botschaft darüber in Kenntnis gesetzt, dass Hannibal einer Stichwunde am Hals erlegen und somit, wie schon sein Schwager und Vorgänger, einem mörderischen Komplott zum Opfer gefallen war. Er möge in Erwägung ziehen, zur Bestattung nach Qart-Hadašt zurückzukehren. Darüber, wer den Strategenposten im Heer erhielt, verlor der Brief kein Wort.

»Zur Bestattung! Sie sagen, es sei nötig, Baal Hammon Respekt zu zollen, damit der Krieg noch erfolgreich verlaufen kann! Wie erfolgreich kann er verlaufen, wenn ich das Heer verlasse? Ich werde Baal Hammon zu Ehren meine Schwägerin kreuzigen für ihre götterlosen Lügen und den Feldzug fortsetzen.«

Sosylos wurde kalt. »Ziehst du die Kommandanten nicht zurate?«

»Natürlich. Und die besten Krieger der Heiligen Schar. Sie sollen sich wappnen – ebenso die Elefantenreiter! Wenn die Mörderin ihre Bestie gegen uns in den Kampf führt, sind wir bereit.«

»Ich werde alles veranlassen.« Sosylos verließ das Zelt mit weichen Knien.

Was würde nun werden, was *konnte* nun noch werden? Er gab Magos Befehle an Myrkon von der Heiligen Schar weiter, jener Kerntruppe aus karthagischen Söhnen. Dann durchquerte er das Lager zur Elefantenkoppel, wo die Treiber Wagenladungen Heu entluden. Elefanten waren jedem Heer gleichermaßen Machtdemonstration wie Klotz am Bein.

Der weiße Elefant war nicht hier untergebracht, er hielt sich stets in Hannibals Nähe auf; suchte mit dem von runzligen Lidern umgebenen Auge nach Gefahren für seine Herrin.

Als Sosylos den Treibern Magos Befehl weitergab, polterten die Schritte der weißen Bestie weiter unten im Lager. Sofort befiel Unruhe die Elefanten, als das große karthagische Biest sich näherte. Sosylos wusste nicht, wie Mago es sich vorstellte, einen Gott mit verängstigten Elefanten anzugreifen. Er selbst senkte das Haupt, so schrecklich war die Macht, die durch den breiten Mittelgang im Lager auf ihn zuhielt.

Als sie bei ihm ankam, glitt Hannibal mühelos vom Nacken der Elefantenkuh, die ihr ein Knie bot. Sie hatte die goldene Maske aufgesetzt, wie immer, wenn sie ihr großes Biest ritt. Hannibals Totenmaske. Wusste sie bereits, was geschah? Undeutbar ihre Augen in den Tiefen hinter der Maske.

»Du bliebst lange fort.« Aus ihrer Stimme hörte er ein Lächeln heraus, das er nicht sehen konnte. »Und machst Elefanten mobil. Wirst du mich einweihen? Wohin geht es?«

Sosylos suchte die Gesichter der Elefantenführer ab, doch niemand war unter den jungen Männern, der ihm helfen würde. »Mago befahl es. Er hat Nachricht aus Karthago.«

»Die Nachricht, eine Elefantenparade durchzuführen?«

Er lachte, wie um seiner Nervosität ein Schnippchen zu schlagen.

Sie lachte nicht.

Er würde die Nachricht nicht mündlich weitergeben, ihre Bedeutung nicht bündeln wie ein Brennglas. Sie würde es früh genug erfahren. Doch Hannibals goldenes Gesicht, selbst gebündeltes Licht auf der Suche nach Wahrheit, schien ihn ohnehin zu durchschauen.

»Hannibals Leiche wurde gefunden«, platzte aus Sosylos heraus. »Er ist ermordet worden. Erstochen.«

Sie schwieg. Ihre langen Finger wanderten den Stoßzahn des Elefanten hinab bis zur Spitze, die von einer goldenen Kappe verziert wurde. Sie nahm sie ab, ihre Fingerkuppe strich über das Ende des Stoßzahns wie über ein iberisches Schwert. Sie setzte die Kappe wieder darauf. Rätselhaft, ob es Drohung oder Erklärung gewesen war.

»Es ist also keine Parade«, sagte sie schließlich. »Sondern ein Triumphzug. Ein Barkide gebietet über das Heer. Über seine Männer, seine Pferde, seine Elefanten.«

Nicht seine Bestien, das war Sosylos klar.

»Wie wird Mago den Rhodanus überqueren?« Neugierde in der Stimme, Interesse, wie sie es immer geäußert hatte, wenn Sosylos mit ihrem Mann über den Taktiken Alexanders gebrütet hatte, um ihn – nicht sie – vorzubereiten auf das, was kommen mochte.

Sosylos wusste so gut wie sie, dass Mago keine Ahnung hatte, wie der Rhodanus zu überqueren war. Die Griechen würden sie nicht ihre Furten und Brücken nutzen lassen, der verbündete gallische Stamm der Volken hielt das Umland. Und römische Legionen seien schon auf dem Weg, sagten die Spione. Ein erstes Nadelöhr, durch das ein so behäbiger Koloss wie dieses Heer mit Geschick geführt werden musste.

Magos Geschick?

»Wie würde Hannibal ihn überqueren?«, fragte Sosylos, und Hannibal griff nach der goldenen Maske und streifte das Band über die Locken. Er wedelte die Frage eilig weg, als er das menschliche Gesicht unter der kalten Maske sah. »Sag es nicht mir. Ich werde Mago raten, dich als Beraterin an seiner Seite zu behalten. Sag es *ihm*. Und lass es einen guten Plan sein, Himilke. Sonst bist du tot.« Er flüsterte, denn nicht einmal die Elefantenreiter, die sein Griechisch nicht sprachen, sollten es hören.

»Hannibal«, verbesserte sie ihn. »Himilke ist tot wie ihr Gatte.«

»Ist sie das?«

»Sie muss es sein, Sosylos. Himilke hätte keine Pläne, um Flüsse zu überqueren. Hannibal hat sie. Und sie sind nicht meine einzigen guten Pläne, das verspreche ich dir.«

»Und ich verspreche dir, dass ich versuche, auf Mago einzuwirken. Aber ... aber wenn du etwas mit dem Mord zu tun hast ...« Die Worte verdunsteten in der Sommerhitze. Er musste ihr gar nichts versprechen. Was sie über Hannibals Tod erzählt hatte, war eine Lüge. Sie war eine Mörderin oder zumindest eine Verschwörerin.

Doch sie begann zu erzählen, wie sie den Rhodanus überqueren würde, und es nahm vor seinen Augen Gestalt an, ein Flirren in der Sonne, sich verdichtend, bis er die Hand danach hätte ausstrecken können.

Mago Barkas wartete mit den karthagischen Edlen des Heers: Qarthalo, Gisgo, Barmokar, Hannibal Monomachos und einem weiteren Mago. Das Tribunal ergänzten Maharbal, ein libyscher Fürst und zwei Ibererkönige mit geflochtenen Bärten. Es war ein unzeremonielles Gericht unter Kiefern zwischen der Pferdekoppel und einem brackigen Teich, den die Flussgottheiten in großen Zügen leer soffen. Sosylos musterte die drei massigen muskulösen Biester mit Unbehagen, als könnten sie ihm helfen. Er war dabei, einen Fehler zu begehen, er wusste es. Irgendwann würde man schreiben, dass es ein Fehler war. Manche Fehler waren so gut, dass man gescheitert war, aber ehrenhaft in Erinnerung blieb. Andere so schäbig, dass es eine Schande war, durch sie unsterblich zu werden.

Sosylos setzte sich neben Maharbal auf einen Baumstamm, ein guter Platz für jene, die die Geschicke der Karthager nur vom Rand aus verfolgten. Die Edlen aus Qart-Hadašt hatten sich Stühle bringen lassen. »Es gibt Neues«, flüsterte er dem Numider zu. Der hob lediglich eine Braue.

Hannibal trat ohne ihre Maske und ohne ihre Bestie unter die Bäume. Doch sie trug Hannibals Leinenpanzer und sein Schwert in seiner silberverzierten Scheide am Gürtel.

Mago sprang sofort von seinem Sitz auf wie ein ungestümer Jugendlicher. »Boten aus Iberien und Qart-Hadašt sind eingetroffen. Sie beweisen, dass Hannibal einer Verschwörung und einem feigen Mord erlegen ist – an dem seine Frau,

Himilke, beteiligt war, die uns belogen hat.« Hera sei gnädig, er zeigte sogar mit dem Finger auf sie und ließ ihn ausgestreckt, während er den Wortlaut der Botschaft vorlas, die Sosylos kurz zuvor in den zitternden Händen gehalten hatte.

Sie stand ruhig da, als er geendet hatte, die Arme baumelten herab und wirkten schmal an dem Brustpanzer, in den die Konturen von Muskeln gearbeitet waren.

»Wie ist mein Bruder gestorben?« In Magos Stimme überwog mittlerweile Triumph den Zorn.

»Ich würde lieber den zweiten Boten zuvor hören«, bat Hannibal und sah den jungen Mann an, der aus Gades eingetroffen war.

Wie ein Verurteilter trat er in die Mitte, als würden sie ihn nun zerreißen wie wilde Hunde. Dann hob er zu sprechen an, erzählte alles, was man in Gades wusste. Er sprach von der Weissagung, die Hannibal im Heiligtum empfangen habe. Wie er aus der Stadt geritten sei mit Himilke an seiner Seite. Wie er die große Bestie von Qart-Hadašt aufgespürt habe. Wie er gekämpft habe. Jäger seien an seiner Seite gewesen, die nur mit Mühe überlebt hätten und die in Gades davon berichteten. Der scharfe Stoßzahn der Elefantin habe ihm die große Ader am Hals zerfetzt, doch er habe weitergekämpft und das Biest unterworfen, während die letzten Tropfen seines Bluts die Stelle tränkten, an der man ihn später vergraben würde. Mit seinem letzten Atemzug habe er das Biest seiner Frau vermacht, ja, er hatte sie zu sich selbst gemacht. Hatte ihr den Eid abgenommen, alles an seiner Stelle zu tun. Sie war sofort aufgebrochen. Die Jäger hätten seinen Leichnam begraben, wohl in Unkenntnis karthagischer Sitten. All dies habe er erfahren, sagte der Mann, und sein Blick, der erst umhergewandert war, fand schließlich die grauen Augen der Feldherrin, die ihn festhielten, als führe sie ihn an der Hand über ein gespanntes Seil. Dann atmete er aus.

»Mehr weiß ich nicht zu sagen.«

Hannibal nickte langsam, dann erhob sie die Stimme: »Gibt es noch weitere Nachrichten, die ich zu Ohren bekommen müsste? Hat mich der Rat meiner Position enthoben? Hat er Mago zum Strategen ernannt?«

Die Edlen schwiegen. Mago presste die Kiefer zusammen, dass sein Gesicht nichts mehr mit dem seines toten Bruders gemein hatte. »Hast du ihn getötet? Hast du ihn töten lassen?«

Hannibal setzte sich mit untereinandergeschlagenen Beinen ihm gegenüber auf den Boden, legte den Kopf schräg. »Das wäre einfacher, nicht wahr? In einer Welt, die nur aus Treue und Verrat besteht, könntest du deine Entscheidung leichter treffen. Ich verstehe deine Zweifel.« Sie nahm einen Zweig vom Boden auf, schüttelte die trockenen Nadeln ab. »Doch der nächste Abschnitt unseres Feldzugs muss frei von Zweifeln sein. Ich will euch erklären, wie wir den Rhodanus überqueren, auch gegen den Widerstand Massalias.« Sie sah auf, ungeduldig, weil die Männer angefangen hatten zu tuscheln und ein Schlachtplan nicht zuvorderst in ihrem Geist stand, anders als in Hannibals. »Mago. Kann ich es dir erzählen? Wir verlieren Zeit.«

Sosylos hielt den Atem an, denn Magos Hände ballten sich zu Fäusten und blieben zu Fäusten geballt, als er hervorstieß: »Erzähl es mir.«

Der Bote zog sich zurück. Die Versammlung lag in Hannibals Hand wie der Zweig, mit dem sie Linien in den Staub zeichnete.

»Das war ... interessant, Sosylos.« Nach der Taktikbesprechung fing Maharbal Sosylos mit einem Raunen ab, das kaum lauter war als die Stimmen der Zikaden im Gras. »Wirst du mir verraten, warum du das getan hast?« Ein Grinsen flackerte auf und verging wie eine Flamme über den Kohlen seines Lächelns. »Ich hoffe, dieser Vortrag war nicht zu kostspielig. Aber kostspielig genug, dass du den Komödianten nicht töten musst, damit er die Tragödie für sich behält.«

Sosylos sagte nichts dazu.

»Dein Vertrauen in sie muss groß sein.«

Dazu sagte Sosylos nun doch etwas. »Wichtiger ist, wie wenig Vertrauen ich in Mago habe.«

»Ein Heer ist immer mehr als sein Feldherr.«

Sosylos blickte über die Zelte und schnalzte mit der Zunge. »Sie hat nicht nur einen Plan wie ein guter Feldherr. Sie hat auch die Monstren, um ihn durchzuführen.« Sein Blick mied den Maharbals. Er wusste selbst, dass er zu viel Einfluss auf den Lauf der Dinge genommen hatte, dass er seine Prinzipien verriet. »Lass uns weitermachen, Maharbal. So weit es eben geht.«

Maharbal lächelte glühend. »Ich bin auf deiner Seite, Grieche. Wenn Mago Feldherr ist, bleibe ich ein Numider mit Reiterei. Wenn Hannibal Feldherr ist, kann ich noch weiter aufsteigen.« Sosylos sah ihn fragend an. »Ich will sie zur Frau, Sosylos. Ich will Hannibals Mann sein. Der Mann des mächtigsten karthagischen Strategen. Und dafür behalte ich im Tausch eine Wahrheit für mich.«

XV.

Auf der Jagd nach der Hydra war Tamenzut auf Adherbal angewiesen wie Herakles auf Iolaos. Auf dem Sphinxrücken brauchten sie nur wenige Tage bis Lerna auf dem griechischen Festland. Die geflügelte Bestie benötigte keine Pause und hätte Tag und Nacht durchfliegen können, doch die Hinterteile von Tamenzut und Adherbal sehnten sich nach dem Boden.

Und nicht nur Tamenzuts Hinterteil beklagte sich: Ihr Rücken sandte ihr erbittert Nachrichten – doch sie hörte nicht darauf, beklagte er sich doch schon seit einigen Jahren nach jedem kraftvollen Speerwurf und jeder Nacht auf unebenem Boden. Ein Jammer, dass sie ihn nicht in die Wüste schicken konnte.

Immerhin erfüllte es sie mit wohligen Erinnerungen an Adherbals Ausbildung, zu zweit auf dem goldbepelzten, muskulösen Rücken der Sphinx zu sitzen. Jahrelang waren sie auf diese Weise gereist, nach Persien, Aithiopia, Ägypten, Griechenland, über der Großen Wüste und dem Inneren Meer bis zu den Inseln vor der Küste des Äußeren Meers, um mit Kelten im Norden, Persern im Osten, Kuschitinnen im Süden, Iberern im Westen Biester gegen Gold zu tauschen.

Er war ihr einziger überlebender Schüler. Sie liebte ihn von ganzem Herzen – dafür, dass er überlebt hatte – und sie fürchtete ihn aus tiefster Seele – weil sie eine alternde Frau war und es ein ungeschriebenes Gesetz auf dieser Welt gab, das besagte, dass man sie vergessen und sich an ihn erinnern würde, sobald er ihren Platz einnahm.

Viel zu reden gab es nicht. Mit kraftvollen Schlägen ihrer Schwingen und langen Sätzen ihrer Pranken zog die Sphinx mal inmitten wirbelnder Wolken über Hügelketten und Berge dahin, mal unter vergissmeinnichtblauem Himmel über Felder und Wälder. Die beiden Menschen waren damit beschäftigt, die Bewegungen auszugleichen und hintereinander sitzen zu bleiben. Das Einzige, was sie ihm täglich einschärfte, als wäre er immer noch der Fünfzehnjährige, den sie unter ihre Fittiche genommen hatte: »Kein Enthaupten der Hydra!«

»Denn für jeden abgeschlagenen Kopf wachsen ihr zwei nach«, erwiderte er pflichtbewusst.

»Und wir halten es nicht wie Iolaos und versengen die Halsstümpfe!«, wiederholte sie.

»Denn Hannibal braucht ihre Köpfe.«

»Genau das.«

»Müssen wir denn wohl jede Stirn einzeln durchbohren?«, fragte er gehorsam nach.

»Hinter der mittleren lauert ihr Geist. Halte mir acht vom Leibe, ich durchbohre die neunte Stirn.«

Und das war ihr Plan.

»Und du hast Vertrauen in ihren Plan?« Maharbal ritt neben dem Karren her, auf dem Sosylos saß und zusah, wie zwei Würmer sich durch gallisches Land wanden: der Rhodanus, grau unter verhangenem Himmel, und der Feldzug, eisensilbern, lederbraun, darin das Blau, Rot, sogar das phönizische Purpur der gefärbten Tuniken. Das Alabasterweiß des Elefanten an der Spitze des Hauptheers. Alles schien in der Landschaft zu verwaschen.

Sosylos nickte. »Wenn die Hydra rechtzeitig kommt, wird es ein Kinderspiel.«

»›Wenn‹ ist ein Wort, das in zu vielen Plänen vorkommt, Grieche.« Maharbal sah finster in die Ferne, wo Berge die Wolken zerrissen und in unwirklichem Sonnenlicht mit Gipfeln winkten, als wollten sie dem Heer drohen.

Sie hatten vorgehabt, die Hydra aus der Luft anzugreifen – alles war einfacher aus der Luft. Doch das Biest hatte sich in eine Höhle zurückgezogen – und alles war schwieriger in einer verdammten Höhle.

Die Höhle zu finden, hingegen war ein Kinderspiel: Die Hydra vegetierte im Dunst aus giftigen Dämpfen, im Hauch von Blut und Eiter, im Brodem kochenden Schlamms, der als schmutzige Fahne über dem Eingang in ihre Unterwelt hing.

Die Sphinx ließ ein Löwengebrüll aus der Luft hören, das zwar ein zu Tode erschrecktes Schweigen über den Sumpf legte, aber das Biest nicht aus seinem Bau lockte.

Sie mussten selbst hinein.

»Halt dich bereit«, raunte Tamenzut der Sphinx zu, die den frauengesichtigen Kopf neigte und sich wachsam vor dem Höhleneingang aufbaute.

Lehrmeisterin und Schüler banden sich Tücher vor Mund und Nase. Als sie in den fettigen Dunst eintraten, verschluckte dieser die Spitzen ihrer nach vorn gerichteten Speere.

»Na, das wird ein Spaß«, knurrte Tamenzut, die nichts weniger begehrte als Spaß in einer ernsten Angelegenheit.

Der Frühnebel stieg aus dem Rhodanus und verschleierte das andere Ufer. Laute jedoch bewegten sich klar hindurch: Laute von Männern und Pferden, Waffen und Rüstzeug. Der spätsommerliche Frühnebel verhehlte Sosylos sogar das eigene Heer, nur zwischen ihn und Hannibals nachdenkliches Profil verirrte sich keine Schwade.

»Wie du vermutet hast: Dem hiesigen Stamm sind wir nicht willkommen.«

»Es war keine Vermutung«, gab sie zurück. »Er wird von Massalia bezahlt. Und dient Rom.«

»So tief im Inland?« Sosylos schüttelte den Kopf. Wozu ohne Not den Römern dienen? Es sei denn ... »Hat Rom das Biest der Volken?«

»Das wiederum *ist* eine Vermutung, aber eine, die wir teilen.«

Dass sie seit Tagen den Fluss entlang nach Norden zogen und sich mit jedem Schritt weiter vom süßen, sommerlichen Italia entfernten, dem ihr Ehrgeiz galt, erfüllte die Soldaten mit Verdruss. Warum ging es tiefer nach Gallien, aufs dräuende Gebirge zu?

Jeder Einzelne wäre sicherlich einsichtig, würde man ihm Hannibals Plan erläutern. Aber in der Masse tendieren Menschen dazu, wie Wasser den Weg des geringsten Widerstands zu gehen. Auch wenn der immer nur zum Meer führt. Und am Meer, dem der Rhodanus zustrebte, waren sie verwundbar. Massalia würde sie aufhalten, Rom sie zwischen Küste und Gebirge angreifen.

Jedoch nicht entlang der Küste, sondern über die Alpen nach Italien einzufallen, das verlieh ihnen ein Überraschungsmoment, das Rom wie ein Messer in die Niere treffen würde. Auch wenn sie es auf dem Weg mit den Volken aufnehmen mussten, die nur darauf warteten, sie mit Pfeilen zu spicken, sobald sie den Fluss überquerten. Es gab keine Brücken, sie waren auf schwimmende Pferde, eilig gezimmerte Flöße und vernähte, mit Luft gefüllte Tierhäute angewiesen. Und würden ein günstiges Ziel abgeben.

»Wir lagern hier.« Ihr Blick folgte dem Fluss nach Süden.

»Denkst du, die Monsterjägerin bringt dir, was du brauchst? Wie lange sollen wir auf sie warten?«

»Es hängt nicht allein an ihr. Es wäre doch vermessen, das Schicksal so vieler Menschen an eine einzelne Person zu hängen, oder nicht?« Die Worte ließen sie beide grinsen. »Ich brauche eine schlagkräftige Einheit mit gutem Zusammenhalt. Sie sollten schwimmen können oder zumindest nicht in einem Fluss wie diesem da ertrinken. Schnelle Pferde, die sie gut unter Kontrolle haben. Mago führt sie an.«

»Eine gute Idee.«

Sie nickte. »Wir geben der Monsterjägerin vier Tage. In der Nacht zum vierten überquert Mago nördlich von hier den Fluss und fällt den Volken in den Rücken.«

Eine gute Idee, die mit einer Hydra noch besser wäre, aber auch ohne funktionieren konnte. Dieser List zuliebe – nach Norden zu ziehen, einen schwächer befestigten Stamm zu überrumpeln, sich im Gebirge den Blicken von Griechen und Römern zu entziehen – hatte Sosylos den Boten aus Gades bestochen. Wo solch eine List herkam, sagte sich der Chronist, brodelte noch mehr über den heißen Kohlen von Hannibals Verstand.

Tamenzut wich vor dem zustoßenden Schlangenkopf zurück und schlug mit dem stumpfen Ende des Speers. »Das ist nicht der mittlere!« Der Brodem dämpfte alles, auch ihre Rufe. Ihre Füße versanken in dumpfem Schlick.

»Ich habe gezählt, es gibt keinen mittleren!« Adherbal presste mit dem Knie zwei Schlangennacken zu Boden, ein dritter schlug die Zähne in seine ledergepanzerte Schulter. »Es sind nur acht!«

»Dann zählst du falsch!« Sie drehte den Speer ums Handgelenk, packte ihn fest und wollte dem geifernden Kopf, der nach ihr schnappte, die Spitze in die Stirn rammen. Doch ihr Stoß ging fehl und – schlimmer noch! – fuhr der Schlange durch die aufgerissene Kehle, zerfetzte den nur zwei Fäuste großen Kopf. »Ach, Melqarts Keule!«, fluchte sie, als der Schädel der Schlange entzweibrach wie ein aufgeschlagenes Ei.

»Jetzt sind es neun!«, rief Adherbal. »Es tut mir leid! Hab ihr aus Versehen einen abgeschlagen!« Beinahe hatte er mehr Angst vor seiner Lehrmeisterin als vor der Hydra. Gut.

Dass sich auch aus dem Hals, der sich mit einem Ruck von ihrem Speer trennte, ein glitschiges, sich rapide häutendes Doppelhaupt entsprang, verschwieg sie ihm.

Diesmal zielte sie tiefer, durchbohrte den sich gabelnden Hals und pinnte ihn an die Höhlenwand. Kurz konnte sie sich in der gewundenen Höhle umsehen. Das Licht der launischen Fackel, die Adherbal in den Schlick hatte fallen lassen, spielte mit den Schatten der Dunstschwaden. Der gewaltige Leib der Hydra wälzte sich tief im Schlamm, eingegraben wie auf der Suche nach Schutz oder … Heilung.

Sie setzte über einen zweiten Schlangenhals und unter einem dritten hindurch, bis sie beim Rumpf des Monstrums angekommen war. Dazu musste sie den Speer wieder aus dem ersten ziehen, sah sich nun dem vierten Haupt entgegen, dem sie die flache Seite der Spitze an den Kiefer schlug. Adherbal rang gerade mit drei, nein, vier Hälsen und

Köpfen. Sie trat einen der giftspeienden Schlangenköpfe von ihrem Schüler, ergriff mit der Linken die Fackel und stieß mit dem Speer nach dem Rumpf im Schlamm. Das Speerblatt drang zwischen flüsternden Schuppen in den Leib, die Hydra bäumte sich zuckend auf, all ihre Kehlen zischten erbost.

Tamenzut jedoch hatte gefunden, was sie suchte: den mittleren Hals, der wie alle anderen aus dem Schlangenleib spross. Wo die anderen zu agilen, armdicken Schlangenhälsen ausliefen, war dieser mittlere breit wie Tamenzuts Hüften. Und endete in einem eitrigen Stumpf.

»Adherbal!« Er antwortete mit einem Keuchen, und sie wehrte zwei Giftzahnangriffe auf seine Kehle ab. »Der mittlere Kopf – er ist bereits abgeschlagen!«

Ein Maul schloss sich giftsprühend um ihren Arm, doch sie rammte die bronzene Armschiene zwischen die Zähne, die daran abbrachen. Gift troff über Tamenzuts Unterarm.

War der abgeschlagene Kopf Herakles' Werk? Eine Tat aus mythischer Vorzeit, als halbgöttliche Männer durch Länder streiften und auf Meeren verloren gingen, die so viel größer waren als Tamenzuts Welt? Oder der gescheiterte Versuch römischer Konkurrenz?

»Such … den Kopf!«

Mit der Gewalt äonenalter Muskeln schnellte der Leib der Hydra aus dem Schlick, kolossal genug, um ein Pferd, gar einen Elefanten zu verdauen, wenn die kleinen Köpfe ihn hätten verschlingen können, und walzte sich über Tamenzut.

»Den Kopf!«, schrie sie, dann schluckte sie der Schlamm. Ihr Speer war fort, ihre Arme unbeweglich im Schlick, sie kam nicht an ihre Messer. Nur ihre Beine waren frei, fanden einen schmalen Schlangenhals, umklammerten ihn mit beiden Knien, traten nach dem Kopf. Die Hydra warf sich herum und beförderte ihre zukünftige Bezwingerin wieder nach oben.

»Tamenzut!«, hörte sie ihren Namen.

Tamenzut schnappte nach giftiger Luft. »Das Haupt, Dummkopf! Es muss irgendwo sein!« Es sei denn, ein Monsterjäger hatte es sich daheim an die Wand gehängt. »Iolaos hat es ... vergra...« Wieder wälzte sich das Biest über sie, doch nun hatte Tamenzut ihr Messer. Sie stieß es zwischen die Schuppen, nutzte das Gewicht und die Gewalt des Biests auf ihr. Gepeinigtes Zischen aus zehn Kehlen, es zuckte zurück, das Messer blieb stecken, und Tamenzut floh auf allen vieren durch den Schlamm.

Doch ein Schlangenhals fuhr um ihr Handgelenk, zerrte nach rechts. Das Maul, dem sie die Zähne gezogen hatte, packte ihre linke Faust, zerrte nach links. Tamenzuts Gesicht machte erneut Bekanntschaft mit dem Schlamm. Und jetzt wälzte die Hydra sich von hinten über sie – der schuppige, grässliche Leib presste ihre Beine in den Schlamm, ihre Hüfte, ihren Rücken, und sie lag hilflos da, die Arme gefesselt von sich gestreckt wie unter einer sehr fordernden Geliebten. Genüsslich zischten die Kehlen, als der verstümmelte Hals der Hydra Tamenzuts Kopf ins Nass presste. Wasser, Schlick, Schlamm, Gift, Eiter, alles gleichzeitig füllte ihre Ohren und sperrte das freudige Zischen aus. Ein Pfeifen wie ein heller Flötenlaut hallte in ihr wider, ihr ganzer Körper vermeldete, dass das Ende bevorstand.

Sie verfluchte Adherbal mit dem letzten Atemzug, der mit dem Brechen von Rippen aus ihr herausgepresst wurde. Ein Schüler sollte seinen Lehrer für gewöhnlich überleben, doch nicht ihr Schüler sie! Dazu war sie zu gut!

Doch es wurde schwarz um sie herum. Ihre Geschichte war zu Ende, und Adherbal sollte sie gefälligst weitererzählen, sonst würde sie ihn heimsuchen.

Der Schlangenleib über ihr wand sich, ihre armen Knochen knirschten. Ach, wäre sie doch vom Basilisken versteinert, vom Mantikor zerrissen und nicht von der Hydra in einem Schlammloch zerdrückt worden! Endlich wurde das Gewicht auf ihr leicht – endlich war es vorbei.

Nein – Hände packten sie, rissen sie hoch. Stichflammen aus Schmerz entzündeten ihr Brustkorb, Rücken, Nacken, dazu die Qual einer Lunge, die nicht atmen konnte. Finger in ihrem Gesicht, in ihrem Mund, Schläge auf ihren Rücken. Da rang ihr Brustkorb einen halben Atemzug ein und würgte, hustete, spie Schlamm und Schleim aus.

»... hab sie ... Speer ... bist in Sicherheit ... leb, sonst ...« Sie hörte nur Fetzen zwischen den Krämpfen und Qualen ihres gemarterten Leibs. Obwohl sie sich weigerte, bewusstlos zu werden, bekam sie nur halb mit, wie er sie unter den Achseln packte und nach draußen schleifte. An einem schlammigen Bach starrte sie schließlich in den Himmel und atmete.

»Adherbal«, röchelte sie.

»Du lebst«, versicherte er ihr, sein Gesicht schob sich über ihres, Tränen fielen von seinen Wangenknochen in ihr Gesicht.

»Tanits Zitzen, hörst du wohl auf, mich vollzuheulen? Was ist mit der Hydra?«

Da präsentierte er ihr einen schleimigen, teils bis auf die Knochen abgenagten Schlangenkopf, groß wie ihr Brustkorb. Er stak auf Adherbals Speer, die Spitze oberhalb der leeren Augenhöhlen in der Stirn versenkt.

»Du hast den Kopf gefunden.«

»In einem Schlangennest in der Höhle!«

»Du kontrollierst sie?«

Er nickte mit glänzenden Augen.

Erleichterung und Neid durchfluteten sie und bahnten sich einen Weg aus ihrem Magen, die Kehle hindurch und auf Adherbals Sandalen. Sie würgte noch ein wenig, dann setzte sie sich auf, versuchte frierend und taub, den Schlamm loszuwerden.

»Wir müssen so schnell wie möglich zurück zu Hannibal!«

XVI.

Das Belauern über den Rhodanus hinweg hatte ein Ende. Jeden Morgen hatte Hannibal Ausschau gehalten nach etwas, das nicht einmal Alexander der Große zur Kriegsführung hatte nutzen können, nun war ihre Geduld am Ende. In der Nacht war Magos Trupp aufgebrochen, und im Morgengrauen hatte Sosylos einen guten Punkt oberhalb des Ufers gefunden. Er war sogar in einen Baum geklettert, unten waren vier Soldaten postiert – einerseits, um auf ihn achtzugeben, andererseits als Boten, sollte er etwas Meldenswertes beobachten.

Denn zum Beobachten war er hier.

Hannibals List konnte auf die Hydra verzichten. Als sich der Morgennebel aus dem Flusstal hob, war Mago im Rücken der lauernden Streitkraft der Volken angekommen und entzündete dort ein Signalfeuer, ein grauer Wimpel vor helleren Wolken.

Im Schutze des Nebels hatten Treiber die drei Flussgötter in den Rhodanus geführt. Zunächst waren sie beinahe unsichtbar gewesen – der Fluss schlug über ihnen zusammen, verschluckte sie. Die üblichen Witze über die Nutzlosigkeit der Kreaturen hatten die Runde gemacht. Doch dann hatten sie angefangen, den Rhodanus leer zu saufen.

Es waren Flussgottheiten aus Sagunt, und Hannibal war Saguntèrin. Sie wusste, wie launisch Flüsse und ihre Götter sein konnten. Sosylos lachte laut auf, als ihr Plan aufging: Der Wasserstand des Rhodanus sank und sank, und bald waren die Hörner und der gewaltige Widerrist der Gottheiten zu sehen, dann die wild rollenden Augen, die peitschenden Schwänze, schließlich die breite Brust. Der Rhodanus plätscherte amüsiert durch ein immer schlammiger werdendes Bett. Die Gallier versuchten noch, sich zu entscheiden, was nun zu tun sei. Angriff durch Schlamm und Geröll? Ins Flussbett vorrücken und die Feinde mit Pfeilen eindecken? Hannibal nahm ihnen die Entscheidung ab, denn Mago griff ohne viel Federlesens an. Als die Volken bemerkten, dass sie zwei Fronten bilden mussten, ritt Hannibal an der Spitze ihres Heers in ihre erste Schlacht.

Sie ritt wie immer im Nacken des weißen Elefanten, doch sie ließ zu, dass ein Krieger hinter ihr saß und sie mit einem Schild beschützte. Ihr folgten die Heilige Schar, mehrere Einheiten iberischer Fußsoldaten und Maharbals Reiterei an den Flanken.

Weit ritten sie nicht – die Volken errichteten Schildwälle gegen die Bedrohung von zwei Seiten und die göttliche Unterstützung. Sosylos bezeugte wenig mehr als wildes Durcheinander: Soldatenfüße, die das Wasser zum Schäumen brachten, den Elefanten, der mal hier, mal dort stampfte, Hannibal auf dem Rücken, die Befehle gab.

Doch er war der Erste, der bemerkte, dass sich eine rot und stählern glänzende Schlange das Flusstal hinauf näherte. Doch nicht einmal die Hydra konnte so groß sein. Nicht einmal die Hydra konnte so viele Köpfe haben. Tausende behelmter Köpfe römischer Soldaten.

Er bewarf einen der Iberer unter dem Baum mit einer Sandale, schrie auf Griechisch los und wechselte dann ins Keltische. »Römer! Römische Soldaten, von Süden! Du musst es ihr sagen!«

Der Mann schwang sich auf sein Pferd und galoppierte den Fluss hinab. Die Römer kamen, um sich bei dieser Schlacht an den gedeckten Tisch zu setzen.

»Ist sie noch da?«, brüllte Tamenzut gegen den Wind, als die Sonne aufging. Sie fror, obwohl Adherbal darauf bestanden hatte, dass sie auch seinen Mantel umlegte. Die gebrochene Rippe peinigte sie bei jedem eigenen Atemzug und bei jedem Flügelschlag der Sphinx. Zudem saß sie an einer ungewohnten Stelle im Reitgeschirr – normalerweise war ihr Platz hinter den Schulterblättern der Löwin, und Adherbal hielt sich an ihr fest. Doch das ertrug ihr Brustkorb gerade nicht, also musste sie sich an ihm festhalten. Erbärmlich, eine zweitklassige Bestienjägerin.

Adherbal führte das Haupt in einem Sack mit sich, während die Wasserschlange unter ihnen durch die See glitt. Tamenzut sah sie nur ab und zu als Schatten unter der Oberfläche, alle zehn Hälse zusammengelegt, die Blicke aller Köpfe voraus, mit sparsamen, kraftvollen Schlängelbewegungen.

Tanits Stern, das Biest war schnell wie ein Kriegsschiff oder noch schneller! Über dem Meer war der Wind rauer, das Wetter launisch, doch die Sphinx konnte mit Sprüngen und Flügelschlägen mithalten. Auf dem Meer gab es jedoch kein Ausruhen, und mit der Hydra Ruheplätze an der italischen Küste zu finden, war zu gefährlich, also flogen und schwammen die unsterblichen und unermüdlichen Biester nun den vierten Tag in Folge, und Adherbal und Tamenzut hatten lernen müssen, auf dem Sphinxrücken zu überleben. Tamenzut sah immer wieder hinab und fragte sich, ob es nicht würdevoller wäre, einfach abzuspringen und zu ertrinken, statt mit dem Schmerz ihres steifen, wunden Körpers und ihres noch wunderen Hinterteils klarzukommen.

»Sie ist noch da«, beruhigte Adherbal sie, nachdem er sich mit einem Ruck aufgesetzt und geschüttelt hatte. Offenbar war er wieder einmal eingeschlafen. Sie hatten sich im Reitgeschirr der Sphinx festgebunden, doch der Schlaf schien Tamenzut eher wie die Kapitulation ihres Körpers vor dem Dauerschmerz.

»Ich sehe sie nicht.«

»Aber ich spüre sie, Tamenzut. Du hast es mir beigebracht, verlass dich darauf, dass du eine gute Lehrerin warst.«

»Bin. Und nicht nur eine gute.«

»Die beste.« Er lachte. Er hatte gut lachen, war nicht von einer Hydra zerdrückt worden und gebot nun trotzdem über sie. Dass er ihr damit das Leben gerettet hatte, trug nur zu ihrer Bitterkeit bei. »Wenn du willst, übergebe ich sie dir.«

Er hatte schon mehrmals angeboten, ihr das Kommando zu schenken, wie Tamenzut die Elefantin an Hannibal übergeben hatte. Doch ein Biest verlor nie die Bindung zu seiner Bezwingerin, es wäre einfach nicht dasselbe. Und sie hatte es auch nicht nötig, konnte anerkennen und ertragen, dass die Hydra Adherbal gehorchte. Außer dass sie es nicht konnte, weinerlich von Rippenbrüchen, Prellungen und einem wunden Arsch.

Wie man ihn sich eröffnete, diesen Sinn, der sich mit der Bestie verband, hatte Tamenzut von ihrem Lehrmeister gelernt und Adherbal von ihr. Etwas tiefes Inneres musste das Monströse als das erkennen, was es selbst war. Dieser ungeheure Sinn war in den Biestern immer wach und in erwachsenen Menschen schlummernd. Doch er ist da, eine Ahnung, die es zu nähren gilt: der Mond singend über dem Wald, nackte Sohlen tanzend auf Fels, ein Finger in der Wunde der erlegten Beute und die Begierde, dem Göttlichen ein Bild daraus zu malen. Wer das kennt, findet Vertrautes im Blick der Bestien dieser Welt.

Hannibal hatte sofort gewusst, was Tamenzut meinte, o ja. Frauen und Männer unterschieden sich darin, Kinder jedoch nicht. Alle kleinen Kinder besaßen diesen Sinn. Viele Männer konnten ihn in sich finden, wenn sie lange genug suchten. Aber Kinder, die zu Frauen aufgewachsen waren, fanden ihn entweder, wie ein halbverdurstetes Tier Wasser findet – gierig und rücksichtslos –, oder sie tasteten darum herum wie an einer ausgebrannten Wunde und fanden nichts außer Narben. Es war die Welt, die das mit ihnen machte, das wusste Tamenzut mit all ihrer Weisheit von fast fünf langen Lebensjahrzehnten.

»Übergib sie Hannibal«, knurrte sie in Adherbals Ohr. »Wenn wir rechtzeitig da sind.«

Sosylos war zu alt, um so hoch in einen Baum zu klettern. Vielleicht, verspottete ihn seine eigene Stimme, käme er allein gar nicht mehr herunter, und nachdem die Römer alle getötet hatten, würde er hier oben verdorren als letzter Beobachter.

Die römische Vorhut war dem karthagischen Heer in die Flanke gefallen. Sie hatten einen Keil in die ohnehin chaotische Schlachtordnung getrieben. Nun stieg der Wasserspiegel. Der graue Stier schien verschwunden zu sein: Konnten sie sterben? Konnte der weiße Elefant sterben und mit ihm die Frau auf seinem Rücken?

Die Vorhut verschaffte der Legion Zeit, trotz des unübersichtlichen Geländes und ansteigenden Pegels in ihren berüchtigten Manipel anzutreten. Theoretisch war Hannibal auf die Manipulartaktik vorbereitet – in bunten Holzklötzchen auf einem Tisch. Aber inmitten einer Schlacht gegen Gallier? Sosylos klammerte sich mit sausender Höhenangst am verjüngenden Stamm fest – wie stark war das römische Heer? War es eine Legion oder mehr? Wer führte sie an – die Scipiones-Brüder, von deren Aufbruch nach Iberien die Spione in Rom berichtet hatten?

Er hatte nicht viel Zeit, sich darüber Gedanken zu machen, denn es war schnell vorbei. Er war vielleicht der Einzige, der zuerst die Sphinx sah. Alle anderen bemerkten zuerst die Hydra. Sie war zwar beileibe nicht groß genug, um es mit einer Legion aufzunehmen, aber es stellte sich heraus, dass eine Legion es auch nicht mit ihr aufnehmen konnte, mit einer Hydra, die mit jedem Angriff um einen Kopf anwuchs und die einen Fluss blockierte, an dem man gerade die erste Schlacht dieses Kriegs begonnen hatte.

Als die Volken besiegt und die Vorhut der Legion vertrieben war, setzte Hannibals Heer zu einem Gewaltmarsch an. Der Rhodanus war überquert und schwoll wieder an, als die Flussgötter ihn verließen. Sosylos jubelte vor Erleichterung, als Hannibal am gegenüberliegenden Ufer nach Norden ritt, hoch aufgerichtet mit ihrer goldenen Maske, ihrem weißen Mantel.

Sosylos stellte fest, dass er sehr wohl zurück zum Erdboden fand, wenn auch nicht mehr so behände wie als Kind. Er saß auf ein Pferd auf und setzte an der Stelle über, an der auch Mago der Übergang gelungen war.

Sie alle fürchteten, dass die Legion ihnen folgen würde, sobald die Hydra von ihr abließ. Doch sie tat es nicht, und die Späher kündeten am Abend davon, dass sie kehrtgemacht hatte. Sosylos ahnte, dass ihr eigentliches Ziel Iberien war. Sollte er es klug oder töricht nennen, dass sie sich darauf besann? Er entschied sich nicht. Er beobachtete nur.

XVII.

Schlaflos stand Tamenzut am Ufer; die gebrochene Rippe hatte ihr im Liegen die Luft geraubt. Der geschuppte Leib der Hydra lag im Uferschlamm, der Herzschlag sichtbar durch die Bewegung der Schuppen im Mondlicht. Bei Tag war sie schmutzig braun, doch der Mond verlieh ihr Unirdisches.

Schritte näherten sich, sacht, wie um Biest oder Jägerin nicht zu erschrecken.

»Hannibal.« Tamenzut verzog das Gesicht. Sie ahnte, warum die Feldherrin gekommen war. »Komm näher, sie ist ruhig.«

»Du hast sie unter Kontrolle.« Hannibal trat zuversichtlich bis fast in den Uferschlamm und setzte sich auf einen Felsen. Tanit-verflucht, was wurde es nachts kalt in diesem Gallien!

Tamenzut merkte nicht an, dass Adherbal die Hydra kontrollierte. Es stach einfach zu sehr. »Du hast dich auf die Hydra verlassen, aber der Weg war zu weit.«

»Ich habe mich nicht auf die Hydra verlassen. Die Stiere waren von großem Nutzen. Einer ist fort, der graue. Die Römer haben ihn ... getötet. Er hat sich aufgelöst.«

»Sie sind unsterblich, aber große Gewalt kann sie für eine Weile vernichten. Irgendwann entstehen sie neu, aus sich selbst und der Welt heraus.«

»Haben die Römer auch Wasserbiester?«, fragte Hannibal und zog Moos in großen Stücken vom Felsen.

»Es sieht so aus.«

»Wir brauchen Informationen, welche Biester sie gefangen haben. Damit du gezielter jagen kannst. Ich werde das veranlassen.«

»Es heißt, sie fangen die Bestien, deren Stämme sie als Nächstes zu erobern gedenken.« Es waren nur Gerüchte. Tamenzut hatte noch nie einen römischen Bestienjäger danach fragen können.

»Oh, sie erobern doch nicht. Sie bereiten nur Sicherheitsmaßnahmen vor, um nicht von ihren Nachbarn bedroht zu werden.« Hannibal lächelte versonnen. Sie war sehr schön, fand Tamenzut, schön und ein bisschen abgelöst von dieser Welt aus Schlamm und Mondschein wie ein ganz eigenes Ungeheuer. »Eroberung ist ihre Form von Verteidigung. Sie sind im Herzen sehr simple Gemüter. Sie wollen sich sicher fühlen mit einer Einteilung der Welt, die ihnen behagt.«

»Dafür führen sie ganz schön viele Kriege.«

»Das gehört dazu. Die sichere Welt, die ihnen behagt, hängt ab von Männern, die siegreich heimkehren und von denen sie sich danach regieren lassen.« Hannibal schüttelte den Kopf. »Die Hydra ist ein schönes Biest.«

»Wir übergeben sie dir wie den Elefanten.«

»Noch nicht«, sagte Hannibal. »Sie kann mich nicht begleiten. Wir steigen über die Berge. Folgen dem Fluss bis ganz hinauf, es gibt Pässe auf die andere Seite. Aber nicht für die Hydra.«

»Auch nicht für den Elefanten!«

Hannibal lachte. »O doch, für diesen schon.«

»Warum willst du die Viecher und die Männer in diesen Steinwüsten da oben plagen?«

»Die römischen Flotten haben die Küsten in ihrer Gewalt.«

»Du hast eine Hydra.«

»Eine Hydra und zwei Flussgötter. Gegen die Flotten der Scipiones.«

»Scipiones. Das klingt auch wie eine Bestie.« Tamenzut mochte, dass sie Hannibal zum Lachen brachte. »Eine Schlange vielleicht.«

»Wir müssen verschwinden und dann wieder auftauchen, wo sie uns nicht erwarten.« Hannibal schob die Hand in einen Beutel an ihrem Gürtel und holte etwas Fingergroßes, Längliches hervor. Während Tamenzut kurz und unerwartet *Penis* dachte, stellte es sich als kleine Statue heraus – eine derer, die so zahlreich in Gades verkauft wurden. Herakles? Alexander der Große? Beide waren in Gades beinahe eins, übermenschliche Männer, übermännliche Menschen. Dieser Glücksbringer war abgenutzt, als hätte eine Hand ihn oft ratsuchend umklammert. »Hannibal glaubte, dass wir können, was Herakles vermocht hat. Dass Melqart uns für den Mut, es ihm gleichzutun, belohnen wird.«

»Dein Mann oder du?«

»Es gibt nur einen, und der sind wir beide«, sagte Hannibal gewitzt, wie sie das sicher zu all den Magos und Hasdrubals sagte.

Tamenzut lachte durch die Nase. Es war ein respektloser Laut, und Hannibal hob alarmiert beide Brauen. »Wenn das so ist«, sagte Tamenzut so leise zu Hannibal, dass nur die Hydra es noch hörte, »warum hast du ihn dann umgebracht?«

Tamenzut beobachtete die Frau und ihre ruhigen Hände – die eine hielt den Herakles, die andere lag sacht auf dem Moos neben ihrem schmalen Hintern. Sie hatte etwas Knabenhaftes. Mit den kurzen Locken hätte sie eine von den Frauen sein können, die als Mann im Heer kämpften. Jedes Heer kannte sie, diese Fortgelaufenen, Verkleideten, Verzweifelten, Entschlossenen, die sich jedes Mal, wenn sie pinkeln gingen, umschauten, ob niemand sie beim Hinhocken beobachtete. »Man muss ein Mann sein, um kämpfend zu töten, so sagt es die ganze Welt. Aber du hast ihn getötet.«

»Aber nicht im Kampf. Hinterlistig, nach Art der Frauen.«

»Mit Gift?« Töteten Frauen, die zu einem solchen Ansehen kamen, dass die Welt über sie sprach statt über ihre Männer, nicht immer mit Gift?

»Nein. Ich sah ihm in die Augen und stach ihm das Messer in den Hals. Ein Opfermesser.« Sie holte Luft, als suche sie nach der Rechtfertigung, deren Wörter sich nicht formen lassen wollten.

»Im Tempel in Gades.« Tamenzut hatte es vermutet. »Du willst es jemandem erzählen.« Sie setzte sich neben sie auf das weiche Moos, der Schmerz raubte ihr die Luft, als sie einen Arm um Hannibal legte, sie heranzog. Sacht legte sie ihr den Daumen ans Kinn und drehte ihren Mund an ihr Ohr. »Erzähl es mir, wenn du es erzählen musst«, sagte sie heiser und spürte Hannibals Atem an ihrem Ohr. Ihr Begehren war so gleißend, es hätte sich auf den Schuppen der Hydra spiegeln müssen.

»Ich bin Saguntерin.« Keines von Hannibals Worten entschlüpfte in die Nacht, jedes blieb zwischen ihren Lippen und Tamenzuts Ohr. »Rom hat sich in Sagunt eingekauft. Mächtige bestochen und Männer geschickt, die Sagunt insgeheim zu einer römischen Stadt umformen sollten. Meine Familie ließ sich davon nicht täuschen, wollte das Bündnis mit Qarṭ-Hadašt nicht gefährden. Ein stiller Bürgerkrieg ist entbrannt, Edle wurden nachts ermordet, Händler in den Ruin getrieben. Hannibal wollte eingreifen, aber die Romfreunde verschlossen ihm die Tore. Es war richtig, dass er sie belagerte.« Sie atmete mehrere Augenblicke lang. Ihre Stimme war ruhig und flach, doch der Atem war es nicht. »Die Belagerung ging länger und länger. Er hatte darauf gebaut, dass die, die auf Qart-Hadašts Seite standen, einen Weg finden würden, die Tore zu öffnen. Es gingen Gerüchte um, Rom provoziere, um einen Krieg anzufangen; dass sie Qart-Hadašt demütigen wollten. Wenn die Belagerung nicht gelänge, könnte er die Söldner nicht bezahlen, und es würde wieder einen Söldnerkrieg geben wie beim letzten Mal. Er erinnerte sich noch gut an die Unruhen, die Verluste. Je länger die Belagerung dauerte, desto verabscheuenswerter schienen die Saguntер. Das Heer hasste sie, es hasste die Belagerung, es hasste die Angst vor Rom, die sie mit sich brachte. Als die Stadt endlich fiel, bat ich Hannibal, nur die zur Rechenschaft zu ziehen, die sich auf Roms Seite hatten ziehen lassen.« Tamenzut hörte sie schlucken. »Aber er sagte, seine Männer hätten acht Monate darauf gewartet. Sie dürften sich alles nehmen, was sie wollten. Und das taten sie.«

Tamenzut nickte. »Ich hörte davon.«

»Alle, die ich kannte, bevor ich ihn geheiratet habe. Meine Familie. Meine Freundinnen aus Kindheitstagen. Alle sind getötet oder versklavt und ins alte Qart-Hadašt verschifft worden. Alle Orte, die ich kannte, sind niedergebrannt und geplündert worden.«

»Die Frauen vergewaltigt. Manche Männer auch. Manche kastriert.« Tamenzut wünschte, es sei etwas, das sie nur über Sagunt wusste. Etwas, das man sich schockiert und geflüstert erzählte – *Hast du gehört, was in Sagunt geschah?* –, aber so war es natürlich nicht. Es war nicht überall gleich, und in Sagunt hatte sich eine besondere Wut entfesselt, doch diese Art von Gewalt lag als Raunen unter jedem Waffenklirren.

»Einige haben überlebt. Vettern aus meiner Familie. Junge Männer aus anderen. Ich traf mich mit ihnen, und sie sagten, wo und wann können wir ihn dafür zahlen lassen?« Hannibals Flüstern kehrte zurück, mit neuer Kraft. »Ich sagte, er wird in Gades Rat suchen für den Krieg gegen die Römer. Sie sagten, komm uns nicht in die Quere. Ich lachte und sagte, ich werde dafür sorgen, dass ihr allein mit ihm seid. Wir reisten mit dem Schiff hin, und er hörte den Orakelspruch von Dido. Ich war dabei, alles, was ich dem Heer sagte, stimmt:

Du wirst Schlachten schlagen, die die Welt in allen Zeitaltern, die kommen, nicht vergessen wird. Aber du wirst den Krieg verlieren. Das sah sie.« Hannibal erzählte rasch, unbewegt, einen tonlosen Satz nach dem anderen. »Auf Geheiß ihrer Seherin ließen uns die barfüßigen Priester allein ein Tieropfer darbringen im Säulenhof am Meer. Es gibt dort kein Kultbild, keine Statue; nur ein Feuer, das niemals erlischt, und einen Altar, auf dem das Blut niemals trocknet. Meine Vettern kamen von der Meerseite, er hörte sie und stellte sich ihnen und tötete alle drei, während das Blut des Lamms floss. Als nur noch wir beide zwischen den Säulen standen, sagte er: Sie wollten mich töten. Fassungslos, als könnte die Welt es doch nicht wagen. Ich lief auf ihn zu, nach Sorge sah meine Wut aus, aber ich hatte das Opfermesser vom Altar genommen, und ich stach es ihm in den Hals. Ein Lamm und vier Männer lagen vor dem Opferfeuer. Ihr Blut zischte in den Flammen, als die Seherin kam. Weißt du, was sie zu mir sagte?«

Tamenzut schüttelte den Kopf, sie hielt den Atem an, ein Wort nach dem anderen war auf sie eingedrungen wie Schläge.

»Qart-Hadašt hat stets in der Not seine Söhne geopfert, das hat Dido gesagt.« Ein zischendes Atemholen, ja, fast ein Lachen – oh, würden es Hannibals Brüder hören oder auch nur der Geringste aus der Heiligen Schar! Tamenzut wollte ihr fast den Mund zuhalten, so griff ihr die Angst in die Brust. »Ich sagte: Ich bin nicht Qart-Hadašt. Und sie sagte: Aber wenn du es wärst, würdest du es verändern.« Hannibal holte zitternd Luft. »Warum sollte ich, habe ich sie gefragt, aber sie fragte nur, wer ihm nachfolge. An seine Stelle würde sein Bruder treten, sagte ich. Ob meine Rache dann irgendetwas erreicht habe, fragte sie. Wenn ich sie doch mit denselben Grausamkeiten fortfahren lasse, denen in Schlachten Männer und neben den Schlachten Frauen und Kinder zum Opfer fallen. Sie sagte: Ich habe einen Vorschlag für dich.

Vor der Stadt wirst du jemanden treffen.« Tamenzut spürte Hannibals Lippen an ihrem Ohr. »Dich. Das warst du, Tamenzut.«

»Ich weiß«, sagte sie mit zitternder Stimme. Würde sie nun den Kopf wenden, nach all diesen Worten voller Blut und Schmerz, und die Lippen küssen, über die sie gekommen waren?

Hannibal stand auf und sagte ganz ruhig: »Sie würden uns beide töten, wenn sie es wüssten. Deshalb wirst du es nicht erzählen.«

»Ich werde es aus ganz anderen Gründen nicht erzählen«, murmelte Tamenzut, doch da war Hannibal bereits wieder in der Nacht verschwunden, und nur die Hydra, das Wasser, der Schlamm blieben zurück.

XVIII.

»Bonorum possessio contra tabulas ... bei Venus Cloacina, was für ein Fäkaltheater!« Das letzte Wort hatte Fulvia über das Forum Romanum geschrien. Die Umstehenden blickten sie ebenso entsetzt an wie Aulus an ihrer Seite. »Möge sich Iustitia auf dein Gesicht setzen, bis du an ihrer Möse erstickst, Publius! Mögen der Praetor und die Spruchrichter und alle Gaffer, die das Urteil mit angehört haben und die dir den Schwanz ...«

»Mutter!« Aulus' Stimme war schrill vor Scham.

Patrizier schimpften auf dieselbe unflätige Weise wie Plebejer, aber niemals Patrizierinnen, und der Junge war zart besaitet. Also verkniff sie sich den Rest und navigierte mit energischen Schritten übers geschäftige Forum. Die von ihr Verfluchten ließ sie hinter sich, ebenso wie das Centumviralgericht, jenen Ort der Niederlage, der mit einer aufgepflanzten Hasta als heiliger juristischer Platz gekennzeichnet war – einer Lanze, lang wie zwei Männer und steif in die Höhe ragend. Wie töricht von einer Frau, an solch einem Männerort Gerechtigkeit zu erwarten! Sie war allein, hatte keine Bündnisse, keine Fides in den Ring zu werfen.

Das Testament ließ sich nicht anfechten. Zorn auf die Vergangenheit trieb Fulvia ebenso die Tränen in die Augen wie Angst vor der Zukunft. Wie sehr hasste sie sie alle: Publius und seine ganze Sippe, Numerius, der sie im Stich gelassen hatte, Aulus, der sich für die schämte, die um sein Erbe stritt, ihre verräterischen Eltern, das ganze Männergeschacher Roms.

Aulus konnte kaum Schritt halten. »Was machen wir denn jetzt?«

Sie hastete an einem Ausrufer vorbei, der mit ausladenden Gesten und lauter Stimme vortrug, dass es gelungen sei, das große Heer des Hannibal von der gallischen Küste zu vertreiben, um gleich darauf Caesos Rote-Bete-Taler anzupreisen. Sogar dieser viel beschäftigte Mann erlaubte sich einen tadelnden Blick in ihre Richtung.

Sie fletschte die Zähne.

Vielleicht sollte sie ein Fluchtäfelchen anfertigen lassen, um Publius' Gemächt damit ebenso verschrumpeln zu lassen wie sein kleines, verfaultes, schwarzes Herz.

Wie er sie angesehen hatte während der Verhandlung, wie ein lästiges Insekt, bevor man es zerdrückt. Er mochte sie als plebejischen Emporkömmling verachten, aber warum war er so grausam zu Kindern, die mit ihm verwandt waren? Wie alle nachwachsenden Patrizierbengel hatte er Ambitionen auf dem Schlachtfeld, und ein Feldherr brauchte Geld, um seine Legionäre auszurüsten. Aber um jeden Preis, mit Fälschungen und Verrat? Er hätte jeden Fluch verdient. Viel mehr als Gift, Flüche, Selbstmord und Sex blieb ihr ohnehin nicht, um ihren Willen zu bekommen.

Aber wenn sie aufflog, waren Flüche gefährlich. Vielleicht gefährlicher als Verrat.

Sie blieb so abrupt stehen, dass Aulus fast auf sie auflief. »Hör zu, Aulus, geh zu deinen Geschwistern. Erkläre Quintus und seiner Frau, dass wir verloren haben, bitte die beiden, uns ihre Gastfreundschaft noch ein Weilchen zu gewähren.« Aulus nickte. »Hast du verstanden, was passiert ist? Das Testament lässt sich nicht anfechten.«

»Natürlich hab ich das verstanden! Ich bin doch nicht dämlich.« Aulus verdrehte die Augen, ganz das schmollende Patriziersöhnchen, das darauf hofft, dass andere die erlittene Schmach wiedergutmachten. Fulvia zum Beispiel. Sie fuhr fort: »Publius mag mit der Enterbung alle getäuscht haben, aber dass er deinen Pflichtteil für die Kosten des Trauerzugs einbehält ... lachhaft! Euren Pflichtteil werde ich erstreiten können. Numerius war wohlhabend, mit dem Pflichtteil werden wir uns zumindest wieder eine eigene Bleibe leisten können.«

»Aber der Anwalt will doch mehr Geld, Mutter. Und wir haben keins. Quintus hat schon gesagt, dass er unsere Sache nur moralisch unterstützt. Soll ich etwa bei ihm betteln, oder wie stellst du dir das vor?«

»Das lass mal meine Sorge sein. Geh, du weißt, was zu tun ist!«

»Ja, Mutter«, stieß er hervor, und sie war ihn endlich los.

»Du weißt, wo du mich finden kannst«, hatte Caras gesagt, und er hatte recht. Fulvia war vom Forum aus direkt in die Subura marschiert. Sie fand ihn in seiner Schmiede zwar nicht vor, aber schon am zweiten Ort, an dem sie ihn suchte, wurde sie fündig.

Ebriete versuchte gar nicht erst, sie aufzuhalten, als Fulvia Caras aus dem Kissenlager zerrte.

»Und das hätte nicht warten können?«, fragte er.

Ebriete hatte ihnen einen der abgetrennten Räume zur Unterredung überlassen. Zum Glück trug Caras wieder eine

Hose. Zu ihrem Unglück trug er aber nicht mehr als das, und sein haariger Oberkörper war eingeölt. Er leckte sich etwas vom Finger, von dem sie hoffte, dass es sich um Honig handelte.

»Nein, meine Entschlossenheit wird von meinem Zorn befeuert – wer weiß, ob ich noch bereit bin, wenn er verraucht und kaltem Hass gewichen ist?« Ihre Stimme bebte, doch die Metapher war zielsicherer als die ungehörige Schimpftirade auf dem Forum.

»Nun gut. Tatsächlich kann ich dir eine gute Summe bieten. Genug für den Anwalt. Allerdings ... musst du mehr tun, als nur die Ohren auf zu machen.«

Sie verschränkte die Arme. »Meine Schenkel werde ich nicht öffnen, wenn es das ist, was du meinst. Die Zeiten, in denen ich dazu bereit war, sind vorbei.« Am Ende würde sie noch schwanger. Wenn sie eins nicht gebrauchen konnte, dann noch mehr Kinder.

Er lachte, als wäre der Gedanke absurd. »Das ist nicht nötig, jedenfalls nicht, wenn du es geschickt anstellst. Konsul Tiberius Sempronius Longus geht bei den Fabii ein und aus, richtig? Er und sein Mitkonsul Publius können sich nicht ausstehen, wie man hört.«

»Man hört es, weil ich es dir berichtet habe.« Sie waren einander in den vergangenen Wochen ab und an über den Weg gelaufen, und sie hatte ihn mit Informationshappen gefüttert, um ihn sich gewogen zu halten.

»Du verstehst dich gut mit ihm, nicht wahr? Ihr habt geredet, wenn er zu Besuch war, und er mag dich.«

»Er wird mir kaum einen Heiratsantrag machen. Ich bin eine mittellose Witwe ohne einflussreiche Familie.«

»Aber du bist auch halb so alt wie er, schön, klug, weltgewandt und kannst charmant sein, wenn du willst.«

»Mag sein.« Verflucht, sie fühlte sich geschmeichelt!

»Vielleicht kannst du seine Muse sein?«

»Wie meinst du das?« Also doch Schenkelöffnen. Gift, Flüche, Selbstmord oder Sex, auf eines davon lief es immer hinaus.

Caras faltete die Hände vor der klebrigen Brust. »Der Konsul bricht bald an der Spitze einer Legion nach Karthago auf, um Krieg gegen die Punier zu führen.«

»Auch das weißt du ursprünglich von mir, und inzwischen schreien es die Ausrufer in die Straßen.«

»Flüstere ihm eine Idee ein wie eine der Musen. Was wäre, wenn er zum Auszug eine Parade veranstaltete, mit den Bestien, die Rom unterworfen hat? Würde das nicht die Macht des römischen Volkes demonstrieren und die Götter gnädig stimmen für seinen Feldzug? Vielleicht noch ein paar Gefangene in der Arena von Bestien zu Tode hetzen lassen? Ein Schauspiel nach römischem Geschmack eben. Lass ihn denken, es sei seine Idee, dann klappt es schon.«

»Wozu? Was soll das?« Sie verschränkte die Arme. Sie hatte wenig Lust, für den Tod irgendwelcher Gefangener zuständig zu sein. Und wie bei allen Musen sollte sie einem Konsul die Idee für solch eine Großveranstaltung in den Kopf setzen?

»Rom unterwirft seine Nachbarn nicht nur mithilfe seiner Legionen, Fulvia«, raunte Caras, dass es ihr kalt den Rücken herablief. Er war immer noch viel zu nackt und roch außerdem anders als sonst. »Was meinst du, wie sie es angestellt haben, dass die Stämme in der Cisalpina vor ihnen das Haupt neigen? Römische Monsterjäger fangen die Stammesbiester, kerkern sie ein, brechen ihren Willen, während die Legionen ihre Krieger zermalmen und ihre Frauen …« Er ließ den Satz unvollendet.

»Entweder bist du sehr viel weiser, als du aussiehst, deine Informanten wesentlich besser, als ich es ihnen zutraue, oder du hast dir kürzlich den Kopf angestoßen.« Atemlos füllte sie die Stille. Dieses Gerede von Biestern und Völkern war ihr unbehaglich. Es klang wie Gewäsch und zugleich wie eine tiefe Wahrheit. Welch merkwürdige Wendung des Gesprächs!

Es ließ Fulvia keinen Zweifel mehr: Caras arbeitete weder für ein Verbrechercollegium noch für einen patrizischen Konkurrenten der Scipiones oder sonst jemanden innerhalb der Mauern Roms. Er war ein Spion.

Sie wagte nicht, es auszusprechen. Es stand zwischen ihnen im Raum, während seine Blicke sie hungrig an die Wand nagelten. Hungrig nach was? Sie hatte gedacht, ihm stecke noch die Lust im Blick, doch es war etwas anderes.

»Du und … deine Leute, ihr wollt wissen, welche Biester Rom gefangen hat. Darum geht es euch«, stellte sie fest.

»Ich weiß, dass du klug bist.« Seine Stimme raunte wie Herbstwind.

Sie räusperte sich. »Ich versuche es, aber ich kann nichts versprechen.«

Er grinste. »Mehr verlange ich auch nicht.« Mit diesen Worten wollte er sich an ihr vorbeischieben, zu seinen anderen Gelüsten. Aber sie legte ihm die Hand auf die nackte Brust und hielt ihn auf.

»Warte. Du verlangst viel von mir. Ich muss etwas wissen.« Für ihr Gewissen. Als Römerin. »Wieso arbeitest du gegen Rom und für … andere? Unterwerfen andere nicht auch ihre Nachbarn und deren Biester? Spielen sie nicht alle mit den Unterlegenen wie Betrunkene mit Würfeln in der Taberna?«

Caras seufzte und sah ihr in die Augen. »Du weißt, dass ich Waffen schmiede, obwohl meine eigenen Leute unter meinen Klingen bluten und sterben. Obwohl ich weiß, dass die Römer diese Schwerter aus meiner Heimat anders nutzen, effektiver, als sie in den Händen meiner Leute wären.«

»Du willst es wiedergutmachen? Es aufrechnen wie einen Preis?«

Er schnaubte. »Rom ist anders als andere Völker. Alle sind brutal, werfen Krieg und Versklavung und Tod in die Waagschale gegen Eroberungen und *Befriedung.* Aber Rom ist anders. Gewalt fließt durch eure Adern. Sie ist kein Gift, das euer Blut trübt, sondern sie *ist* euer Blut. Eure Mächtigen erringen Frieden und Wohlstand für Rom nur durch Krieg; Ansehen und Macht unter ihresgleichen: nur durch Krieg. Um sich zu messen, brauchen sie mehr und mehr davon. Also schneidern sie sich Kriege zurecht wie die weiße Toga, die sie im Senat tragen. Und die Männer ohne Macht? Töten, Plündern und Vergewaltigen ist ihnen ein Versprechen. Nicht etwas, das nur geschieht, weil Krieg ist. Sie führen *dafür* Krieg. Diese Gewalt ist kein Auswuchs Roms, sie *ist* Rom. Darum sind die Legionen Roms so erfolgreich, und darum tue ich alles in meiner Macht Stehende, um sie aufzuhalten. Auch wenn das bedeutet, dass ich ihr Vertrauen erringen muss, indem ich ihnen erst Schwerter schmiede.«

Seine Augen schluckten das spärliche Licht des Öllämpchens, bodenlose Schlünde voller vergangener Schrecken. Er ging, ließ sie allein und zitternd in der Kammer zurück.

XIX.

Das Gebirge drohte mit weißen Fäusten, und nach dem letzten Regen, der dort oben als Schnee niedergegangen war, waren sie größer geworden.

Der Sommer war ihnen wie Sand unter den Sohlen zerronnen, und ein Herbst stand bevor, der hier in den Flusstälern launische Böen im sich langsam rötenden Laub brachte, doch hoch im Gebirge schmerzlich schnell in einen Winter übergehen mochte. Ein Zurück gab es nicht, entweder gelang ihnen der Weg über die Alpen noch im Herbst, oder dieser Feldzug nahm ein hässliches Ende. Sie mussten Italien vor dem Winter erreichen, sonst zerrieb Rom sie zwischen den gallischen Stämmen, dem unüberwindbaren Aufstieg und der Macht der Legionen.

Und obwohl beide Hannibals mit Spähern, Boten und Bestienjägern monatelang an Verträgen gearbeitet hatten, wurden die gallischen Stämme zum Problem. Die Wege ins Gebirge wurden immer schmaler, die Täler immer tiefer. Die Hinterhalte und Angriffe immer häufiger. Mal wurden Proviantwagen abgeschnitten und entführt, dann wurde ein Spähtrupp mit Pfeilen oder einem Steinhagel niedergemacht. Einmal wurden gefällte Stämme in Bewegung versetzt und beförderten zwei Elefanten mit gebrochenen Gliedern in den Fluss, sodass ihre Treiber sie erlösen mussten.

Sie hatten keine legionentrotzende Bestie mehr, um diese Angriffe zu verhindern: Adherbal ritt auf einem der iberischen Stammesbiester – ein Ross, das auf dem Wasser galoppieren konnte – den Rhodanus herab und führte die Hydra hoffentlich unbemerkt übers Meer nach Italia.

Noch verhinderte der Anblick des weißen Elefanten und der zahlreichen kleineren, dass die Gallier einen offenen Kampf wagten – und auch das, was sie stets die Siege kostete, hatte die Finger im Spiel: die herzliche Feindschaft untereinander.

Um eine solche auszuloten, hatte sich Hannibal zu einem Treffen bei einer Köhlergrube auf einer Waldlichtung bereit erklärt, begleitet von Sosylos und Mago. Drei wohlgezielte Pfeile, und der Feldzug und sein Historiker wären Geschichte. Doch die Monsterjägerin kreiste auf ihrer Sphinx über ihnen und gab ihnen Zeichen: Wie verabredet näherte sich auch der Gallier vom Stamm der Allobroger mit nur zwei Reitern Begleitung.

Als Hannibal abstieg, gewährte der Koloss von Elefantenkuh Sosylos einen kurzen Moment unter vier Augen mit der Feldherrin.

»Es wundert mich, dass Maharbal nicht dabei ist«, sagte er leise. Maharbal verbrachte neuerdings die Nächte in ihrem Zelt, und die langen Abende des Lernens von Griechisch, Keltisch und Schlachttaktiken endeten nun früher.

»Es ist wichtiger, dass Mago teilhat«, gab sie leise zurück, und das war es auch. Maharbal zu ihrem Liebhaber zu machen, verwies Mago an eine dritte Stelle, die ihn noch weiter gegen seine Schwägerin aufbringen mochte.

»Ein schwieriges Gleichgewicht, an dem du dich versuchst.«

»Mit der Geltungssucht von Männern zu balancieren?« Sie grinste freudlos.

Maharbal wollte, was sie war, und Sosylos war Komplize darin. Er hatte ihr geraten, Maharbals unsubtilen Avancen nachzugeben. Maharbals Schweigen zu ihrer Lüge hing daran, wo er sich im Verhältnis zu Hannibal befand. Und gerade befand er sich jede Nacht über ihr. Was, wenn sie schwanger würde, wie junge Frauen es nun mal wurden, und dann würde sie zurück nach Iberien gehen, um sich und das Kind zu schützen – Maharbals Kind! – und das Heer würde zwischen geltungssüchtigen Männern zerrieben.

»Du verkaufst dich unter Wert.« Er konnte es sich nicht länger verkneifen und argumentierte gegen seinen eigenen Ratschlag.

Unwillig presste sie die Lippen aufeinander. »Wer ist denn mehr wert? Qarthalo? Mago? Gisgo? Sind die Edlen aus Qart-Hadašt mir nicht alle noch gefährlicher als ein Numider, der will, was er nicht haben kann?«

»Auch der Numider ist gefährlich. Vielleicht haben wir ihm schon zu viel von dem gegeben, was er nicht haben kann.«

»Es klang ganz anders, als du sagtest, ich bräuchte seine Unterstützung. Dass meine Lüge ohne sein Schweigen nicht überleben kann.« Bitter war ihr Blick durch die Augenschlitze der Maske, und Sosylos sah beiseite, weil es ihm nur allzu vertraut war.

Maharbal tat Hannibal keine Gewalt an, das schloss Sosylos zumindest aus den Lauten, die er nachts aus dem Zelt vernahm. Aber Frauen und Sklaven waren die Sorte Mensch, denen vielleicht, mit Glück, die eigenen Gedanken gehörten, aber nicht der eigene Körper. Sosylos hatte es, als er jünger und schöner gewesen war, auch erlebt. So viele Situationen, in denen es keinen anderen Weg gab. In denen Sex nur ein Kampf war, bei dem der Gewinner schon feststand.

Wenn sie nur nicht schwanger wurde! Doch das wagte er nicht zu sagen, nicht er, der alte Sklave, von dem niemand mehr so richtig wusste, dass er immer noch nicht frei war. Sie war zwar frei, aber eine Frau, und er war es nicht, aber ein Mann.

Und dann war das Suchen nach passenden Worten beendet, denn ein gallischer Fürst betrat wie verabredet die Lichtung.

Sosylos hatte sich den dritten Bruder der zerstrittenen Familie vorgestellt wie Mago: als Jüngsten, der noch jünger aussah, als er war. Dieser Mann hier war ein jüngerer Bruder, der einem Furcht vor den beiden älteren einjagte. Er ritt mit einem blauen Mantel über dem bloßen Oberkörper und einer karierten Hose unter dem breiten Waffengurt auf der anderen Seite der Köhlergrube ein, als sei die Lichtung Rom und er Brennus. Er war ein Hüne, das machte das kleine Pferd überdeutlich klar. Breite Schultern, muskulöser Nacken, Gold- und Bronzereife von beeindruckendem Umfang um den Bizeps, ein imposant gezwirbelter Schnurrbart und ein blank rasierter Schädel, blass, als scheine der Knochen darunter durch. Ein zweiter, deutlich schmächtigerer Krieger ritt schräg voraus, sodass er den Fürsten mit seinem ovalen Schild vor Pfeilen und Speeren hätte schützen können. Der dritte Reiter war eine Frau, was Sosylos nicht überraschte, denn die Kelten gewährten manchen Frauen ihre kriegerischeren Launen. Dass sie sichtbar schwanger war, erstaunte ihn jedoch. Wer brachte eine schwangere Frau mit zu einer Unterredung zwischen Kriegsfürsten?

Offenbar »Avarro vom Stamm der Allobroger«. Hannibal sprach ihn auf Keltisch an, und er antwortete auf Griechisch.

Eine Höflichkeitsbekundung von beiden Seiten, auch wenn das Griechisch ihn zum Stottern brachte.

»Hannibal, Feldherr aus Qart-Hadašt.« Er saß vom Pony ab und neigte kurz das Haupt. »Man erzählt sich, dass du vielleicht eine Frau bist, aber ich hab es bis jetzt nicht geglaubt.« Er und die Schwangere tauschten einen vielsagenden Blick.

Griechisch war ihm die Sprache des Handels, und damit begannen Hannibal und er sofort. Avarro führte die Verhandlungen für den mittleren Allobroger-Bruder, der wiederum im Krieg mit dem Ältesten steckte. Welche Unstimmigkeit genau dahintersteckte, erschloss sich Sosylos nicht. Zum einen blieben die Gallier eben trotz allem Handel mit zivilisierteren Völkern Barbaren – und zum anderen kamen Zwistigkeiten unter Brüdern auch in besseren Familien vor. Der Älteste jedenfalls, so der Jüngste, sei verantwortlich für die Überfälle, die toten Elefanten, die geraubten Proviantwagen. Und das sei natürlich nur ein Vorgeschmack gewesen: Er verfüge über Stellungen in den Bergen, mit denen er einem Heer den Übertritt über die Pässe verwehren könne. Ganz anders der zweite Bruder, so Avarro – er sei nicht nur gewillt, das karthagische Heer passieren zu lassen, nein, er würde es sogar mit Bergführern und frischem Proviant versorgen. Auch Waffen und Kleidung, wenn man darauf angewiesen wäre.

»Die Gegenleistung ist, dass wir deinen ältesten Bruder töten?«, fragte Hannibal.

»Niemals würden wir uns unsere eigenen Geschäfte von Fremden nehmen lassen!« Avarro verschränkte die muskulösen Arme und überließ es der Frau, auszusprechen, was er wollte.

»Tausch große Tiere.« Ihr Griechisch war schlecht, aber unmissverständlich, mit dem Arm imitierte sie einen Rüssel.

Ihr Mann nickte zögernd, als sei diese Idee ganz neu. »Deine großen Tiere gegen die Unterstützung meines Bruders. Sieben.«

Hannibal ließ nachdenklich den Blick schweifen. »Sieben Elefanten – gegen *deine* Unterstützung, Avarro. Dein Bruder ist nicht hier.«

Mago sah sie brüskiert an – verscherbelte sie gerade die Elefantenstreitmacht an Gallier im Bruderzwist?

Sie wechselte ins Phönizische. »Die Elefanten sterben beim Übergang über die Berge«, rief sie ihm in Erinnerung. »So wurde es Hannibal in Gades geweissagt.«

»Also lässt du sie bei Galliern?«

»Ein paar, ja. Sie sind kein hoher Preis für gallische Treue. Für die restlichen brauche ich einen fähigen Strategen. Einen, der mit einigen Bewaffneten und Elefanten gallische Krieger rekrutiert und uns den Rücken freihält. Die Nachschubroute nach Iberien. Der uns römische Legionen vom Hals hält. Der uns Zeit erkauft. Wer wäre zu so etwas in der Lage, Mago?«

Mago musterte ihre ausdruckslose goldene Maske. »Du willst, dass ich das bin.«

Sie neigte das Gesicht ein Stück zur Seite, wie immer, wenn sie wollte, dass andere ihre Schlüsse zogen. »Wenn du glaubst, dass du es kannst.«

Doch Mago zog ihre Schlüsse nicht, er wandte sich ab und spie auf den Boden. »So wirst du mich nicht los, Hannibal.« Es war nur ein Zischen. Die Gallierin betrachtete sie ruhig, die Hände auf dem runden Bauch verschränkt. »Schick Gisgo.«

»Dann schicke ich Gisgo.«

»Oder Maharbal.« Sosylos wagte es, den Vorschlag zu flüstern.

Hannibal rieb sich über der Stirn den Haaransatz der frisch gekürzten Locken. »Es muss ein Bürger aus Qart-Hadašt sein. Ich hatte gehofft, meine Brüder würden den Weg zwischen Italia und Iberia halten. Gallischer Boden für Qart-Hadašt.«

»Ich werde Qart-Hadašt italischen Boden erobern.« Magos Blick sprach davon, wie viel lieber er es ohne sie als mit ihr tun würde. Sie brauchte so dringend Verbündete!

Sosylos wandte sich den lauschenden, aber an der Sprache scheiternden Galliern zu. »Ihr könnt uns Kleidung geben, sagt ihr? Für die Berge?«

Fürst Avarro wiegte den Kopf. »Längst nicht für alle, natürlich. Aber Felle, Decken. Waffen, wenn ihr wollt. Wir haben gute Schmieden, gutes Eisen.«

Hannibal wischte das alles mit einer Handbewegung weg. Sie streifte die Maske vom Kopf, und die Gallierin betrachtete sie intensiv, fast gebannt. »Ich tausche zehn Elefanten gegen zweitausend allobrogische Krieger. Du führst sie an, Avarro.« Sofort fuhr sein Blick zu seiner Frau herum, doch Hannibal hatte den Handel noch nicht vollständig unterbreitet. »Oder wir tauschen ein Dutzend Elefanten, und meiner Monsterjägerin wird zudem gestattet, in den Bergen euer großes Biest aufzuspüren. Wenn sie es fängt, begleitet es uns.«

»Mega therion?« Zuerst dachte Sosylos, dass sie es nicht verstanden hätten, doch dann tauschten sie rasche, undeutliche Sätze in ihrem Dialekt. Avarro stotterte auch auf Keltisch, das fiel Sosylos auf. Eine eigenartige Entscheidung, den stotternden Bruder zur Verhandlung zu schicken. Sosylos hörte die Zahlen heraus – keltische Barbaren hatten einen Hang zu Symbolen, und die Zehn bedeutete ihnen weit weniger als die Zwölf.

»Du willst ein Dutzend Elefanten gegen ein großes Biest eintauschen, das seit einer Generation nicht mehr gesehen wurde? Wozu?«, fragte Avarro schließlich.

»Ich will mit Bestien über die Alpen ziehen«, antwortete Hannibal mit der einfachen Wahrheit.

XX.

Zwölf Elefanten – und einen Teil des karthagischen Heers im Rücken, das unter Gisgo eine Nachschubroute halten würde: Damit konnte der Bruderzwist wohl beigelegt werden.

Doch während bei den verbündeten Allobrogern Hochstimmung herrschte, gärte es im karthagischen Heer. Dass Hannibal Gisgo zurückschickte, doch mit Maharbal das Bett teilte, war der Heiligen Schar eine Provokation. Für den Rest des Heers wog schwerer, dass sie die Elefanten zurückließ. Sie waren keine Monstren, doch auch keine simplen Tiere, sondern schweres Kriegsgerät, und es konnte doch nicht Hannibals Ernst sein, wegen eines Orakelspruchs auf sie zu verzichten?

Tamenzut musste etwas finden, was sie so sehr zum Staunen brachte, dass ihnen ein »Aah!« das »Aber!« von der Zunge vertrieb. Auf fremdem Gebiet, im Hochgebirge, ohne einen Schüler, der sie im letzten Moment unter dem zermalmenden Leib eines Biests ... nein. Nicht noch einmal!

Sie ging klug vor wie immer. Brachte – unter diesen Bergvölkern vor allem mit Händen und Füßen – in Erfahrung, wo die Allobroger ihr Biest verehrt hatten. Wo es früher gesehen worden war. Was es fraß. Sie lauschte den Menschen, und danach lauschte sie allem anderen. Um ein Biest zu finden, musste sie seiner Umgebung Respekt zollen. Und nichts konnte man besser Respekt zollen als dem Gebirge – nicht einmal dem Meer. Die Sphinx trug sie über waldgrün blutende Täler, über die wandelbaren Narben von Steinrutschen und Geröllfeldern. Die geschabten grauen Wangen von Gesichtern hinauf, die sich dem Himmel zuwandten. Am eisigen Hauch der Leichentücher vorbei, die über den Gipfeln lagen. Es war sein ganz eigenes Monster, das Gebirge; fremd und mit einem Sinn versehen, der über all die eingebildeten Nasen und Gesichtsprofile hinausging, den Menschenaugen ihnen aufprägen wollten. Es war mehr, als sie je verstehen würde, ewiger als die Götter, ja, als das Leben selbst. In Decken eingewickelt und in die Wärme der Sphinx gelehnt verbrachte sie eine Nacht auf einem Felsgrat und beklagte den scharfen Wind, die zu langsam heilende Rippe und die kalten Finger, doch sie erwies dem Gebirge den Respekt des Lauschens. Am nächsten Tag nahm sie die Fährte auf.

Von den Warnrufen der Krähen im Nordosten über den von Aasfressern gemiedenen Leib einer Gams über der Baumgrenze zu weißen Federn mit einem Geruch, der die Augen der Sphinx leuchten ließ, an einem Bachlauf in einem nach Süden weisenden Tal. Und dann schnarrendes Keuchen, rasselndes Atmen, Kratzen auf Eis in einer Gletscherspalte, und drum herum nur Leben, das nicht auf eigenen Beinen fliehen konnte – Moose, kleine gelbe Blumen, hartnäckige Kräuter.

Die Spalte führte am Fuß des Gletschers zwischen Fels und Eis tiefer hinein, und Tamenzut erfüllte nicht nur das Kratzen von Krallen auf jahrhundertealtem blauem Eis mit Unbehagen. Schon wieder lauerte das Biest in einer Höhle! Und Tamenzut war immer noch vom Schmerz der gebrochenen Rippe geplagt ...

»Begleite mich.« Sie packte den Speer mit der einen Hand fester und die Löwinnenmähne mit der anderen, und gemeinsam traten sie in die Finsternis. Immer wieder drangen Lichtschäfte durch das vom Sommer ausgedünnte Eis.

Schon nach wenigen vorsichtigen Schritten auf Boden, der teils Eis, teils Geröll war, hörte Tamenzut, dass ein Kampf im Gange war: Ein römischer Bestienjäger musste ihr zuvorgekommen sein! Sie hob den Speer, bereit, erst einen römischen Hinterkopf, dann eine monströse Stirn zu durchschlagen. Der Gang öffnete sich zu einer milchigen Höhle. Tamenzut schlug der Geruch nach kaltem Blut und dem ungeheuren Odem entgegen, der Tamenzut mit greller Todesangst und finsterer Lebenslust erfüllte. Unterarmlange weiße Federn klebten im Eis, ein Teil der Decke war von gewaltigen Klauen eingerissen, Eisstalagmiten blutig, wo sie zerborsten und in den Leib der Kreatur eingedrungen waren. Doch kein römischer Bestienjäger befand sich mit ihr im Kampf. Die Zwillingsbestie der Allobroger rang mit sich selbst.

Sie war ein Biest mit zwei Köpfen, doch nicht nur das: Immer wieder riss es sich voneinander los und schmolz dann wieder zusammen – mal lag es erschöpft da, mit einem einzigen Kopf mit zwei schnabelbewehrten Gesichtern, mal stemmte es sich mit aller Kraft auseinander, dass der Kopf sich zu zweien teilte, der Hals sich zu zweien öffnete, der gewaltige weiße Vogelleib bis zur Mitte zu zwei Brustkörben aufriss. Nicht dabei vergoss sie Blut: Der Körper wandelte sich und kam doch nicht von sich selbst los. Doch die Klauen beharkten Leib und Flügel, die Schnäbel gruben sich in Hals und Brust, als wollte sich das Wesen von sich selbst schneiden, und dabei blutete es tiefes Rot, verlor befleckte Federn und fraß sich in die eigenen Organe vor, bis es vor Schmerz aufgab. Es war das zerrissene Biest eines zerrissenen Volkes, manchmal war es eben so einfach.

Tamenzut sah dem qualvollen Treiben zu, bis sich die Zwillingskreatur erschöpft hatte. Der Kopf verschmolz wieder zu einem. Hasserfüllt starrten die Gesichter in zwei verschiedene Richtungen, und als Tamenzut noch überlegte, ob sie im Schlaf wohl beide Stirnen mit einem Hieb würde spalten können, verengte die ihr zugewandte Kreatur die menschlichen Augen.

»Besuch, Schwester«, wehte es kehlig durch die Höhle.

Tamenzut erstarrte. Sie hasste es, wenn Monster sprachen. Als gäbe es nicht schon genug, was Menschen und Monster miteinander verband. Die Köpfe trennten sich voneinander, Ohr an Ohr lehnten sie und sahen ihr entgegen. Tamenzut löste die Hand aus dem Fell der Sphinx und befahl ihr, zurückzubleiben.

Über den gewaltigen Adlerschnäbeln starrten ihr zwei gnadenlose Augenpaare entgegen. Tiefe blutige Furchen hatten die Kopfhaut von allen Federn befreit, nur Wunden und Narben und rosige Haut zurückgelassen. Der Raubvogelleib richtete sich auf, als Tamenzut näher trat, Klauen gruben sich in den eisigen Boden. Kleine, narbenübersäte Brüste unter den weißen Federn eines Vogelleibs waren genau auf Tamenzuts Augenhöhe.

»Es riecht nach unsereins«, flüsterte die eine der anderen zu, für den Moment trügerisch versöhnt. »Doch es sieht aus wie ein Mensch.«

»Das liegt daran«, begann Tamenzut und bemerkte, dass das Monster keine Sprache sprach und sie selbst auf keiner Sprache antwortete. Ganz natürlich glitten Bedeutungen über ihre Zunge und fühlten sich hart und dunkel und richtig an. »Das liegt daran, dass ich eine Gottheit bin.«

Die beiden atmeten den blutigen Duft ihres jahrelangen Ringens auf Tamenzuts Gesicht. »Gottheiten sind etwas für Menschen. Also bist du ein Mensch«, sagte der rechte Zwilling.

»Gottheiten haben die Welt geschaffen«, widersprach der linke und hieb mit der Klaue nach der Schwester.

Tamenzut schnalzte mit der Zunge und schlug mit dem Speerschaft gegen die bleiern glänzende Kralle. »Warum streitet ihr so sehr, dass ihr meinen Ruf nicht hört?«

»Welchen Ruf, Gottheit?«, fragte die Rechte.

»Du Närrin!«, stieß die Linke hervor, trennte sich bis zu den Schultern von ihrer Schwester und hackte nach ihrem Ohr.

»Den Ruf, der euch an der Seite der Menschen, die euch verehren, den Kampf befiehlt.«

Da hielt selbst die Linke inne, schlang jedoch noch ein Stück Ohr herab. Blut rann ins Gefieder, sie heilte nicht so schnell, wie sie sich selbst Wunden schlug. »Einen Menschenkampf?«, höhnte sie.

Tamenzut lachte auf, und es hallte beeindruckend unter dem Eis wider. »Wäre ich hier, um euch zu einem Menschenkampf zu rufen? Menschen kämpfen für Ungeheuer und Ungeheuer für das Göttliche. Wenn wir fertig sind, wird die Welt der Platz sein, der sie uns einst war.« Tanits Stern, fast wünschte Tamenzut, nicht zu lügen, sondern tatsächlich eine göttliche Botin zu sein, mit nichts Geringerem im Sinn als die Verwilderung, die Verungeheuerung der Welt! »Die Menschen vereint unter euch. Und ihr nicht länger im Kampf.«

Der Schnabel der rechten Kreatur stieß einen fast jammervollen Sehnsuchtslaut aus, trennte sich tiefer von der linken, bis zwei Leiber aus der Hüfte entsprangen.

»Du gehst nicht fort!«, schrie die Linke, dass die Höhle bebte, und packte ihre Schwester mit der Klaue an der auseinanderstrebenden Brust, zog ihr tiefe Striemen über die zierlichen Vogelrippen. Auch die Rechte stieß zu, der Schnabel hackte tief und fand etwas Dunkles, Grässliches im Bauchraum der anderen, zog es als langen Faden hervor wie einen blutigen Wurm. Der Geruch erschlug Tamenzut beinahe.

»Was könnten wir sein, wenn du nicht wärst!«, stieß die Rechte hervor, spie den Gedärmwurm aus und ließ ihn unbeachtet aus der tiefen Bauchwunde baumeln.

»Weist ihr die Gottheit ab, die euch zum Kampf ruft?«, donnerte Tamenzut ihnen entgegen. »Wie lange wollt ihr die Welt vorbeiziehen lassen, während ihr einen Kampf kämpft, den keine von euch gewinnen kann?«

»Nein!«, schrie die Linke, gepeinigt von ihrer Wunde.

»Der Kampf soll enden!«, flehte nun auch die Rechte.

»Werdet ihr euch vereinen, um in den Krieg zu ziehen?« Sie hob den Speer, als wäre er keine Waffe, sondern ein Attribut ihrer Göttlichkeit.

»Ja!«, schrien sie, und sicher hätte eine von ihnen »Nein« gesagt, nur um das Gegenteil zu behaupten, doch es war beiden Kehlen gleichzeitig entwichen. Verblüfft von ihrer eigenen Einheit verschmolzen die Brustkörbe wieder, die Hälse, die Köpfe, bis ein doppelköpfiges Dioskurengesicht übrig blieb wie Castor und Pollux auf den Münzen.

»Was müssen wir tun?«, fragte die Linke, und die Rechte schwieg und neigte ihrer beider Kopf, um das Blutige abzuzwicken, das ihr immer noch aus der Bauchdecke hing.

Niedrig genug. Tamenzuts göttliches Attribut, der Speer der Jägerin, wurde in ihrer Hand mit einer Drehung von Fuß und Hüfte, von Körper und Schulter wieder zur Waffe. Die schmale, lange Spitze, nachts auf dem Grat mit geduldigen Bewegungen geschärft, bohrte sich in die Stirn der Rechten. Ein Schritt, ein Ruck, ein Strecken der Arme, und der Speer drang tiefer und kam stumpf von Blut aus der anderen Stirn heraus. Das Biest brach zusammen, und Tamenzut stand über der versehrten, vernarbten, zum Schweigen gebrachten Zwillingskreatur.

Sie hasste es, wenn Monster sprachen.

Mit einem Ruck zog sie den Speer aus den Stirnen und blickte in leer blinzelnde Augen. »Ich bin ein Mensch«, flüsterte sie. »Und ich kann euch niemals vertrauen.«

Ihrem Willen unterworfen, krochen die Dioskurenschwestern aus ihrer Höhle, auf die Flügel aufgestützt wie eine Fledermaus. Draußen jedoch entfalteten sich die Schwingen, und das Wesen stand als weißer doppelköpfiger Adler voll alter und neuer Wunden vor ihr.

»Sie machen schon etwas her, oder nicht?«, fragte sie die Sphinx – doch die antwortete nicht. Tamenzut berührte die sandfarbene Stirn, die sie einst als junge Frau durchschlagen hatte. Ihr Daumen fuhr über eine Wunde, die nicht mehr zu sehen war. »Ich bin nicht eure Verbündete«, flüsterte sie. »Ich bin eure Bezwingerin.«

XXI.

Der Klang der Hornbläser schallte der Pompa voraus. Unzählige Menschen drängten sich an den Straßenrändern und reckten die Hälse. Fulvia hatte das nicht nötig, vom Balkon hatte sie einen hervorragenden Blick auf das Geschehen unter sich.

Iulia, die Gattin ihres Gönners Quintus Fabius Maximus, saß an Fulvias Seite und tätschelte ihr das Knie. »Diesen Festzug haben wir dir zu verdanken, liebe Fulvia. Wie reizend! Man kriegt schließlich nicht alle Tage die Bestien Roms zu Gesicht!«

Fulvia winkte ab. »Ach was, ich habe den Konsul nur in einer eigenen Idee bestärkt.«

Iulia lachte glockenhell. »Nicht so bescheiden, mein Kind! Ein Konsul versucht, dir zu gefallen, das ist keine Kleinigkeit! Und da du ja Witwe und zu haben bist ...« Der letzte Satz blieb ein unvollendetes Flüstern hinter dem Saum der Palla, den Iulia sich verschwörerisch vor den Mund hielt.

Ein solches Gespräch mit der älteren Frau zu führen, war Fulvia unangenehm. »Das ändert nichts. Eine Ehe wäre unvorteilhaft für ihn ... und ich hoffe doch, dass du auf eine Ehe anspielst und nichts Unanständiges im Sinn hast.« Das war eine Spur unfreundlicher, als sie beabsichtigt hatte, doch die Ältere lächelte wohlwollend.

»Natürlich nicht, Fulvia. Wie es sich für dich als gute Römerin gehört. Du musst zusehen, dass du dich und die Kinder absicherst.« Trotz der echten Sorge in ihrer Stimme hörte Fulvia vor allem eines: Iulias Ehemann Quintus würde sie nicht auf unbegrenzte Zeit bei sich beherbergen.

»Bald sind wir abgesichert. Sobald uns der Praetor den Pflichtteil bestätigt, fallen wir euch nicht mehr zur Last, du hast mein Wort!«

Iulia tätschelte ihr erneut das Knie. »Ihr seid doch keine Last, mein Kind. Die Verhandlung wird sicher nicht mehr lange auf sich warten lassen ... Und wenn doch, was soll's! Mach dir bitte keine Sorgen, es ist so entzückend, euch im Haus zu haben.«

»Möge Bona Dea dein Haus dafür segnen!«

Die Gastfreundschaft mochte *mos maiorum* sein, altes, ungeschriebenes Recht. Unausgesprochen war hingegen, dass es nichts umsonst gab in Rom.

»Mutter, sie kommen!« Zu ihrer Linken fuhr Aulus auf, um besser sehen zu können. Die Vorfreude auf die Pompa besiegte sogar seine griesgrämige Natur.

»Lass uns den Zug genießen, ernste Themen können wir doch an jedem anderen Tag besprechen.« Iulia winkte einem Sklaven, ihr einen Becher Mulsum und eine Scheibe Brot mit Garum zu reichen. Auch Fulvia griff zu, dankbar über den Themenwechsel.

Immer durchdringender schepperten die Hörner. Quintus hatte einen Balkon zwischen Kapitolshügel und Forum Romanum gemietet, um den Festzug genießen zu können, der seit Tagen in aller Munde war. Das Armilustrium zu Ehren des Mars war in anderen Jahren nur eins unter vielen Dutzend Festen, die in Rom gefeiert wurden. Dabei wurden für gewöhnlich Waffen gesalbt, für den Winter rituell gereinigt und eingeschlossen, doch in diesem Herbst lagen die Dinge anders: Noch vor dem Winter würde etwas gegen die untreuen Punier unternommen werden!

Konsul Publius Cornelius Scipio der Ältere, Bruder ihres toten Gatten, war an der Spitze seiner Legionen bereits nach Iberia gezogen. Mochte er vom Pferd in einen flachen Fluss stürzen und dort unrühmlich verrecken – alles Erbschleicher, die ganze Scipio-Bande! Sein Mitkonsul Tiberius Sempronius Longus würde den Krieg noch vor dem Winter direkt vor die Tore Karthagos tragen. Vorher nutzte Tiberius das Armilustrium, um die Gottheiten gnädig und das Volk von Rom gewogen zu stimmen. Heute konnten keine Waffen niedergelegt werden, sie wurden in diesem Winter so dringend benötigt wie selten in jüngster Zeit. Eine solcherlei geänderte Sitte musste den Göttern schmackhaft gemacht werden.

Fulvia konnte kaum glauben, dass sie Rom diesen Festtag beschert hatte, der sonst nur ausgesprochene Anhänger der

Legion anlockte. Ein keusches Lächeln hinter der Palla wie eine zahme Flamme im Herd, ein süß-pikantes Gespräch wie ein Becher heißer Mulsum, ein wenig wie Honig tropfende Bewunderung im rechten Moment – daraus braute sie die Idee, die der Konsul für die eigene hielt. Sie blickte der Parade entgegen – wie viel Macht sie doch hatte! Wie ohnmächtig sie doch blieb!

Das Armilustrium hatte wie üblich mit einer Heerschau und Tieropfern auf dem Aventin begonnen, dem Plebejerviertel, in dem Fulvia ihre Kindheit verbracht hatte. Danach war die Priesterschaft zum Kapitol gezogen, wo die gefangenen Bestien in der alten Burg warteten. Auf dem Weg übers Forum zum Marsfeld präsentierte man sie dem Volk, bevor im Vogelflug das Schicksal des kommenden Feldzugs gelesen wurde.

Ganz Rom war auf den Beinen, um die Ungeheuer zu sehen. In der Menge hatten sich einige sogar in Tierfelle gehüllt wie beim Fest des Faunus. Und in den Tabernae wurde getrunken und gefeiert wie während der Saturnalien.

Der Festzug war heran: Zuvorderst die Vertreter der Legion, an der Spitze der Konsul auf einem Schimmel, bejubelt von der Menge – ein wenig anmaßend, als wäre es bereits ein Triumphzug nach siegreicher Schlacht und kein Fest zu Ehren des Mars. Tiberius, ganz der ernste Beschützer Roms, ritt mit steinerner Miene, gehüllt in den Brustpanzer und roten Mantel eines Legaten. Als er jedoch Fulvia auf dem Balkon entdeckte, stahl sich der Hauch eines Lächelns auf sein Gesicht. Natürlich erwiderte sie es strahlend – immerhin half er ihr gerade unwissentlich dabei, den Anwalt zu bezahlen.

Hinter ihm ritten die jungen Söhne vornehmer Familien, die bald Führungsrollen in der Reiterei übernehmen würden. Wäre sein Vater nicht gestorben, wäre Aulus jetzt vielleicht unter ihnen. Ein Seitenblick verriet Fulvia nichts über seine Gefühle. Er reckte nur den Hals nach den ersten Bestien. Doch erst einmal folgten Legionäre in Kettenhemden, mit den Standarten ihrer Legionen: Adlern, Keilern, Wölfen, sogar einem Minotaurus. Eine Gruppe trug das Abbild des Kriegsgottes auf den Schultern.

Als die Salier mit ihrem Spektakel näher kamen, steigerte sich der Jubel der Menschen zu einem ersten Höhepunkt. Die Salier waren Marspriester, zwei Dutzend an der Zahl, mit roten Umhängen und altertümlichem Rüstzeug – seltsamen Schilden, eisernem Brustschutz und spitzem Helm. Immer wieder brachten sie den Zug mit ihren Tänzen zum Stocken. Mal dröhnend, mal hell und klar sangen sie ihr Lied, das nur vage nach Latein klang und dessen Wortlaut heutzutage niemand mehr verstand, schlugen dabei mit Lanzen auf Schilde, stampften wild auf, wiegten sich, sprangen umeinander. Immer wieder gingen sie dabei auf Schauspielerinnen los, die die Gruppe begleiteten, und stellten unzweideutige gewaltvolle Handlungen an den Frauen in den suggestiv zerrissenen Kleidern nach. Fulvia glaubte mittlerweile besser zu verstehen, woher diese Sitte kam.

Was sie den Blick abwenden ließ, war der Anblick von Publius dem Jüngeren, der völlig versunken mittanzte. Ihr war nicht klar gewesen, dass er zu den Saliern gehörte! Sie atmete tief ein, dann heftete sie den Blick wieder auf ihn. Sähe er zufällig zu ihr hinauf, wäre es ihm noch eine Genugtuung, dass sie seinen Anblick nicht ertrug! Doch er war zu vertieft in den Tanz, um sie zu bemerken. Die anderen Salier setzten ihn ins Zentrum, ließen ihn die schönsten Schauspielerinnen haschen. Er war beliebt unter diesen Männern – seiner angestrebten Karriere war es sicher nur dienlich. Vielleicht hatte die Schlange sich sogar mit Numerius' Geld bei ihnen eingekauft!

Er war geschickt im Tanz mit der Lanze, doch es sah nicht ungefährlich aus. Hätte doch ein Gott ein Einsehen und ließe ihn in die Hasta eines Waffenbruders taumeln! Oder kehrte doch Numerius' Totengeist aus der Unterwelt zurück, um eine Spitze ungünstig abzulenken! Fulvia wünschte es sich mit aller düsteren Sehnsucht, die sie aufbringen konnte, doch der Moment verging, ohne dass Blut floss.

»Endlich, Mutter, da sind sie!«, rief Aulus mit kindlichem Enthusiasmus.

»Ich will auch Ungeheuer sehen!« Cornelia zupfte an Fulvias Palla. Sie hob die Kleine auf den Schoß, dann nahm sie Sextus von einer Sklavin entgegen, der seinen vollgesabberten Daumen an ihr abrieb. Sextus auf dem rechten Bein, Cornelia auf dem linken, sahen sie auf die Straße hinab.

Der Jubel der Menge erstarb. Anspannung und Furcht erfassten das freudige Treiben.

Der zehn Doppelfuß aufragende Riese Cacus wurde vorangetrieben. Hercules selbst hatte ihn auf dem Aventin bezwungen. Ein Maulkorb zähmte den Feueratem, doch Rauch quoll ihm aus den Nüstern. Sein haariger Oberkörper war nackt, die Arme mit Ketten an den Leib gepresst. Ein Dutzend Sklaven rang darum, ihn unter Kontrolle zu halten, denn der Zug durch die Straßen behagte ihm sichtlich nicht. Sein Haupt ragte über den Balkon, und die Kinder pressten sich an Fulvia.

Cacus folgte ein eingeölter Sklave. Er trug einen Stab vor sich her, um den sich die Schlange Amphisbaena gewickelt hatte mit Köpfen an beiden Enden. Sie war das Biest der Marser, eines heilkräftigen Volkes von Giftmischern.

Es folgte Stammesbiest auf Stammesbiest. Ein bullengroßer, mit Pfeilen und Speeren übersäter Keiler aus Gallia Cisalpina, eine Gruppe iberischer Wildpferde, unter die man einen griechischen Pegasos mit gestutzten Flügeln gemischt hatte. Fast göttliche Ehrfurcht und wilde Urangst stritten in Fulvias Innerem, tief unter der Oberfläche. Keines dieser Biester, obwohl geknechtet, konnte mit einem Tier verwechselt werden. Die meisten von ihnen hatten Menschenleben auf dem Gewissen: Verurteilte Verbrecher den Bestien vorzuwerfen, erfreute sich in Rom großer Beliebtheit.

»Da, der gallische Hahn!«, jauchzte Aulus.

Das Wesen hatte bis auf die Federn nicht viel mit einem Hahn gemein: Es war ein nach vorn gebeugtes Untier auf zwei mit Hautlappen behängten Beinen, hoch wie ein Pferd, mit einem langen Maul voller spitzer Zähne und einer geschwungenen Kralle an den Laufklauen.

Solch ein Monstrum musste aus dem Barbaricum jenseits der Alpen stammen – erhob Rom damit etwa Anspruch auf diese Gebiete? War das auch der Grund für die griechischen Ungeheuer unter den italischen Biestern?

Das Spektakel der Parade nahm Fulvia den Atem. Bei ihrer letzten Pompa, Numerius' Trauerzug, war sie hilflos gewesen, wie gelähmt zwischen den Erwartungen an eine trauernde Witwe und dem Erbstreit, der dort seinen Anfang genommen hatte. Diese Pompa war so viel greller und aufregender – und sie selbst hatte daran mitgewirkt, hatte ihren eigenen Schicksalsfaden mit dem mächtiger Männer verflochten, statt geflochten zu werden!

Nach sizilischen und sardischen Biestern wurden fliegende Tiere in rollenden Käfigen vorgeführt: eine wortlos krakeelende Harpyie, der doppelt so große skythische Greif, der sich stoisch seinem Schicksal ergeben hatte, ein lodernder Phoenix. Vor die Karren war ein Mischwesen mit Löwenkörper, Skorpionschwanz und verzerrtem Menschengesicht gespannt, dessen unwilliges Fauchen wie Flötenspiel klang.

»Was ist das?«, flüsterte Cornelia in ihr Ohr.

»Ich weiß es nicht, Liebes.« Und Fulvia wollte es auch gar nicht so genau wissen, wenn sie ehrlich war.

»Der Mantikor«, sprang Aulus bei. »Aus dem Sand der Wüste! Und das da ist ein Leucrocota.« Er wies auf ein geweihgekröntes Mischwesen aus Löwe und Dachs. »Es kommt aus Ethiopia!«

Ethiopia diente oft als magisches Irgendwo, in das alles hineinfabuliert wurde, was einen konkreten Ort brauchte, aber keinen hatte. Doch irgendwoher musste dieses Biest ja kommen – weit hatte Rom seine Jäger entsandt, so viel war sicher, weiter, als sie sich je hätte träumen lassen.

Aulus war in seinem Element. »Er kann menschliche Stimmen nachahmen und dich damit anlocken, um dich zu fressen!«

»Aulus ärgert!«

Fulvia streichelte der Kleinen über den Kopf und erwiderte die Schutz suchende Umarmung mit einer mütterlichen. So etwas war ihr anfangs schwergefallen – tat es noch. Aber sie gewöhnte sich daran.

»Die Tiere sind alle angebunden. Und wir sind ja schön weit oben. Aber wenn Aulus weiter ärgert, darf er von der Straße aus zugucken.«

»Es war nur Spaß!« Aulus' Aufmerksamkeit wurde sofort von zwei etruskischen Biestern gefangen: ein Tuchulcha, halb Mann, halb Geier, der von Schlangen anstelle von Haut bedeckt war, und eine Vanth, eine geflügelte Frauengestalt mit brennenden Händen, über deren Leib sich ebenfalls Schlangen wanden.

»Seht ihr, wie unruhig die Schlangen sind?«, rief Aulus, und tatsächlich stießen zischende Köpfchen vor, Leiber ballten sich an Stellen zusammen. »Das liegt am König der Schlangen! Der Basilisk kommt!«

In einem Wagen kam er nun tatsächlich in Sicht, festgekettet: eine gewaltig aufragende, von einem weißen Hornkranz gekrönte Schlange. Eine Lederhaube verdeckte ihre Augen, und Sklaven zogen den Wagen an langen Seilen, um Abstand zu wahren.

Atemlos dozierte Aulus: »Er ist so giftig, dass alle Pflanzen um ihn herum absterben. In den Schriften steht, sein Blick kann Steine bersten lassen, aber als sie ihn gefangen haben, haben sie festgestellt, es ist noch viel schlimmer: Er kann Lebendiges versteinern lassen!«

Fulvia hielt unwillkürlich den Atem an, bis der Karren vorbeigezogen war.

Der Zug erreichte seinen Höhepunkt mit Biestern, die Fulvia nicht einmal in Rom erahnt hatte: der legendäre Minotaurus, die Bestie aus dem kretischen Labyrinth! Der Mann mit dem Stierkopf trug einen Lendenschurz und Ketten, die ihm die Arme an den Leib pressten. Er war nur ein wenig größer als ein Mensch, dennoch musste er von drei Sklaven an einem Nasenring durch die Straßen gezerrt und von Legionären mit Lanzen bedroht werden. Er war nicht haarig, wie Fulvia es erwartet hätte. Die Haut über den sehnigen Muskeln schien aus altersdunkler, schwarz-grüner Bronze zu bestehen, und auch sein Stierkopf schien wie eine Büste aus Metall. Würde sich seine Haut wohl auch wie Bronze anfühlen? Doch mehr noch als das faszinierte Fulvia sein Blick. Seiner Wildheit zum Trotz waren seine Augen schlau, suchend, berechnend. Cacus oder Vanth mochten menschlich aussehen, doch aus ihren Augen sprach das Monströse. Die Ungeheuerlichkeit des Minotaurus war seine Menschlichkeit, und vielleicht machte sie ihn gefährlicher als das Gift, der Steinblick und die Klauen der anderen Bestien.

Ihm folgten die Biester von Rom selbst. Sie mussten nicht geknechtet, in Käfige gesperrt, gebunden oder durch Schmerz gefügig gemacht werden. Priesterinnen hüteten die aufgeregt schnatternden Gänse der Iuno Moneta – jene Gänse, die Alarm vor den plündernden Horden des Brennus geschlagen hatten.

Und dann schritt, flankiert von zwei weihrauchschwenkenden Priestern, die römische Wölfin als Abschluss der Pompa über die Straße, leichtfüßig für ein Tier, das so groß war, dass es die Straße ausfüllte und zu den Balkonen aufragte. Niemand würde sie aufhalten können, falls sie beschloss, ein Blutbad in der Menge anzurichten. Fulvias Balkon war ein wenig höher, doch hätte sie die Kinder abgesetzt und sich vorgebeugt, sie hätte das aufgestellte Ohr berühren können.

Der Raubtiergeruch lag noch in der Luft, als der Festzug aus Fulvias Blickfeld entschwand und sich die Menge wieder auf den Straßen zerstreute.

»Das war ja aufregend, so ... urtümlich. Jetzt brauche ich einen Spaziergang für die Nerven«, ließ Iulia verlauten und rauschte vom Balkon, gefolgt von ihrer Leibsklavin.

Cornelia sprang von Fulvias Schoß und packte Aulus an der Hand. »Erzähl mir mehr von den Ungeheuern!«

Aulus nickte ernst, während er mit seiner Schwester den Balkon verließ – seine Miene wie die des Konsuls während der Pompa. »Ich erzähle dir von der Medusa, Perseus und Pegasos.«

Fulvia hob sich Sextus auf die Hüften und wollte ihnen folgen, als ihr Gastgeber sie zurückrief, der der Pompa still beigewohnt hatte. Sie waren allein auf dem Balkon. »Warte einen Moment.«

Quintus Fabius Maximus ging auf die sechzig zu und sah in seiner Toga, mit dem glatt rasierten, hageren Gesicht und den wenigen Haaren aus wie die meisten ambitionierten Patrizier seines Alters. Dass er wegen einer Warze über der Oberlippe »Verrucosus« – der Warzige – genannt wurde, war wenig schmeichelhaft, er war nicht einmal besonders hässlich. »Ich hoffe, du hast die Aussicht genossen.«

»Ein guter Platz, so nah am Kapitol. Du bist wirklich großzügig. Ich kann dir nicht oft genug für die Gastfreundschaft danken.«

Mos maiorum. Doch wann war das öffentliche Interesse an ihrem Fall abgeklungen, wann erkaltete seine Freude daran, die Cornelii Scipiones mit seiner Gastfreundschaft zu beschämen?

»Apropos Gastfreundschaft ...«, setzte er an, und sie hielt den Atem an. »Ich bin sicher, es wird alles gut. Schlimm genug, dass ihr um das Erbe betrogen wurdet, aber den Pflichtanteil kann euch niemand nehmen.« Sie verbarg sich hinter einem Lächeln. »Sollte es unerwartet doch zu Komplikationen kommen, könnt ihr euch natürlich auf mich verlassen. Iulia ist ganz verzaubert von Sextus und Cornelia. Und mich hat jemand anderes im Bann ...« Fulvia rückte Sextus auf der Hüfte zurecht, erwartete mit bis zum Hals klopfendem Herzen das Unvermeidliche. »Es gibt einen einfachen Wunsch, den du mir diskret erfüllen kannst, ein wohl verständliches Bedürfnis.«

Fulvia war wenig entsetzt. Ihre Tugend war nur ein Kleid, das sie trug; schließlich hatte sie sich schon einem Lupanar angeboten. Sie war zwar nicht erpicht darauf, sich »Verrucosus« an den Hals zu werfen und Iulias Eifersucht zu ernten – doch sie würde es tun, wenn ihr keine Wahl blieb. Dennoch überraschte es sie. Quintus hatte schöne Sklavinnen und Sklaven zur Verfügung, wenn ihn Bedürfnisse überkamen, und bisher hatte er keinerlei körperliches Interesse an ihr gezeigt, obwohl er seit Monaten sein Haus mit ihr teilte – anders als Konsul Tiberius.

Sie versuchte sich an einem Lächeln. »Wenn es dazu kommen sollte, werde ich natürlich an deinen Wunsch denken.«

Und damit floh sie vom Balkon.

XXII.

Alles war einfacher, wenn man auf einer Sphinx ritt:

Bestien zu befehligen, die am Boden die letzten Täler hinter sich ließen und auf schmalen Pfaden in die Wälder hinaufkrochen.

Berge zu überqueren, die göttliche Hände den Menschen als Wände aufgetürmt hatten, damit die Eroberung der Welt nicht gar so einfach war.

Sogar eine Frau zu sein in einer Welt der Männer war einfacher, wenn man auf einer Sphinx ritt. Viel einfacher, als einsam auf einer Elefantenkuh, die mit baumbreiten Beinen jenseits der Baumgrenze auf trügerischem Geröll zwischen

Steilwänden und pfeifendem Wind dahinschritt. Viel einfacher, als verborgen oder geduldet im Männerheer, den Weg suchend wie ihre Waffenbrüder, mit Gepäck, Schild, Speer.

Krieg war das Gerippe von Macht, und Macht war ein männlicher Leib. Eine männliche Schlange, ein Wurm, der sich durchs Gebirge zog, zusammengesetzt aus all diesen Einzelteilen: den Fußsoldaten, von denen drei Dutzend gestern im Hinterhalt eines widerborstigen Bergvolkes gefallen waren. Der Reiterei mit ihren Pferden, von denen fünfzehn vorgestern abgerutscht und gestürzt und nicht wieder aufgestanden waren. Den Wagen, die sie hatten zurücklassen und deren Ladung sie, so gut es eben ging, unter sich hatten aufteilen müssen. Den Flussgöttern und iberischen Stammesbiestern, die heute erst vier Treiber mit sich gerissen hatten und selbst unbeschadet, aber mit großer Verzögerung den Hang wieder hinaufgekraxelt waren. Dem Adler der Allobroger, der mit zwei Köpfen und schneeweißen Schwingen über dem Heer kreiste und nach Feinden spähte. Der Elefantin, die – obwohl unermüdlich – ihr weißgoldenes Haupt sacken ließ und deren Reiterin den Blick stets auf den nächsten Hang, die nächste Windung und schließlich den höchsten Grat heftete.

Diese Schlange wand und wand und wand sich. Obwohl Avarro und seine Männer seinem Bruder die Pässe entrungen und den Widerstand dort gebrochen hatten, fürchtete sich das Reptil lang gezogen – zwischen Leere und Stein gefangen – vor der eigenen Verwundbarkeit.

Krieg war das Gerippe von Macht, und Macht war eine Bestie, die weder Tamenzut noch Hannibal zustand. Hannibal an der Spitze war ein falscher Name, eine falsche Geschichte. Tamenzut grinste zufrieden in den schneidenden Wind, während die Sphinx Kreise über dem Heerwurm zog. Macht selbst war eine falsche Geschichte, und sie waren niemandem Rechenschaft schuldig, wenn sie die Lüge belogen.

Tamenzut erreichte das Geröllfeld als Erste – alles war einfacher, wenn man auf einer Sphinx ritt. Sie spürte den lebendigen Atem im Löwinnenleib unter sich, sah den Dunst vor ihrer beider Gesichter. Sie strich mit den Fingern durch die Mähne, entwirrte die wenigen Knoten, die der Wind selbst der unsterblichen Würde einer Sphinx unterschob. Und sie sah auf der leeren, kargen, von letzten winzigen Sternblüten markierten Fläche zwischen den zwei weiß bedeckten Gipfelfäusten des Hochgebirges … nach Italia.

Die Berge schienen vor ihr zu weichen, freundlich niederzukauern, als wollten sie einer Dreijährigen beim Sprechen in die Augen sehen. Sie schienen ihren Blick an der Hand zu nehmen, aus dem Grau und Weiß hinunterzuführen in Braun, Grün und das Blau der Ferne. Wolken zupften an den Fasern dieses Ausblicks, fransten ihn aus. Doch es bestand kein Zweifel: Wer hier oben ankam, hatte die Berge überwunden, für deren Bezwingung man Herakles sein musste.

Tamenzuts Herz lachte. Oder eine Aufschneiderin auf einem weißen Elefanten.

XXIII.

Es war nicht so kalt, wie Sosylos befürchtet hatte. Er hatte darauf gewartet, auf beißende Kälte, auf erfrorene Soldaten, zurückgelassen nach Stürmen in der Nacht. Stattdessen kamen sie einer nach dem anderen auf dem Geröllfeld an, mit pfeifendem Atem in der dünnen Luft, abgekämpft, hungrig, von zusätzlichem Gepäck niedergedrückt, verschwitzt, teils verletzt, einige erkältet oder mit verdorbenem Magen, durstig und mit dem Gefühl, dass alles gesagt, alles gehört und alles gefühlt worden war. Doch gesehen – gesehen war längst nicht alles, und als sie aus den Bergen nach Süden in dieses Land sahen, das mehr Wunsch als Ziel gewesen war, da gingen allen die Augen über. Einige setzten sich einfach auf den

Arsch und starrten. Andere lachten in kleinen atemlosen Schüben. Ein paar fielen einander jubelnd um den Hals. Viele klopften einander auf die Schultern. Manche eilten Kameraden entgegen, zogen und schoben Pferde, halfen mit Gepäck, wie von neuer Kraft erfüllt. Sosylos setzte sich neben Hannibal auf einen Felsbrocken.

Der war kalt an seinem Hintern, doch die Luft war trocken, der Wind nicht so harsch wie am Tag zuvor, und alles in allem – war es ein Tag außerhalb von Jahreszeiten, einfach ein Sein an einem unmöglichen Ort.

»Du hast es geschafft.« Er sah Hannibal an, doch sie betrachtete ein paar Pferde. Wo ein mickriger Bachlauf zu einem breiteren Wasserloch auslief, hatten sie einige harte Kräuter gefunden. »Die Alpen umgeben Italia, wie eine Mauer eine Festung umgibt. Du hast das Heer von Qart-Hadašt auf diese Mauer geführt. Die Festung steht dir offen.«

»So einfach ist das nicht.« Trotzdem lächelte sie.

»Natürlich nicht. Die Festung ist voller bis an die Zähne bewaffneter Römer. Aber ihre Mauer können sie vergessen.«

Sie sah ihn endlich an. »Das hätte ich nicht gedacht.«

»Ich auch nicht«, gab er zu und stieß sie mit der Schulter an. »Auch nicht von ihm.«

»Es war seine Idee.«

»Aber du bist hier und nicht er. Wenn alle oben sind, Hannibal, halte eine Rede.« Kurz packte ihn Eitelkeit. »Wenn du das mit der Festung verwenden möchtest – es ist ein gutes Bild.«

Sie lachte. »Das ist es. Aber es ist deins. Halte du eine Rede.«

Er stieß die Luft aus. »Ich? Ein glatzköpfiger Chronist? Wer würde mir schon zuhören?«

»Wozu müssen sie uns überhaupt zuhören? Braucht es uns? Dich – mich? Für eine Idee, die größer war als wir, die von einem zur anderen gewandert ist? Sosylos, warum sind wir hier oben? Weil ich uns geführt hab? Weil Qart-Hadašt

Krieg führt? Weil Hannibal es als den klügsten Weg erachtet hat? Weil es an der Zeit war, dass jemand in die Festung der Römer klettert?« Sie zuckte mit den Schultern. »Welche Rede soll ich ihnen schon halten, die sie nicht jeden Tag in ihren Köpfen gehört haben, denn ohne wären sie doch wohl kaum hier.«

»Halt sie trotzdem. Menschen brauchen so etwas.«

»Dann sind sie Narren.«

»Aber das sind sie doch auch!« Er lachte. Welch närrische Idee, hier oben zu sein, und doch war er es, mit fast sechzig Jahren! »Sie brauchen dich, weil du bist, was du bist – Hannibal auf einer göttlichen Elefantin, auf dem großen Biest des Melqart!«

»Dann sollte die Elefantin die Rede halten.« Hannibals Blick suchte sie, geduldig hatte das Ungetüm die Beine unter sich gefaltet und sich zu den Felsen gesellt, als sei es Teil davon. »Denn eigentlich folgen sie ihr und nicht mir.«

Sosylos schwieg eine Weile nachdenklich, und sein Blick suchte alles, nur nicht sie. Es gab genug Ablenkung – es würde wohl das einzige Mal in seinem Leben sein, dass er vom Dach auf die Welt sah. Schließlich räusperte er sich, kurzatmig verkam es zu einem ulkigen Hüsteln.

»Sag es.« Sie verschränkte die Arme, wie um sich zu wappnen.

»Wenn das so ist«, begann er vorsichtig, »warum bist du dann hier?« Und er wagte sich noch ein Stück weiter: »Dass ich den Boten aus Gades habe lügen lassen, dass ich Maharbal habe schweigen lassen, das habe ich für dich getan. Nicht für die Elefantin.«

»Warum?«

»Weil du denkst, wie noch kein Feldherr gedacht hat – du hast es bewiesen mit der Geiselnahme der iberischen Biester, mit den Flussgöttern im Rhodanus, mit dem Biest der Allobroger. Ich glaube nicht, dass wir hier wären, wenn du nicht voranrittest. Ich glaube nicht, dass irgendetwas hiervon geschehen wäre. Und ...«

»Und?«

»Und ich bin Chronist. Ich will am Ende zurückblicken auf etwas, das Sinn ergibt.«

»Ein vermessener menschlicher Glaube. Dass alles Sinn ergibt«, flüsterte sie.

»Ich weiß. Geschichte hat kein Ende, nur ... Einschnitte. Ereignisse. Geknüpft an Leben und Tod derer, an die sie sich erinnert. Wenn du nicht glaubst, dass du von allen, die hier mit uns ziehen, die bist, an die man sich erinnern wird – warum tust du es dann?«

»Warum habe ich nicht die Flucht ergriffen, nachdem Hannibal tot war, warum habe ich nicht Schutz bei irgendeinem entlegenen iberischen Fürsten gesucht, wo man mich niemals zur Rechenschaft ziehen wird? Warum bin ich zu seinem Heer zurück und habe es angeführt, bis hierher, bis zu dem Punkt, von dem aus es nur noch eine Richtung gibt? Warum das alles?«

»Ja.«

Sie stand auf, und zusammen gingen sie bis zum Rand des Grats, wo Tal um Tal vor ihnen lag wie Stufen für einen Riesen, so groß, wie ihn die Welt noch nie gesehen hatte. Wolkenfetzen trieben dahin, ließen ab und zu fern in der Ebene einen Fluss aufblitzen.

Hannibal sah hinaus. »Zu fliehen hätte eine Schuld eingestanden. Und sie hätten mich gefunden, egal, welchem Fürst ich auf den Schoß gekrochen wäre. Hasdrubal versucht, ganz Iberien zu karthagischem Gebiet zu machen – er hätte niemals diesen Feldzug hier gewagt, aber mich hätte er gefunden.«

Sosylos fragte nicht, ob sie dabei geholfen hatte, Hannibal zu töten. Der Wunsch, die Wahrheit zu kennen, war nur noch ein Korn, das keine Wurzeln mehr schlagen würde.

»Hannibals Wille auszuführen und dabei brillant zu sein, das ist mein bester Schutz vor ihnen. Und je weiter wir von Qart-Hadašt entfernt sind, desto weniger liegt es in ihrer Macht, mich zur Rechenschaft zu ziehen. Taten wie diese hier halten mich am Leben.« Sie wedelte mit der Hand ins Tal, als wolle sie ein Kunstwerk, das er bewunderte, relativieren.

Sosylos grübelte. Der Wind war eisig, und er wickelte sich enger in seinen Mantel, krümmte die steifen Zehen. »Und genau diese Taten, die du vollbracht hast, um am Leben zu bleiben; auf dem Elefantenrücken und an der Spitze der größten Armee, die je nach Italia eingefallen ist – die sind der beste Grund, eine Rede zu halten. Bei Reden geht es doch nicht um die Wahrheit, es geht darum, einen Glauben zu füttern. Glaube ist eine launische Flamme, und hier oben weht ein kalter Wind.«

Noch andere standen in Grüppchen am Grat. Der Untergrund war unsicher, Geröll streckte eine Zunge ins Tal. Auch Maharbal hatte die Aussicht genossen, trat nun auf Hannibal zu und legte einen Arm um sie. Von einem Moment auf den anderen verwandelte sie sich in ein Gebilde aus Holz, einen Baum über der Baumgrenze.

»Sosylos hat gute Einfälle.« Ein vielsagender Blick. »Du solltest auf ihn hören, das tue ich auch. Wo eine Rede, um alle auf das einzustimmen, was kommt, wenn nicht hier?«

»Was kommt denn?«, fragte Hannibal. »Was soll ich ihnen versprechen? Reiche Beute? Tote Römer? Frauen und Sklaven?« Die letzten Worte lagen im Wind, ohne dass sie die Zähne gelöst, die Lippen bewegt hätte. Sosylos redete sich manchmal ein, sie wäre ehrlich mit ihm, doch er kannte nur die Seite von ihr, die sie vorsichtig so gestaltete, dass sie dem alten Hannibal ähnelte.

»Etwas, das ihnen Kraft verleiht und Ehrgeiz. Und Hingabe.« Maharbal drehte sie zu sich herum, hielt sie an beiden Armen, als gehöre Sosylos nicht mehr zu diesem Gespräch.

»Ich verstehe, dass du keine Reden schwingen magst. Ich kann es übernehmen. Als sich so viele unserer Stämme im Söldnerkrieg gegen Qart-Hadašt gewendet haben, hat mein Vater unsere Leute zusammengehalten und den Karthagern die Treue. Ich erinnere mich noch, wie er geredet hat, dass er ihre Herzen erreichte, Hannibal.«

Noch etwas näher zog er sie heran. Sosylos bemerkte die Blicke, die Ellbogen, das Spottlachen. Gern hätte er den Blick versperrt auf dieses weithin sichtbare Paar.

»Ich halte die Rede und mache es dabei offiziell«, beschwor Maharbal sie leise.

»Und was mag ›es‹ wohl sein?« Hannibal wandte den Blick von allem ab – hinaus in die fernblaue Ebene.

»Das mit uns. Dass ... dass ich ...« Er verstummte unter Sosylos' Blick, der selbst nicht ermessen konnte, wie er gerade dreinsah. Dann sammelte er neue Worte: »Dass ich dein Zweiter bin.«

Ein Ausruf direkt hinter Sosylos. »Stratega!«

Es war die Bestienjägerin, und sie schlenderte mit besitzergreifendem Schwung ihrer breiten Hüfte zwischen Sosylos und Hannibal und dann sogar zwischen Hannibal und Maharbal. »Wir müssen über den Abstieg reden, es wird schwierig für den Elefanten, göttlich hin oder her.«

Maharbal, dessen Hände kurz ins Leere ragten, bevor er sie fallen ließ, lachte die Wut weg, die ihm in den Augen stand. »Diskutier das mit einem der Pioniere oder mit den Treibern, Frau«, empfahl er ihr. »Wir müssen den Männern eine Rede halten.«

»Oh, aber sicher, und allen anderen hoffentlich auch!« Tamenzut lachte, ungeduldige Finger trommelten an ihrem Gürtel.

»Nein, es ist schon gut, lass uns über den Abstieg sprechen. Niemand hält eine Rede.«

Tamenzut stieß die Luft durch die Nase aus und schnalzte mit der Zunge. »Noch besser, keine Rede zu halten ist genau das, was eine Frau tun würde, brave Frau bist du, Hannibal.« Ihre Blicke maßen Maharbal von Kopf bis Fuß, sie spitzte ehrfürchtig die Lippen. »Dieser da kann es gar nicht abwarten, seinen Schatten über dich zu werfen! Halt einfach schön still.«

Sosylos hielt schön still. Was für ein Weib, was für ein anmaßender Störenfried, und wie erleichtert er war, dass sie da war!

Erneut lachte Maharbal sein rasches Lachen, das es stets vermochte, die Klingen seiner Ambitionen für den Moment stumpf erscheinen zu lassen. »Ich? Werfe *meinen* Schatten über Hannibal? Was hat sie denn von mir zu fürchten? Von mir, einem Numider? Müsstest gerade du nicht wissen, dass Karthager uns nie als Ebenbürtige sehen?«

»Oh, gerade ich weiß es, Kommandant Maharbal! Gerade ich weiß, dass Karthager Numider nie als Ebenbürtige sehen.« Sie tätschelte ihm den Arm und wandte sich mit scharfem Knirschen unter der Sandale Hannibal zu. »Gerade ich weiß, dass Männer Frauen nie als Ebenbürtige sehen.« Sie lachte das Gegenteil von Maharbals Lachen, es schärfte die Klinge ihrer Worte. »Die, die im Rennen von weiter hinten starten, halten nie zusammen. Wäre es anders, würde sich ein Sturm erheben, der die ganze Sandbahn auflöst.«

Maharbal schnaubte. »Noch so eine wirr blökende Ziege.«

Hannibal sah die Bestienjägerin nur an, ein ausdrucksloser Blick – nicht leer, sondern wie Papyrus, das frisch beschrieben werden konnte. Und das tat Tamenzut, denn sie war noch nicht am Ende: »Lauf, Hannibal, lauf wie Atalante, und lass dir im Namen der Liebe göttliche Äpfel in den Weg werfen. Die Liebe will, dass du langsamer bist als er.«

»Oh, Liebe ist es gewiss nicht.« Hannibals Blick wanderte ruhig zu Maharbal und zurück. »Wir erfüllen einander Zwecke.«

Und da war es. Ungläubig sah Sosylos, dass die Worte Maharbal verletzten, ihn, der doch keine Liebe für Hannibal empfand – hatte er denn gedacht, umgekehrt wäre es anders?

»Ich sehe keinen Zweck, zu dem er dir dienlich …«

»Scher dich zu deiner räudigen Löwin!«, rief Maharbal.

Tamenzut hob die dichten Brauen, die über der Nase ein wenig zusammenwuchsen. Vielleicht war sie als junge Frau von Männern verschmäht worden, und das machte sie so unangenehm und zornig. »Frag dich, ob ihr wirklich einander nützt. Oder ob er gerade sein Bestes gibt, um dich hinter sich zu lassen. Indem er dich schwängert, zum Beispiel.«

»Genug!«, donnerte Maharbal. »Ich werde den Männern eine Rede halten, weil sie eine Rede brauchen. Du kannst hierbleiben und dir das wirre Zeug einer Frau anhören, der Monster den Verstand verdreht haben – oder du stehst dabei an meiner …« Maharbal keuchte, und Sosylos schrak zusammen: Kurz dachte er, die Bestienjägerin habe den Numider einfach abgestochen. Mit einem Ruck hatte sie etwas von ihrem Gürtel gerissen und es ihm in den Bauch gerammt, einmal, zweimal, dreimal, viermal. Maharbal taumelte keuchend zurück, starrte an sich herab, als erwarte er Blut, und dann schien die Zeit stillzustehen.

Denn sie alle starrten auf einen Penis.

Die Monsterjägerin hielt einen sehr anschaulich aus dunklem Holz geschnitzten, glatt geschmirgelten Phallus in der Hand, dessen Eichel Maharbal traktiert hatte.

»Jemanden wie dich bringt nur ein anderer Penis zum Schweigen«, bemerkte Tamenzut, und Maharbal sog stumm die Luft ein, die Augen quollen ihm schier aus dem Kopf. Sosylos wandte sich ab, er presste Lippen, Zähne, Fäuste zusammen und verlor diesen Kampf erst, als Hannibal ihn verlor und in ein prustendes, unbeherrschtes, albernes Lachen ausbrach, das er noch nie vernommen hatte. Er fiel ein, und sie ließen sich vom Lachen schütteln, während Maharbal vor Wut kochte und Tamenzut keine Miene verzog.

»Wenn du mitspielen willst, dann musst du einen Penis mitbringen«, sagte sie schließlich, streckte die Hand aus und bot ihn Hannibal an. Die starrte ihn nur an, bebend vor Lachen. »Ich leihe ihn dir für deine Rede.« Tamenzut imitierte Maharbals Tonfall: »Damit du zu *den Männern* sprechen kannst.«

Maharbal hatte sich gefasst und zog seine Falcata halb aus der Scheide. »Schick sie weg. Oder ich mach sie einen Kopf kürzer.«

»Sie ist meine Bestienjägerin«, sagte Hannibal unmissverständlich. »Und du wirst sie nicht einen Kopf kürzer machen.«

Sie griff mit Überwindung nach dem Penis, Tamenzut nickte ihr aufmunternd zu. Hannibal wendete ihn in der Hand und fuhr mit einem Finger über Details, dass Sosylos schamhaft den Blick abwenden musste. Finger an Penissen waren ihm lieber, wenn niemand zusah.

»Sie hat dich nur gebraucht, weil du einen Schwanz hast und *die Männer* ihr nur zuhören, wenn sie über einen verfügt. Jetzt hat sie meinen und braucht dich nicht mehr«, erläuterte Tamenzut, und es war ein Wunder, dass sie noch lebte.

»Wir brauchen einander«, sagte Hannibal und weckte frostige Hoffnung in Maharbals Blick. »Ich ihn, weil er Kommandant der numidischen Kavallerie ist. Ich dich, weil du meine Bestienjägerin bist. Ihr mich, weil es dieser Feldzug ohne mich nicht bis hierher geschafft hätte – und weil er ohne mich nicht weiterginge.« Maharbal wollte ihr erneut ins Wort fallen, doch sie hob den Penis, und tatsächlich schloss er den Mund wieder. »Sie hat recht, es ist ein Fehler, mit dir zu schlafen. Ein Fehler, den ich lange genug begangen habe. Schwanger kann nur Himilke sein, und du legst es darauf an, obwohl ich dich bitte, es nicht zu tun. Als würdest du mir Hannibal nehmen wollen.«

»Du hast vergessen, welchen Tausch wir eingegangen sind«, flüsterte Maharbal mit Eis in der Stimme. »Ich bin Kommandant der Kavallerie, ob du nun mit mir schläfst oder nicht. Aber Bewahrer deines Geheimnisses bleibe ich nur, wenn du mich in dein Zelt lässt.«

Tamenzut blies die Backen auf und ließ die Luft dann entweichen. Sie sah Sosylos an, als erwarte sie von ihm – von ihm! – irgendeine Form von Rechtfertigung oder Stellungnahme.

Maharbal stieß die Falcata zurück in die Scheide. »Schick mich fort, lass mich wieder nur Kommandant sein statt dein Liebhaber, und ich werde allen verraten, dass Hannibal nicht beim Kampf gegen dein kostbares Biest gefallen ist. Ich werde allen verraten, was ihr drei ihnen verschweigt!«

Hannibal nickte. Die Hand mit dem Holzgemächt hing locker an ihrer Seite. »Ja, tu das, Maharbal.« Sie ließ den Blick schweifen, weit, weiter, bis in die südlichen Ebenen. »Wir sind in Italia. Es ist zu spät. Sag es ihnen, und sie werden mir trotzdem folgen.«

»Mago sicherlich nicht!«

»Mago wird wissen wollen, warum du ihn so lange belogen hast. Ob das der Grund war, aus dem ich dich zwischen meine Beine gelassen hab. Erzähl ihm die Wahrheit über alle Lügen. Ich bin gespannt, was er dann tut. Werden wir einander hier oben bekämpfen? Jene, die ich bis nach Rom führen werde, gegen jene, die glauben wollen, dass Mago dazu in der Lage wäre?«

Sie lächelte ihn an, ein monströses Grinsen in einem Gesicht, das selbst wie eine goldene Maske war. Sosylos konnte nicht sagen, ob es die Worte oder das Lächeln waren, aber Maharbal fuhr herum und schritt mit so mühselig präsentierter Würde davon, dass Soldaten verwundert den Blick hoben und ihm nachsahen.

»Hier«, sagte Hannibal. »Dein Penis.«

Tamenzut winkte ab. »Behalt ihn für die Rede.«

Hannibals Monsterlächeln verschwand. »Welche Rede?«

Sosylos wollte sich abwenden, gehen, nachsehen, ob Maharbal zu Mago stakste, ob sie versuchten, die Macht neu zu verteilen. Doch er blieb, gefesselt davon, nicht der Geschichte von Männern zuzusehen, sondern zu lauschen, wie zwei Frauen unerhörterweise Teil von Geschichte wurden. Dadurch, dass er zuhörte, er, der Chronist – es war ein Zirkelschluss. Aufregend, denn bislang hatte es seine Welt schon aus den Angeln gehoben, dass eine einzelne Frau in diesem Rennen mitlief wie Atalante.

Tamenzut schob Hannibals Hand zurück, und die fand schließlich einen unauffälligen Platz für den Phallus hinten an ihrem Gürtel. »Es ist für uns nicht so einfach wie für sie.« Diesmal war Tamenzuts raue, ruppige Stimme fast warm, fast sanft. »Für Maharbal ist vieles ganz klar: Er muss sich mit den anderen Männern verbrüdern, er muss ihre Achtung erlangen. Er hat von Kind an gelernt, wie das geht, und er befolgt die Anleitung dafür, als hätte dieser da sie niedergeschrieben.« Sie deutete auf Sosylos, der zusammenfuhr. »Aber was ist mit uns? Uns hat man nichts niedergeschrieben, und selbst wenn, hat man uns nicht gesagt, wie man es liest. Mit sehr viel Kraft können wir darin trotzdem bestehen, uns irgendwie orientieren mitten in diesen Schwertbruderschaften. Du kannst dieses Rennen mitlaufen, Hannibal. Du bist gar nicht schlecht darin.« Hannibal neigte den Kopf zum Dank. »Aber ich bin alt und hatte viel Zeit zum Nachdenken, und trotzdem weiß ich nicht ... wie wir nicht wie sie sein müssten und sie uns trotzdem Platz machen könnten.«

Schweigend sah Hannibal in die Ferne, als gäbe es diesen Platz dort irgendwo. Sosylos blinzelte, der Wind war schärfer geworden, trieb ihm Tränen in die Augen. Was Tamenzut über Frauen sagte – es galt auch für Sklaven, und er war immer noch einer und würde es wohl bis an sein Lebensende bleiben. Vielleicht meinte Tamenzuts »wir« auch ihn. Die

Idee, dass es so sein könnte, ließ ihn schneller gegen die Windtränen blinzeln.

»Dass wir das nicht wissen«, flüsterte Tamenzut wie eine Verschwörerin – auch ihm zu, auch ihm! –, »ist Teil davon, dass wir es nie versuchen.« Sie straffte sich und berührte Hannibal am Arm, eine zarte Geste, fast eine Liebkosung. »Und jetzt halt die verfluchte Rede, Hannibal.«

Und Hannibal nickte und hielt die verfluchte Rede.

XXIV.

In der ersten Nacht auf dem Grat schlief Tamenzut zwischen Sphinx und Elefant. Sie zog die Schuhe und den Gürtel aus, nahm zwei Dinge aus den Lederscheiden und wickelte sich in ihre Decken. Das eine war ein Messer, denn sie schlief nie ohne ein Messer in Reichweite. Das andere war ihr Penis, denn sie brauchte ihn nach diesem Tag.

Sie hatte genau den richtigen Penis. Sie hatte damit schon vielen Menschen Freude bereitet, hatte Frauen damit gefickt und Männer, und niemand hatte sich je beschwert. Sie war gut damit, er war ihr nicht nur ans Herz gewachsen und hatte ihr Verständnis der Welt erweitert, sondern schien ihr wie ein Körperteil, das sie an- und ablegen konnte. Wenn der Anblick von hübschen Menschen sie lüstern machte, stellte sie sich vor, dass er in seiner Lederscheide anschwoll, und strich verstohlen und genussvoll darüber, als könne sie sein Pulsieren fühlen. Er war nicht ihr erster. Sie hatte immer einen Penis gehabt, ihr erster war ein runder langer Stein gewesen, als sie ein Kind gewesen war. Manchmal hatte sie ihn sich zwischen die Beine geklemmt. Später hatte sie sich einen geschnitzt, das Holz wieder und wieder poliert und eingeölt, ihren Penis angepasst, bis er perfekter noch war als die Lederpenisse der Priesterinnen des Aphroditos. Ab und zu hatte sie einen verloren und sich einen neuen geschaffen.

Hätte sie gern einen aus Fleisch und Blut? Das Sehnen danach, so etwas zu haben, als selbstverständlichen Teil ihres Körpers, war eines der ersten Gefühle, an das sie sich erinnerte.

Aber am hölzernen gefiel ihr, dass sie ihn neu erschaffen konnte, wann immer sie ihn brauchte. Dass sie ihn mit sich trug, aber nicht auf ihn hören musste.

Sie legte ihn zwischen ihre Schenkel und umfasste ihn mit begierig zitternder Hand, rückte ihn zurecht, bis er an der richtigen Stelle lag. Sie streichelte ihn – ihn und sich, o ja, sie gehörten zusammen. Ihre muskulösen Beine, ihr haarloser Bauch und darauf der dunkle, hölzerne Penis. Sie schob ihn zwischen ihren Lippen auf und ab. Er harmonierte mit ihr, ihr Körper kannte ihn, hieß ihn willig willkommen. Ihr Daumen fuhr über die geschnitzte Eichel, strich über die Stelle, wo sie in den Schaft überging, und die kleine Berührung pflanzte sich fort in ihren Schoß, wo eine Sehnsucht lag, die nur er zu stillen verstand.

Hinter ihren geschlossenen Augen war sie ohnehin nicht Tamenzut, sondern Hannibal, sie war Er-Hannibal und Sie-Hannibal, und sie liebten und töteten einander, und diese Bilder waren roh und schrecklich, und sie schämte sich dafür und liebte es, sich zu schämen. Sie kam lautlos, noch bevor die Fantasie an ihrem Ende angelangt war. Die Bilder verschwammen zu Rot und Dunkelheit, als ihr Atem, ihr Herzschlag und ihr tiefes, aufgewühltes Innerstes sich beruhigten.

XXV.

Tag um Nacht zog dahin, bis das ganze Heer den Grat erreicht hatte. Die Einheiten, die zuerst angekommen waren, hatten Gelegenheit, sich trotz der jeden Tag harscher hereinbrechenden Kälte und der dünnen Luft auszuruhen. Die, die zuletzt eintrafen, würden zwar bis zu ihrem Abmarsch dieselbe Gelegenheit erhalten, aber das Wetter änderte sich.

Die Tiere wurden unruhig, als der Wind wechselte, und Tamenzut spürte den Einbruch des Winters in den Narben, die juckten und spannten. Ein noch deutlicheres Zeichen dafür, dass die Kriegszeit eigentlich vorüber war, stand niedrig über den Bergkämmen am Himmel: das Gestirn der Siebengottheit.

Der Grieche hatte Maharbals Zelt verlassen, war ein paar Schritte weiter stehen geblieben und heftete wie sie den Blick auf die Unermesslichkeit des Himmels. Sie trat zu ihm.

»Es ist spät im Jahr. Ich kann kaum sagen, wo der Sommer hin ist.«

Er nickte. »Der Sommer – und der Herbst. Die Plejaden verabschieden sich mit ihm.«

»Plejaden. Von denen habe ich noch nicht gehört. Sonst bevölkert ihr doch euren Himmel mit Ungeheuern, Grieche. Welche Gestalt haben Plejaden?«

»Es sind Frauen. Jungfräuliche Begleiterinnen der Artemis.«

»Später sicherlich gegen ihren Willen von Zeus oder Poseidon geschwängert?«, hakte sie nach, denn diese griechischen Geschichten kannten doch alle nur eine Wendung.

Er blinzelte. »Es sind alte Geschichten.« Als könne sie ihm die nun nicht mehr vorhalten, als durchzögen nicht die alten Geschichten die Weltordnung wie Knochenmark. Aber deswegen hatte sie sich nicht zu ihm gesellt.

»Welche neuen bringst du aus Maharbals Zelt mit?«

Er wiegte den Kopf und zog den Mantel fester um sich. Der Wind hob seinen lichten Haarkranz, als spielten Plejaden damit. »Keine. Er hat nicht mit Mago gesprochen. Er hat keinen Streit unter den kathargischen Fürsten gesät. Noch nicht.«

»Also hat sie die Lage unter Kontrolle. Und das, ohne ihn mit Beischlaf zu besänftigen. Das hätte sie früher merken können.«

»Unterschätze ihn nicht. Er wird nicht unüberlegt handeln, aber er wird handeln. Hier oben ist weder die Zeit noch der Ort dafür. Und ihre Rede war gut und ist noch frisch in Erinnerung.«

»Ja, das war sie. Der Teil mit der Festung war von dir, richtig?«

Er verzog den Mund in ironischer Selbsterkenntnis. »Die Soldaten, die hier waren, um zuzuhören, haben sie den Neuankömmlingen erzählt. Die Rede kursiert auf Keltisch und Numidisch. Die Balearen haben sie in ihrem Dialekt sogar in einen Rhythmus gebracht. Maharbal wäre ein Narr, in dieser Stimmung zu erwarten, dass sie Hannibal gegenüber irgendetwas anderes als Hingabe empfinden.«

»Ich fände es dennoch sicherer, wenn er einen Unfall hätte«, murmelte sie ihm zu. »Ein Biest könnte ihn aus Versehen aus großer Höhe fallen lassen. Ohne dass jemand es bemerkt.«

»Er hält die Numider zusammen. Ein Heer ist immer mehr als ein einzelner Mann; es ist die Summe vieler einzelner Männer.«

Sie warf den Plejaden einen Blick zu, die Summe einzelner Frauen, die am Horizont Weg und Zeit wiesen. »Davon verstehe ich nichts. Ich bin nur die Monsterjägerin. Ich erledige es für sie, wenn es nötig wird, sag ihr das.«

Der alte Mann nickte zwar, doch er war wie ein Fisch, der ihr entglitt. Sie gehörte nicht hierher. Sie hätte an Adherbals Stelle die Hydra begleiten sollen, fern von den schwierigen Männersummen dieses Feldzugs.

Der Wind pfiff über den Grat, irgendwo peitschte ein Seil, eine Zeltplane knallte, Funken stoben aus Feuern auf. Stimmen taten ihren Unmut kund. »Die Siebengottheit warnt uns vor dem Winter. Wir sollten bald weiterreisen.«

Die Siebengottheit trat ihnen schon in dieser Nacht ordentlich in den Arsch. Der Sturm brachte erst eisige Luft, dann schwere Wolken, die die Welt verkleinerten auf einen lebensfeindlichen Grat voller Zelte, Menschen, Pferde und Biester. Am Morgen hatte sich der Diamant dieses zeitlosen Spätherbsts als erster Eisklumpen des Winters erwiesen. Der Schnee schien aus allen Richtungen zu kommen – sogar in Böen aus dem Tal, und fluchende Soldaten packten schwere, nasse Planen zusammen und zäumten widerwillige Pferde.

Tamenzut begleitete die Pioniere, die das Heer in die Täler führen sollten. Tal um Tal wollten sie dem Winter in mildere Gefilde entkommen, doch der Winter schien es zu ahnen und schloss die Faust um sie. Die Sphinx, ein Biest der Wüste, musste den Kampf gegen den Wind missmutig aufgeben und auf dem rasch unter Schnee verschwindenden Weg landen. Höchstens ein paar Flügelschläge konnten sie wagen, um vorauszuspähen. Trotz des warmen, atmenden Körpers unter ihr fror Tamenzut und verfluchte, dass die Hydra Adherbals Biest war und nicht das ihre.

Sosylos fürchtete, auch die beste Rede konnte nicht richten, was Sturm, Schnee und Eiseskälte niederdrückten. Der Sturm trennte Einheiten voneinander, ließ jede Nacht zu elenden klammen Stunden ohne Erholung verkommen, jedes Essen, jedes Pinkeln, jeden Zeltauf- oder -abbau zur Qual. Die Berge schienen selbst überrascht vom Kälteeinbruch, Steine lösten sich und rissen als Lawine aus Schnee und Dreck zwei Dutzend Fußsoldaten in die Tiefe. Hannibal ließ nach Überlebenden suchen und musste den Befehl zurücknehmen, als die Bedingungen am Berghang immer schwieriger wurden.

Sie kamen in qualvollem Tempo vorwärts, und schon kassierte die Kälte die ersten Zehen ein, als Tribut an die Berge; schon brachen sich die ersten Pferde die Beine und mussten von ihrem Leid erlöst werden. Die Pioniere kamen an gewaltigen Felsen ins Stocken, die den Weg versperrten. Aus den Silberbergwerken brachten einige Iberer das Wissen mit, die Felsen mit heißem Essig zu übergießen, bis sie sich auseinanderschlagen ließen – oh, welche Beschäftigung an einem Tag, an dem es ohnehin nicht schnell genug voranging!

Nur in Maharbals Augen blitzte es noch, wenn sich ihre Blicke kreuzten. Hannibal hatte Mago ganz am Ende des Zugs positioniert, Maharbal in ihrer Nähe weit vorn. Doch auch wenn er räumlich von der Gelegenheit zu Verrat getrennt war, bot ihm das Leid frierender Menschen im Winter das Fundament, auf dem er genüsslich die Säulen seines falschen Spiels hochziehen konnte.

Sosylos massierte am Feuer seine Zehen, während von Weitem das Hämmern von Werkzeugen auf sprödem Fels dem Wind einen Takt gab. Falsches Spiel nannte er es also bereits in Gedanken, stellte er fest, sich selbst – den Beobachter – beobachtend. Hatten sie nicht so viele falsche Spiele aufgehäuft, dass sie alle einander derer bezichtigen konnten?

XXVI.

Fulvia lächelte selig, als ihr die Gerüche nach Gebratenem und Gebackenem in die Nase stiegen. Ihr Schmuck lag verborgen unter der Kleidung – das hier war keine sichere Gegend. Trotzdem zog es sie heute hierher, in die Nähe ihrer alten Insula. Die Garküchen kochten trotz der einfachen Mittel, auf die sie sich beschränken mussten, das beste Essen der Stadt.

Quintus hielt nichts von Völlerei. Sie sei der Willensstärke eines echten Römers nicht zuträglich. Dementsprechend karg fiel der Speiseplan aus – ganz im Gegensatz zu Numerius' Küche damals, die eher Fulvias Geschmack entsprochen hatte. Darüber hinaus waren die Küchensklavinnen bei Quintus schlicht unfähig, aber ihn störte das offenbar nicht.

Also gönnte sich Fulvia ab und an einen Ausflug in die Gassen, in denen sie einen zum Glück kurzen Lebensabschnitt in Ratlosigkeit und Armut verbracht hatte. Das Essen hier war eine Gelegenheit, um sowohl ihren Erziehungspflichten als auch dem aufgeregten Gerede im Hause der Fabii für kurze Zeit zu entkommen: Der punische Feldherr Hannibal habe die Alpen überschritten, auf einem Elefanten! Der Gedanke belustigte Fulvia. Die Alpen waren weit entfernt von Rom und seinen Mauern. Gelassenheit jedoch ging dem durch magere Kost so willensstarken Quintus und seinen verbündeten Senatoren gerade ab. Hannibal müsse seine Armee zu einem geradezu herkulischen Kraftakt angespornt haben; eine solche Überquerung sei nur einem Halbgott möglich, sagten sie. Niemand habe damit rechnen können, dass Hannibal nun im Rücken der Legionen der Scipiones stand.

Quintus war der Ansicht, dass die Götter ihnen wegen schlampig durchgeführter Riten zürnten und dass Rom nun zu altmodischer Strenge zurückkehren musste, damit sie ihnen wieder die Sonnenseiten zuwandten. Einen Verteidigungskrieg hatte Rom seit Jahrhunderten nicht mehr ausfechten müssen, und nun standen ein Göttermahl an, die Befragung der sybillinischen Bücher und anderer Orakel und die Weihe neuer Tempel. Aber natürlich griffen sie auch nach weltlichen Mitteln: Konsul Longus wurde zur Verteidigung Italias zurückgerufen.

Fulvia konnte sich ausmalen, dass ihm das nicht schmecken würde. Er hatte sich nach der Pompa der Bestien bereits auf eine weitere Parade gefreut, diesmal einen Triumphzug zu Ehren seines Siegs über Karthago.

Stärker noch als die Furcht vor einem Feind an den Mauern war jedoch das Vertrauen in das Kriegsgeschick der Scipiones. Scipio werde den Punier aufhalten. Scipio sei ebenso gewitzt wie Hannibal. Scipio hier, Scipio dort – Gaius, Publius der Ältere oder der Jüngere verschmolzen zu einem einzigen Heilsbringer. Einzig Quintus sprach schlecht über ihn und mahnte zur Vorsicht. Aber egal ob pro oder kontra Scipio: Fulvia konnte das Gerede über den Konsul, seinen Bruder und seinen missratenen Sohn gleichen Namens nicht mehr ertragen.

Zum Glück empfingen die Garküchen sie mit wunderbaren Gerüchen. Sie hatte sich bei Caeso eingefunden, der seinen Stand unter dem Portikus einer Insula aufgebaut hatte. Der klein gewachsene, berüchtigt schlecht gelaunte Mann und seine beiden Gehilfen hatten alle Hände voll zu tun. Niemanden wunderte das, er bot schließlich die besten Speisen Roms feil, da konnte er sich sogar leisten, grob und unfreundlich zur Kundschaft zu sein. Die Mittagszeit lag hinter ihnen, aber die Schlange war immer noch recht lang. Die Wartezeit war Fulvia nicht unwillkommen, denn sie hatte sich noch nicht entschieden. Die mit Garum gewürzten Rote-Bete-Taler waren legendär. Oder gönnte sie sich heute das köstliche Frikassee aus Aprikosen und ein wenig Schweinefleisch, das in einer Schale aus frisch gebackenem Brot serviert wurde?

Kurz bevor sie mit wässrigem Mund an der Reihe war, unterbrach ein Tumult die Bestellungen. Der ältere Kunde vor ihr war erbleicht und schleuderte seine gerade erhaltene Portion auf die festgestampfte Straße. »Spinnst du? Willst du Unglück über mich bringen?«

Caesos Miene wurde noch sauertöpfischer. »Hast du ein Problem mit meinem Essen?«

»Sieh doch!« schrie der Alte und deutete auf einen im Dreck liegenden Rote-Bete-Taler. »Ein böses Omen! So was drückst du mir einfach in die Hand!«

Caeso würdigte den Taler mit dem kürzesten aller Blicke, verschränkte die Arme vor der Brust und hob das Kinn. »Mit dem Taler ist alles in Ordnung – *war* alles in Ordnung, bevor du Barbar ihn ruiniert hast.«

»Siehst du nicht? Er hat die Form eines Elefantenkopfs! Das Biest des punischen Schurken!«

Jetzt blieb sie nicht einmal hier davon verschont! Die ganze Stadt war wie im Wahn, in jeder Kleinigkeit göttliche Unglückszeichen zu sehen. Fulvia betrachtete den Taler genauer. Mit sehr viel Fantasie konnte man zwei Ohren erkennen, aber keinen Rüssel, geschweige denn Stoßzähne. Schwer zu sagen, ob es ein Omen war oder ein Hirngespinst.

»Du hast wohl noch nie einen Elefanten gesehen«, mischte sich der Kunde hinter ihr ein. Hautfarbe, Akzent und Kleidung ließen auf einen Händler aus Ägypten schließen.

»Du solltest wirklich vorsichtiger sein, Caeso«, rügte eine Stammkundin in schlecht sitzender gelber Palla.

»Ich bestimme hier, was ich verkaufe! Halt dich da raus, du *Extaliosa!*«, keifte Caeso direkt eine Beleidigung zurück.

»Ich will mein Geld wieder! Und eine Entschuldigung!«, forderte der Alte und berührte zum Schutz einen geflügelten Penis am Stand.

»Niemals, du räudige Ausgeburt einer schwanzlutschenden Harpyie!« Caeso fuhr jetzt das volle Arsenal an Schmähungen auf. »Du hast ab sofort Talerverbot!«

Fulvia sorgte sich nun ernsthaft um ihre Mahlzeit. Da spürte sie eine Hand am Oberarm, und eine vertraute Stimme rief launig: »Ich hatte eben auch einen Taler, und das Garum schmeckte nach Elefantenpisse ... ein Fluch lastet auf Rom!«

Auf diese Worte hin brachen endgültig Chaos, Geschrei und sogar Handgreiflichkeiten aus.

»Komm.« Der Mann mit dem iberischen Akzent zog Fulvia sanft mit sich. Ihr Magen tat einen fast schmerzhaften Satz, als überlege er, einfach hierzubleiben. Doch in dem Chaos würde sie nicht mehr gemütlich essen können, also ließ sie sich mitsamt Magen wegführen.

»Caras«, fauchte sie, »musste das sein? Ich bin hungrig, und wenn ich hungrig bin, habe ich schlechte Laune.«

»Das sollten wir ändern, bevor ich dir meinen Vorschlag unterbreite.«

Wenig später saßen sie auf Fässern in einer unbelebten Gasse und aßen einen Auflauf aus Mehl, Zwiebeln und Sardinen. Schmackhaft, wenn auch nicht so gut wie Caesos Küche.

»Ich glaube, ich will es gar nicht hören«. Fulvia schmatzte mit halb vollem Mund.

Caras stellte die Tonschale ab und blickte sie ernst an. »Tu etwas für mich, nur eine Kleinigkeit. Gibt gutes Geld.«

Fulvia fuhr mit der Hand durch die Schüssel und leckte sich die letzten Reste von den Fingern. »Nein.«

»Nein? Aber du weißt gar nicht, worum es geht.«

»Hör zu, Caras, du weißt, dass ich weiß, für wen wir arbeiten.«

Caras zuckte mit den Schultern, als sei es nur das Spiel, das es auch für Fulvia bislang gewesen war. Ein Spiel für einen Feldherrn, der zu weit entfernt war, um jemals zu einer Bedrohung zu werden. Außer dass jetzt eine gute Mahlzeit im Dreck endete, weil Leute Elefantenohren darin sahen.

»Ich habe keine große Liebe für die Scipiones übrig, und ich bereue nichts, das weißt du«, sagte sie. »Aber der Gerichtstermin steht fest, ich habe ein Obdach und brauche deine Asse nicht. Publius der Jüngere verlässt direkt nach dem Termin die Stadt in den Fußspuren seines Vaters und Onkels. Ich muss das hier nicht mehr tun und will es auch nicht. Ich will nicht irgendwann als Verräterin hingerichtet werden, weil ich mich von deinen Assen habe verlocken lassen. Ich habe die Verantwortung für drei Kinder. Das verstehst du doch, oder?«

Hannibal war noch weit weg, und die Goldjungen aus der Scipio-Familie konnten es kaum abwarten, sich all das Ansehen zu verdienen, mit dem Rom sie überschütten würde. Aber falls drei Scipiones Hannibal nicht aufhielten, falls er wirklich auf Rom zöge, würde Fulvia ihn dabei nicht auch noch unterstützen.

Caras versuchte es trotzdem. »Es ist nur eine Kleinigkeit. Die Leute sind nervös, fürchten, die Gunst der Götter verloren zu haben. Ein paar wohl platzierte Omen ... Nichts Ernstes. Du hast doch gerade gesehen, wie albern und kleinlich sie sind.«

»Nein, Caras. Das ist mein letztes Wort.« Sie ließ das Leben als Verräterin und Bittstellerin jetzt endgültig hinter sich. Für den Rest ihres Lebens würde sie eine respektable Römerin abgeben und eine ehrenwerte Mutter ihrer Kinder.

Caras wirkte milde enttäuscht. Er zuckte erneut mit den Schultern und lächelte. »Das respektiere ich. Es war trotzdem schön, dich wiederzusehen, Bürgerin Fulvia. Solltest du es dir anders überlegen – sollte vor Gericht irgendwas schiefgehen: Du weißt, wo du mich finden kannst. Denk dran, am Ende verlange ich stets weniger von dir als deine römischen Freunde.« Er deutete auf ihre Schale. »Außerdem weiß ich, wo es das beste Essen gibt.«

XXVII.

Sie hatte so gut geklungen: die Rede, dass sie sich auf der Mauerkrone der feindlichen Festung befänden, dass der Aufstieg eine große Geschichte, eine göttliche Prüfung, ein schicksalhaftes Abenteuer gewesen sei und sie der Abstieg nun ihrer Bestimmung zuführe. Natürlich würde es schwarze Tage geben, blutige Stunden. Unternehmungen wie diese waren nicht vergleichbar mit denen eines einzelnen Herakles, der das Gebirge und all seine Feinde bezwang. Nein, sie waren viele, sie alle mit einer eigenen Geschichte, und manche Geschichten lebten vom Tod. Aber machte das die Erzählung nicht noch größer als die des Herakles?

Der Feldzug war auf dieser Seite der Alpen ein anderer geworden. Das Gebirge war eine andere Welt gewesen, in der sie jeder einzeln und alle gemeinsam gegen das Land hatten bestehen müssen. Berge, Eis, Wetter, Schuhwerk, die eigene Ausdauer, der kurze Atem, die Last auf den Schultern, die müden Tiere – das waren ihre Gegner gewesen. Nun waren sie nicht nur in die Ebene des Flusses Padus, sondern auch zurück in ihre alte Welt getreten: Die beiden Städte Qart-Hadašt existierten, Rom existierte, und zwei Brüder mit dem Namen Scipio hatten ihre Flotte in Massalia aufgeteilt, um mit einer Hälfte nach Iberien zu segeln und mit einer Hälfte nach Italia zurückzukehren. Deren Befehlshaber, Konsul Publius Cornelius Scipio, wusste nicht, *wo* sie wieder in seine Welt traten, aber er wusste, *dass* sie es tun würden.

Vieles wirkte nun wieder auf ihren Feldzug ein: Je nachdem, wie es in Iberien ausgehen würde, konnte Hasdrubal auf dem Seeweg Verstärkung schicken. Unter dem anderen Konsul, einem Mann namens Tiberius Sempronius Longus, machten sich weitere Legionen auf nach Süden, zum alten Qart-Hadašt, um den Krieg von sich fortzutragen, wie auch Hannibal ihn fortgetragen hatte. Auf der Insel Sikelia entflammte die Asche alter Fronten, die im ersten Krieg gegen Rom nicht gründlich genug ausgetreten worden war.

Und dann erst das Land Italia! Gallier waren wie Felsen, und Hannibals Argumente versuchten sie wie mit heißem Essig mürbe zu machen.

Einige gallische Stämme waren erst kürzlich von Rom unterworfen worden und begierig darauf, sich wieder zu befreien: Insubrier und Boier hatten Söhne und sogar die eine oder andere Tochter an Hannibals Heer abgetreten und hofften auf Verschiebungen der Kräfte. Dagegen waren die Tauriner nicht zur Abkehr von Rom zu bewegen. Und das waren nur die Gallier – länger noch gehörten die ligurischen, etruskischen, campanischen Stämme Rom oder zu Rom. Sosylos versuchte, Nachrichten zu schreiben, Boten die richtigen Worte mündlich mitzugeben, das Sprachengewirr der Antworten zu verstehen und Hannibal mit Karten und säuberlich aufgelisteten Informationen über die Größe und geografische Lage der Stämme zu versorgen. Schon der tote Hannibal hatte Boten hierhergeschickt, Angebote gemacht, Kommunikation gepflegt, so gut es möglich war. Doch mittendrin verhielten sich die Kräfte ganz anders, als von Weitem betrachtet. Ihr Netzwerk aus Spionen in Italia verhinderte die schlimmsten Überraschungen, doch auch deren Botschaften fanden nicht immer den Weg zur Armee.

Hannibal traf gallische Oberhäupter mithilfe des Allobrogers Avarro, dessen Stamm schon lange mit ihnen handelte (über jene angeblich nur von Herakles bezwungenen Alpenpässe, so viel also dazu). Die Argumente, die sie im Sommer so weit gebracht hatten, verfingen kaum: dass das Heer nicht erobern wolle, dass die Stämme nicht an einen anderen Herrn in einer noch ferneren Stadt gebunden sein sollten, dass sie gekommen waren, um Beistand zu leisten gegen die Gefräßigkeit Roms.

Für den römischen Jahreslauf, das wusste Sosylos, war es immerhin ungünstig, dass sie es vor dem Winter über den Pass geschafft hatten. Im Winter wurden alle Kriege beendet, Mars wurden Opfer dargebracht, und schließlich wurde gewählt – jedes Jahr aufs Neue. Ein sperriger Unterschied zu den gewählten Oberhäuptern in Qart-Hadašt war, dass die beiden Konsuln gleichzeitig die Oberbefehlshaber der Armee darstellten. Sie jährlich zu wechseln, war ein Klotz am Bein ihrer ansonsten zuverlässigen Militärtaktiken.

Doch jetzt kehrten die Legionen nicht ins Winterlager zurück: Der Beginn des ersten Gefechts war nur noch eine Frage der Zeit, und es würde sich zeigen, ob Hannibals Armee mit ihrem Schwerpunkt auf Reitern und Bestien gegen die römischen Manipel bestand.

Tamenzuts Schüler war wieder zum Heer gestoßen, wenn auch nur gerade so: Adherbal war mit seinem Biest der Küste gefolgt, hatte es vollbracht, römischen Schiffen auszuweichen und die Hydra den Padus hinaufzuführen. Bevor er an einem nördlichen Nebenfluss wieder zum Heer gestoßen war, war er in einen Hinterhalt geraten und hatte eine üble Pfeilwunde in der Schulter davongetragen. Sie hatte sich bereits entzündet, und Tamenzut hielt seine Hand fest und seinen Geist mit Alkohol benebelt und mit Worten beschäftigt, während sich ein Feldscher an ihm zu schaffen machte. Sein göttliches Ross war getötet worden und hatte ihn in den Fluss stürzen lassen, und nur die Hydra hatte ihren Herrn gerettet und fortgeschafft.

Tamenzut lenkte ihn mit Schilderungen der politischen Lage ab. »Hier im Norden von Italia sind so viele Fäden gespannt, dass nicht mal Alexander diesen Knoten durchschlagen könnte!«

»Vielleicht gibt es irgendwo ein Spinnenbiest.« Adherbal grinste und schluchzte gleichzeitig, als die Pinzette des Heilers einen Holzsplitter aus seiner Schulter zog. »Unterwerfen wir es, gehört das Netz uns.« Er lallte schon, und sie bot ihm noch mehr Bier an. »Aber so einfach ist es ... ist es nicht.«

Tamenzut hasste den Geruch nach Blut und Eiter und sah ihm fest in die glasigen Augen. »Was ist nicht so einfach?«

»Gallier pflegen ihre Fehden untereinander wie eine gute Sitte. Ihre beste Sitte wie andernorts die Gastfreundschaft.«

»Die gallische Gastfreundschaft ist aber auch nicht ohne. Was meinst du, wo das Bier herkommt?«

Er lachte schwach. »Wenn es Tradition ist, dass der eine Stamm den anderen hasst, aber beide sind zwangsweise unter Rom vereint, dann kann Hannibal nur eine ...« Er keuchte vor Schmerz, und sie sah aus dem Augenwinkel, dass der Heiler die Schneiden einer Schere um einen blutigen Fetzen hatte zuschnappen lassen. »Dann kann Hannibal nur einen von beiden auf ihre Seite ziehen. Denn der andere Stamm ist froh, endlich wieder sauber verfeindet zu sein.«

»Dazu bleiben sie lieber Rom unterworfen?«

»Bundesgenossen, Tamenzut, Bundesgenossen! Dieser Leim ist stärker als eine Fessel.«

»Ach, ist das so? Ich hörte, Rom hat ihre Söhne zu Geiseln gemacht. Das klingt nach einer Fessel.« Adherbals Pupillen rollten unter seine Lider. »He!« Sie stieß ihn an, und sein Blick kehrte zu ihr zurück.

»Rom ist sehr, sehr gut darin, die Unterschiede verschwimmen zu lassen. Sie sind die Herren, aber schon ziemlich schnell fragen sich die Unterworfenen, ob es nicht besser so ist. Ob es nicht die Ordnung der Dinge ist.«

»Ah.« Tamenzut seufzte. »Das kenne ich. Der große Trick der Mächtigen, dass du nachher nicht mehr sagen kannst, ob sie die Macht haben, weil sie sie sich genommen haben oder weil du sie ihnen gegeben hast.«

»Ist das wieder eine Rede, die damit endet, dass du mir deinen Penis zeigst?«

»Ich denke, du hast diese Art Lektion nicht mehr nötig, mein Schüler. Wir müssen aber noch mal vertiefen, wie man verfeindeten Monsterjägern aus dem Weg geht.«

»Mit einem ans Wasser gebundenen Monster ist das nicht einfach.«

»Du musst *dich* mit ihr verteidigen, nicht *sie* mit dir. Im Zweifelsfall ist sie stärker und weniger schnell tot.«

»Ja, Meisterin.« Er grinste mit blutleeren Lippen. Sein hübsches Gesicht war grau.

Die Wunde wurde genäht, also war jetzt hoffentlich alles erledigt. Als der Heiler den Faden durchtrennte, entspannte sich Adherbals Miene endlich, seine Lider flatterten, sein Kopf rollte zur Seite. Sie tätschelte ihm die bärtige Wange, aber nicht, um ihn wachzuhalten, sondern um ihn in einen Schlaf zu verabschieden, aus dem er gesünder erwachen würde.

Trotzdem kämpfte er sich noch einmal hoch. »Sie ... sie hatten einen ...« Er schluckte schwer, sein Adamsapfel hüpfte auf und ab. »... Käfig dabei und da drin ... schon Beute gemacht.«

»Waren sie aus Rom?«

Doch er schlief schon. Und woher sollten sie auch sonst sein?

Tamenzut ließ sich zu Hannibals Zelt treiben. Von der Angst, Adherbal könnte sterben. Vom Wunsch, mit jemandem zu sprechen. Vom Versuch, noch einmal zu erleben, was sie am Ufer des Rhodanus gespürt hatte. War es nicht so, dass Hannibals Blicke oft auf ihr ruhten? Dass sie zusah, wie Tamenzut die Sphinx bestieg und mit ihren Schenkeln lenkte? Dass sie lächelte, wenn Tamenzut von den Pionieren zurückkehrte und Nachrichten brachte?

Hannibal war jung, zu jung, wenn Tamenzut ein Mann wäre. Sie hatte eine Meinung dazu, was es mit jungen Frauen machte, wenn alte Männer sie in ihr Bett zerrten. Bei ihr selbst war es etwas ganz anderes. Sie war kein Mann. Wenn sie mit Hannibal im Bett wäre, wäre keine Macht im Spiel. Sie wären wirklich ... Bundesgenossen. Tamenzut grinste in sich hinein, Adherbals Zustand hatte sie so nervös gemacht, dass sie fast laut gelacht hätte. Sie atmete durch und ließ sich neben dem Zelt ins Gras nieder. Der Tau erstarrte in den Nächten zu Raureif, doch tagsüber war es mild – jedenfalls fühlte es sich für alle so an, die aus den Bergen in die Ebene des Padus gestiegen waren.

Aus dem Zelt hörte sie Stimmen. Hannibals Stimme, nur ein Murmeln, süß und sanft. Ganz anders hatte sie geklungen, als sie Tamenzut den Mord ins Ohr geraunt hatte. Die Stimme des Allobrogers, etwas lauter, auf unbeholfenem Griechisch mit gallischem Provinz-Einschlag. Nach dem Wort »schwanger« rauschte es in Tamenzuts Ohren, bei Tanits sechs Brüsten, Hannibal durfte nicht schwanger sein!

Tamenzut wusste schon lange Bescheid. Es war die große Gabe und der große Fluch von allen, die zu Frauen aufwuchsen. Die Götter, die sich doch selbst Kinder aus Köpfen und Beinen springen ließen, hatten es offenbar für eine gute Idee gehalten, es bei den Menschen so strikt aufzuteilen. Und es könnte eine nette Angelegenheit sein, wenn die Welt friedlicher wäre und sich nicht alles stets darum drehen würde, was Männer in ihr taten, während Frauen ungesehen an den Rändern saßen, dazu verdammt, die nächste Generation numidischer Reiter oder balearischer Schleuderer auf die Welt zu pressen. Tamenzut schauderte, bezwang ihren Atem und lauschte angestrengter. Sie war der Zeltwand so nah, dass man sie für eine Spionin hätte halten können oder mindestens eine Lauscherin in Privatangelegenheiten, doch es war dunkel, und ein rascher Blick umher ließ Tamenzut hoffen, dass sie unbeobachtet war.

Sie brauchte ein wenig, sich in die Unterhaltung hineinzulauschen. Griechisch als gemeinsame Sprache war für alle drei Beteiligten – die beiden, die sich unterhielten, und sie, die sie versuchte, dem Gespräch zu folgen – ein nur mühsam beherrschter Kompromiss.

»Es ehrt dich, vermute ich«, hörte sie Hannibals Stimme. »Die meisten Männer würden entscheiden, dass im Krieg andere Gebräuche gelten. Vor allem, wenn sie so weit entfernt sind von der Eifersucht der Ehefrau.«

Avarro lachte, es klang ein bisschen verschämt. »Ich schätze dich, Hannibal. Und meine Ehefrau ist kein eifersüchtiger Mensch. Sie muss nicht eifersüchtig sein. Sie ist die Einzige für mich, und ich bin der Einzige für sie. Es tut mir leid.«

Tamenzuts Fäuste entspannten sich. Vielleicht war Hannibal doch nicht so schwanger, wie sie dachte.

Hannibal schnaubte. »Viele Männer sagen das, aber dann kommen ihnen ihre Launen und Begierden in den Weg.«

»Das weiß ich, wie du kenne ich andere Männer nicht erst seit gestern.« Der Gallier klang ein wenig verzweifelt. Tamenzut gluckerte Lachen in der Magengegend. »Aber ich lehne dein Angebot trotzdem ab. Ich will dich nicht ... kränken.« Er stotterte, suchte hörbar nach den richtigen Worten.

»Und es wäre ein gutes Gefühl, dass du mich begehrst.« Er stockte.

Hannibal holte Luft, das Unausgesprochene füllte das Zelt wie Hitze, die nach außen abstrahlte. Dann lachte Avarro, und Hannibal stieß ein gedämpftes Ächzen aus, bevor sie in sein Lachen einfiel.

»Aber?«, fragte sie ahnungsvoll.

»Aber ich glaube, du begehrst mich nicht, du willst nur einen anderen Verbündeten als Maharbal.« Avarros Stimme war behutsam, er sprach die Wahrheit aus wie jemand, der weiß, dass sie nicht bekömmlich für alle ist. Hannibal brauchte ihn als Anführer der Allobroger und als jemanden, den auch die Gallier anderer Stämme respektierten. Aber Avarro hatte über die vielen, vielen gallischen Fußsoldaten und keltiberischen Reiter keine Gewalt, und dass sie für den Moment zu ihm aufsahen, beruhte auf Hannibals Legitimation. So war es immer mit Macht, ach, wie viel einfacher war es doch, freie Monsterjägerin zu sein, einzig zu Hannibal getrieben von ... wie war das? Launen und Begierden!

»Du hast recht«, sagte Hannibal. »Ich habe versucht, dich mit derselben Währung zu kaufen, die Maharbal gekauft hat.«

»Wenn du dich selbst als Währung siehst, verkaufst du dich unter Wert«, erwiderte Avarro. Als Handelssprache beherrschten sie Griechisch gut.

»Nicht mich selbst. Nur eine Seite von mir«, sagte Hannibal. »Körper sind eine übliche Währung. Mit Gemütern ist es sehr viel schwieriger. Ist es dir so unverständlich, dass ich versuche, mit meinem Körper eure Gemüter zu kaufen? Eure Unterstützung und Zustimmung?«

»Unverständlich nicht.«

»Unmoralisch dann?«

Er schnaubte, aber er klang ein wenig ertappt. Tamenzut wusste wenig über die Moral von Galliern, aber vielleicht erfüllte ihn der Gedanke wirklich mit Scham. »Du trägst einen

Männernamen. Männerkleidung. Halte dich an Männergebräuche. Sie tauschen nicht ihre Körper gegen Unterstützung.«

Hannibal lachte. »Dann kennst du wenig von der Welt. Weißt wenig von Männern, die genau das tun.«

»Gut, Hannibal, sie tun es, aber nur, wenn sie unterlegen sind. Du bist nicht unterlegen. Du musst nicht das Spiel eines Unterlegenen spielen, du bist der Feldherr dieses Kriegs.«

»Und doch fehlen mir die Männergebräuche. Die Bande aus Unterstützung und Wertschätzung. Die Hannibal hatte. Ich hab sie nicht mit seinem Namen übernommen. Unter seiner Kleidung sehen sie meinen Körper. Und stellen sich vor, wie es wäre, ihn zu besitzen.«

Avarro schien darüber nachzudenken, vielleicht die Sätze zu entschlüsseln. »Du hast meine Unterstützung und Wertschätzung, Hannibal.« Eine weitere Pause. »Und kannst die Kleidung anbehalten.«

Jetzt war es Hannibal, die lachte. Verdruss und Erleichterung rangen in diesem Lachen miteinander. »Wenn ich mich also mit dir über deine Gallier unterhalten will, was tun wir stattdessen?«

»Wir trinken den faden Rest vom Bier, das wir übers Gebirge geschafft haben, und würfeln.« Etwas klapperte demonstrativ auf einem Tisch. »Ich erzähle dir davon, wie sehr ich meine Frau vermisse. Du erzählst mir etwas von dir. Und ärgerst dich darüber, dass du beim Würfeln gegen mich verlierst.«

»Das eine klingt gut, das andere unwahrscheinlich. Ich habe legendäres Würfelglück.« Erneut klapperte es auf dem Tisch. »Siehst du?« Avarro lachte, und Hannibal fuhr fort: »Für ein gelungenes Spiel brauchen wir noch zwei, drei Leute mehr, oder? Wer könnte mit uns spielen?«

»An wen hast du gedacht, Stratega?«

»Die Karthager blicken auf die Gallier herab. Ihr sollt die Köpfe eurer Gegner abschneiden, um sie nach Hause zu tragen, nutzt jede Gelegenheit zur Untreue. Ihr seid nicht wie die Griechen, die Römer, die Phönizier, ihr seid Barbaren.«

Avarro schwieg überrumpelt.

»Aber ich sah, wie Karthager in Sagunt keinen Stein auf dem anderen, keinen Mann frei und keine Frau unangetastet ließen. Das Heer ist einen langen Weg gegangen. Hat gekämpft und gefroren und gelitten. Wenn wir auf römisches Gebiet kommen, werden sie erwarten, dass sie sich dafür nehmen können, was sie wollen. Ich erwarte nichts anderes von Karthagern. Und Iberern. Und um ehrlich zu sein, erwarte ich auch von Galliern nichts anderes. Aber es wird trotzdem anders laufen, Avarro.« Hannibals Stimme strahlte eine schneidende Kälte aus, Schnee von allen Seiten. »Ich brauche Männer, die das verstehen. Wenn du glaubst, dass das gallische Fürsten sein könnten, dann will ich mit ihnen würfeln. Und trinken. Und mich verbünden.« Kälte, ein stiller Sturm im Zelt. »Verstehst du, was ich meine?«

»Ich verstehe es.« Avarro erhob sich, Tamenzut hörte seine Schritte im Zelt. »Ich hole dir solche Männer, und wir würfeln.«

Er verließ das Zelt, und Tamenzut schlüpfte direkt hinter ihm durch den Eingang.

Hannibal stand in Tunika neben ihrem Lager und zog sich einen Mantel über. Sie hatte im Gebirge Gefallen an gallischen Hosen gefunden, aber gerade trug sie keine, weil sie offenbar auf die Verführungskünste ihrer nackten Beine gesetzt hatte. Überrascht wandte sie sich Tamenzut zu, dann zeigte sich Sorge in ihrem Gesicht.

»Wie geht es Adherbal?«

»Es geht ihm besser. Als ich ging, zumindest. Die Nacht wird es entscheiden. Ich habe gelauscht.«

Hannibal verzog den Mund, missbilligend – oder betreten?

»Du wolltest Avarro verführen, Hannibal, wirklich?«, platzte Tamenzut heraus.

»Er hat mir alles dazu gesagt, was es zu sagen gibt, du kannst mir den Vortrag ersparen.«

»Er ist ein Mann, er kann dir unmöglich alles dazu sagen, was es zu sagen gibt!«, entgegnete Tamenzut. »Aber er hat recht: Wenn du dich zu ihrer Gespielin machst, werden sie nichts anderes in dir sehen! Und wenn du schwanger wirst, ist es erst recht vorbei. Sie haben nichts dagegen, Frauen mit den größten Grausamkeiten, die die Welt zu bieten hat, zu malträtieren, du hast es selbst in Sagunt gesehen! Aber als schwangere Frau, die möglicherweise einen Sohn für sie trägt, bist du dann eine kostbare Amphore, die sie vorsichtig irgendwo abstellen, wo in Ruhe der Teig aufgehen kann, den sie hineingefüllt haben. Machst du die Beine für sie breit, gibst du ihnen das Recht, dir deine Macht wegzunehmen!«

»Das ist doch Unsinn«, stieß Hannibal durch die Zähne hervor. »Sieh dich doch um! Wenn eine Frau Macht hat, dann eben dadurch, dass sie für die richtigen Leute die Beine breit macht! War nicht Teuta deshalb Piratenkönigin, weil sie die Frau eines Mannes ist, der sich zu einem für sie günstigen Zeitpunkt zu Tode gesoffen hat?«

»Das ist nicht überall so! In Kusch ...«

»Wo ist Kusch? Wir sind in Italia!«

Sie starrten einander an, Hannibals graue Augen unter dem Gewitter ihrer zusammengezogenen Brauen rührten mehr als das übliche Feuer in Tamenzuts Brust, das sich nach nackten Beinen, einem weichen Mund und kleinen, runden Brüsten sehnte. Was ihr fast den Atem nahm, war das wilde Begehren, die andere, die Jüngere, zu beschützen.

»Er wollte dich ja nicht.« Tamenzut wandte den Blick ab. »Lass uns nicht streiten.«

Hannibal bückte sich nach der gallischen Hose und zog sie an. »Warum willst du mir diese eine Macht nehmen, die ich habe?«

Tamenzut seufzte. »Weil es keine richtige Macht ist.«

»Und Abkommen treffen beim Würfeln und Saufen, ist das richtige Macht?« Hannibal lachte. »Sie ist wie ein Pferd; wenn du nicht darauf reitest, wirft sie dich ab und trampelt über dich hinweg, wie sie über die Frauen von Sagunt getrampelt ist.«

»Also reitest du.« Tamenzut konnte nicht verhindern, dass es mehrdeutig klang.

»Es ist manchmal besser, sie zwischen den Schenkeln zu haben.« Hannibal legte den Kopf schief, das Gewitter in ihrer Miene war verflogen. »Dann kann man das Tempo bestimmen.«

»Es sei denn, das Ross geht mit dir durch.« Tamenzuts Mund war trocken. Ihr Phönizisch verlangte nach schlüpfrigerem Vokabular, doch sie verkniff es sich. »Sei vorsichtig, kleine Schwester, das ist alles, was ich dir sagen will.« Und damit packte sie Hannibal an der Schulter. Sie wollte sie auf den Mund küssen und mehr, doch stattdessen streiften ihre Lippen nur ihre Stirn, dann ließ sie sie los und starrte die Würfel auf dem Tisch an, die zwei Sechsen zeigten.

»Adherbals Angreifer waren Bestienjäger, die es auf die Hydra abgesehen hatten und weitere Biester in Käfigen mit sich führten.«

Hannibal nickte. Mit den Fingerspitzen berührte sie nachdenklich den Kuss, der – wenn es nach Tamenzut ging – für immer an ihrer Stirn haften würde. »Es laufen auf dieser Seite der Alpen zu wenige Stämme zu uns über. Manche tun es nicht, weil sie einander zu sehr hassen, um mit uns verbündet zu sein.«

»Und andere, weil Rom ihre Biester gefangen hat?« Endlich ging es um Unverfängliches. Keine Macht, keine Pferde, keine Schenkel, sondern Bestien.

»Ich habe Informationen aus Rom bekommen. Wir wissen jetzt genau, welche Stammesbiester ihre Verliese füllen. Meine Kontaktleute müssen an ihrer Befreiung arbeiten. Kein Stamm erhebt sich gegen die Unterdrücker, die ihre Ungeheuer knechten. Um die Bestienjäger hier und ihren Fang kümmern wir uns selbst.«

»Ich, meinst du.«

»Du, meine ich. Nimm mit, wen du brauchst. Befrei die gallischen Biester und bring sie mir.«

Tamenzut sah ihr endlich in die Augen und nickte. Der Weg zum Herzen einer Frau führte manchmal durch die Stirnen unterworfener Biester. Tamenzut drehte den Pelz an Hannibals Mantel richtig herum. »Das werde ich.«

XXVIII.

Römische Monsterjäger reisten langsam. Sie zwängten die Ungeheuer in Käfige, legten sie verschnürt auf Wagen oder leinten sie an – je nachdem, als wie gefährlich die Bestien sich erwiesen.

Solch ein Unterfangen war aus der Luft gut zu sehen.

Tamenzut nutzte Wind, Wetter und Wald als Deckung, um die Konkurrenten aufzuspüren und dem Trupp Reiter unter Hasdrubal dem Hässlichen den richtigen Weg zu weisen. Hasdrubal war gar nicht so hässlich: Er war um die fünfzig und eindeutig nicht ihr Typ, dazu hatte er – vermutlich, um seinem Ruf gerecht zu werden – seinen Bart verwildern lassen. Aber hinter dem Gestrüpp verbarg sich ein durchschnittliches Gesicht mit Tränensäcken und einem fehlenden Schneidezahn. Natürlich müsste es sich jede Frau mit Tränensäcken und einem fehlenden Schneidezahn gefallen lassen, hässlich genannt zu werden. Aber Hasdrubal der Hässliche trug diesen Namen, um sich von Hasdrubal dem Schönen zu unterscheiden, der die karthagischen Truppen vor Hannibal kommandiert hatte und von einem Sklaven umgebracht worden war. Natürlich war das jetzt schon länger her, aber der Beiname war nach wie vor erforderlich, um ihn von Hannibals Bruder Hasdrubal abzusetzen, auch wenn der in Iberien geblieben war. Und von all den anderen Hasdrubals im karthagischen Teil des Heers.

Dem Hässlichen jedenfalls gelang es, seinen Trupp im Dunkeln unbemerkt ans Nachtlager der Bestienjäger heranzubringen. Das Gelände und die Nervosität der Pferde, die die Ungeheuer witterten, machten es unmöglich, das Lager zu umstellen, aber Hasdrubal teilte seine Leute in zwei Gruppen ein, und Tamenzut schwang sich auf dem Sphinxrücken hinauf in die Nacht. Wind und splitterartiger feiner Regen nahmen sie und die geflügelte Löwin in die Mangel. Wehmütig sah sie zu den beiden Feuern herab, dem Lagerfeuer und dem brennenden Biest. Wenn es ihre Auftragslage hergab, mied sie die nördlichen Länder im Herbst und Winter. Nun hatte sie schon Sturm auf den Alpen hinter sich und war trotzdem nicht daran gewöhnt zu frieren.

Das Lager war schon zur Ruhe gekommen, als Hasdrubal seinen beiden Reitergruppen ein laut vernehmbares Zeichen gab, alle antworteten mit wilden Rufen, saßen auf und nahmen das Lager in die Zange. Tamenzut sah von oben, dass die Römer sofort auf den Beinen waren – doch die Dunkelheit außerhalb des Flammenscheins und der vielstimmige Lärm machten es ihnen unmöglich, zu sehen oder zu hören, woher genau die Reiter kamen. Wer wach war, griff nach den Waffen, wer geschlafen hatte, kroch von den Lagern und versuchte, zur Besinnung zu kommen. Die Ochsen, die am Tag die beiden Karren zogen, wurden unruhig, und die Biester regten sich in Kette und Käfig. Der Hässliche schickte einen schönen Schauer aus Pfeilen und Schleuderbleien voraus, und dann waren sie mit gezogenen Klingen heran, Kurzschwerter stießen von Pferderücken hinab in die Schwachstellen gepanzerter Schultern, Falcatas suchten sich an Hälsen und erhobenen Waffenarmen Ziele für ihre Schnitte. Es war ein wunderbarer Tumult und ein noch besseres Ablenkungsmanöver.

Tamenzut tätschelte die Sphinx auffordernd hinter dem Ohr. »Runter mit uns«, flüsterte sie, und das Biest gehorchte.

Sie legte die Flügel an, stieß in einem steilen Winkel herab und fing sich im letzten Moment über dem Käfig mit dem feurigen Wildschwein. Tamenzut sprang ab und landete auf den Verstrebungen eines Eisenkäfigs – sofort spürte sie die Hitze durch die Sohlen. Hatte sie nicht eben noch ihre kalten Füße verflucht? Sie wirbelte den Speer herum und ließ ihn durch die Gitterstäbe nach unten fahren – doch das Biest unter ihr war nervös, es flammte höher auf, sodass sie einen Satz zur Seite tat und nur seine züngelnden Rückenborsten streifte. Sie fluchte, als das Schwein sich im Käfig um sich selbst drehte und gegen das Gitter warf. Es quiekte Rauch aus den Nüstern, sein kurzes Fell loderte hell. Tamenzut stach erneut nach der brennenden Sau, doch das Biest warf den Kopf zurück und sah sie mit winzigen kohleglühenden Augen an. Tamenzut sprang keinen Wimpernschlag zu früh beiseite, und brausend schlugen Flammen aus dem Käfig.

Rufe wurden laut – das Überraschungsmoment war vorbei. Die Römer, die bislang ihr Lager gegen einen karthagischen Spähtrupp hatten verteidigen müssen, begriffen nun, dass der Angriff ihren kostbaren Bestien galt. Ein Speer wurde in Tamenzuts Richtung geworfen, sie ließ sich vom Käfig fallen, um den herum nun das Gras kokelte, und stach noch einmal durchs Gitter, ungezielt und ungelenk ritzte ihre Speerspitze die Sau nur an der Schulter. Weitere Speere galten der Sphinx, als Tamenzut zwischen die beiden Wagen tauchte. Auf dem zweiten wand sich eine beindicke Schlange in Ketten, die ihren Leib im Zaum hielten.

Die Sphinx brüllte über ihr, Pranken voran, fiel sie aus der Luft, packte einen Angreifer und riss ihn mit sich hinauf in die Dunkelheit – zwei sich windende Schatten vor den flüchtigen Wolken. Tamenzut sprang auf den zweiten Karren, entging gerade so einem Stich mit einem Dreizack von jemandem, der offenbar bei den Biestern Wache gehalten hatte, und versenkte dann die eigene Waffe in der flachen Stirn der fixierten Schlange.

Der Dreizack fegte Tamenzut vom Wagen, und ihr Körper quittierte den Aufprall mit einem hässlichen Schmerz in den immer noch lädierten Rippen. Sofort war der Angreifer über ihr. Sie klemmte den Speer zwischen zwei Zähne des Dreizacks, mit einem Ruck wirbelte sie ihn herum und hebelte dem Angreifer die Waffe aus der Hand. Er stolperte zurück und gegen den Metallkäfig, in dem die Sau gloste und mit wild rollenden Augen zu ihm herumfuhr. Sie schnaubte ihm heißen Rauch in den Nacken und schnappte mit Hauern nach ihm, die krachend gegen die Gitterstäbe prallten. Tamenzut stieß den Speer vor, der Monsterjäger duckte sich – und die Spitze bohrte sich zwischen den beiden hinterlistigen kleinen Augen in die Stirn der flammenden Sau. Die loderte in einer Stichflamme auf, die das Unterholz des umstehenden Walds erhellte, das Holz der Karrenräder und des Speers schwärzte, den Mantel des Monsterjägers und die Härchen auf Tamenzuts Wurfarm verschmorte.

»Ruhig!« Sie riss die Arme vors Gesicht und den Speer zurück. »Du gehörst jetzt mir!«

Das Biest gehorchte, es senkte den massigen Kopf, und die Flammen wurden klein, bis sie nur noch um die aschenen Konturen der Wildsau leckten wie um glühende Kohlen. Nun ging das Licht vor allem vom Bestienjäger aus, der am Boden versuchte, sich aus dem brennenden Mantel zu winden. Tamenzut half ihm mit einem Ruck, schleuderte das brennende Kleidungsstück zur Seite und hob das Kinn des keuchenden Römers mit der Spitze ihres Speers.

Angstvoll schimmerte das Weiße in seinen Augen. Seine Haut war dunkel, in der Nacht beinahe schwarz.

»Ergib dich, Römer«, knurrte sie auf Griechisch und erfasste rasch den Schnitt seiner Kleidung und den Schmuck um den Hals und an den Ohren. Er war Phönizier, und überdies gehörte er zu einem Schiff – ironisch, dass er hier auf italischem Boden für Rom arbeitete statt für das von Phönizierinnen gegründete Qart-Hadašt. Er hob gehorsam die Arme, ein bartloser, junger Mann – lebenshungrig. Hinter ihr dröhnten Waffen auf Waffen, ein Pferd und ein Reiter wanden sich am Rand ihres Sichtfelds in einem Netz, das einer der Jäger über sie geworfen hatte. Das Pferd rollte sich mit zuckenden Gliedmaßen über seinen Reiter, und dessen Schrei brach ab.

»Schließ die Kette und den Käfig auf, Bursche!«, befahl sie auf Phönizisch. Um sich in den Kampf einzumischen, waren eine Schlange und eine feurige Sau vonnöten.

Er zog betont langsam einen schweren Schlüssel mit angewinkeltem Bart vom Gürtel. »Die Kette hat ein Schloss.«

»Schneller!« Sie trieb ihn vor sich her, und er packte die Kette der Schlange und nestelte mit zitternden Bewegungen am Schloss herum.

»Warum arbeitest du für die Römer?« Tamenzut versuchte, ihn gleichzeitig von hinten in Schach zu halten und zu überprüfen, ob er ihr eine Falle stellte oder eine Waffe hervorholte. »Du bist doch ein Meeresjäger, richtig?«

Netz und Dreizack – nicht ungewöhnlich für römische Jäger. Aber den Stil hatten sie sich von den phönizischen Jagdbooten abgeschaut. Und offenbar warben sie dort auch ab.

»Es ist mir egal, für wen ich kämpfe. Wichtig ist, gegen wen.«

»Gegen Phönizier, die den Krieg mit Rom wagen?«

»Gegen Ungeheuer.« Er klang mit einem Mal zuversichtlicher, als die Schlange ihre Kette abwarf. In ihrer Stirn klaffte ein blutloses Loch, als sie sich mit ekstatischen Bewegungen aus den Kettengliedern schlängelte. Tamenzut dachte in Richtung der Schlange, dass diese sich bereithalten solle – erfahren, wie sie war, musste sie die Befehle nicht laut erteilen, sondern lediglich die Ebene finden, auf der der Geist der Biester schwang, und sich dort mit den eigenen Gedanken einhaken.

Der Monsterjäger wandte sich zu Tamenzut um, als befänden sie sich in einem kollegialen Gespräch. Der Gedanke, dass daran irgendetwas faul war, kam ihr zwar, wurde jedoch vom fesselnden Inhalt seiner Rede überdeckt. »Die Römer werden das größte Ungeheuer fangen, Numiderin. Deshalb heuern sie Meeresjäger wie mich an.«

»Und lassen sie auf dem Trockenen jagen.«

»Nur, bis das Frühjahr kommt. Bis das Schiff fertiggestellt ist. Bis die Späher wissen, wo er sich aufhält. Du weißt, wen ich meine.«

Hinter ihm erhob sich die Schlange, zu synchron mit der Art und Weise, wie er beim Sprechen den Kopf neigte.

»Du meinst den Leviathan«, flüsterte Tamenzut.

Der Monsterjäger grinste. »Ich meine den Leviathan.« Und dann sagte er: »Töte sie!«

Er war schließlich kein römischer Monsterjäger, und die Wunde in der Stirn der Schlange hatte Tamenzut nicht als Erste geschlagen. Sie hätte es sofort bemerken müssen, doch es war alles zu schnell gegangen. Es ging sogar zu schnell für ein saftiges phönizisches Schimpfwort. Die Schlange fuhr auf Tamenzut herab, die Ketten rasselten vollends zu Boden, als der breit grinsende Kopf nach unten schoss. Gleichzeitig schnappte eine zweite Schlange vor, nein, es war das andere Ende der Schlange, ein zweiter Kopf anstelle eines Schwanzes! Giftkiefer schlossen sich, Zähne bohrten sich in ... Bronzeschmuck.

Natürlich trug sie die engen, aufeinandergestapelten Bronzereife um den Hals, den eine kuschitische Geliebte ihr einst als Schutz vor Bissen geschenkt hatte, wenn sie auszog, um eine Schlange zu fangen! Tamenzut entging dem Gift, fiel unsanft auf den Hintern, trieb den Speer und ein Bein gleichzeitig in die Höhe und traf den Körper der Schlange, die mit einer trägen Bewegung des dicken Leibs zurückglitt. Der Speer glitt harmlos über Schuppen.

Der Phönizier schrie das Biest missbilligend an. Sie hatte ihn unterschätzt und er sie.

Feine Gifttropfen sprühten aus den beiden Rachen der Kreatur, als sie erneut herabfuhr. Tamenzut rollte sich beiseite, der Phönizier fluchte und sprang über sie, um sie festzuhalten, da wurde die doppelköpfige Schlange mit einem Ruck in die Höhe gerissen: Mit rauschenden Schwingen war die Sphinx gekommen, um ihre Herrin zu verteidigen.

Der Meeresjäger kniete über Tamenzut, packte einen ihrer Arme und schlug sie ins Gesicht, aber da war sie noch nie sonderlich empfindlich gewesen. Sie schob sich schräg zurück, schlug seinen Kopf beiseite, bis es ihr gelang, ein Bein um seinen Nacken zu schlingen. Mit einem Schmerz, der ihr durch die Rippe und den ganzen Rücken fuhr, warf sie sich herum, sodass sie ineinander verschlungen dalagen, er jedoch deutlich unterlegen mit dem Kopf zwischen ihren verschränkten Beinen.

»Da siehst du«, keuchte sie, denn sie konnte einen lüsternen Gedanken selten für sich behalten, »wo du hingehörst, kleiner Meeresjäger! Vulvalecker hättest du werden sollen.«

Sie drückte fester zu, und jede Antwort seinerseits wurde erstickt. Seine Hände krallten sich in ihre Beine, seine Füße scharrten auf Staub und Fels. Doch auch sie war in keiner vorteilhaften Position, sie konnte ihren Speer nicht erreichen – wild sah sie sich um. Ein reiterloses Pferd irrte wiehernd näher, einer der Männer des Hässlichen holte einen Fliehenden ein und hackte ihn zu Boden. Bevor sie ihn bitten konnte, dasselbe mit dem Phönizier zu tun, wurde er seinerseits von einem Römer gefällt. In der Luft schlang sich die Schlange um die Schwingen der Sphinx und zog den Leib zusammen, bis der Löwinnenleib in enger Umklammerung aus der Luft fiel, Pranken voraus.

Tamenzut schrie. Die Sphinx prallte auf dem Boden auf, dass es durch den Fels hallte und Widerklang in Tamenzuts protestierendem Gebein fand. Ihre Vorderpranken rechts und links von Tamenzuts Leib. Ihre Hinterpranken zermalmten den zappelnden Leib des Phöniziers. Tamenzut keuchte an der warmen Brust der Sphinx, um die sich ein flüsternder, würgender Schlangenleib wand. In der Umklammerung ihrer Beine erschlaffte der Phönizier. Mit einem Ruck, protestierenden Rippen, dem Gefühl eines ausgerenkten Hüftgelenks und einem Schmerz wie einem Schlangenbiss ins Knie schob sich Tamenzut unter der Sphinx hervor und fand stöhnend ihren Speer wieder.

Die Schlange biss der Löwin in die Flanken, die Löwin brüllte und bekam mit dem Frauenmund den Schuppenleib zu packen, riss mit spitzen Zähnen daran, dass Blut zwischen den Lippen hervorschäumte. Dann rollte sie sich über die Schlange und gab den Phönizier darunter frei.

Tamenzut beugte sich über seinen zerbrochenen Leib. Blut tränkte die kunstfertig verzierte Kleidung. Er starrte mit fragendem Blick zu ihr empor, zwischen den Lippen ließ jeder Versuch, Luft zu holen, Blut hervorquellen.

Schwer sackte sie neben ihm auf die Knie. »Wir sind vom selben Schlag, du und ich. Wir unterwerfen die Biester, statt sie in Ketten zu legen oder einzusperren.«

Er brachte nur ein Ächzen hervor.

»Freiheit ist, was ihnen im Blut liegt. Sie werden zugrunde gehen, wenn man sie in Käfige sperrt. Doch an unserer Seite sind sie frei, obwohl wir sie unterworfen haben. Sag, hast du bei Shemen gelernt?«

Er sah sie an, als verstehe er sie nicht, doch dann nickte er unmerklich. Shemen war sein Lehrmeister gewesen. Emešmun wiederum hatte Shemen unterrichtet – und Tamenzut.

»Das bedeutet aber auch, dass du sterben musst, damit dein Biest wieder frei ist, kleiner Neffe.« Da brach auch schon sein Blick, als habe er es eingesehen. Sie stützte sich schwer auf den Speer, fuhr dann mit der Bewegung einer weit jüngeren Frau herum und rammte der Schlange, die sich mit beiden Köpfen in die Seite der Sphinx verbissen hatte, den Speer in den einen Kopf. »Damit ich dein Biest beherrschen kann.« Und in den anderen Kopf. Die Sphinx zuckte nicht einmal, ihre Miene wirkte lediglich erleichtert, das bissige Biest loszuwerden.

Als Tamenzut dem Hässlichen die Sphinx, die doppelköpfige Schlange und die brennende Sau zu Hilfe schickte, war das Scharmützel rasch vorbei. Sie selbst kniete bei dem Meeresjäger.

Lägen die Dinge anders, hätte Adherbal an seiner Stelle sein können, und dieser Mann hier wäre stattdessen ihr Schüler. Lägen die Dinge anders, würde sie von Rom bezahlt, diese Biester und mehr noch – den Leviathan – zu fangen. Doch er war tot, während sie lebte. Sie erhob sich und atmete den Aschegeruch der Sau ein. Die Dinge waren, wie sie waren.

XXIX.

Es gab wenig Hoffnung für den numidischen Monsterjäger. Die Wunde eiterte wieder, der Arm hing schlaff herab, sein Körper wurde vom Fieber zermürbt.

Sosylos war nie in Lazaretten eingeteilt gewesen, als Gelehrter nutzte er jede Möglichkeit, sich davon fernzuhalten. Aber er hatte Hamilkar Barkas und Hasdrubal den Schönen und nun schon zwei Hannibals bei Feldzügen, Schlachten und Belagerungen begleitet und viel Leid und sinnloses Sterben gesehen. Am sinnlosesten schien es ihm dann, wenn Menschen Tage, manchmal Wochen nach einer Verletzung dahinsiechten, egal zu welchen Göttern man betete und welche Opfer man ihnen darbrachte.

Und hier starb kein ersetzbarer Fußsoldat, sondern der Monsterjäger des karthagischen Heers. Sosylos musterte den jüngeren Mann, der mühsam aufrecht auf seinem Lager saß.

Die Augen lagen glanzlos in den Höhlen, Schweiß stand ihm auf der Stirn, gleichzeitig klapperten seine Zähne. Die Lippen waren rissig, die Haut hatte einen grünlich grauen Stich. Er war von einem ersetzbaren Fußsoldaten nicht zu unterscheiden. Das waren sie alle nicht, wenn die Styx ihnen an die Zehen schwappte.

Adherbal zwang sich zu einem Lächeln, als er Sosylos sah. »Dich schickt sie also. Das sollte mich nicht wundern.«

Sosylos schlug die Beine untereinander und setzte sich auf ein Fell, das die Kälte des Bodens nur mäßig fernhielt.

»Ich bin mir nicht sicher, ob ich der Richtige bin«, gab Sosylos zu.

»Hannibal vertraut dir mehr als jedem anderen.«

»Aber kann ich ... ein Ungeheuer ...« Der Satz wollte sich in keiner Sprache zu Ende denken lassen. *Unterwerfen. Beherrschen. Befehligen. In die Schlacht führen.* Wer war er, so etwas zu versuchen? Sein Platz war abseits des Schlachtfelds, an Tischen und Plänen und auf Hügeln, von wo aus sich die Menschenleben in der Ebene als Holzklötze denken ließen.

»Das wirst du herausfinden.« Adherbals Stimme war so leise, dass Sosylos sich vorbeugen musste, um ihn zu verstehen. »Hol dahinten den Sack aus der Truhe.« Sosylos erhob sich mit knackenden Knien und befolgte die Anweisung. In den Sack hätte ein Kind hineingepasst, und ungefähr so schwer war er auch. »Öffne ihn.«

Er hätte wissen müssen, was darin war, und war trotzdem vollkommen unvorbereitet darauf, dass ihn ein gigantischer halb verwester Schlangenkopf aus leeren Augenhöhlen anstarrte. Mit einem albernen kleinen Schrei schrak er zurück. Der Sack fiel zu Boden und enthüllte noch mehr vom Biest von Lerna. Es stank nicht, doch es wirkte weit weniger trocken, als es Sosylos lieb gewesen wäre. Wie ein drittes Auge gähnte eine Öffnung in der flachen Stirn.

»Der Rest von ihr spürt nicht, was du mit ihrem Kopf machst«, raunte Adherbal. »Trotzdem ist sie noch damit verbunden. Das heißt, du kannst die Hydra beherrschen, ohne dich ihr zu nähern. Das kommt dir vermutlich entgegen.«

»Das vermutest du ganz richtig.« Sosylos hustete verlegen.

Flüsternd fuhr Adherbal fort, getrieben, als bliebe ihm nicht viel Zeit. »Solange ich lebe, kann ich dir die Hydra übergeben, wie Tamenzut die Elefantin an Hannibal übergeben hat. Und wie ich die Biester an die Treiber im Heer übergebe. Als würde ich dir eine Leine in die Hand legen. Aber Ungeheuer haben immer eine Verbindung zu dem, der sie unterworfen hat. Wenn ich sterbe, sind sie frei, dann ist die Leine durchtrennt. Dann verfügen sie wieder über ihren eigenen Willen – und werden sich rächen für das, was wir ihnen angetan haben. Die Beziehung zwischen Monstren und Menschen ist immer Dominanz und Dominiertsein. Wann immer wir aufeinandertreffen, sind wir das eine oder das andere. Verstehst du das?«

»Ich bin Sklave, auch wenn das kaum noch jemand weiß. Natürlich verstehe ich das.«

Adherbal schnaufte ein verlegenes Lachen.

Sosylos fügte an, ohne einen einzigen Wimpernschlag darüber nachzudenken: »Aber ich kann dominant sein, wenn man mich lässt.« Hätte er nachgedacht, hätte er geschwiegen, doch Adherbal belohnte ihn mit einem Grinsen.

»Wäre ich nicht gerade mit Sterben beschäftigt, wüsste ich gern mehr darüber.« Er zog den Schädel der Hydra an sich heran. »Sobald ich tot bin, musst du ihr einen Speer in die Stirn schlagen. Genau hierhin. Und sie dir neu unterwerfen.«

Sosylos erschauerte. »Irgendeinen Speer?«

»Irgendeinen. Es muss nicht einmal ein Speer sein. Eisen – ein Dolch würde es auch tun. Tamenzut und ich verwenden Speere, um die Bestien auf Distanz zu halten. Du aber kannst ja dem Leib der Hydra fernbleiben.«

»Der Schädel wird nicht nach mir schnappen?«

»Er ist leblos, und das war er auch, als ich ihn gefunden habe. Möglich, dass Leben in ihn zurückkehrt, wenn ich tot bin – sei einfach vorsichtig.«

Sosylos' Atem ging gepresst. Er starrte in die leeren Augenhöhlen, musterte die Stellen, an denen die gelben Kieferknochen durch die einst lebendige Umspannung von Haut und Muskeln schimmerte, konfrontiert mit seiner eigenen Endlichkeit.

Adherbal griff sacht nach seinem Arm, eine fiebrigheiße Berührung. »Deswegen übergebe ich sie dir jetzt, Sosylos. Dann wirst du erfahren, wie es ist, ein Biest zu verstehen. Ob du es kannst. Wenn es nicht in deiner Macht steht, dann versuch es nach meinem Tod nicht. Es wäre sinnlos.«

»Was bedeutet es, es zu verstehen?« Nun war auch Sosylos' Stimme nur ein Flüstern. »Welcher Menschen Biest ist das?«

»Es ist aus den Sümpfen von Lerna. Es ist keines der Biester, die das Herz eines Volkes oder Stammes bilden.«

»Ich dachte, das seien sie alle?«

»Viele. Aber nicht die alten. Es ist ...« Adherbal ließ Sosylos' Arm los und sank zurück aufs Lager. Er riss die Augen auf und starrte ins Innere des Zelts. »Ich weiß nicht, wie viel Zeit und Kraft mir bleiben, um Geschichten zu erzählen. Aber ich verstehe, dass du es wissen willst, du bist schließlich der, der alles aufschreibt.«

»Es tut mir leid.«

»Tamenzut kann dir alle Fragen beantworten, wenn ich in die kalte Wüste gegangen bin.« Das Phönizisch des Monsterjägers war gut, er übertrug seine eigenen numidischen Bilder, ohne auch nur zu stocken. »Ob sie es tut, ist eine andere Frage. Nimm meine kurzen Antworten auf Fragen, die lange erfordern.« Er musste Atem schöpfen. »Du weißt, dass es eine Zeit vor den Menschen gab. Eine Zeit des Göttlichen, eine Zeit des Monströsen. Wir Menschen sind jünger als das. Manche mächtigen alten Bestien sind noch da, in den Falten der Welt. Sie gehören zum Land, zu Bergen und Meeren, zu Stürmen und Vulkanen. So eine ist die Hydra, doch du siehst, dass auch sie ihre alte Macht eingebüßt hat.« Er strich ihr über den Schädel, sein Atem ging flach. »Das Heraufdämmern der Menschheit hat die Bestien zurückgedrängt. Menschen sind schwächer als Monstren, doch bei all ihrer Unterschiedlichkeit können sie eins sein, wo Monstren immer einzeln sind. Manche Ungeheuer überlebten dieses Aufeinanderprallen dadurch, dass sie sich von Menschen verehren ließen. Dass sie sie unterwarfen oder ihnen die eigene Macht schenkten.« Er holte keuchend Luft. »Das ist nicht immer bewusst geschehen. Manchmal kehrten die Bestien auch einfach immer wieder in Träumen, Geschichten und Bildern zurück. Heute würde man sie wohl auf Münzen prägen.«

Sosylos nickte und wog eine weitere Frage ab. Forderte er zu viele Antworten von einem Sterbenden? »Ich bin als junger Mann aus Sparta fortgebracht worden und gehöre seitdem … vielleicht nirgendwohin. Ich kann es deshalb schlecht verstehen. Was geschieht denn, wenn einem Stamm das Biest abhandenkommt? Warum kann man die Biester als Geisel nehmen? Was passiert mit Menschen, wenn ihr Biest fort ist?«

Adherbal hob den gesunden Arm und schob ihn unter den Kopf, um Sosylos' Blick zu erwidern. »Ich war elf, als meinem Stamm das Biest abhandenkam. Wir sind Wüstenwandernde, und wenn die Sonne sank, sahen wir stets den Schatten einer geflügelten Löwin in den Dünen.« Als er mit zusammengepressten Lippen innehielt, wusste Sosylos nicht, ob der körperliche oder der seelische Schmerz der Grund dafür war. »Unsere Alten erzählten davon. Die jungen Mädchen gingen zur Wandlung hinaus, um in der dunkelsten Nacht Weisheit von ihr zu empfangen und als Frauen zurückzukehren. So war es, seit wir denken konnten.«

Sosylos sog die Luft ein. »Bis …?«

Adherbal lachte trocken und verzog dann schmerzhaft das Gesicht. »Ja. Bis sie kam. Tamenzut kam allein und ging mit zweien, die ihr gehorchten: einer Sphinx und einem Schüler.«

»Und dein Stamm?«

»Es ist ein Gefühl ...« Adherbal schloss die Augen, und Sosylos bemerkte bestürzt, dass seine Nasenflügel bebten und eine Träne durch die Wimpern drang. »... als ginge die Sonne früher unter und früher wieder auf. Die Tage scheinen nicht die Möglichkeiten zu bieten, die sie zuvor boten. Und die Nächte nicht die Erholung. Wir messen das Fehlen der Löwin in der Schwere unserer Herzen.«

Sosylos legte seine Hand vorsichtig auf die des verletzten Arms. Adherbal bewegte nur den Daumen, hielt Sosylos' Finger jedoch dankbar damit fest.

Warum tat Tamenzut so etwas? Warum Adherbal selbst? Doch diese Fragen waren dazu geeignet, einen Sterbenden umzubringen, also stellte er sie nicht.

»Ich übergebe dir die Hydra, Spartaner. Pass gut auf sie auf.«

Sosylos half ihm, sich wieder aufzusetzen, und gab ihm zu trinken. Der Kopf der Bestie lag zwischen ihnen. Adherbal griff Sosylos' beide Hände, hob mit zähneknirschender Pein ihre vier Hände über das Hydrahaupt – zwei Priester über einem Opfertier.

Adherbal murmelte melodisch in seiner Sprache, einem numidischen Dialekt, von dem Sosylos nur wenig verstand, doch der Blick, der sich in seinen bohrte, sagte genug.

Adherbal öffnete schließlich die Hände. »Nimm das Messer. Hinter dir«, flüsterte er, als stünden sie unter den Säulen eines Tofet-Heiligtums. Sosylos sah sich um – ein Messer und ein Speer lagen in Reichweite von Adherbals Lager, ein illusionärer Wunsch der Wehrhaftigkeit. Die Klinge war sauber und geschliffen tödlich. Adherbal legte einen Daumen an Sosylos' Stirn. »Ich muss dich hier damit ritzen, bis Blut austritt. Mein linker Arm taugt nichts, und der rechte zittert, du musst mir helfen.«

Sosylos nickte und schluckte. Die Messerspitze so nah an den Kopf, die Augen zu lassen … Doch er hielt die Luft an und führte Adherbals Hand. Zusammen ritzten sie einen senkrechten Schnitt über die Nasenwurzel, das Messer schnitt mit scharfem Schmerz. Adherbal zog es zurück. »Genug.«

Sosylos zitterte am ganzen Körper. So, wie er die Welt sah, war die Berührung des Göttlichen selten. Der Griff des Monströsen unvertraut.

»Ich übergebe dir die Hydra, Sosylos aus Sparta. Beherrsche sie und leite sie. Sie ist dein.« Adherbal fing einen Tropfen Blut von Sosylos' Stirn auf und salbte damit das Haupt der Hydra. Als Sosylos sich gerade fragte, was er als Nächstes tun sollte, spürte er etwas an sich ziehen und schrak davor zurück. Es war wie ein fremder Gedanke, der sich einschlich, doch er galt nicht seinem Verstand, nein, er packte tiefer; in Tiefen, die er sich selbst selten eingestand. Es griff nach einem Hunger in seinem Magen, einem Zorn in seiner Kehle, einer Lust in seinen Lenden. Adherbal nickte ihm zu wie ein Liebhaber, der ihn ermunterte, dem sehnlichsten Wunsch nachzugehen.

Sosylos gab nach. Er hörte das eigene Herz laut, immer lauter, wie eine Trommel in einer tiefen Höhle. Und darunter einen noch unterirdischeren Schlag, langsamer, älter, der sich seinem annäherte, bis es war, als tanzten sie von zwei Seiten auf demselben Boden.

Da hielt das Stampfen inne. Sosylos' Herz stoppte. Er griff sich an die Brust, doch da war es noch: das hastige, sterbliche Poltern im Käfig seiner Knochen. Adherbals Gesicht war ganz nah, er beugte sich über das Hydrahaupt, seine trockenen, fieberheißen Lippen legten sich auf Sosylos', blieben nur einen Herzschlag dort und lösten sich wieder.

»Es ist dir gelungen. Die Hydra ist dein.« Mit einem Keuchen sank er zurück, Sosylos half ihm noch einmal beim Trinken, dann stand er auf, bis ins Mark erschüttert.

»Gehörte der Kuss dazu?«, fragte Sosylos beim Hinausgehen, den Sack mit dem Kopf linkisch in den Händen.

Adherbal lachte. »Nein. Ich kann es mir nur nicht leisten, auf später zu hoffen.«

Sosylos ging mit ungeheuer schwerem Herzen.

Früh am nächsten Morgen begleitete er Hannibal und Avarro zu den Treibern. Er notierte, welche Monster von Adherbal gefangen worden waren, während Hannibal die Treiber anwies, die Biester nachts anzuleinen und tagsüber genau im Auge zu behalten. Sobald Adherbal tot war, sollten sie versuchen, sie zu unterwerfen. Selbst wenn Adherbals Meisterin rechtzeitig zurückkehrte, würde Chaos ausbrechen, bis sie die iberischen Stammesbiester und jene Kriegsungeheuer, die Adherbal seit Jahren zum Heer beitrug, unterworfen hatte. *Falls* sie zurückkehrte – denn wenn Baal Hammon ihnen übel gesonnen war, würde Adherbal vom Fieber geholt und seine Meisterin im Kampf gegen römische Konkurrenz das Leben lassen.

Sosylos ließ den Hydrakopf nicht aus den Augen – er hatte ihn auf den Rücken eines üblicherweise stoischen Maultiers gebunden, das durch den Odem des Biests fast durchging. Sosylos war nicht minder unruhig. Würde er in der Lage sein, die Hydra zu unterwerfen, bevor das Heer ihre Rache spürte?

Hannibal machte sich mit Avarros Hilfe einem älteren Hundeführer verständlich, der über mehrere Jagdhunde und einen Kerberos gebot, und Sosylos machte sich fahrig kurze Notizen auf einer Wachstafel, als sich ein Botenläufer im Vorglanz der aufgehenden Sonne näherte.

»Die Monsterjägerin ist zurück!«, rief der Junge. »Sie hat eine doppelköpfige Schlange dabei. Und beim Trupp des Hässlichen ist eine brennende Sau!«

Sosylos verspürte eine gewaltige Erleichterung bei der Ankündigung dieser ungebändigten Frau und ihrer gebändigten Monster. Sie konnte das monströse Problem bewältigen, vor dem sie standen.

»Die Tauriner verehren eine Art Schwein«, sagte Avarro. »Ich wusste nicht, dass es brennt.«

»Stiere und Pferde und Schweine.« Hannibal seufzte. »Menschen träumen einfach nicht groß genug.« Sie warf ihrer einäugigen Elefantin, die ruhig einen Heuballen frühstückte, einen anerkennenden Blick zu.

»Und mehrköpfige Schlangen«, murmelte Sosylos. Griechenland wurde von Schlangenbiestern geplagt – wie von jener, deren Haupt das Maultier belastete.

Avarro wechselte noch ein paar Worte mit dem graubärtigen Hundeführer. »Marser sind ein Schlangenvolk«, brachte er auf Griechisch hervor. Es dauerte eine Weile, denn das Stottern hatte seine Zunge heute stärker gepackt als sonst.

»Wer sind die Marser?« Sosylos sah mit halbem Blick auf seine Liste, als könne die ihm eine Antwort geben.

»Ein Stamm, der weiter südlich lebt. Irgendwo zwischen hier und« – Hannibal fuhr sich mit der Zungenspitze über die Lippen – »Rom.«

Avarro nickte. »Bundesgenossen von Rom. Vielleicht hat ihr Biest sie verlassen und ist in den Norden geflohen.«

»Oder die Römer haben es schon länger und wollten es zur Legion bringen.« Hannibal grinste kalt. »Weil sie die Vorteile der Kriegskunst mit Bestien von uns gelernt haben.«

»Die Marser sind ein Volk von ...« Avarro grübelte, dann fand er das Wort. »Arznei. Heil...kunst? Und von Gift. Marser werden nicht krank, und kein Gift tötet sie. Heißt es.«

Sosylos ließ den Stilus der Wachstafel fallen, klaubte ihn eilig vom Boden und stieß beim Aufstehen beinahe gegen den Pflock, an dem eines der iberischen Geiselbiester befestigt war. »Ein heilkräftiges Biest?«

»Vielleicht für ihre Legionen. Um die Wunden zu heilen, die wir ihnen unweigerlich schlagen.« Hannibal starrte in die Dämmerung, als könne sie Tamenzut und das neue Biest dort ausmachen. »Ein guter Fang.«

»Was ... wenn die Schlange Adherbal retten kann?« Sosylos wagte es kaum zu flüstern.

Hannibal nickte. »Vielleicht kann sie das.« Sie gab dem Läufer Anweisungen, Tamenzut vom Leid ihres Schülers zu berichten, sie solle entscheiden, ob das Biest helfen könne.

»Wenn sie auf dem Weg zu den Legionen waren, sind sie näher, als wir dachten«, sagte Sosylos. »Dieser Fluss und seine hundert Nebenflüsse sind nicht halb so übersichtlich, wie wir von Iberien aus vermutet haben.«

Hannibal lachte. »Da sagst du was. Andere Gegenden und ihre Leute erscheinen von Weitem so simpel, heruntergebrochen auf höchstens dreierlei, was man darüber weiß ...«

»Überraschend, dass die Römer schon hier sind«, brummte Avarro.

Hannibal zuckte mit den Schultern. »Sie haben mit Placentia und Cremona Koloniestädte und Soldaten hier. Es überrascht nicht, dass sie so früh versuchen, uns abzufangen. Genau dafür sind diese Städte da. Die Römer haben immer Angst vor den Galliern.«

Avarro hob anerkennend die Brauen. »Und bald vor den Karthagern. Dich überrascht wohl gar nichts.«

»Doch, mich überrascht, dass einer ihrer großen Männer den Weg nach Iberien abgebrochen hat und umgekehrt ist.«

»Hier gibt es mehr Ruhm zu ernten. Als Verteidiger Roms.«

Als gewissenhafter Schreiber fasste Sosylos die Situation zusammen: »Wir wissen, dass die beiden Scipio-Brüder in

Massalia angelandet sind und dort das Heer geteilt haben. Einer der Brüder ist uns den Rhodanus hinauf gefolgt. Er muss begriffen haben, dass wir den Gallierweg übers Gebirge nehmen, und hat beschlossen, uns nicht zu folgen, sondern abzufangen. Weil ihnen der Seeweg gehört und er seinen Soldaten damit weniger abverlangt als du den deinen. Das bedeutet, er rechnet mit zweierlei: dass unser Heer zum einen geschwächt ist – und zum anderen orientierungslos in einem fremden Land ist. Das heißt, er wird versuchen, uns eine Schlacht zu seinen Bedingungen aufzuzwingen.«

»Mit wie vielen Soldaten, was denkst du?«

»Mehr mit jedem Tag, der verstreicht, weil er die Bundesgenossen und die Kontingente in den Koloniestädten mobilisieren wird. Aber weit weniger, als wir haben, das steht fest.«

»Dann ist es ja gut, dass wir auch weit weniger ausgehungert sind, als er denkt.«

Avarro zog eine Grimasse. »Aber viele *sind* krank oder verletzt oder haben im Schnee Zehen verloren oder Schlimmeres. Ganz abgesehen davon, dass die Vorräte zur Neige gehen.«

Hannibal breitete die Arme aus. »Dieses Land hier hat gerade die Ernte eingebracht.«

»Und du willst die Stämme dieses Landes zu Verbündeten und nicht zu Feinden«, erwiderte Sosylos.

Sie sah hinab ins dunkle Flusstal. »Verbündete, die das Heer versorgen wollen, das ihnen die Freiheit erkämpft.« Sie lachte, als sie ihren eigenen Idealismus erkannte. »Oder wenn sie unsere in Freundschaft ausgestreckte Hand verweigern, werden wir uns nehmen, was wir brauchen. Und das wiederum wird anderen zeigen, dass man diese Hand besser ergreift.« Dabei verdunkelte sich ihr Blick wie das Wasser des noch nächtlich schlummernden Flusses.

»Was, wenn wir Scipios Armee ignorieren und direkt weiterziehen? Noch vor dem Winter?«

»Es ist noch ein Gebirge zwischen uns und Rom, Grieche«, erinnerte ihn Avarro mit leisem Spott. »Nicht ganz so hoch wie das letzte, deswegen hast du es vielleicht übersehen.«

Hannibal näherte sich einem iberischen Stammesbiest, einem silbernen Pferd, das im ersten Morgenlicht gleißte. Sie streichelte ihm den Hals. »Wir werden Rom von seinen Bundesgenossen isolieren. Nicht belagern. Das war Hannibals Plan, und das bleibt mein Plan. Das bedeutet, wir befreien die gallischen, italischen, ligurischen, etruskischen Stämme. Und dann wird sich zeigen, was das mit Rom macht.« Das Pferd knabberte an ihrer Tunika. »Das heißt, wir stellen uns Scipio zum Kampf und machen Rom um einen mächtigen Kopf kürzer. Wir haben alles, was wir dafür brauchen, und unser Sieg wird die gallischen Stämme beeindrucken und uns für den Winter mit Vorräten versorgen.«

»Lassen wir uns von Scipio finden oder finden wir ihn?«

Hannibal deutete auf das Maultier. »Dieser Strom und seine hundert Nebenflüsse – gutes Terrain für die Hydra, findest du nicht? Wir sollten uns ein schönes Flussufer für unseren Angriff suchen.« Sie nickte sich selbst zu. »Wir sollten Scipio verlocken, einen Fluss zu überqueren, um sich uns zur Schlacht zu stellen.« Das iberische Biest schnappte nach ihrer Hand. »Hm.« Sie betrachtete eine Schramme auf dem Handrücken, von Zähnen, die für ein Pferd zu scharf waren. »Eine Brücke wäre gut. Sie sind doch so eifrige Brückenbauer.« Sie wahrte Abstand zum Biest und wandte sich Sosylos zu. »Hast du schon erprobt, ob dir die Hydra wirklich gehorcht?«

Sosylos schüttelte stumm den Kopf, sein Blick wanderte zum Haupt auf dem Maultier. Als wäre sein Blick ein Peitschenhieb, brüllte das Maultier mit rollenden Augen auf, warf den Kopf hin und her und trampelte so weit herum, wie der Strick es zuließ, mit dem Sosylos es befestigt hatte. Er stürzte zum Tier, um es zu beruhigen, als er sah, dass sich der Sack auf dem Rücken von sich aus bewegte – oder vielmehr das Ding darin, das monströse Haupt! Mit aller Agilität seines sechs Jahrzehnte alten Chronistenkörpers entging er dem wild trampelnden Rumpf des Maultiers, warf den Strick Avarro zu und zerrte selbst an den Seilen, die den Sack hielten.

Schrilles, metallenes Wiehern erklang um ihn herum, der Kerberos heulte, bestialischer Gestank drang aus seinen Nüstern.

Adherbals Biester waren frei: Ihr Herr war tot.

Sosylos kämpfte ebenso mit den zuvor geschlungenen Knoten wie mit Selbstzweifeln. Er musste die Hydra unterwerfen, musste ihr seinen Willen aufzwingen, und all das, bevor sie am Fluss die ersten Männer fraß, die sich arglos Wasser holten. Der Sack öffnete sich, das Haupt sprang heraus, der Kiefer, der zuvor geschlossen gewesen war, schnappte sperrangelweit nach allem, was er erreichen konnte, und Sosylos fuhr mit einem Schrei zurück, trat reflexhaft gegen das Schlangenhaupt, sodass es auf der Stirn landete und mit geiferndem Maul um sich selbst kreiselte. Er zerrte den Dolch vom Gürtel, zitterte dabei jedoch derart, dass er sich beinahe selbst daran schnitt. Er schrak davor zurück, den Kopf herumzudrehen, um die Stirn zu erreichen: Gift, Eiter oder Schlimmeres troff von frisch belebten Zähnen!

Plötzlich war Avarro da, warf sich auf das Schlangenhaupt und drehte es beherzt in seinem Griff. »Stoß zu!« Er schrie noch ein gallisches Wort dahinter, das sicher etwas wie Angsthase oder Zauderer bedeutete. Bevor Sosylos gehorchen konnte, hörte er Hannibal schreien. Schwere metallene Hufe donnerten, als das iberische Ross seinen Pflock aus der Erde riss. Die aufgehende Sonne fing sich im blendenden Silber, als das Stammesbiest auf die Hinterbeine stieg, die Vorderbeine bockten in der Luft. Es sprang vor, der Pflock schoss an Hannibal vorbei und erwischte einen Pferdeknecht, der Heu zu den Pferdekoppeln schaffte. Das Pferd war so schnell, dass der Mann wie eine schreiende Puppe durch die Luft geschleudert wurde.

»Grieche!«, schrie Avarro mit einem Stocken in der Stimme, das dem Ausruf noch mehr Dringlichkeit verlieh. »Hilf Hannibal! Das Pferd!«

Avarro riss das eigene Schwert vom Gürtel – doch statt sich auf das blechern wiehernde Pferd zu stürzen, das über den Pferdeknecht trampelte und sich nun mit kalten, rollenden Augen Hannibal zuwandte, hob der Gallier das Schwert über die Stirn der Hydra.

Das mächtigste Ungeheuer würde ihn zum mächtigsten Mann machen; mochten die anderen Monstren auch das Heer auseinandernehmen und für Scipio nur noch einen konfusen Haufen zurücklassen, den dieser von Italias Erde fegen konnte.

»Nein!« Sosylos warf sich vor. Die Hydra war sein; er gebot für Hannibal über sie! Er ließ den Dolch herabsausen, doch er prallte an Avarros Klinge ab, glitt am Stirnknochen abwärts und zerschnitt das angefressene rechte Augenlid. Avarros Schwertspitze jedoch bohrte sich in die gähnende Öffnung.

Sosylos stockte der Atem – würde, *konnte* sich Avarro die Hydra überhaupt unterwerfen? Was, wenn Sosylos ihn sofort tötete, erst ihm, dann der Hydra den Dolch in den Kopf rammte? Aber so etwas vermochte er nicht, der Sklave, der Schreiber!

Nichts geschah. Er hörte sich keuchen, sein Atem war laut.

Denn der Lärm, der ihn umgab, war verstummt. Verwirrt sah er auf – wie ein Träumer, der sich der anderen Welt bewusst wird, die er betreten hat. Hannibal hatte das Schwert gezogen und stand vor dem Pferd, das den Kopf wiegte, als sehe es ein, dass es zu weit gegangen war.

Der Kerberos legte die drei wolfskopfgroßen Häupter auf die Vorderpfoten. Etwas Gewaltiges ließ sich weiter unten am Ufer mit einem Platschen zurück in den Fluss fallen. Rufe der Verwunderung wurden laut – was für ein kurzes Aufbäumen!

Sosylos sah auf das Haupt herab. Die Hydra war sein, so sehr wie zuvor. Adherbal war noch am Leben, er spürte seinen Griff, als sähe er die Finger, die über das Haupt strichen. Die Fänge schnappten zu. Das Hydrahaupt lag still, mit Avarros Schwert wie einem Horn auf der Stirn. Zögerlich zog der Gallier die Klinge heraus. Das Maultier war geflohen.

»Hört auf. Adherbal lebt.« Hannibal trat heran und sah auf Avarro herab. »Dass du die Hydra für dich wolltest, werde ich nicht vergessen, Avarro, mein *Freund.*«

Avarro steckte das Schwert zurück. »Es gibt nichts zu vergessen. Ich wollte dir nur helfen«, knurrte er, ohne dass seine Stimme stockte. Ob das bei ihm ein Zeichen der Unehrlichkeit war, konnte Sosylos nicht sagen.

Der Sack musste mit dem Maultier verschwunden sein, und so rollte er kurzerhand das Hydrahaupt in seinen Mantel und begann zu laufen.

Auch der Weg übers Gebirge hatte ihn nicht zu einem ausdauernden Läufer gemacht, also kam er mit pfeifendem Atem und Seitenstechen an Adherbals Zelt an.

Er schrak vor der beinlangen Schlange zurück, die sich zufrieden im Eingang zusammengerollt und beide Köpfe auf den Leib gelegt hatte. Aus zwei linken Augen sah sie ihn so bösartig an, dass er einen Augenblick brauchte, bevor er Tamenzut bemerkte, die ein paar Schritte weiter im Gras saß. Sie kauerte vornübergebeugt, die Arme um die Knie geschlungen. Neben ihr im Gras lag, an einem Scharnier geöffnet, ein Halsschmuck aus zahlreichen golden schimmernden Ringen.

»Lebt er?«, fragte Sosylos atemlos.

Tamenzut hob den Kopf. Ihre braune Haut war fahl, die Lippen aschen, die Augen Abgründe in ein Tal, vor dem Sosylos zurückschrak und von dem er doch wusste, dass sie es alle einst durchschreiten mussten. »Er war tot, einen Augenblick nur war er tot … doch jetzt lebt er. Das sollten wir wirklich nicht öfter machen.«

Die Schuppen der Schlange raschelten übereinander wie ein leises Lachen. Sosylos wagte nicht nachzufragen.

»Danke«, flüsterte er endlich, drehte um und schleppte sich zum Fluss hinunter. Den Schmutz abwaschen. Wasser trinken. Und die Hydra kennenlernen, über die er gebot.

XXX.

Es war billiger, unnützer Tand, aber Fulvia seufzte glücklich, als Prima ihr die muschelverzierte Haarnadel keck über dem linken Ohr in die Frisur steckte. Auch der Straßenverkäufer sah zufrieden aus, strich die Münze ein und gab ihr mit einer Geste zu verstehen, dass sein Werk einen guten Platz gefunden hatte. Die beiden Freundinnen schlenderten weiter über den Circus Flaminius vor den Toren der Stadt, tranken einen Wein am Stand eines etruskischen Winzers und teilten sich überteuerte kandierte Früchte.

Zum ersten Mal seit Numerius' Tod hatte Fulvia das Gefühl, entspannen zu können, nicht jede kleinste Kupfermünze dreimal umdrehen zu müssen.

Der Wein floss ihr in die Gliedmaßen, die Haarnadel löste etwas in ihrem verspannten Nacken, die neue Palla umhüllte sie sanft, und die kandierten Früchte waren Ambrosia für ihre geplagten Gedanken.

»Es tut gut, dich so zu sehen.« Prima strahlte sie an.

Fulvia stattete ihrer Freundin aus Kindertagen keinen Besuch mehr auf dem Aventin ab, doch sie nutzte jede Gelegenheit, sie zufällig zu treffen – am üblichen Treffpunkt zur üblichen Stunde am üblichen Tag der Ludi Plebeii, der Plebejerspiele auf dem Circus Flaminius. Der Festplatz auf dem Marsfeld existierte noch nicht lange, aber die Spiele, Märkte, Rennen und Feiern waren schon zu festen Landmarken im plebejischen Leben Roms geworden. Es ging hier derber zu, der Wein floss in Strömen, und auch die Theaterstücke waren nicht so religiös-zeremoniell, sondern wagten es, von Jahr zu Jahr frivoler und witziger zu werden. Mit den Kindern wäre Fulvia hier nicht aufgetaucht; man hätte sie schon an ihren Schuhen als Patrizier erkannt, und das war einfach nicht das Richtige für sie. Umso besser – so sparte sie Geld und konnte Zeit allein mit Prima verbringen.

»Hat sich deine Lage entspannt?«, wagte Prima endlich zu fragen, als ein Hahnenkampf in der Nähe alle Neugierigen zu sich zog. Sie naschte noch eine Dattel.

»Der Praetor hat entschieden.« Fulvia bemühte sich um eine beiläufige Stimme.

»Und das sagst du mir erst jetzt? Jetzt spuck es schon aus!« Vor Überraschung spuckte auch Prima aus – den Dattelstein aufs Pflaster.

Fulvia grinste, alles fühlte sich gerade so leicht an. »Wir haben den Pflichtteil bekommen, Prima!«

Prima quietschte auf und warf sich ihr um den Hals. Fulvia fiel mit einem Lachen in ihren Begeisterungssturm ein. Niemand störte sich hier an ihrem Gefühlsausbruch, trotzdem löste sich Fulvia von Prima und ließ ihren Blick schweifen. Die Einzigen, die sie zur Kenntnis nahmen, waren zwei Frauen, die sich auf einen einzelnen freien Sitz neben einen Weinstand quetschten. Diese Freundinnen waren etwas älter als Fulvia und Prima und äußerlich ein größerer Gegensatz: die eine mit der hellsten Haut, die andere mit der dunkelsten, die Fulvia je gesehen hatte. In Rom traf sich eben die halbe Welt.

»Bona Dea, das war eine Schwergeburt, aber du hast es verdient, ich bewundere deine Hartnäckigkeit.«

»Es ist nur der Pflichtteil, reich sind wir nicht. Aber es wird fürs Erste reichen.«

»Bei allem, was man über Numerius' Vermögen so hört, wird es das. Für euch alle vier, zumindest, bis Aulus erwachsen ist. Ich war immer ein bisschen neidisch, weißt du? Darauf, dass du einen Patrizier abgekriegt hast. Eigentlich bin ich das immer noch, auch nach all dem Ärger.«

Fulvia hingegen hatte sich nun monatelang nach einer einfachen, langweiligen Plebejerehe gesehnt, doch sie entgegnete nichts.

»Marcus ist nur großzügig mit anderen Reichtümern.« Prima streichelte vielsagend über die kleine Wölbung ihres Bauchs. Sie war fast immer schwanger, wenn Fulvia sie hier traf. Sie hatte früher geheiratet als Fulvia, und ihre Lebenswege hatten sich getrennt. Marcus war offensichtlich immer noch sehr angetan von seiner Frau.

»Dann hast du ja bald mehr Kinder als ich! Und von meinen kacken immerhin schon zwei nicht mehr in die Windeln.«

»Listenreich von dir. Reich geheiratet, drei Kinder ohne eine einzige Schwangerschaft! Und jetzt bist du sogar bald die Herrin deines eigenen Haushalts. Du weißt wohl gar nicht mehr, wofür Männer überhaupt da sind ... he!«

Fulvia bewarf Prima für ihre frechen Worten mit einem Dattelstein. Aber eigentlich gab sie ihr recht. Das Vermögen gehörte ihr natürlich nicht, aber Aulus war auf sie angewiesen, und es gab wirklich Schlimmeres, als Herrin über das eigene Vermögen, das eigene Haus und den eigenen Körper zu sein.

»Das muss ich dann auch nicht mehr wissen«, sagte Fulvia und hob das Kinn in gespielter Erhabenheit.

Prima kicherte, nahm sich eine Feige und flüsterte ihr dabei ins Ohr: »Geht es dir etwa wie den beiden da?«

Fulvias Blick flackerte zu den beiden älteren Frauen, die das Rangeln um den letzten Sitzplatz aufgegeben hatten. Stattdessen hatte sich die eine auf den Schoß der anderen gesetzt, die sie an der Hüfte mit den Armen umfing. Hatte sie ihr gerade etwa einen Kuss in den Nacken gedrückt? Fulvia wandte schnell den Blick ab. Ihre Wangen waren vom Wein gerötet, aber auch von unweigerlichen Gedanken.

»Was soll das denn heißen? Was sollen denn zwei Frauen miteinander ... die können doch nicht ...«, flüsterte Fulvia zurück.

»Ich kenne eine Freigelassene, die kann sehr umtriebige Geschichten erzählen.« Prima errötete kein bisschen.

»Ist das nicht irgendwie ... verboten? Was sagen denn deren Männer dazu?«

»Warum sollte es verboten sein? Es ist doch kein Penis im Spiel. Was kann schon passieren?« Prima grinste frech und zuckte mit den Schultern. »Männer machen die Gesetze. Kein Penis, keine Bedrohung für den Pater Familias. Sie haben keine Ahnung und auch keine Fantasie.«

»Aber du hast doch nicht ...? Die Freigelassene, also, woher weißt du ... hat sie es dir etwa ...« Diese Sache war skandalös, aber auch aufregend. Fulvia wusste nicht einmal richtig, was Männer mit einer Frau anstellen konnten, geschweige denn andere Frauen.

»Vielleicht.«

»Vielleicht? Was soll das heißen, vielleicht?«

»Vielleicht heißt ja. Es gefiel mir, aber Marcus ist mehr nach meinem Geschmack. Wenn er sonst schon nichts zustande bringt ... haben die Götter ihn doch mit einer einzigen Begabung gesegnet.«

Fulvia konnte nicht anders, sie kicherte hilflos in ihre Hände. »Aber ...« Eine Frage nagte neben allen anderen besonders dringlich an ihr.

»Was aber?«

»Aber wenn doch kein ...« Sie formte das Wort tonlos mit den Lippen. »Penis ... im Spiel ist ... Woher weiß man dann, wann es vorbei ist?«

»Bona Dea!«, rief Prima aus – viel zu laut. Sie warf sogar die Arme in die Luft, sodass mehrere sich vom Hahnenkampf zu ihnen umwandten. »Du arme Frau, dass du das nicht weißt!« Fulvias Gesicht wurde noch heißer, und Prima senkte die Stimme. »Numerius' Qualitäten lassen sich wohl wirklich nur in einer Geldsumme messen«, flüsterte sie. »Aber was wird euch denn nun überschrieben? Ländereien mit einer schmucken Villa drauf? Sein Stadthaus? Bist du schon beim Warzigen ausgezogen?«

Fulvia legte den Finger an die Lippen. »Na, so warzig ist er nicht, aber ja, wir haben uns ein kleines Haus gekauft. Es muss noch renoviert werden, aber es wird sicher schön. Publius der Jüngere hat uns noch in Münzen ausgezahlt, bevor er aufgebrochen ist.«

Der Gedanke an Publius' zorniges Gesicht nach dem Richtspruch des Praetors wärmte Fulvia beinahe mehr als der Wein. Natürlich hatte er danach sofort seine unerträglich weltmännische Maske aufgesetzt, aber der kurze Augenblick, in dem das Kleinkind in ihm durchgeschimmert war, hatte sie mit großer Befriedigung erfüllt.

»Publius der Jüngere!« Prima schnipste aufgeregt mit den Fingern, eine Angewohnheit, die sie auch schon als kleines Mädchen gehabt hatte. »Hast du schon das Neueste gehört? Vom Feldzug?«

»Über Hannibal? Nur Unsinn. Dunkle Omen, lächerliche Gerüchte. Es heißt, der Punier trägt Frauenkleider, weil der Elefant nur Frauen gehorcht.«

Und er hatte die Alpen überwunden und war in Italia einmarschiert, um dort direkt ein paar Legionen an einem Fluss namens Ticinus zu schlagen. Bis Rom war es immer noch ein weiter Weg, und die Konsuln konnten beinahe unbegrenzt Legionen ausheben. Und selbst wenn Hannibal es bis hierher schaffen würde – ihr Blick schweifte zur Stadtmauer und den sieben Hügeln jenseits davon, und kurz flackerten in ihrem Geist Flammen auf. Beschwipst ertappte sie sich bei einer freudigen Faszination.

Ihre Asse wären auch woanders etwas wert.

»Nein, das meine ich nicht«, sagte Prima. »Es ist noch besser: Publius der Ältere hat es geschafft, am Ende seines Konsuljahrs noch beinahe einen Heldentod zu sterben! Marcus sagt, es war knapp!«

Fulvia hob die Hand vor den Mund, doch der Schreck war eigentlich Schadenfreude. »O nein, wie schrecklich! Ich hoffe, die ehrenwerte Familie der Scipiones erholt sich schnell von diesem schweren Schlag!«

Prima zwinkerte ihr zu. Die Nachricht würde sicher bald die Runde in Roms Straßen machen, aber Prima hörte Neuigkeiten über die Scipiones oft als eine der Ersten, weil Marcus bei ihnen Klient war. Das war auch der Grund, warum sie sich hier auf dem Circus treffen musste – Kontakt mit einer in Ungnade gefallenen Witwe konnte Marcus schaden.

»Es heißt, eine Hydra hätte ihn in gleich zweien ihrer Mäuler gehabt und ordentlich zugebissen.«

Beide zogen bestürzte Mienen.

»*Die* Hydra oder *eine* Hydra?«, hakte Fulvia nach. Aulus stellte ihr ständig diese Art Fragen, wenn Monstren involviert waren, und sie wollte alles richtig wiedergeben, wenn sie ihm davon erzählte.

»Ich habe keine Ahnung«, gab Prima zu, »aber leider geht die Geschichte nicht ganz so erfreulich für dich weiter.«

»An so einem guten Tag kann mich nichts aus der Fassung bringen.«

»Sein Sohn ist gerade rechtzeitig aufgetaucht, um den Arsch des Vaters zu retten. Er soll gegen eine Hydra ... die Hydra ... egal, gegen das Biest selbst gekämpft und einen der Köpfe abgetrennt haben. Dann hat er Publius den Älteren in Sicherheit gebracht. Die Legionäre feiern den Sohn schon als Helden und die Bürger Roms bald ebenso.«

Fulvia seufzte. So nah war sie daran gewesen, beide los zu sein. Das hätte sie kein Stück reicher gemacht, aber es hätte sie für die vergangenen Monate entschädigt, in denen sie bei Patriziern um Obdach gebettelt, Verrat an Rom begangen und beinahe ihren Körper verkauft hatte. Immerzu kam Publius mit seiner Dreistigkeit durch, ihm standen Tore offen, deren Treppenstufen allein Fulvia überragten. Aber ob Publius jetzt im Krieg verreckte oder als Held zurückkehrte – den Pflichtteil konnte ihnen niemand mehr nehmen, und das war die Hauptsache.

»Hoffentlich friert er, während ich es hier warm habe. Und unmöglich kann ihm die Lobhudelei einer ganzen Legion so viel wert sein wie mir meine gute Freundin.«

Prima grinste übers ganze Gesicht und drückte ihre Hand.

XXXI.

Tamenzut gefiel es nicht, eine Aufklärerin zu sein und immer dieselben Kreise über dem zunehmend blattlosen und kargen Land zu drehen. Sie wollte nach Süden, Ungeheuer fangen und sie Hannibal gegen üppige Entlohnung übertragen. Diese ließ ohnehin zu wünschen übrig, wie üblich lebten sie alle von der Hand in den Mund und in der Hoffnung auf gefüllte Kriegskassen am Ende des Wegs. Tamenzut verschmerzte das, sie benötigte ohnehin nicht viel und würde sich am Ende ihren Anteil nehmen oder – wenn das Ende des Wegs kein glückliches war – beim Rat der Einhundertvier einfordern. Im südlichen Qart-Hadašt ... Sehnsuchtsvoll blinzelte sie in eine Sonne, deren Licht so fahl war wie die Haut derer, die unter ihr lebten.

Für die Aufklärung aus der Luft war sie nur zuständig, weil es ihnen an flugfähigen Biestern mangelte. Die römischen Monsterjäger hatten Adherbals fliegendes iberisches Pferd getötet. Auf der doppelköpfigen Bestie der Allobroger zu reiten war unmöglich, also blieb nur die Sphinx.

Tamenzut hatte Hannibal angeboten, ihr den Leviathan zu fangen. Was sie mit dem gewaltigsten Biest aller Meere anstellen wolle, hatte Hannibal gefragt. Es nicht den Römern überlassen, war Tamenzuts Antwort gewesen. Den Hafen Ostia damit verwüsten. Sardinia und Sikelia zurückerobern. Die seit dem letzten Krieg etablierte Hoheit der Römer über den westlichen Teil des Inneren Meers brechen.

»Das sind anderer Feldherren Schlachten«, hatte Hannibal gesagt. »Ich brauche dich für meine eigenen.«

Dennoch hatte Hannibal versprochen, durch ihr Spionagenetzwerk in Rom herauszufinden, wo der Leviathan vermutet wurde. Das Biest der tiefsten Tiefen war seit Jahrhunderten von keinem menschlichen Auge mehr erblickt worden, und Tamenzut befand, dass es an der Zeit sei und dass es ihr Auge sein würde, das diesen Blick wagte.

Seit sie die marsische Schlange und die feurige Sau unterworfen hatte, war vieles geschehen: Sie hatte Adherbal wieder zum Leben erweckt, aber es schüttelte sie, nur daran zu denken.

Sie hatten das römische Heer an einer Brücke in die Mangel genommen. Die Hydra hatte seinen obersten Befehlshaber vom Pferd gerissen – es zahlte sich aus, wenn man strategisch gebildete Spartaner mit so einem Biest betraute! – und beinahe getötet, wäre er nicht von einem ergebenen Sklaven gerettet worden.

Schließlich war die Brücke eingestürzt, und die Römer hatten den Rückzug angetreten. Ein erster Sieg, errungen ohne große Verluste. Alle hatten vermutet, Hannibal würde die flammende Sau der Tauriner in den Kampf ziehen lassen, damit der Stamm endlich die Seiten wechselte, doch noch hatte Tamenzut die Sau an keinen der Treiber übergeben. Die Bestie wurde in der Mitte des Lagers bei den übrigen Geiselbiestern angeleint und verbrannte dort kreisförmig den Boden – aus der Luft stellte die Sau eine gut erkennbare Landmarke dar.

Tamenzut neigte sich tief über Rücken und Hals der Sphinx, grub sich in die warme, sandfarbene Mähne, die nach Wüste duftete, und ließ Wolken über sich und Wege, Wälder,

Weiden unter sich davonziehen. Die verkohlte Ruine eines Kornspeichers ragte wie ein fauler Backenzahn aus der Landschaft. Es hatte Kämpfe um Vorräte gegeben – selbst mit einem verbündeten Stamm, weil der sich geweigert hatte, seinen Teil zur Winterverpflegung von fünfundzwanzigtausend Menschen und sechstausend Pferden beizutragen. Das dort unten jedoch war ein römischer Kornspeicher. Rom hatte seinen Standpunkt klargemacht: Sie gingen nicht das Risiko ein, dass das karthagische Heer satt wurde. Und zugleich ließen sie sich auf keine offene Schlacht mehr ein, auch nicht um die Ernte.

Mit ausladenden Sprüngen ihrer Pranken stieg die Sphinx höher. Unter ihr breitete sich die Ebene des Flusses Padus in die winterliche Ferne von Nebenflüssen und Hügeln aus. Ein Flüsschen gefiel Tamenzut besonders – ein guter Ort zum Ruhen und Lauschen, an dem sie die Sphinx schon ein paarmal hatte landen lassen, um an den lang gestreckten Kieselufern Steine ins Wasser zu werfen. Der Fluss kam aus der nahen Bergkette, dem Apennin, auf dessen höchsten Rundungen es bereits schneite. Im Tal breitete sich das Wasser zwischen weiten Ebenen und dichten Wäldern aus, bildete verspielte Windungen und kleine weiß-grüne Inseln. Auch die Sphinx hatte Sehnsucht nach diesem Ort – sie folgte dem Fluss, bis die Hügel, die ihn flankierten, steiler wurden. Dann stieg sie mit einem geschmeidigen Sprung und ausgebreiteten Schwingen über den Bergkamm.

»Tanits dritte Titte!«, fluchte Tamenzut. Sie wusste längst, dass sie vom Bergkamm aus Blick auf ein römisches Heerlager haben würde – aber wie konnte es sein, dass es sich seit ihrem letzten Kundschaftsflug vor drei Tagen verdoppelt hatte? Woher kamen diese Soldaten? Waren sie über den winterlichen Apennin gezogen oder doch eher aus Eiern geschlüpft? Hatten sie sich in den Koloniestädten verborgen, oder waren sie unter den ortsansässigen Galliern hastig rekrutiert und ins Militär eingegliedert worden? Alles davon ein Ding der Unmöglichkeit!

Sie wagte sich etwas näher, blieb jedoch in großer Höhe, damit sich kein Pfeil und kein Schleuderblei zu ihr verirren konnte. Noch immer marschierten Truppen im Lager ein: eine Nachhut Soldaten, außerdem ein Tross Verpflegung. Und es mussten Römer sein, diese Einheiten sahen gut koordiniert und gut ausgerüstet aus und nicht wie frisch rekrutierte Gallier.

Sie seufzte, als Tanit ihr tröpfchenweise die Milch ihrer Weisheit gewährte: Natürlich, Nachschub war am östlichen Meeresufer angelandet. Ein Heer, das mit Schiffen unterwegs gewesen war. Ein Heer, das nach Qart-Hadašt hatte aufbrechen wollen. Dessen Befehlshaber in Rom eine Monster-Pompa veranstaltet hatte, um seinen Auszug zu feiern. Statt einen weiteren Kriegsschauplatz zu eröffnen, verbündeten sich beide Heere.

»Was für ein elender Haufen Flussgottscheiße! Wir müssen zurück.«

XXXII.

Der Fluss, von dem Tamenzut berichtete, wurde von den örtlichen Stämmen die Trebia genannt. Ein Stück flussabwärts lagen zwei gallische Siedlungen, und als sie in der Nacht darauf brannten, musste Sosylos sich eingestehen, dass er Maharbal unterschätzt hatte.

Er hatte sich eingebildet, Hannibals Argumente (und die gelungene Ansprache auf dem Grat) hätten bei Maharbal verfangen; sein Gemüt und seine Ambitionen beruhigt. Doch der Kommandant war auf eigene Faust mit plündernden Reitern in die Dörfer eingefallen, hatte Brände gelegt und als Rechtfertigung vorgebracht, die Gallier seien mit Rom im Bunde, was wiederum Dissens, gegenseitige Beschuldigungen und Aufruhr unter den Kelten im Heer geschürt hatte. Falls Maharbal gehofft hatte, mit der Brandschatzung die römischen Legionen zur Schlacht zu verleiten, wurde er enttäuscht.

Doch in der folgenden Nacht liefen ganze Gallierverbände zu den Römern über. Erneut widersetzten sich Maharbals Reiter Hannibals Befehl, folgten ihnen durch den Fluss, erreichten sie jedoch nicht mehr vor dem Legionslager. Also griffen sie kurzerhand das Lager an. Sofort schlugen Kavallerie und auch Velites zurück – kaum dem Jugendalter entwachsene Plänkler auf Pferden und Streitwagen. Sie verließen das Legionslager, um die karthagischen Reiter mit Speeren zu beharken, und drängten sie am Flussufer in die Enge, bis Maharbal seinen Männern befahl, sich ins eisige Wasser zurückzuziehen. Die römischen Reiter folgten, und weil die frühen Morgenstunden heranbrachen und ein nicht geeintes karthagisches Heer mit exponierter Kavallerie ein gefundenes Fressen war, gab der Lagerkommandant – Sosylos vermutete, es handelte sich um Konsul Tiberius Sempronius Longus – das Signal zur Schlacht.

Nur ein unterweltkalter Fluss aus dem verschneiten Apennin lag zwischen ihnen und den Angreifern mit ihren unkontrollierbaren Monstern, unkontrollierbaren Galliern und unkontrollierbaren Wüstenreitern. Die Römer überquerten die Trebia, die so seicht war, dass sie in der Mitte einem Soldaten immer noch bis zur Brust reichte. Auf der anderen Seite stellten sie sich zur Schlacht auf: An beiden Seiten in der Dämmerung die Reiterei auf nervösen, frierenden Pferden. Velites vorn, nass und mit den wenigen verbliebenen Speeren, die sie den fliehenden Numidern noch nicht hinterhergeworfen hatten. Dahinter eine dichte Aufstellung schlotternder Legionäre, denen das Wasser in jedes Kleidungsstück gedrungen war und denen es die Riemen der Rüstung verhärtete. Rechts und links vom Zentrum: gallische, etruskische, ligurische Hilfstruppen, bis aufs Mark in Eiswasser getaucht und dem winterlichen Wind ausgesetzt.

Und dann brannte im fahlen Morgenlicht eine Sau auf einem Hügel, und eine Schlacht entbrannte in der Ebene.

Sosylos' Platz war diesmal am Ufer gewesen, mit Hilflosigkeit und fehlendem Überblick gestraft, mit einigem Abstand zum vielköpfigen Schlangenschemen in der Mitte des Flusses, der den Legionen den Rückzug abschnitt, nach Fliehenden schnappte, sich gegen Schilde warf und um Beine wand.

Sosylos befahl der Hydra, und sie richtete Übles mit jenen an, die sich geordnet in die nahe Koloniestadt Placentia zurückziehen wollten.

Als die Schlacht vorbei war, die Ebene an der Trebia voller größtenteils römischer Leichen und das karthagische Lager voller Gefangener, schickte Sosylos die Hydra zur Ruhe und stapfte los, um die Wahrheit über den Verlauf der Schlacht herauszufinden.

Er begann bei den Galliern, auch wenn er dazu Avarro mitnehmen musste, dem er misstraute und den er zugleich für seine in der Schlacht abgetrennten Fingerglieder bemitleidete.

»Wir waren ganz schön wütend«, gab ein Boier zu, ein alter, grauer Bär von einem Krieger. Reste der blauen Farbe waren nach dem Waschen noch in seinem Brusthaar zurückgeblieben, und er saß jetzt mit spitzen Nippeln in eine Decke eingewickelt. »Dass die dreifach verfluchten Reiter die Dörfer niedergebrannt haben! Viele von uns standen kurz davor, Hannibal den Rücken zu kehren. Aber der da …«

»Er meint mich«, erläuterte Avarro mitten in seiner eigenen Übersetzung. »Ich habe ihnen Hannibals Botschaft überbracht.«

»Es gab eine Botschaft? Was hat sie euch versprochen?« Sosylos ritzte mit dem Stilus Wörter ins Wachs.

»Die Hälfte der Beute, die Maharbals Reiter in der Schlacht machen, als Strafe für deren Ungehorsam. Und sie versprach uns Ruhm. Den größten Ruhm dieser Schlacht.«

»Und hat sie es gehalten?«

»Aber ja. Wer hat diese Schlacht denn für Hannibal gewonnen? Die Reiter? Nein, nein. Das waren wir Gallier. Es ist unser Ruhm – und wenn du noch nicht davon gehört hast, ist es gut, dass du es aufschreibst.«

»Also seid ihr nicht wirklich übergelaufen? Aber haben euch die Reiter denn in der Nacht tatsächlich gejagt?«

»Nein, natürlich beides nicht.« Er tauschte einen verschmitzten Blick mit Avarro. »Die ganze Verfolgungsjagd war gespielt. Sonst wären wir wohl gar nicht so weit gekommen, wir waren schließlich zu Fuß.«

»Die Römer haben euch ins Lager gelassen?«

»Ja. Der Teil war einfach. Der schwierige Teil war, dass sie uns natürlich nicht einfach in ihre Hilfstruppen aufgenommen haben. Dann wären sie schön blöd.«

»Und trotzdem wart ihr bei der Schlacht in ihren Reihen.«

Der Gallier lachte glucksend – nicht laut, aber so, dass sein Bauch wackelte. »Wir haben die Plätze und die Kleidung getauscht. Mit einigen Taurinern. Als wir im Lager waren, haben wir ihnen gesagt, dass Hannibal ihre Sau hat und sie freilassen wird, wenn sie tun, was wir sagen. Und für die Römer sehen wir eh einer aus wie der andere. Wir haben uns eingefügt, in der zweiten oder dritten Reihe. Keiner hat zweimal geguckt, und wir waren ja auch nicht so viele.«

»Ihr seid kurz danach ausgerückt?«

»Ja, es wurde gerade hell. Draußen war einiges Durcheinander, da haben sie den Befehl zum Ausrücken gegeben.«

»Ihr seid durch den Fluss geschwommen?«

»Ja. Dass die verzärtelten Burschen aus dem Süden das überstanden haben! Für uns natürlich kein Problem, bei uns baden schon Säuglinge in Eiswasser.«

»Natürlich.« Sosylos sah zwischen Avarro und dem Boier hin und her. Möglich war vieles; außerdem hatten die Flussgötter dafür gesorgt, dass der Wasserstand niedriger war, als die Gallier die Trebia durchquert hatten.

»Erzähl schon von der brennenden Sau«, knurrte Avarro, so viel verstand Sosylos.

Der Boier kam der Aufforderung mit Freuden nach und ließ Avarro Pausen, um zu übersetzen. »Das war der größte Spaß an dem ganzen Überlaufen«, wiederholte ihn Avarro mit ernster Miene. »In dem Moment, in dem die Sau auf dem Hügel aufloderte, haben die Tauriner die Seiten gewechselt. ›Unser Biest!‹, haben sie geschrien, und wir haben geschrien: ›Hannibal gibt uns unser Biest zurück!‹, und mit ›uns‹ meinten wir natürlich die Tauriner, auch wenn wir selbst ja gar keine sind, aber die Nachricht erreichte sie restlos alle.«

»Gab es eine Schlachttaktik?«

»Aber ja, irgendeine gab es. Wir hatten die Römer jedenfalls in der Mitte und haben gut auf sie eingedroschen.« Der Boier kratzte vorsichtig am blutigen Schorf auf der lichten Kopfhaut. »Du weißt ja, wie das ist. Irgendwer versteht die Taktik, und die anderen machen mit.«

Tatsächlich wusste Sosylos nicht, wie das war. Er saß für gewöhnlich am ganz anderen Ende dieser Taktik. »Ich würde gern noch einen Tauriner befragen«, sagte er zu Avarro. »Ihr habt wahrlich allen Ruhm dieser Schlacht verdient«, gab er dem Alten noch mit, obwohl Avarro das nicht übersetzte und schon auf dem Weg zum Nächsten war.

Der Tauriner war eine junge Frau. Ihr Schädel war stoppelig rasiert, und das Hautbild eines Ebers zierte ihren Nacken. Sie sprach passables Griechisch, sodass sich Avarro dankbar ans Feuer setzte und den Schmerz in der verstümmelten Hand mit erbeutetem Wein betäubte.

»Kannst du mir erzählen, wie ihr den Römern in den Rücken gefallen seid?«, fragte Sosylos.

»Wir wussten ja, dass uns die Sau zurückgegeben wird«, erklärte der Tauriner.

»Ach, das wusstet ihr?«

»Natürlich, die ganze Nacht wurde von nichts anderem geredet. Geflüstert, vielmehr. Alle wussten es.«

Er machte sich eine Notiz.

»Die Römer haben uns alle in tiefen, dichten Blöcken aufgestellt. Ihre eigenen Soldaten in der Mitte, Hilfstruppen rechts und links. Davor die Velites, das sind Plänkler, die Speere schleudern. Erst sah es ganz gut aus – weil eure Truppen so dünn aufgestellt waren. Die Römer setzen stärker auf Fußtruppen, und dass sie die Manipel mit unterschiedlichen Aufgaben ausstatten, das funktioniert gut. Aber ihre Reiterei hat keine Chance gegen eure, es sind auch bei Weitem nicht so viele. Das Zentrum war stabil, auch wenn es stark von den Bestien beharkt wurde – sogar aus der Luft von einem Adler oder so etwas. Aber die Seiten haben sich langsam aufgelöst, weil die Reiter sie in die Mangel genommen haben. Und weil wir auf die Sau gewartet haben, zumindest in meinem Trupp. Wir sind zurückgewichen, auch wenn die Römer versucht haben, uns zu disziplinieren. Du weißt ja, wie sie sind.« Sie rollte mit den Augen und trank aus einem Hornbecher. »Dann flammte das Wildschwein auf, keinen Moment zu früh oder zu spät. Statt undisziplinierte Hilfstruppen waren wir mit einem Mal ihre Gegner. Nicht alle, natürlich, es waren ja nicht alle Hilfstruppen Tauriner. Aber eine Menge. Es hat gereicht. Ich hab meinen ersten Kopf erbeutet.« Der Tauriner tastete im Dunkeln neben sich.

»Nicht nötig«, sagte Sosylos rasch, der dieser Sitte der Gallier nichts abgewinnen konnte.

»Damit bin ich endlich ein Mann.« Der Tauriner schenkte ihm ein gerührtes Lächeln.

»Herzlichen Glückwunsch.« Gallier waren viel seltsamer als die zivilisierten Völker. Es wurde Zeit, einen von Maharbals Reitern nach ihrem Verrat zu befragen. Der Tauriner sah ihm nach, als er ging.

»Willst du mit Maharbal reden, Grieche?«, fragte ihn einer der Männer vor Maharbals Zelt.

»Nein. Ich bin mehr ... an den Ereignissen interessiert, wie sie sich mitten in der Schlacht dargestellt haben. Also an Soldaten wie dir.«

»Massinissa heiße ich«, stellte sich der Numider vor und nickte Richtung Wachstäfelchen.

Sosylos notierte das und ärgerte sich, dass er weder den Boier noch den Tauriner nach ihren Namen gefragt hatte.

»Ich wollte mit dir über vorgestern sprechen.« Sosylos zögerte kurz, er war sich keiner einzigen Sache mehr sicher. »Hat ... Hannibal den Angriff auf die beiden Dörfer befohlen?«

Massinissa verengte die Augen. »Du bist einer ihrer Männer, oder? Was denkst du, dass ich Verrat an Maharbal begehe? Ich bin einer seiner Männer!«

»Ich weiß. Wir haben alle gemeinsam gesiegt. Es gibt keine Seiten, auf denen wir stehen, außer auf der Siegerseite.«

Der Numider lachte düster. »Außer dass wir den Galliern die Hälfte unserer Plünderungen auf dem Schlachtfeld abgeben müssen.«

»Was habt ihr geplündert?«

»Oh«, sagte der Numider mit einem Blitzen in den Augen. »Größtenteils Rüstzeug. Kaum Schmuck oder Gold. Eigentlich weder Schmuck noch Gold. Wir werden den Galliern die Hälfte vom Rüstzeug abgeben. Es sei denn, sie kämpfen lieber weiter halb nackt.«

Was bedeutete, dass sie Schmuck und Gold einfach behielten. Sosylos wusste, dass die Söldner Grund hatten, Qart-Hadašt zu misstrauen. *Wenn wir zurück in Qart-Hadašt sind,* hatte es damals im ersten Krieg gegen Rom geheißen, *dann erhaltet ihr mehr Sold, mehr Reichtümer.* Es hatte den Karthagern einen Söldnerkrieg inmitten der Stadt beschert.

»Ich notiere das«, sagte er neutral, und Massinissa nickte zufrieden.

»Der Überfall auf die Dörfer war Maharbals Idee. Er wollte Beute machen und die Römer zur Schlacht verleiten.«

»Zu einer Schlacht, von der Hannibal nicht wusste?«

»Ja, genau.« Massinissa sah ihn direkt an. »Ein paar wichtige Leute waren eingeweiht. Hätte es geklappt, wäre es Maharbals Sieg gewesen und nicht Hannibals.«

»Oder eine Niederlage. Die wir uns nicht erlauben können.«

Massinissa verzog den hübschen breiten Mund. »Manchmal muss man es eben wagen. Maharbal wagt so etwas.«

»Aber die Römer haben sich nicht locken lassen.«

»Nein, haben sie nicht.«

»Und Hannibal war nicht begeistert.«

»Aber sie hat eingesehen, dass Maharbal eine gute Grundlage geschaffen hat, um die Römer herauszulocken und über den Fluss zu kriegen.«

»War es Maharbals Idee, die Gallier ins Lager zu schicken?«

»Nein. Das war Hannibals Idee. Sie wusste, dass beide römischen Oberhäupter im Lager sind. Der eine ist verletzt und der andere frisch angekommen und begierig darauf, sich dem einen zu beweisen.«

»Also hat Maharbal nur eine Torheit begangen, die Hannibal zum Besseren gewendet hat.«

Massinissa schnaufte. »Das ist nicht das, was du aufschreiben wirst, Grieche.«

»Wir werden sehen.«

Als sich die Zeltklappe öffnete und Qarthalo heraustrat, erhaschte Sosylos einen Blick auf Maharbal und Mago, die im Inneren des Zelts zusammen tranken. Die Verschwörer von einst, nur ohne den mittleren Bruder Hasdrubal. Und ohne ihn, Sosylos.

Er wandte sich ab und suchte sich einen Griechisch sprechenden Kriegsgefangenen. Hannibal hatte befohlen, Römer und Hilfstruppen getrennt festzusetzen, behandelte jedoch beide auf gleiche Weise.

»Warum, denkst du, sind wir nicht bei den Römern?«, fragte ihn der sizilische Jüngling. Große Augen unter dem dunklen Lockenkopf ließen ihn verletzlich aussehen.

»Ihr sollt die Gelegenheit haben, euch uns anzuschließen«, sagte Sosylos und beobachtete, was das mit dem Blick des Gegenübers machte.

Der Jüngling beugte sich ein Stück vor. Seine Hände waren gefesselt, und alle Gefangenen waren in einer langen Reihe aneinander und an Bäumen oder Pflöcken festgebunden. Ein tiefer Schnitt in seiner Schulter sah schmerzhaft aus.

»Ich war gegen meinen Willen bei den Römern«, flüsterte der Siziler.

»Ich denke, das sind nun viele, wenn man sie fragt.«

»Mach dich nicht über mich lustig! Weißt du, wer in meiner Heimat, in Syrakus, regiert?«

»Natürlich. Hieron, der Greis.«

»Er hat schon im ersten Krieg zwischen den Karthagern und den Römern gekämpft. Das ist Menschenalter her.«

»Er ist um die neunzig«, korrigierte Sosylos.

»Erst war er mit Karthago verbündet, dann mit Rom, und das ist er seitdem. Es gibt viele auf Sikelia, die sagen, wir werden zu Römern. Aber das sind wir nicht!«

»Wir sind Griechen«, bestätigte Sosylos, auch wenn ihm der Dialekt des jungen Griechen befremdlich vorkam.

»Richtig. Wer will schon für Rom kämpfen, in Italia? Statt auf Sikelia, für Syrakus? Für eine freie Stadt?«

»Es gibt also Kräfte, die sich gegen Hieron stellen?«

»Es gibt Kräfte, die sagen, er ist alt genug geworden. Mein Vater gehört dazu. Um ihn zu schwächen, hat Hieron die Söhne der Zweifler fortgeschickt in die römische Armee, dieser Bückling!«

»Und wenn die Zweifler ihre Söhne zurückbekämen?«

Der Bursche sah ihn fest an, Muskeln um seinen Kiefer zuckten, und auf einmal wirkte er gar nicht mehr so jung. »Das würde sie sehr freuen.«

»Und die prokarthagischen Kräfte in Syrakus stärken.«

»So ist es, Onkel«, sagte der Jüngling zufrieden wie jemand, der ein rhetorisches Spiel mit seinem Gegenüber getrieben hatte.

Sosylos lächelte. »Gut gespielt, Junge. Ich werde davon berichten.«

Die Nacht war hereingebrochen, als Sosylos an Hannibals Zelt ankam.

Tamenzut saß mit einem Gallier davor. Ihre Hände lösten sich voneinander, als Sosylos hinzutrat. Sie hatte ihm eine Bestie übergeben. Neben den beiden gloste die Sau, auf dem Bauch ausgestreckt. Der Gallier streckte vorsichtig die Hand aus, berührte sie jedoch nicht. Sosylos konnte die Hitze spüren.

Hannibal saß hinter ihnen im Schatten. »Hast du es übergeben?«, fragte sie.

»Die Flammensau gehört dir«, sagte Tamenzut auf tapferem, aber fast unverständlichem Keltisch. Der Mann, sonnengebräunt für einen Gallier, mit rotem, kunstvoll geflochtenem Haar, stand auf. Ihm fehlte ein Auge, doch nicht erst seit gestern. Auf seinen ungelenken Wink hin erhob sich auch die Sau und flackerte auf.

»Du gibst den Taurinern ihr Biest zurück«, vermutete Sosylos.

»Das ist gerade geschehen«, sagte Hannibal.

»Du hast eine Menge geplant, während ich mit der Hydra beschäftigt war.« Er hoffte, er klang nicht zu beleidigt.

»Um meine Männer zu beeindrucken, muss ich manche Pläne zeigen, statt sie zu erzählen.« Ihr Lächeln blitzte wie eine Klinge.

»Deine erste große Schlacht.«

Sie stand auf, gerade wie eine Zypresse, in Hannibals Kleidung, die goldene Totenmaske baumelte auf der Brust. Sie hatte mit dem Elefanten die Mitte verstärkt. Sosylos wusste nicht, ob sie gekämpft hatte oder nur geleuchtet. Aber ihr Leuchten war hell genug gewesen, um Tausende und Abertausende Römer tot auf einem der gründlichsten und grausigsten Schlachtfelder zurückzulassen, die Sosylos gesehen hatte – bisher gesehen hatte.

Auf seiner Wachstafel stand, dass so viele Römer tot waren, wie von Hannibals Armee Soldaten am Leben waren. Auf jedes Leben kam ein Tod.

Er ging auf sie zu, mit einem Seufzer schloss er sie in die Arme, und die Zypresse bog sich gegen ihn, atmete an seinen Hals wie jemand, der seit Stunden gegen Tränen ankämpfte und den Kampf nicht mehr verlieren würde.

»Du bist Qart-Hadašt«, flüsterte er und begann, vor Erleichterung zu weinen. »Du bist wir alle. Du lebst.«

Das 2. Jahr

I.

Mit dem Einbruch des Frühlings stellte Rom zwei neue gewählte Strategen, Konsuln genannt, an die Spitze der Heere. Gaius Flaminius schlug sein Lager in Etruria auf. Gnaeus Servilius zog am adriatischen Meer entlang. Die Konsuln blockierten den Weg in die römischen Kernlande.

Hannibal aber, die im Keltenland überwintert hatte, beschloss, den Wünschen der Truppen, besonders der Tausenden neuen gallischen Verbündeten, zu entsprechen. Sie hatten die Überwinterung auf ihrem Land wohlgeheißen, doch ohne ein Vorrücken der Römer nach Norden blieb nun nur das Vorrücken der Eigenen nach Süden, und das erwarteten sie ungeduldig. Hannibal erkundigte sich und erfuhr, dass die beiden Wege ins Feindesland lang und den Gegnern genau bekannt waren, während ein dritter, der durch die Sümpfe nach Etruria führte, beschwerlich sei, und daher niemand diese Passage erwarte. Da Hannibal ihrer Natur gemäß zu Unternehmungen solcher Art neigte, beschloss sie diese Route.

So plante die Feldherrin den Gewaltmarsch durch raue Gebirgshöhen und schlammige Sumpftiefen: Sie ließ erkunden, welche Pässe geschützt und welche Strecken seicht waren, und stellte an die Spitze des Zuges die Numider und Iberer und die Heilige Schar mit den nötigsten Vorräten. In Bezug auf diese war sie unbesorgt: Wenn sie im Feindesland nur ein einziges Mal unterlagen, wäre das das Ende des Feldzugs. Für den Fall aber, dass sie sich behaupteten, stünde ihnen die etruskische Kornkammer offen.

Den genannten Einheiten folgten die Kelten und am Schluss die Reiter, mit ihrem Schwager Mago als Führer der Nachhut.

Der Weg über die Pässe glückte nicht bei den ersten schneefreien Tagen, doch schließlich gelang er. Dann führte der schmale Pfad, den kein Heer je beschritten hatte, durch unberührte Sümpfe. Die Iberer und Numider litten mäßig und arbeiteten sich durch. Die Kelten dagegen kamen schwer voran durch das bereits aufgewühlte Gelände. Alle litten unter den wenigen Ruhepausen, denn sie zogen vier Tage und drei Nächte durch Wasser. Die Flussgötter von Sagunt senkten den Wasserspiegel der vom Frühjahr geschwollenen Sümpfe, doch nicht einmal sie konnten so viel saufen. Von den gewöhnlichen Zugtieren gingen viele im Schlamm zugrunde, und ein Gutes gewährten sie noch im Tode den Menschen: Die Tiere, Karren und das aufgehäufte Gepäck ragten aus dem Wasser empor und boten manch einem ein paar ruhige Stunden im Trockenen.

Ohne Erschöpfung ritt Hannibal auf dem großen Biest von Qart-Hadašt. Sie hatte geplant, ein eigenes Lager nahe dem Lager des Flaminius aufzustellen; teils, damit ihr Heer sich erholen konnte, teils, um die Pläne der Feinde und die Gegend zu erforschen. Doch Maharbal vernahm, dass das Land eine reiche Beute darbiete, und Hannibal gestand ihm und anderen, die darauf drängten, das Folgende zu: Das gesamte Heer würde am Lager des Flaminius vorüberziehen, und den iberischen und numidischen Reitern wurde erlaubt, Vorräte in umliegenden Dörfern und Höfen zu plündern. Entgegen der Absprache legten sie auch Feuer an die Orte, und bald stieg Rauch von den Verheerungen des Landes auf, obwohl Hannibal an der Treue und nicht am Tod der Etrusker gelegen war.

Flaminius, der über den breiteren Pass des Apennins nach Verstärkung durch Servilius schickte, entbrannte in Unmut. Statt den anderen Konsul zu erwarten, rückte er mit dem Heer aus. So bald wie möglich wollte er sich schlagen.

Hannibal zog inzwischen Richtung Rom, wobei die Berge ihr zur Linken lagen und der sogenannte Trasimenische See zur Rechten. Die Hydra stellte für Flaminius keine Gefahr dar, denn sie war mit Adherbal auf der Suche nach den Schiffen von

Roms Seejägern. Das jedoch konnte der römische Konsul nicht wissen, der das Wasser mehr fürchtete als die Höhen. Gewappnet zog er nördlich am See entlang, und Hannibal ließ weit voraus Feuer entzünden wie von einem Lager, ließ schwere Fußtruppen den Weg blockieren und führte die Numider, Iberer und Balearer in einem Bogen in die Hügel, wo diese in Nacht und Nebel hinter den Anhöhen in langer Linie Aufstellung nahmen.

Es war ein äußerst nebliger Tag, als Flaminius' Vorhut auf die Blockade durch Hannibals schwere Truppen stieß. Die Feuer hinter ihren Reihen machten Flaminius glauben, dass dort das feindliche Lager lag und er sich zu schlafenden Karthagern durchschlug.

Von den Hügeln aus konnten Hannibals Truppen ungesehen auf die Römer hinabblicken. Als die Legionen die Blockade angriffen, fielen die Karthager ihnen von der Höhe aus in die Flanke und kesselten die Römer zwischen Stahl auf drei Seiten und Wasser auf einer ein. Das Heer war so lang gestreckt und verlaufen, dass kein Römer wahrzunehmen vermochte, was vorging. Es gab keine Schlachtaufstellung, die meisten wurden niedergehauen, wie sie eben für den Marsch gerüstet waren.

Da griff die Verzweiflung auch nach Flaminius, der unter den Kelten berüchtigt war, hatte er doch durchgesetzt, dass Römer sich gallisches Land nahmen. Und so waren es gallische Speere, die ihn töteten, und er wurde so zugerichtet, dass niemand ihn unter den Toten fand.

Im Tal fielen fünfzehntausend Römer. Viele, die zwischen dem See und dem Fuß der Berge eingeschlossen waren, kamen auf elende Weise ums Leben. Ganze Einheiten trampelten in der Furcht, eine Hydra sei im See, übereinander oder gingen sogar aufeinander los. Wer keinen anderen Ausweg als das Wasser sah, floh in den See hinein, bis nur noch Köpfe und Hände flehend über das Wasser ragten. Da schritten die Flussgötter von Sagunt aus dem See, und als sie nicht mehr soffen, stieg der Wasserspiegel an, und die Römer ertranken.

Etwa sechstausend von ihnen beharkten sich jedoch immer noch an der Sperre. Seit Stunden kam ihnen niemand von weiter hinten zu Hilfe, und sie hatten nicht bemerkt, was vor sich ging. Hannibals Fußtruppen lösten die Blockade, und die sechstausend Römer strebten den Lagerfeuern zu, überzeugt, dort auf Feinde zu stoßen. Als der Weg sie in die Hügel hinaufführte und der Nebel wich, erkannten sie ihre Niederlage und traten die Flucht an. Die Stratega sandte Maharbal mit den Iberern und Lanzenträgern aus, der sie niedermachte oder gefangen nahm. Der Kampf, der sich zwischen Rom und Qart-Hadašt in Tyrrhenia entsponnen hatte, nahm so sein Ende.

Unsere Spione in Rom berichten: Als die Kunde der erlittenen Niederlage eintraf, sah sich der Rat, den sie Senat nennen, genötigt, der Bevölkerung die Schwere des Unglücks zu offenbaren. Die Worte »Wir sind unterlegen in einer großen Schlacht« ließen eine solche Bestürzung entstehen, dass den Veteranen, die beides miterlebt hatten, das Unglück hier in der Stadt schrecklicher schien als die Stunden der Schlacht selbst. Der Senat indes bewahrte Ruhe, denn der zweite Konsul war nicht untätig geblieben. Servilius war in Ariminium postiert, unweit den Mündungen des Padus. Als ihn Flaminius' Nachricht erreichte, beschloss er, mit all seinen Truppen dazuzustoßen. Doch die Schwerfälligkeit seines Heers hielt ihn auf, weshalb er viertausend Reiter vorausschickte. Als Hannibal nach der Schlacht von der Sphinxreiterin aus der Luft die Meldung erhielt, dass feindliche Hilfstruppen nahten, da sandte sie Maharbal mit einem Teil der Reiter auf den breiten Pass durch den Apennin. Dort traf er auf die Truppen des Servilius und machte gleich beim ersten Zusammenstoß beinahe die Hälfte nieder. Die Übrigen verfolgte er und bekam sie als Gefangene in seine Gewalt.

Diese Nachricht stürzte nun sogar den Senat in Entsetzen. In ihrer Hilflosigkeit, weil Hannibal Rom nah ist und der zweite Konsul weit abgeschnitten, wollen sie einen Dictator ernennen, eine Rückbesinnung auf alte Tyrannei in Zeiten größter Not:

Die Spione melden, die Wahl wird wohl auf Quintus Fabius Maximus fallen, und wo man Könige nach ihren edelsten Zügen benennt, nennen die Römer ihn »den Warzigen«.

Hannibal wurde reicher Beute habhaft, besonders Waffen, Rüstzeug und große ovale Schilde, Scuta genannt. Sie bewaffnete die Reiterei auf römische Weise. Zum ersten Mal, seit sie in Italia eingefallen ist, hat sie das Meer erreicht, und Hannibal entsendet dem hohen Rat diesen Bericht: »Seht, was ich vermocht habe!«

Sosylos schüttelte die Hand aus, sein Blick glitt über die Papyrusbogen, die er eng beschrieben hatte. Die griechischen Buchstaben verschwammen vor seinen Augen. Er kniff die Lider zusammen – offenbar war er es nicht mehr gewöhnt, lange Berichte im Öllampenschein zu schreiben. Doch er war ohnehin gerade am Ende der Geschichtsschreibung angekommen, in der Gegenwart, und seine Rhetorik verließ ihn.

»Seht, was ich vermocht habe«, knurrte er.

»Was hast du vermocht?«, fragte Hannibal, und er zuckte mit den Schultern.

»Das habe ich dir in den Mund gelegt. Jetzt steht es da. Aber ich weiß gar nicht genau, worauf ich hinauswill.«

»Darauf, dass sie mir Respekt zollen, indem sie mir Verstärkung schicken. Eine einzige Niederlage wäre unser Tod. Während die Römer Tausende junger und alter Männer ausheben und uns vor die Schwerter werfen können.«

Düster begegneten sich ihre Blicke. Sie sprachen es beide nicht aus, aber sie dachten es gemeinsam: Sie hatten zum dritten Mal gesiegt, es war ein drittes Meisterstück gewesen. Und doch schlossen sich ihnen die etruskischen und ligurischen Stämme nicht an, wie es die Gallier getan hatten.

Hannibal neigte den Kopf. »Schreib irgendwas, das mich nicht demütig erscheinen lässt. Aber auch nicht zu sehr vom weißen Elefanten herab. Und dass sie Tanit ein Opfer darbringen sollen, damit sie uns weiter zu Orten geleitet, die mit ›T‹ beginnen.«

Sosylos lachte. Auch er trug neuerdings das Zeichen der Göttin, eine mit wenigen Strichen gezeichnete Frauengestalt, als Anhänger um den Hals. Tanit hatte ihnen ihre Gunst gezeigt, am Ticinus, an der Trebia, am Trasimenischen See. Schade nur, dass Rom nicht mit »T« begann.

Die Zeltklappe wurde geöffnet, ohne dass sich die Männer hatten ankündigen lassen. Maharbal, Qarthalo und Mago traten ein, etwas zaghafter gefolgt von Hasdrubal dem Hässlichen, der ab und zu mit Hannibal, Avarro und anderen Galliern würfelte, aber öfter noch bei Maharbal ein und aus ging. Er strich sich verlegen den Bart glatt.

»Meine Offiziere.« Hannibal klang milde überrascht. »Kann ich etwas für euch tun? Ich habe noch Briefe zu schreiben.«

Maharbal und sie maßen einander mit Blicken. Ehemalige Geliebte, ewige Zweite hinter Hannibals Mann Hannibal. Qarthalo und Mago wiederum sahen Maharbal an – er war der Wortführer.

»Wir wollen dir mitteilen, dass wir auf Rom ziehen sollten.«

»Dass wir die gierigste, die ehrgeizigste Stadt diesseits des Inneren Meers belagern sollten mit einem agilen Heer, das in jeder Schlacht bisher dank der Reiterei siegreich war«, ergänzte Hannibal hilfreich.

»Meiner Reiterei, ja.«

»Kannst du mir erläutern, wie deine Reiterei die Belagerung einer befestigten Stadt durchführen möchte? Hast du Belagerungsgerät dabei, das du mir bisher vorenthalten hast?«

Maharbal verengte die Augen, doch seine Zähne flackerten in einem raschen Grinsen auf. »Kein Heer der Welt hat je Belagerungsgerät mitgebracht. So etwas baut man unterwegs. Rom ist umgeben von Siedlungen und Höfen. An Material wird es uns nicht fehlen. Und wir werden auch nicht hungern.«

Mago nickte. »Viele Veteranen aus Sagunt beherrschen den Bau.«

Und Qarthalo ergänzte: »Die Gallier sind es leid, herumzureisen und zu versuchen, Roms Bundesgenossen abzuwerben, die dann wochenlang das Für und Wider abwägen und es dann doch nutzen, um in Rom bessere Bedingungen für ihren Bund auszuhandeln. ›Wenn wir im nächsten Jahr auch ein paar Senatoren stellen dürfen, geben wir Hannibal den Laufpass.‹« Er verstellte seine Stimme, und die anderen lachten.

Hannibal lächelte und verschränkte die Arme.

»Die Gallier wollen wieder auf Rom ziehen, wie damals, als Brennus der Stadt schwarze Tage beschert hat«, fuhr Qarthalo fort. »Ein Heer wie das unsere, von dir geführt und von uns kommandiert, mit Bestien und Soldaten aus aller Herren Länder – wir werden ihnen schwarze Jahre bescheren.«

»Wie gehen wir sicher, dass uns die umliegenden Bundesgenossen nicht in den Rücken fallen?«, hakte Hannibal nach.

»Indem wir ihre Häuser und Höfe und Scheunen niederbrennen. Ihr Vieh mitnehmen. Alle Männer rekrutieren, die Einsicht zeigen. Und alle töten, die es nicht tun«, antwortete Qarthalo.

»Und die Frauen?« Hannibal legte interessiert den Kopf schief.

»Was ist mit den Frauen?«, fragte Mago, als nähere er sich diesem Gedanken wie einem widerspenstigen Biest.

»Wenn wir die Männer töten oder mitnehmen, was machen wir mit den Frauen?«

»Meinst du, die fallen uns in den Rücken, wenn wir Rom belagern?« Mago sah zwischen seinen Freunden hin und her.

»Wenn wir erst Unterstützung aus Qart-Hadašt erhalten haben, können wir sie versklaven«, sprach Qarthalo, der sonst nicht der Wortführer war. »Und solange wir die nicht haben, werden sie fliehen, irgendwohin.«

»Sicherlich.«

»In andere Städte. Zu anderen Stämmen. Dort erzählen, dass man besser Hannibals angebotene Hand annimmt«, schlug Qarthalo vor.

Hannibal hob die Brauen und nickte anerkennend. »Dann lasst uns darüber nachdenken, wie wir Rom belagern, dessen Mauer sieben Hügel umgibt.«

Maharbal starrte sie intensiv an. »Wir haben die Bestien.«

»Werden wir Rom monatelang belagern wie Sagunt? Oder dringen wir in einem Stoßangriff mitten in ihr Herz vor, treiben ihren mächtigen Rat zusammen und lassen ihn vor den Augen ihrer Götter bluten?«

»Die zweite Variante gefällt mir besser«, sagte Maharbal. »Mit der Sphinx, der Hydra ... und deinen Leuten im Inneren. Deinen Spionen.«

Hannibal nickte langsam, blickte von einem zum anderen, bot keinem von ihnen einen Platz oder gar einen Becher Wein an. Sosylos wusste, worauf sie wartete: dass sie selbst die Schlüsse zogen. Doch keiner der Anwesenden hatte den strategischen Sinn, der Sosylos auszeichnete. Oder Hannibal.

»Du bist also nicht abgeneigt?«, fragte Mago vorsichtig.

»Du solltest dich fragen, ob dein Bruder abgeneigt wäre«, sagte Hannibal leise, fast sanft.

Mago sah zu Boden, als frage er es sich wirklich.

»Hannibal wollte, dass Rom allein dasteht. Eine Stadt unter vielen. Mit ein paar ebenbürtigen Verbündeten, ein paar wackligen Weggefährten, vielen mächtigen Feinden.«

»Hannibal ist nicht hier«, stieß Qarthalo hervor. »Wir können mit diesem Theater langsam aufhören. Du hörst nicht seine Stimme, und du bist nicht sein verlängerter Arm aus dem Grab.«

Eine Veränderung ging durch ihren zuvor in ironischer Distanz entspannten Körper. So durfte man nicht mit ihr reden. Das war gefährlich – vor allem für sie.

»Hört ihr euch zu?«, fuhr sie sie an. »Ihr wollt Rom belagern! Nachdem wir ein paar Legionen in offener Feldschlacht geschlagen haben! Hat euch das den Kopf verdreht? Wir sind nie losgezogen, um ins Herz vorzudringen. Wir wollen eine Gliedmaße nach der anderen abschlagen, bis nur noch ein zuckender Torso übrig bleibt. Das war der Wille deines Bruders. Deines Freundes. Eures Strategen. Und es ist mein Wille und zudem das einzig Kluge, was wir mit dieser Armee anstellen können.«

»Bei allem Respekt«, sagte Maharbal, und in seinem Lächeln war kein Funke davon, »du bist eine Frau, du bist jung, und du hast ein paar Monate lang mit einem Trick und einem Elefanten Heerführerin gespielt. Dafür hast du uns weit gebracht, das sage ich dir ganz ehrlich. Aber du hast keine Ahnung, was *wir* mit dieser Armee anstellen können.«

»Willst du mich aufklären?« Ihre Stimme war wie ein Eiszapfen, den sie versuchte, in Maharbals Brust zu rammen, wie Tamenzut ihren Phallus gegen sein Brustbein gestoßen hatte. Wo war die Bestienjägerin nur, wenn man sie brauchte?

»Du spielst mit dieser Armee. Du postierst Truppen wie Steine, siehst von oben darauf und baust Muster daraus, die in einer Schlacht Sinn ergeben. Das tun sie auch, das muss ich dir lassen. Aber du bist nicht Teil dieser Armee, du spürst nicht, was sie ausmacht.« Auch seine Stimme wurde leiser, es war fast intim zwischen ihnen, leidenschaftlicher Hass, dem zuzusehen ähnlich unangenehm war, wie zuvor beim Umwerben anwesend gewesen zu sein. »Eine Armee ist eine lebendige, atmende, getriebene Macht. Sie besteht aus Menschen. Sie besteht aus Männern. Sie strebt danach, das auszuleben.«

»Was auszuleben?«

»Die Männer, aus denen das Heer besteht, leben und töten und sterben darin. Sie ergeben sich dem Heer ganz, denn jeder Einzelne würde lieber fortlaufen, als voranziehen. Lieber leben, als in der nächsten Schlacht Elend und Tod zu finden. Und doch ziehen sie weiter, versprechen einander die Welt.

Das Heer ist getrieben davon, dass Männer einander versprechen, was Männer wollen.«

»Was Männer wollen, kann ich unmöglich verstehen«, stellte Hannibal fest, und ihr Blick war wie zwei Klingen.

»Richtig! Du bist anders als wir, und deshalb ist es nicht richtig, dass du uns führst!« Maharbal breitete die Arme aus, suchte nach Zustimmung, doch seine Spießgesellen waren wie erstarrt.

»Lass es mich versuchen«, sagte Hannibal leise. »Die Männer, aus denen ein Heer besteht, werden aufrecht gehalten von der Kameradschaft, die den Einzelnen, der verzagen würde, weiterzieht. Sie werden weitergezogen von den Geschichten, die sie einander erzählen und die sie über sich selbst erzählen. Davon, dass sie, anders als die Unglücklichen – anders als die, die sterben – die sein werden, die das Ende dieses Kriegs sehen und mächtiger daraus hervorgehen, heldenhaft sogar. Und wenn dieses Ende zu fern scheint, dann verlangen sie unmittelbarere Zugeständnisse an ihr Wohlergehen: Nach einem zu langen Winter, einer Überquerung der Berge, einem mühseligen Weg durch die Sümpfe und einer dritten erfolgreichen Schlacht wollen sie kurze, süße Momente, die im großen Ganzen Sinn ergeben: Sie wollen Feinde vertreiben, die sich ihnen widersetzen, deren Häuser anzünden, deren Reichtümer plündern, deren Nahrung essen. Sie wollen außerdem deren Frauen ficken statt verstohlen einander. Weil sie die Sieger sind und sich das auf keine andere Weise so deutlich sagen lässt, wie wenn man die Frauen der Verlierer fickt. Und du nimmst an, dass ich das nicht wissen kann. Weil ich als Frau unmöglich in diese unheimlich komplexen Gedanken meiner eigenen Armee blicken kann. Weil ich nicht weiß, was du deinen Reitern versprichst, wenn sie murren.«

Maharbals Lächeln war erloschen. Er sagte nichts.

»Ich glaube, du hast recht, wenn du denkst, dass das, was wir hier tun, etwas Männliches ist. Könnte ich fünfundzwanzigtausend Frauen auf Rom führen, alles niederbrennen und plündern und die Männer unserer Feindinnen vergewaltigen lassen?« Sie lachte. Sosylos war wie erstarrt. Wann würde der Erste die Waffe ziehen, bei diesem Wettstreit im Kränken und Verlachen? »In einer Welt wie dieser ist das nicht einmal einen flüchtigen Gedanken wert, es ist absurd. Nicht weil Frauen so anders sind, sondern weil es eine andere Welt für diese Art von Frauen bräuchte. Aber wenn du glaubst, dass ich dieses Heer nicht verstehe, weil ich eine Frau bin, Maharbal, dann machst du einen gefährlichen Fehler. Mago. Qarthalo. Hasdrubal.«

»Das heißt, du verstehst zu siegen – einmal, zweimal, dreimal –, aber du verstehst es nicht, deine Siege zu nutzen, Hannibal?« Maharbal warf Sosylos einen Blick zu. Ein Blick, der bedauerte, dass sie nicht mehr auf derselben Seite standen.

»Das heißt, wir werden nicht auf Rom ziehen und die *eine* Niederlage erleiden, die es braucht, damit dieser Feldzug ein Ende hat und Rom Qart-Hadašt angreifen kann. Genau das heißt es.«

Schweigen im Zelt, Schweigen, das eindrang wie die Dunkelheit, als wären die Dochte beider Öllampen heruntergebrannt. Dann ließ Qarthalos tiefer Bass die Flammen wieder heller flackern. »Sie hat ja recht, Maharbal.«

Der Kommandant sagte kein Wort, stürmte aus dem Zelt wie ein gehörnter Liebhaber. Mago und Hasdrubal folgten ihm, ohne Hannibal noch einen Blick zuzuwerfen.

Qarthalo blieb einen Moment länger, die Füße scharrten im Staub. »Wir müssen Rom isolieren und seine Macht brechen. Wenn sich uns mehr Städte anschließen und wir Verstärkung erhalten – von Verbündeten oder auch aus der Heimat –, dann können wir darüber reden.«

»Der Horizont ist etwas, das sich stets verschiebt, je näher man ihm kommt«, sagte Hannibal leichthin. »Sosylos schreibt einen Bericht an den Rat von Qart-Hadašt. Wenn du willst, kannst du eine Empfehlung hinzufügen. Dein Wort hat Gewicht.«

»Ich werde meinem Schreiber etwas diktieren.« Und damit ging auch Qarthalo.

Das Schweigen war nun eine angenehmere Dunkelheit als zuvor. Hannibal beugte sich auf ihrem Hocker vor, legte den Kopf in die Hände und atmete schwer.

Sosylos stand vom Schreibpult auf, blieb aber stehen und legte ihr keine Hand auf die Schulter, denn das hätte er auch beim anderen Hannibal nicht getan.

»Du hast recht, und du weißt, dass du recht hast«, sagte er stattdessen.

Sie lachte in ihre Hände. »Aber das ist nicht der Grund, weshalb ich dagegen bin, Rom zu belagern.«

»Du willst nicht, dass Maharbal verbranntes Land hinterlässt, Feinde aus möglichen Verbündeten macht.«

»Das ist auch nicht der Grund.«

»Du willst nicht, dass Frauen Gewalt angetan wird.« Er flüsterte es. Es war eine unaussprechliche Alltäglichkeit.

»Das wäre ein guter Grund, wenn er es denn wäre.«

Er schwieg und betrachtete die Papyrusbogen mit der Botschaft, die sich morgen auf den Weg zu einem griechischen Handelsschiff und nach Qart-Hadašt machen würde.

»Dann kenne ich deinen Grund nicht. Wie ich dich nie durchschaue, Hannibal.« Er lehnte sich gegen das Pult.

»Ich will nicht, dass der Feldzug endet.« Sie sah auf. »Ich muss ihnen Siege bieten und Verbündete und eine gute Geschichte, die Sinn ergibt. Das Ende des Feldzuges ist mein Tod. Ich habe Hannibal getötet, und die Welt beginnt es zu ahnen. Ich kann ihr Urteil nur hinauszögern, indem ich spektakulär bin.«

»Eine Eroberung Roms wäre das größte Spektakel«, sagte er behutsam. »Du würdest im Triumph nach Qart-Hadašt zurückkehren. Sie alle wären nur Schatten in deinem Licht – Qarthalo, Mago, Maharbal. Dein Schwager Hasdrubal in Iberien. Der Mord wäre aus ebendiesem Grund geschehen, und die Götter hätten alles so gefügt, weil du siegreich bist, wo er es nicht gewesen wäre.«

Sie hob den Kopf. Ihre Augen waren rot, aber trocken. Hatte sie nur zu lange im Lampenschein gearbeitet?

»Ist das so?«, flüsterte sie, und es war, als wäre sie wieder das sechzehnjährige Mädchen, das Hannibal geheiratet hatte und das beim Unterricht von den eigenen Tätigkeiten aufsah und den Blick auf ihn, Hannibals Lehrmeister, richtete. Sich fragte, ob die Welt wirklich so war, wie Sosylos sie im Unterricht darstellte. Damals war er sich so sicher gewesen.

»Ich weiß es nicht«, sagte er jetzt, denn die Welt war anders zu einer Frau, als sie es zu einem Mann war. Vielleicht sogar, wenn diese Frau Rom eroberte.

II.

Fulvia verfluchte ihr Schicksal. Sie verfluchte Rom, und sie verfluchte Hannibal Barkas mit seinem elenden Krieg. Ihr war nichts geblieben außer Schulden und eine Bruchbude. Wenn ihre Kinder nicht hungern sollten, musste sie eine unangenehme Entscheidung treffen.

Und das hatte sie. Mithilfe des nun wichtigsten Manns in Rom würde sie ihrem Elend entgehen – auch wenn das hieß, sich erneut von ihm abhängig zu machen, diesmal nicht mehr nur als Gast, sondern als seine Mätresse. Scham und Eitelkeit hatte sie zu Hause gelassen: Dass Quintus Fabius Maximus, der frischernannte Dictator, sich von ihr die Erfüllung eines *wohl verständlichen Bedürfnisses* wünschte, war ein gezinkter Würfel, den sie jetzt werfen musste – bevor er Rom verließ und die Kinder und sie in Armut zugrunde gingen.

Nervös wartete sie im Atrium des Domus, der eine Zeit lang ihr Zuhause gewesen war. Jetzt kam sie als Bittstellerin. Ihr graute vor diesem Treffen, aber sie sah keine andere Option, als sich einem Mann zu unterwerfen, der seine Gunst nicht mehr ohne Gegenleistung gewähren würde. Zur Beruhigung berührte sie der Reihe nach ihren Schmuck: Armreife, Halskette, Ohrringe … alles an Ort und Stelle. Sie versuchte, sich die Palla so über Kopf und Schultern zu legen, dass sie möglichst verführerisch aussah, aber nicht wie eine in die Enge getriebene Wölfin aus einem billigen Lupanar. Schminke und Schmuck hatte sie sorgfältig ausgewählt, den Rest musste ihr Charme erledigen. Erprobter Charme, der Rom sogar das Kunststück der Pompa eingebracht hatte – dagegen würde das hier viel einfacher werden.

Ein Sklave trat ins halb offene Atrium und bat sie, ihr ins Tablinum zu folgen. Der Raum unterschied sich nur unwesentlich von seinem Gegenstück in Numerius' Haus. Auch hier thronte der Hausherr, während die Bittsteller stehen mussten. Der Sklave schloss die Tür, und sie waren allein. Gut.

Quintus Fabius Maximus Verrucosus war so viel älter als Fulvia, dass sie den Geruch nach altem Mann schon in der Nase hatte, obwohl sie noch drei Schritte von ihm trennten. Er trug wie immer eine tadellos sitzende Toga, diesmal mit dem Purpurstreifen seines neuen hohen Amts, darunter die roten Schuhe mit den hohen Sohlen, die Patriziern vorbehalten waren. Aus der kleinen Warze, die ihm seinen Beinamen gab, spross ein einzelnes, ebenso tadelloses Haar.

»Salve, Fulvia. Wie schön, dass du deinem alten Gastgeber einen Besuch abstattest!«

Sie gab ihr Bestes, um sein Lächeln möglichst verführerisch zu entgegnen. »Quintus, es ist immer eine so große Freude, dich zu sehen. Nimm meine Glückwünsche zu deinem hohen Amt an. Niemand wird Rom besser beschützen in diesen schweren Zeiten. Mens möge deine klaren Gedanken segnen und Spes uns allen Hoffnung schenken.«

Sie hatte sich die Worte zurechtgelegt, doch es würden ohnehin nicht ihre Worte sein, die ihn für sie einnahmen. Sie hatte etwas an sich, das mächtige Männer um den Finger wickelte, es musste so sein. Zunächst Numerius, noch mit mädchenhafter Unbeholfenheit, dann Konsul Tiberius, um ihm die Pompa abzuringen, und nun Quintus. Doch der Alte war so undurchsichtig! Wo Tiberius ungestüm darin gewesen war, das zu verfolgen, wonach es ihn verlangte, war Quintus berechnend. Aber sein Angebot nach der Pompa war eindeutig gewesen, darauf würde sie aufbauen können, nein, aufbauen müssen.

Hannibal zog von Sieg zu Sieg durch Italia, viel erfolgreicher, als es der Senat für möglich gehalten hatte. Nach drei verheerenden Niederlagen stand der Weg nach Rom frei, und mit der Aussicht auf Hannibals wild gewordenen weißen Elefanten vor den Mauern der Stadt griff die Angst um sich. Als Erstes war ihr der Handel zum Opfer gefallen. Kaufleute brachten ihre Waren in Sicherheit, Grundbesitzer stießen Häuser und Grundstücke ab, und Rom prägte neue Asse mit geringerem Bronzeanteil, um dem Kollaps entgegenzuwirken und die Legionen weiter finanzieren zu können. Doch damit war das Münzsystem in sich zusammengebrochen ... und mit ihm das Geld, das Fulvia sich mühsam erstritten hatte. Für einen Teil davon hatte sie sich und den Kindern im letzten Winter ein Häuschen gekauft. Nichts Besonderes, das Dach war undicht, eine Mauer musste abgestützt werden. Die Häuserpreise waren seither so sehr gesunken, dass sie es jetzt nicht mehr verkaufen konnte – aber sie konnte auch die Bauarbeiten nicht bezahlen, die sie in Auftrag gegeben hatte, und die Arbeiter kamen nicht mehr, seit sie sie hatte vertrösten müssen. Die verbliebenen Münzen aus dem Pflichtteil waren so sehr im Wert gesunken, dass Fulvia nun mittellos dastand.

Sie hatte schon ihr Gewissen, ihre Ehre und Roms Geheimnisse verkauft, um für die Kinder eines anderen Mannes zu sorgen. Sie würde ihren Körper eben an Quintus verkaufen, und der Preis war, dass sie und die Kinder wieder hier einziehen durften. Prima hatte sie gefragt, ob sie diese Kinder denn wirklich so sehr liebe – sie seien nicht ihr Fleisch und Blut, sie solle sie vor der Tür der Scipiones abladen und in ihr eigenes Leben davonspazieren.

Nein. Es war vielleicht mehr Trotz als Zuneigung im Spiel, aber Fulvia hatte schon so viel getan, sie würde jetzt nicht an einem läppischen Krieg und einer wirtschaftlichen Katastrophe scheitern! Wenn sie dieser Kinder zuliebe ab und zu für einen alten Mann mit einer prominenten Warze die Beine breit machen musste, dann war das eben so. Andere Frauen machten auch für ihre Lebensgrundlage die Beine breit, ob sie das nun als Ehefrau, Sklavin oder Wölfin taten.

»Aber du bist sicher nicht nur gekommen, um mir deinen Respekt zu zollen. Was kann ich für dich tun?«, fragte Quintus und rückte in eine bequemere Position.

Sie trat näher heran, als anständig war. Der Alte-Männer-Mundgeruch gab sein Bestes, um die Verführung zu sabotieren.

»Du hast jetzt viel zu tun«, sagte sie. »Ich möchte mich kurzfassen und dir ein Geschäft vorschlagen.«

»In der Tat, es ist viel zu tun. Iupiter und alle Götter mögen uns von diesem Hannibal befreien! Das genaue Vorgehen will gut durchdacht sein, ich muss heute noch wichtige Gespräche führen. Aber ich will nicht herzlos sein, du und die Kinder leiden sicher auch unter der Situation, die über eure Köpfe geht. Das Erbe wurde in Assen ausgezahlt, nicht wahr? Du willst also auf mein Angebot zurückkommen.«

So leicht war sie zu durchschauen! Doch nun musste sie immerhin nicht um den heißen Brei herumreden. »Wir würden sehr gern wieder bei dir einziehen.« Eine steinerne Miene folgte ihren Worten. »Und das verlange ich natürlich nicht, ohne eine Gegenleistung zu bieten. Du warst bereits so freundlich, anzudeuten, wie ich dir die Gefälligkeit entgelten kann.«

Sie streckte die Hand aus, legte ihm einen Finger auf die Brust und biss sich auf die Unterlippe. Ein Augenaufschlag –

sie kam sich albern vor, aber sie hatte sich von Prima beraten lassen.

»Ich werde dir meinen Dank ... darbieten«, flüsterte sie.

Stoisch blickte er auf den Finger auf seiner Brust, ergriff dann ihre Hand, umschloss sie mit seinen Händen und schob sie sanft, aber entschieden von sich weg. »Du missverstehst mich, Fulvia. Es ist wirklich so, wie die Philosophen sagen: Ihr Weibsvolk habt nur die tolle Lust im Kopf. Ihr denkt mit eurem Schoß. Iulia steht dir in nichts nach.«

Die Worte stießen sie vor den Kopf wie eine zufallende Tür, die ihr die Nase prellte. Unwillkürlich taumelte sie einen Schritt nach hinten. Sie hatte all ihren Mut sammeln müssen, all ihre Abscheu überwinden – vor ihm und sich selbst! –, damit er sie als Opfer ihrer Lust darstellte? Sie griff an ihren liebsten Armreif. »Aber ... du wolltest doch selbst! Ich verstehe nicht ...«

»War ich zu subtil?« Immerhin verzichtete er darauf, sie verächtlich auszulachen, dennoch fühlte sie sich wie angespuckt.

»Ich sagte doch, die beiden Kleinen verzaubern Iulia. Und mir hat es jemand anderes angetan.« Wie ein Kind fühlte sie sich, ahnungslos und überwältigt, wie Aulus vielleicht, als sein Vater gestorben war und er mit einer fremden Mutter vor dem Nichts stand.

»Aulus«, echote Quintus ihre Gedanken. »Ich sprach von Aulus.«

»Was?!« Ihren Entsetzensschrei musste man im ganzen Haus hören, aber das war ihr gleichgültig.

Er schnaubte. »Hab dich nicht so, was ist so unüblich daran? Er ist fast erwachsen, und es wird sein persönlicher Schaden nicht sein. Ich bin großzügig, wenn man meinen Interessen entgegenkommt. Mein Angebot steht, Fulvia. Ich werde in der nächsten Zeit sehr beschäftigt sein, aber ich werde alles Nötige mit Iulia klären, damit ihr wieder hier einziehen könnt. Wenn ich zurück bin, kannst du es arrangieren.«

»Er ist noch ein Kind!« Sie war keinen Deut leiser als zuvor.

Er schüttelte den Kopf, als kapituliere er vor dem Ausmaß ihrer Stupidität. »Vor allem ist er ein Cornelius Scipio«, erläuterte er dennoch. Daher wehte also der Wind: Um seine politischen Gegner zu demütigen, würde er sich an einem Dreizehnjährigen vergreifen, und sie sollte ihm Komplizin sein.

»Fulvia, Fulvia. Wie alt bist du denn, Kind? Wie viel älter als Aulus, dein Schützling – was, vier, fünf Jahre? Du bist selbst kaum mehr als ein Mädchen, Fulvia, und doch erwartest du, dass ich dich wie eine Ebenbürtige behandle, dass ich dich begehre wie eine Frau. Aus meiner Sicht seid ihr beide fast noch Kinder. Und du und Aulus, ihr seid mir etwas schuldig. Überlege dir, ob du wirklich alles allein zahlen willst oder ob du nicht auch etwas von ihm verlangen kannst.«

Solch ekelhafte Hinterhältigkeit! Hatte er das von langer Hand geplant, als er ihnen Obdach gewährt hat, oder nutzte er nur die Gunst der Stunde? Wollte er den Nachrichten von heldenhaften Kämpfen der Scipiones einen Skandal entgegensetzen? Er war der Ältere und würde keinen Schaden davontragen – anders als Aulus' Ruf. Ein Patrizier hatte sich nicht zu bücken, Jugend hin oder her.

Endlich bezwang der Zorn Scham und Verwirrung, die ihn niedergedrückt hatten. »Faunus soll deinen Schwanz verfaulen lassen! Numerius' Geist möge dein Haus am Festtag der Lemuria heimsuchen für deine falsche Gastfreundschaft! Ich bete dafür, dass man sich deiner nur als rückgratlosen alten Paedicator erinnert!«, fauchte sie, spuckte ihm ins Tablinum und stürmte aus dem Haus.

Heiße Tränen liefen ihr über die Wangen, als sie den prunkvoll bebauten Palatin verließ. Immer schlichter und höher wurden die Häuser, bis sie als Insulae um sie herum aufragten, in denen noch mehr Menschen als früher hungernd aufeinanderhockten. Als sie die Subura erreichte, schmerzten ihr die Füße und das Herz. Hier waren die ungepflasterten Straßen längst nicht mehr gefegt, Bettler und Wölfinnen starrten sie aus den Schatten an, Unrat gähnte in den Gassen. Sie versuchte, den gehetzten Atem zu bändigen, die Tränen zurückzudrängen. Nicht verletzlich zu sein, obwohl ihr der Weg vom Palatin herab in die wirren Elendsgassen geradezu den Spiegel vorhielt. Sie konnte den Abstieg nicht aufhalten. Sie und ihre kleine Familie würden hier unten in der Subura enden.

Sie fuhr auf dem Absatz herum, als hinter ihr eine Sandalensohle knirschte. Ein Bettler grinste ihr entgegen und wich dann doch zurück, abgestoßen von der Wildheit in ihrem Blick.

»Hast du was, hast du was für mich, Schwesterchen?«, knurrte er dann, zu verzweifelt, um von ihr abzulassen.

»Ich habe gar nichts mehr.« Sie lachte ihm ins Gesicht, irr und grell flackerte es von den Wänden zurück.

»Feuer«, hauchte er andächtig und betrachtete sie von oben bis unten. »Feuer hast du noch, Schwesterchen. Damit kannst du hier was werden.«

Er hatte recht. Rom hatte sie verraten, sie mit nichts als Feuer zurückgelassen.

»Ich gehöre zu Caras' Leuten«, knurrte sie dem Bettler zu, der beschwichtigend die Hände ausstreckte.

Sie kannte die Gegenleistung, die der iberische Schmied forderte. Sie war nun bereit, sie zu erbringen. Ihre Verzweiflung war ein Strohfeuer gewesen. Was jetzt in ihr drohte, war der Schwelbrand, nach dem Caras' hungriger Blick verlangte.

III.

Tamenzut spähte das Umland aus der Luft aus. Auch wenn die kalten Tage längst hinter ihnen lagen, konnte sie ihrer Funktion im Heer immer noch nichts abgewinnen.

Adherbal hatte sich schon der karthagischen Armee angeschlossen, als sie seine Lehrjahre für beendet erklärt hatte. Ihr hingegen lag es nicht, ein Heer ungeheuerlich auszurüsten. Sie kannte den Wert von Bestien, sowohl in Gold als auch in Moral und Einfluss. Sie trieb Handel mit Menschen, die Eindruck damit schinden wollten und mussten – wie Hannibal selbst. Sie fing die Monstren, über die man noch Generationen später sprechen würde.

Adherbal hingegen war Pragmatiker. Nur wenige Biester waren tatsächlich für eine Schlacht geeignet – vor allem die hunde- oder pferdeähnlichen. Diese Art Monster langweilte sie.

Und doch war es Adherbal, der mit der Hydra nach dem Jagdschiff Ausschau hielt, das den Leviathan fangen wollte. Er war es, der unter Menschen herauszufinden versuchte, wer diese Unternehmung wo in Angriff nehmen würde.

Und dabei war ihr das der verflucht noch mal liebste Teil der Arbeit! Sie wollte, sie *musste* den Leviathan jagen – für Hannibal und für sich selbst. Stattdessen degradierten die Schwingen der Sphinx sie zur Kundschafterin.

Es war Sommer, und Rom brannte zwischen ihnen die Felder, Höfe und Speicher nieder. Rauch hatte das südliche Etruria wie ein Unwetter im Griff. Rom hatte eine Art König für dieses Jahr bestimmt, was der griechische Schreiber als Zeichen äußerster Verzweiflung deutete. Dieser König – der aus Gründen »der Warzige« genannt wurde, die vermutlich offensichtlich waren, wenn man ihm von Angesicht zu Angesicht gegenüberstand – suchte keine Schlacht mit Hannibal. Stattdessen ließ er die Landbevölkerung in die Stadt bringen und verwandelte die eigenen Felder in eine Aschewüste. Es sah wie die Tat eines Wahnsinnigen aus, machte es Hannibal jedoch unmöglich, dem Drängen ihrer Kommandanten nachzugeben und vor dem Winter zur Belagerung gegen Rom zu ziehen. Sie würde die Armee dort nicht versorgen können – und Rom selbst musste offenbar keinen Hunger fürchten und konnte genug über den Hafen Ostia oder aus Campania in die Stadt schaffen.

Als Tamenzut sich jedoch an diesem Morgen auf dem Sphinxrücken in die Luft schwang, war die aufgehende Sonne von einer sehr viel näheren Rauchwolke hinter den Hügeln verhangen, und der Schreck verjagte die morgendliche Unbeweglichkeit: Waren die Legionen des Warzigen doch näher als gedacht und brannten alles auf dem Weg nieder? Sie gab der Sphinx die Richtung und duckte sich tief auf ihren Rücken. Herannahende Feinde, die sie als Erste entdeckte, waren ihr nicht geheuer, und sie wandte sich leise an Tanit, unter deren Schutz Hannibal die Armee gestellt hatte: »Sieh bloß zu, dass sie nicht auch jemanden in der Luft haben!«

Sattgrüne Hügelkämme glitten unter ihr dahin, es war bewirtschaftetes Land, doch alles hatte begonnen, wild zu wachsen, als die Menschen geflohen waren, die sich Hannibal als Verbündete wünschte. Während die Sphinx den morgendlichen Wind nutzte und auf einer Bö über eine Hügelflanke stieg, sah Tamenzut, wo Rauch aufstieg: Eine mittelmäßig befestigte Siedlung, in der viele Bauernfamilien des Umlands Schutz gesucht hatten, stand in Flammen. Hannibal hatte noch vor wenigen Tagen Boten entsandt, die ihnen ihr Angebot zu Frieden und Kooperation unterbreiten sollten und bislang doch nur auf Misstrauen gestoßen waren.

In der Siedlung griffen Flammen von einem Dach aufs nächste über, sogar auf einen Abschnitt der Palisade. Die Tore standen offen, und Menschen flohen allein oder in Gruppen – und manche flohen gar nicht mehr. Tamenzut sah sie in den verschatteten Straßen liegen, manche verbrannt, manche niedergehauen. Überall waren Pferde, überall waren Reiter.

Der Rauch schlug in ihre Richtung um, sie hustete und blinzelte gegen Tränen und ihr eigenes Unverständnis an, bis sie begriff, dass die Reiter in den römischen Kettenhemden und römischen Helmen keine Römer waren. Sie sog die Luft ein und musste wieder husten, krallte die Finger in die Mähne der Sphinx.

»Was soll das, Tanit?«, brachte sie hervor, da sie die Augen der Göttin ohnehin noch auf sich glaubte. »Sind das meine eigenen Leute?«

Du musst selbst wissen, wen du für deine Leute hältst, interpretierte sie Tanits Stimme aus dem Wind, dem Brüllen des Feuers und dem Bersten eines Dachs. Und Tanit hatte recht: Dass Tamenzut nicht zu diesem Heer gehörte, bewiesen die Reiter unter ihr!

Ein Trupp junger Männer zog durch Häuser, die noch vom Feuer verschont waren, und warf mit vollen Händen auf die Straße, was ihnen wertvoll erschien. Gefäße zerbrachen, Säcke rissen, Fässer zerbarsten, Kleidung segelte zu Boden. Reiter hatten Frauen vor sich quer auf die Sättel gelegt und ritten mit ihnen aus der Stadt. Die Frauen schrien und streckten die Arme aus nach zurückgelassenen Kindern.

Außerhalb der Palisade umrundeten Reiter die größte Gruppe Fliehender. Sie stampften einen Kreis und stießen mit den Speeren ins Innere, bis die ersten zusammenbrachen.

Die Sphinx roch Flammen und Blut, und das eine stieß sie ab, doch das andere zog sie an, und so kreiselte sie eine verwirrte Runde auf vom Feuer gewärmten Winden an der Hügelflanke.

»Tiefer!« Tamenzut lenkte sie mit den Fersen, und kurz schien die Sphinx sich wehren zu wollen, doch dann drehte sie ab und landete auf einem felsigen, von Büschen gesäumten Vorsprung. Von ihrem Rücken aus konnte Tamenzut in die Ebene schauen. Sie wischte sich die brennenden Augen.

»Das ist Maharbal.« Sie wusste nicht, ob sie immer noch mit der Göttin sprach. Oder mit der Sphinx – oder sich selbst. »Seine Reiter sind vor Tagesanbruch los, ein Erkundungsritt.« Nur dass sie erkundeten, wie schnell Feuer eine Siedlung fraß. »Vielleicht sind sie angegriffen worden.« Aber sie sahen selbst wie Angreifer aus. »Vielleicht hat Hannibal es befohlen, um den Widerstand zu brechen.« Die Sphinx drehte sich rastlos auf dem Plateau und spreizte die Flügel. »Lass mich überlegen, bei Tanits Titten!«

Mit einem tiefen Kehllaut zwischen Grollen und Fauchen warf die Sphinx den Kopf zurück und versuchte, ihre Herrin anzusehen. Tamenzut sprang aus dem Sattel und packte in beide Seiten der Mähne, bis ihr das so vertraute goldene Frauengesicht ganz nah war, sie den hungrigen Geruch des schnaubenden Mauls roch. »Was ist denn los mit dir?«

Offenbar redete sie also doch mit der Sphinx. Sie schloss die Augen, fühlte den Löwinnenblick auf ihrem Gesicht. Sie sprach sonst nicht mit der Sphinx, nein, sie erteilte ihr Befehle in der gemeinsamen Schwingung ihrer Gedanken, knappe Befehle, die sich nicht um ihre Befindlichkeiten scherten, denn nicht anders blieb man Herrin über Bestien.

Doch sie wusste nichts zu befehlen.

Kehrte sie um zu Hannibal? Holte sie eines der Kinder aus der brennenden Stadt, nach denen die Frauen die Arme ausgestreckt hatten? Ließ sie die Sphinx auf die Reiter niederfahren, die die Mütter verschleppten? Stieß sie Maharbal aus der Luft den Speer in die Stirn?

Die Löwin grollte tief in der Kehle.

»Ich weiß nicht, was ich tun soll!«, schrie Tamenzut in den rauchverhangenen Morgen.

Armeen plünderten. Sie verschleppten. Sie versklavten. Sie töteten. Sie vergewaltigten. Und deshalb war sie nicht Teil einer Armee, war es noch nie gewesen. Sie, sie jagte Ungeheuer – die alte, die gute Art Ungeheuer. Nicht diese da unten.

Die Löwin leckte mit der rauen Zunge über Tamenzuts Gesicht, stieß sie mit Nase und Lippen an. Solche Nähe suchten sie sonst beide nicht. Tamenzut nahm das Angebot an. Wortlos öffnete sie ihren Geist einen vorsichtigen Spalt. Eine Einladung wie eine Blöße. Ihre Befehle waren für gewöhnlich Speere, die in die Stirn der Löwin drangen. Nun ließ sie zu, dass die Löwin die Fänge ihrer Gedanken in sie schlug.

Das Bedürfnis der Sphinx war einfach: Dort unten waren Blut und Tod, Feuer und Schrecken. Die Sphinx wollte daran teilhaben. Sie sehnte sich danach, nicht, wie sich eine Armee danach sehnt, wie sich ein einzelner Soldat danach sehnt, sondern wie eine hungrige Bestie das Chaos begehrt. Tamenzut schrak davor zurück, doch es gab kein Entkommen, der monströse Gedanke schlängelte sich in sie hinein und schwoll zu etwas Gewaltigem an, einem Zwang, der gleichzeitig ein Wunsch war. Sie rang nach Luft – und dann antwortete sie mit Zustimmung.

Schweißnass schloss sich ihre Hand um den Speerschaft. Wie ein Stein lag der Wunsch in ihrem Magen, als sie sich auf den Rücken der Sphinx schwang. In ihrer beider Kehlen grollte es, und mit einem gemeinsamen Gedanken waren sie in der Luft.

Erneut hieß sie der Rauch willkommen, doch diesmal hustete Tamenzut nicht. Das Feuer hatte sich weiter verbreitet, hatte einen Kornspeicher erfasst, einen Stall, in dem Tiere solche Laute der Qual ausstießen, dass sie nicht mehr sagen konnte, ob es Schweine, Rinder oder Pferde waren. Hühner hatten sich befreit und stolperten in flatternden Sätzen davon. Bäume fingen das Feuer in ihren Kronen und ächzten unter der Last.

Die Reiter schafften ihr Plündergut vor die Siedlung, trieben die Menschen zusammen, und das Spiel ging weiter. Statt Feuer waren hier Blut und Tod entfesselt, etwas, das die Sphinx in den Adern spürte, und Tamenzut hatte daran teil. Männer wurden niedergemacht, manchen wurden mit Hieben die Sehnen der Beine durchtrennt, lachend umrundeten Reiter sie, wenn sie fortkrochen. Einen hatten sie durch die Schulter am Boden festgepinnt, ein Reiter stieg ab und schnitt ihm einen Finger samt Ring ab, ein weiterer hackte sich einen Armreif frei. Ein dritter nahm eine Trophäe, die nur noch Fleisch war, und irgendwann war der Mann tot – es konnte nur Momente gedauert haben, doch Tamenzut spürte es wie die Last eines halben Lebens.

Drei Reiter hatten zwei Frauen eingeholt. Sie waren schnell, so schnell, nichts schien schneller zu gehen, als sich an Grausamkeiten zu erregen. Die Lendentücher waren herunter, die Tuniken hoch, die Schwänze so blank und gewaltvoll und bedrohlich wie die Klingen, als bräuchte es keine Freude dafür, als würde Leid das Ganze sogar schneller erledigen.

»Dorthin.« Es war ein ungeheures Knurren aus ihrer menschlichen Kehle, und die Sphinx reagierte, als wären sie eins.

Lange Sätze taten sie durch die Luft, und Tamenzut kniete sich in den Sattel, ihr Speer eine Linie mit dem lang gestreckten Körper der Bestie. Dann waren sie heran, und der Speer durchschlug die erste Stirn von hinten, die Pranke der Löwin brach ein Rückgrat. Sie schrien einen gemeinsamen Kriegsschrei, sie hießen den Geruch nach Blut willkommen. Eine der Frauen starb unter der Klinge des dritten Mannes, ein Unfall, er war in seinem eigenen Rausch gefangen gewesen, als die Sphinx seinen Kameraden gegen ihn schleuderte. Tamenzut riss den Speer zurück, sprang vom Löwinnenrücken und durchbohrte ihn seitlich, warf ihn von der Frau herab und stach auf ihn ein, bis ihre Hände blutig waren, obwohl der Speer so viel Abstand wahrte. Mit einem wortlosen, langen Schrei presste sie erst sich selbst, dann der Toten die blutige Hand ins Gesicht, zog ihr den Saum des Gewands wieder bis zu den Knöcheln herab. Das Blut aus der durchtrennten Kehle der Frau verwandelte die Erde unter ihr in roten

Schlamm. Die andere war auf die Beine gekommen, sie starrte Tamenzut mit abgehackten Atemstößen an und floh dann in der alterslosen, kindlichen Angst, die man Ungeheuern entgegenbringt. Die Sphinx eilte schon weiter, Tamenzut konnte nur noch ihre Mähne packen, um mitgeschleppt zu werden.

Das Morden war schnell gegangen. Das Plündern und Vergewaltigen war, was die Männer aufhielt. Eine alte Frau nahm sich die Klinge eines Reiters, den Tamenzut tötete, um sich selbst zu töten. Eine junge Frau, deren schwangerer Bauch aus einer tiefen Speerwunde blutete, hielt ihr den Arm fest, bis beide zusammensanken und Tamenzut nicht wusste, ob sie lebten oder starben. Sie selbst war längst woanders. Nach dem fünften, sechsten oder fünfzehnten toten Reiter hatten die Plünderer endlich begriffen, dass Bestien auf der Jagd waren. Nur ihre Klingen waren noch blank, hilflos stachen sie damit zu, nicht mehr, um zu töten, nur noch, um niemanden unverletzt entfliehen zu lassen. Als bräuchten alle, die mit dem Leben davonkamen, die eine oder andere schwere Wunde, um sie totzuschweigen.

Tamenzut und die Sphinx waren eine einzige Bestie. Sie schlugen Schädel ein und zertrümmerten Rippen, sie brachen Wirbelsäulen und zerfetzten Haut, Muskeln, Adern.

Bis die Reiter ihre Pferde wiederfanden, einen Halbkreis aus Leibern und Speeren bildeten und gegen sie wandten. Wilde Blicke unter schimmernden Helmen. Sie waren nun die Bestienjäger. Tamenzut und die Sphinx atmeten schwer.

»Was tust du da?«, schrie eine Stimme, und vom Rand ihres roten Sichtfelds ritt jemand mit auf sie ausgerichtetem Speer in die Mitte seiner Männer. Sie brauchte eine Weile, bis sie ihre Sprache wiederfand. Es schmerzte, den Schritt vom Monster zum Menschen zu machen, ein Wort auf der Zunge zu haben statt den Geschmack nach Blut.

»Ich?«, war das Wort. Es kam heiser heraus, wie die Stimme eines Raben, der keine menschliche Kehle hat und dennoch menschliche Worte spricht.

»Du tötest unsere Leute, Weib! Du und dein wild gewordenes Biest!« Er schrie, sein Gesicht war verzerrt von Angst, Wut, Unverständnis.

Seine Männer schwiegen, auch auf ihnen lag die Verwirrung schwer.

»Du und dein wild gewordenes Biest! Tötest«, echote sie, aber Maharbal schüttelte den Kopf. Sie hatte das alles missverstanden. Sie hatte Menschen getötet, die Befehle befolgten, taten, was nötig war, die den Krieg voranbrachten. Tamenzuts Herz raste, ihr Magen schien zu versteinern mit der grässlichen Erkenntnis, dass sie das alles missverstanden hatte. Sie gehörte nicht zum Heer, verstand nichts von Krieg. All das war Teil des größeren Plans, und sie hatte eine unwiederbringliche, eine monströse Tat begangen.

Da stieß die Sphinx sie mit dem Gesicht an, leckte ihr Blut von der Hand. Die tiefen goldenen Augen zwangen Tamenzut, den Blick zu erwidern. Das Biest schüttelte sich, dann begann es, sich mit den Pfoten und der Zunge das Blut aus der Mähne zu putzen. Die Männer wurden unruhig in ihren Sätteln, die kampfbereite Anspannung ließ sich nicht mehr halten.

Der Stein in Tamenzuts Magen löste sich auf in die Lava heißer Wut, doch ihr Herz pochte weiter, als müsse es ein Rennen gewinnen. »Ihr seid ohne Hannibals Wissen hier. Ohne Hannibals Befehl. Ihr begeht, was sie am meisten verabscheut!«

»Dieser Feldzug läuft ins Leere, weil sie darauf wartet, dass sich uns vernünftige Menschen anschließen und die Römer uns vernünftige Schlachten liefern! Sie hat keine Ahnung vom Krieg. Angst wird diese Menschen brechen, nicht Vernunft.«

»Du bist ein Verräter!«, stieß Tamenzut hervor. Als wäre das wichtig. Als ginge es hier um Maharbal oder um Hannibal oder um sie selbst. Und nicht darum, dass ein Heer gekommen war und getan hatte, was Heere immer tun: Männer töten, Frauen vergewaltigen, Stallungen anzünden. Eine Sprache, die auch Rom nur zu deutlich sprach, das seine eigenen Legenden aus Verschleppung und Vergewaltigung spann. Wie konnte man erwarten, dass sie eine andere Sprache verstehen würden? »Wir wollen diese Menschen zu Verbündeten!«, schleuderte sie ihm entgegen. »Die, die du ermorden und verstümmeln lässt, vergewaltigen und schwängern lässt, deren Besitz du nimmst – und was du nicht tragen kannst, lässt du anzünden!«

Maharbal lachte, weil das seine Antwort auf alles war. »Dann sieh nicht hin, wenn du die Wirklichkeit nicht ertragen kannst!«

Und damit hörte die Sphinx auf, sich zu putzen. Sie setzte schneller zum Sprung an, als Maharbals Reiter wieder die Lanzen gehoben hatten, und ihr mörderischer Wille erfüllte Tamenzut. Mit einem scharfen Flügelschlag fiel die Sphinx Maharbals Pferd an, das scheute und sich zur Flucht wandte. Die Pranken der Sphinx prallten gegen die Seite des Tiers, doch sein Reiter war bereits abgesprungen. Maharbal landete unsanft, kam jedoch auf die Beine wie ein Athlet. Er warf die Lanze beiseite und zückte die Falcata. In wenigen Wimpernschlägen war er an Tamenzut heran, und sie bemerkte erst jetzt, dass auch sie gerannt war; brüllend war sie auf ihn zugerannt, und Speer und Schwert prallten gegeneinander, als Maharbal ihren Stoß zur Seite lenkte. Seine Klinge schabte an ihrem Speerschaft entlang, und sie ließ den Speer kippen, stieß ihm das kürzere, stumpfe Ende in den Bauch. Nicht, um ihn zu schonen, nein, er war schon zu nah heran, hatte die Spitze unterlaufen. Sie hatte oft genug gegen Ungeheuer gekämpft, auch dieses hier musste sie auf Abstand halten. Doch Maharbals Oberkörper war geschützt, er drehte sich seitwärts, ließ den Speer vom römischen Lederpanzer abprallen, in den Brust- und Bauchmuskeln geprägt waren, mitsamt kleinen Ringen in den Nippeln.

Tamenzut kämpfte nicht gegen Menschen, und sie ahnte nun auch, warum. Maharbal war kein gewöhnliches Monster. Sie versuchte, die Spitze wieder zwischen ihn und sich zu bekommen, oder lieber noch: mitten in seine Stirn. Danach würde er tun, was sie wollte, nämlich zuckend sein Leben aushauchen. Sie versuchte, zurückzuweichen, eine bessere Position und die Oberhand ihrer längeren Waffe zu gewinnen, doch er kontrollierte ihren Speer, riss die Falcata herum und rammte ihr die Faust, eingerahmt vom die Hand umschließenden Griff des Schwerts, unters Kinn. Schmerz explodierte in ihrem Kiefer, Blut in ihrem Mund. Ihr Nacken krachte, zu den roten Flecken in ihrem Blickfeld gesellten sich schwarze. Sie verlor den Stand, ruderte mit ihrem Speer wie zwischen Wellen, und dann war sie am Boden. Sie hatte sich die Zunge zerbissen, als blutiger Lappen zwischen schmerzenden Zähnen raubte sie ihr den Atem, und das war fast noch eindrücklicher als die scharfe Klinge an ihrem Hals. Sie würgte an Blut – wo war ihr Speer? In einer Hand, aber hilflos hinter Maharbals Rücken.

Die Sphinx brüllte, doch es brüllten auch Männer, so viel mehr und so viel lauter, und Tamenzut musste ihr treues Biest nicht sehen, um zu wissen, dass sie alle auf es eindrangen, mit Lanzen und Speeren und Schwertern, und auch eine Bestie konnte Wunden erleiden, die es aus dieser Welt tilgten.

»Ruf dein Biest zurück!« Maharbals Gesicht war hassverzerrt, direkt über ihr, sein Speichel troff auf sie herab.

»Und sonst? Tötest du mich?«, lallte Tamenzut gegen den Klumpen in ihrer Kehle und den Stahl an ihrer Kehle an. »Oder vergewaltigst du mich?«

»Eine ledrige Alte wie dich, mehr Mann als Frau?«

Sie blinzelte seine Spucke weg. »Beides kein Grund – im Krieg muss getan werden, was getan werden muss, oder, Kommandant Maharbal?«

»Dieser Krieg hätte nichts davon. Verräterinnen werden getötet, nicht gefickt.«

Ein gewaltiger gepeinigter Aufschrei aus einer Kehle, die nicht ganz löwenhaft und schon gar nicht ganz menschlich war. Etwas schlug auf dem Boden auf, dann rauschte nur noch ein einzelner Flügel, hektisch und ohne den massigen Körper in die Luft heben zu können.

»Halt!«, gurgelte Tamenzut. »Hört auf!«

»Sag deinem Monstrum, es soll aufhören!«

»Sag deinen Monstren, sie sollen aufhören!«

Sie starrten einander an. Ihr Kiefer fühlte sich an wie entzweigehauen. Blut rann ihr aus dem Mund die Kehle herab.

Tamenzut schloss die Augen. Sterne tanzten in der Schwärze. Sie tastete nach der Sphinx. Auch da – tanzende Sterne aus Schmerz. Sie fand das Gemeinsame wieder, aus dem heraus sie gekämpft hatten. Sie legte es nieder. Rang nach Luft. Spürte, wie die Sphinx sich ergab.

Mühsam öffnete sie die Augen, das frühe Sonnenlicht war grell hinter Maharbal. »Die Sphinx ergibt sich. Lass sie in Ruhe.«

Immer noch drückte er sie nieder, doch er schrie einen Befehl. Jemand trieb sein Pferd näher heran.

»Schneid ihr den Kopf ab. Wir werfen die Leiche in eins der brennenden Häuser«, schlug der Jemand Maharbal vor.

Tamenzut lachte ein krächzendes, blutglucksendes Lachen, das in ihrem Kopf pochte.

»Wozu?« Maharbal schnaubte.

»Damit sie keinen Ärger macht!«

»Meinst du, ich hab Angst vor *Ärger?* Sind wir rausgeritten, weil wir uns heimlich zurückstehlen wollen wie Diebe? Wir sind rausgeritten, um Hannibal Ergebnisse zu liefern, für die sie selbst zu zaghaft ist! Und davon wird uns die hier nicht abhalten!«

»Außerdem ...« Tamenzut presste die Worte an ihrer widerspenstigen Zunge vorbei. »... schlitzen meine Biester euch auf, Maharbal. Wenn ich nicht mehr zwischen den Menschen und den Ungeheuern stehe, dann hält sie nichts. Dann reißen sie euch in Stücke.«

Ein Schatten fiel über sie und Maharbal, gleichzeitig ein Zupfen in ihrem Geist, dann alarmierte Schreie und ein helles Kreischen aus doppelter Kehle. Maharbal fuhr zurück, landete auf dem Arsch und hielt die Falcataspitze noch in ihre Richtung, während er und seine Männer in den Himmel starrten. Mit wild aufgerissenen Augen und verzerrten Gesichtern durchschnitt das Biest der Allobroger die Luft und hielt auf Maharbal zu, die messerscharfen Klauen voraus.

Tamenzut rappelte sich auf. Sie hob den Arm mit dem Speer – ihre Muskeln zitterten lächerlich – und brüllte: »Halt! Töte ihn nicht. Noch nicht.«

Der doppelköpfige Adler ließ die Klauen in der Luft zusammenschnappen, so nah vor Maharbals Kopf, dass der sich der Länge nach auf den Boden warf. Dann erhob sich das Biest mit schwerfälligen Flügelschlägen, bevor es einen Aufwind fand und über den nervösen Reitern kreiste. Tamenzut blieb stehen, den Speer erhoben. Die Sphinx erhob sich, sie winselte vor Schmerz und Kummer, denn die rechte sandfarbene Schwinge blieb neben ihr auf dem blutigen Acker liegen. Das Biest humpelte zu Tamenzut – Hass in den Augen, aber Niederlage in den Mundwinkeln. Tamenzut verdrehte es schier das Herz, die Sphinx so zu sehen, ihre Verletzungen waren einander ein Echo. Und noch etwas hallte im unsichtbaren Raum zwischen ihnen wider: Flügelschläge, Huftritte, das Stampfen baumdicker Beine. Ihre Ungeheuer im nahen Heer mussten Tamenzuts Rausch nach Wut und Blut gespürt haben und waren ihm gefolgt. Strebten zu ihr, um teilzuhaben an den monströsen Taten, die sie und die Sphinx begingen – um ihren grausigen, wilden Herzen zu gehorchen. Der Doppeladler der Allobroger hatte sich losgerissen. Die Schlange suchte nach einer Lücke im Korb, in den sie gesperrt worden war. Die Flussgottheiten hatten ihre Pflöcke herausgerissen und schleiften sie hinter sich her. Und der Elefant ...

Maharbal war aufgestanden, sein zitterndes Pferd suchte bei ihm Trost, und er unterzog die Wunden in der Flanke einem raschen Blick. So standen sie einander gegenüber – sie und die Sphinx mit den Biestern, die sich auf den Weg gemacht hatten. Er und das Pferd mit den Reitern, die gemordet und vergewaltigt hatten.

»Würde ich dich töten, Monsterjägerin ...« Maharbal hatte diese Art, dass alles wie ein Gedankenspiel klang. »Dann gibt es keine Stratega auf einem Biest mehr. Nur noch eine Frau in einem Heer, das sie gestohlen hat. Richtig?«

»Dann kennst du sie schlecht.«

»Vielleicht sollte ich es darauf ankommen lassen. Du bist die, die zwischen uns und den Bestien steht? Wie wäre es damit: Wir töten dich. Deiner Löwin konnten wir den Flügel stutzen, das wird uns bei diesem zweiköpfigen Huhn auch gelingen. Menschen mit Stahl sind stärker als deine mythischen Ungeheuer aus der Vorzeit.«

»Und hast du einen Plan für die römischen Legionen, die nur darauf warten, dass arrogante Zweitplatzierte wie du sich selbst ein Bein stellen?« Sie spie es ihm vor die Füße, zusammen mit Blut und etwas Hartem, das sie in ihrer Backentasche gefunden hatte und das vielleicht ein Stück Zahn war.

Er trat einen Schritt näher. »Es wird Zeit, dich aus dem Weg zu schaffen.«

»Du redest zu viel. Tu es!« Der Schmerz, der vom Kiefer in den Nacken und unter ihre Kopfhaut ausstrahlte, wurde so intensiv, als würde er aufs Schärfste protestieren. Trotzdem hob sie das Kinn, bot seinem Schwert die blutverschmierte Kehle und das Brustbein dar.

Er hob die Falcata, blutdurstig lag sie in unentschlossener Faust. Die Sphinx stieß ein Seufzen aus, ein schmerzliches, erschöpftes Hecheln und senkte vor ihm das Haupt. Er lachte, und dann ruckte seine Hand, doch es traf nicht die Spitze und auch nicht das gebogene Gehilz, sondern seine Faust gab Tamenzuts Kopf den Rest. Ein großer greller Stern entstand und verging und hinterließ ihre Welt in Schwärze.

Als sie wieder zu sich kam, war nur der Leib der Sphinx unter ihr vertraut. Das Gefühl der Fesseln war ebenso fremd wie der Eindruck, dass sich alles in ihrem Mund am falschen Fleck befand. Sie war flach auf dem Rücken der Sphinx festgebunden, und als sie mühsam die verklebten Augen öffnete, sah sie sich mit dem grausigen Stumpf des Flügels konfrontiert. Ein Knochen ragte aus der bereits verkrusteten Wunde, Reste von ungeheuren Muskeln daran, letzte Federn, die an dieser Stelle in den goldfelligen Leib übergingen. Tamenzut stöhnte, der Anblick der schrecklichen Verstümmelung setzte ihr mehr zu als ihre eigene Pein. Ihr Kopf fühlte sich doppelt so dick an, die Zunge zerbissen und pelzig, ein Zahn scharfkantig und empfindlich. Um sie herum war die Sphinx mit Beute bepackt. Truhen, Amphoren, zusammengerollte Kleidung, unordentlich gefüllte Säcke. Das geschundene Biest diente Maharbals Männern als Packesel. Tamenzut stöhnte noch lauter.

»Sie ist wach«, vermeldete jemand.

»Gut«, knurrte Massinissa, Maharbals Stellvertreter. »Diese verfluchten griechgesichtigen Ochsen tun ohne ihren Befehl nämlich keinen Schritt.«

Tamenzut blinzelte. Die beiden Flussgötter sahen finster drein. Auch sie waren bepackt, doch sie schauten unversöhnlich in zwei Richtungen und stießen mit den Hörnern nach mehreren Iberern, als seien es Schmeißfliegen.

»Befiehl ihnen, uns zu folgen!«, befahl der Stellvertreter auf Iberisch.

Ein Iberer schlug dem schwarzen Stier mit einem Stock auf den Widerrist, was nur einen saftigen Fladen vor seine Füße zur Folge hatte. Die Sphinx erschauerte unter Tamenzut, und der blieb das verächtliche Lachen im Halse stecken. Es brachte ja doch nichts. Sie mussten zurück zum Heer. Sie konnte von Glück sagen, wenn sie lebendig dort ankam und Maharbal sie nicht doch noch gefesselt in einem brennenden Haus absetzte. Sie sandte den beiden störrischen Biestern einen Gedanken. Beide schnaubten und setzten sich mit der größtmöglichen Behäbigkeit in Gang. Den doppelköpfigen Adler konnte Tamenzut nicht entdecken. Vielleicht hatten die zerstrittenen Schwestern genug Verstand, sich von den Reitern fernzuhalten.

Der Zug setzte sich in Bewegung. Maharbal voran, wie ein triumphaler Feldherr, dahinter iberische Reiter, dann die Sphinx und die Stiere, dann Numider, die ihre Pferde beladen hatten. Sie alle in ihren Rüstungen, mit ihrem Lachen in verschiedenen Sprachen, sich nervös umblickend in den Verwüstungen, die sie hinterließen. Sie nahmen keine Männer als Sklaven und keine Frauen als Trophäen mit. Sie würden vor Hannibal mit Gold und Tuch und Wein angeben, nicht damit, dass sie ihre Schwänze als die erniedrigendste Waffe benutzt hatten. Es war ihnen kaum mehr anzusehen.

Ein tiefer Ekel drehte Tamenzut den Magen um. Diese Männer waren vielleicht Werkzeuge gewesen, aber sie sahen nicht aus, als hätte man sie zweckentfremdet gebraucht, und dieser Gedanke brachte eine schwarze, ungeheuerliche Wut, eine Wut, die die Flussgötter und die Sphinx spürten. Doch ihre Gegenwehr war erloschen, der Zorn brannte nur noch nach innen.

Lange dauerte der Triumphzug nicht. Tamenzut kannte das Wort Elefant in allen Sprachen des Heers, und plötzlich wurde es auf Numidisch, Iberisch und Keltisch gerufen, geflucht und geflüstert. Sie wandte mühsam den Kopf und sah sie auf dem Hügelkamm aufragen: die alabasterne Riesin, die ihre Koppel durchbrochen und ihr zu Hilfe geeilt war – mit Verspätung. Und auf ihrem Rücken die Stratega mit der Goldmaske, die Locken, die wieder länger geworden waren, wild im Wind und morgendlichen Gegenlicht. Rechts und links von ihr schlossen Reiter auf – nicht alle Reiter gehorchten Maharbal. Aber würden sie auch gegen ihn kämpfen, wenn es nötig wäre?

»Hannibal!«, rief Maharbal mit dreist guter Laune. »Wir bringen Geschenke.«

Sie schwieg, bis der nun stumme Triumphzug auf der Straße unterhalb des Hügels angekommen war.

»Die Geschenke stinken nach Blut.« Ihre Stimme war eine Klinge, die Tamenzuts Fesseln zerschneiden würde.

»Und das ganz, ohne dass du dir die Hände schmutzig machen musstest!«

Sie schwieg, nahm die Maske nicht ab, klomm nicht vom Elefanten, schnitt Tamenzut nicht los. Sie ließ auch die Beute nicht zurück. Keine Uneinigkeit, wo Rom sie sehen konnte.

Eine quälend lange Zeit ging es den Hügel hinauf, bis die Reiter Maharbals Männer rechts und links umfassten wie eines der Manöver, die Hannibal fürs Feld erdachte. Einer saß ab und schnitt Tamenzuts Fesseln los. »Kannst du reiten? Willst du mein Pferd?«, fragte er auf Numidisch.

Sie sah in seine besorgten Augen, fragte sich – fragte sich, wenn er zu Maharbals Reitern gehören würde, hätte sie auch ihn mit hochgezogener Tunika über einem Mädchen, einer Schwangeren, einer alten Frau ermordet?

Sie schüttelte den Kopf, zu beidem, seiner Frage und ihren Gedanken. Schmerz klapperte zwischen ihren Schädelknochen. »Ich bleibe bei meiner Sphinx.«

Sie saß ab, ging neben ihr her, obwohl sie sich dabei beinahe übergeben musste. Sah auf ihre eigenen Fußspitzen, bis er oder ein anderer erneut neben ihr auftauchte.

»Ich soll dich zu ihr bringen«, sagte er mit derselben Stimme, schaute aus denselben warmen Augen, denen sie nicht vertrauen würde.

Der weiße Elefant war gerade so groß, dass ein Gespräch mit einer Person in seinem Nacken nicht unmöglich, aber sehr unbequem war. Hannibal blieb dort oben und sah durch die dunklen Schlitze der Goldmaske zu Tamenzut herab, und das schmerzte mehr als das aufgeplatzte Kinn. Runzlig wie Rinde und kalkweiß wie Knochen ragte der Elefant neben dem Pferd auf, auf das man Tamenzut verfrachtet hatte.

»Was hattest du vor?«

»Ich hatte nichts vor. Aber ich konnte auch nicht zusehen«, erwiderte Tamenzut.

»Du hast die Elefantin zu dir gerufen. Ich wusste nicht, dass du sie von so weit her kontrollieren kannst.«

»Ich auch nicht.«

»Dass sie dich hören würde.«

»Ich auch nicht.«

»Dass sie folgen würde.«

»Ich auch nicht, Tanit-verflucht! Sie haben meine Sphinx in Stücke gehauen!« Tamenzut presste die nicht mehr zueinanderpassenden Zähne zusammen, konnte nicht aussprechen, was davon lebte, dass niemand davon sprach.

»Du hast vierzehn Männer getötet. Du und die Sphinx.«

»Und du solltest noch mehr töten für das, was sie getan haben!« Wut schoss ihr durch Brust und Bauch und klopfte ungeduldig in ihrem Kopf. »Wieso blickst du so auf mich herab? Ich dachte, wir wären Schwestern, du und ich!«

Hannibal wandte die goldene Maske ab, sah voraus, konnte vielleicht schon das Lager in der Ferne erkennen. »Maharbal und du …«

Tamenzut spie rötlich braune Spucke zu Boden – mit ihm in einem Atemzug genannt zu werden!

»Ihr beide habt demonstriert, dass ich die Kontrolle verliere. Über die Männer und Biester des Heers. Ihr habt es unseren eigenen Leuten demonstriert. Und vielleicht auch den Römern, wenn sie aufmerksam sind.«

»Ich habe versucht zu verhindern, was sie tun!« Tamenzut tränten die Augen, weil sie so weit aufblicken musste, aus keinem anderen Grund. »Wer, wenn nicht du, weiß, dass es nötig ist, dafür zu töten!« Hannibal reagierte nicht. »Schwester, ich habe noch nie einen Menschen getötet, aber jetzt habe ich es getan, und ich habe es für dich getan, und mein Speer wiegt nicht schwerer deswegen.«

»Ein Heer kennt nur Mörder.« Hannibals Stimme war flach, hier unten kaum zu verstehen.

»Und Vergewaltiger? Und Folterer?«, warf Tamenzut zu ihr hinauf.

»Nein«, fiel sie ihr ins Wort. »Glaube mir, *Schwester,* dass dafür Köpfe rollen werden.«

»Gut.«

Aber es war nicht gut. Köpfe würden rollen, um Hannibals Kontrolle zu wahren. Nicht, um der Taten willen, die diese Männer begangen hatten. Tamenzut spürte ihn noch an den Fingerspitzen wie etwas, das ihr zu entgleiten drohte: Der Blutrausch, mit dem die Sphinx und sie unter Maharbals Soldaten gefahren waren, war eine uralte, scheußliche, sinnlose, gedankenleere Gerechtigkeit gewesen. Sie zum Tode zu verurteilen hingegen war eine Demonstration von Macht.

Wen hatte sie schon getötet? Vierzehn Reiter in einem Heer aus tausenden. Die Zahl ging darin auf, wurde nichtig. Sie hatte niemanden getötet.

»Die Sphinx kann nicht mehr fliegen.« Es kam heraus wie Trotz. Sie würde nicht mehr im Morgengrauen kundschaften.

»Wird der Flügel nicht heilen? Kann die Marserschlange helfen?«

»Nein. Ich gehe und nehme sie mit.«

Die Goldmaske funkelte zu ihr herab. »Du kannst nicht gehen!«

Tamenzut lachte. »Doch, Hannibal, mein Bruder, ich kann gehen. Macht hast du über deine Männer, über deine Schlachten, über diesen Krieg und diese lange Reise, die dich beweisen soll.« Tamenzut wandte den Blick ab, es schmerzte zu sehr – das Licht, die Höhe … Hannibals Augen nicht zu sehen. »Aber nicht über mich. Das größte Ungeheuer in unserem Teil des Weltenkreises wird gejagt. Und ich bin die, die es fangen wird.«

»Ich brauche eine Bestienjägerin.«

»Ich schicke dir Adherbal, sobald ich ihn gefunden habe.«

Schweigen. Nun kam das Lager auch für Tamenzuts tränende Augen und zusammengezogenes Blickfeld in Sicht.

»Warum nennst du mich Bruder?« Es war, als erklänge Hannibals Stimme wieder ganz nah an ihrem Ohr. »Nanntest du mich nicht eben noch Schwester?«

»Der Krieg macht Männer aus uns allen«, gab Tamenzut kalt zurück.

»Bist du nicht die, die einer sein will?«

Sie griff an ihren Gürtel. Die wohlbekannte Form ruhte in der Lederscheide. Mit der Berührung kam auch die Erinnerung an die Reiter, wie sie die Lendentücher herab-, die Tuniken hochzerrten. Ficken als Macht. Penisse als Waffe. Sie schmeckte Galle in der Kehle.

»Ich bin kein Mann. Ich bin keine Frau. Ich bin die Bestienjägerin, die den Leviathan unterwerfen wird.« Sie grinste in die Schwärze am Rand ihres Sichtfelds.

»Ich lasse dich nicht gehen.«

Die Bewegung, als Hannibal die goldene Totenmaske absetzte, ließ Tamenzuts Blick wieder an der weißen Borkenhaut hinaufwandern. Sie sahen einander in die Augen, und Tamenzuts Herz zitterte, als sie sah, dass die schwarzen Schlitze der Maske einen Blick voller Wut und Schmerz und Hilflosigkeit verborgen hatten. Doch jetzt setzte sich Tamenzut selbst eine Maske auf, eine unsichtbare, die dennoch ihren Blick verschattete.

»Ich brauche dich«, sagte Hannibal.

»Dann vergiss das nicht, wenn wir uns wiedersehen«, empfahl Tamenzut.

Vor ihr entrollte sich das Land, und es würde so viel weiter und unwägbarer sein, wenn sie es mit einer Sphinx mit nur einem Flügel durchschritt.

IV.

»Kann ich dich kurz sprechen?« Entgegen seiner üblichen Zurückhaltung zog Sosylos Hannibal an der Schulter mit sich.

Er führte sie auf die andere Seite des Elefanten. Auf einem Exerzierplatz hatte Magos Reiterei auf Hannibals Befehl hin Maharbals Reitertrupp umringt. In der Mitte waren Maharbal und seine etwa vierhundert Männer abgesessen und hatten seelenruhig die neugewonnenen Reichtümer ausgebreitet. Insgesamt befehligte Maharbal zweitausend berittene Soldaten – Numider, Iberer, Gallier und sogar einige Ligurer aus dem Norden Italias. Magos Reiter hatten ihre Lanzen dabei, jedoch nicht ausgerichtet, und Sosylos hatte keine Ahnung, ob sie es auf Hannibals Befehl hin tun würden. Sie alle balancierten derart auf Messers Schneide, dass es genauso gut sein konnte, dass Magos und Maharbals Kavallerie zur gleichen Seite fallen und gegen die Feldherrin meutern würden.

Hannibal hielt inne, als sich der Elefant zwischen ihr und Maharbals Blick befand. »Was willst du?« Auch sie war angespannt, ihre Ruhe ebenso künstlich wie Maharbals Triumph.

»Du wirst Mago doch jetzt keinen Angriffsbefehl geben, oder? Die beiden … sie waren schon in Iberien gegen dich verschworen und werden es wieder sein, wenn du ihnen so einen hervorragenden Grund lieferst.«

»Ich werde keine wilde Attacke mitten in unserem eigenen Lager befehlen.« Sie hob die Brauen. »Ich werde lediglich die Verantwortlichen hinrichten. Ich bin Qart-Hadašts Gesetz an diesem Ort, und Kommandanten, die sich meinem Befehl widersetzen, werden an Bäume geschlagen.«

Sosylos brauchte einige Augenblicke, um die Sprache wiederzufinden. »Sie ... sie haben nur geplündert!«

Jetzt war sie es, die ihn am Arm packte, mit einem Griff wie einer Eisenschelle. »Sie haben sich im Schutz der Nacht und unter dem Wissen ihrer Kameraden weggeschlichen, haben eine kleine Stadt gebrandschatzt, Menschen ermordet, verstümmelt und vergewaltigt, die sich uns hätten anschließen sollen. Sie haben das fliegende Biest unserer Bestienjägerin so verletzt, dass wir keine fliegende Späherin mehr haben – *und* keine Bestienjägerin mehr, denn sie wird uns verlassen. Dank ihnen wäre beinahe der Elefant fortgelaufen, wenn ich mich nicht schnell genug auf seinen Nacken geschwungen und behauptet hätte, ich wüsste, wohin er läuft! Und dann kehren sie zurück und wagen es, mit Schmuck und feinen Kleidern zu prahlen, die sie ihren Besitzerinnen aus den Truhen und vom Leib gerissen haben!« Ihre Augen irrten hin und her, zwei Tiere im Käfig.

»Es ist nicht richtig, dass sie auf eigene Faust gehandelt haben.«

»Erneut!«

»Und du solltest sie dafür bestrafen, Hannibal. Aber es gibt andere Methoden. Degradiere sie, erniedrige sie mit Strafaufgaben. Du kannst Maharbal nicht hinrichten! Damit bringst du das halbe Heer gegen dich auf, er ist beliebt!«

»Dann werde ich seine Offiziere hinrichten. Die auch meine Offiziere sind und es hätten besser wissen müssen, als seinen Launen zu gehorchen.«

»Die Kavallerie ist unsere größte Stärke gegen die Römer! Wenn wir sie nicht mehr einsetzen können …«

»Ich werde sie persönlich befehligen, wenn es sein muss! Wir verlieren nicht unsere Kavallerie!« Sie ließ seinen Arm los. »Ich werde ihr aber klarmachen, dass sie zu den Falschen aufgeschaut hat. Sie können ein letztes Mal zu ihnen aufschauen, wenn sie an den Bäumen hängen.«

»Bitte, Hannibal! Das ist Wahnsinn! Denkst du, die Römer würden anders handeln? Erzählt wird immer nur von ihrer Taktik im Feld, aber sie führen auch auf jede andere Weise Krieg. Militärisch zu siegen, ist eine Sache. Aber um ein Volk zu brechen und als Bundesgenosse neu aufzubauen, rauben sie nicht nur dessen Biester! Sie machen den einfachen Menschen, denen, die nicht im Feld stehen, klar, dass von nun an nur noch römische Kinder geboren werden. Und sie wenden dafür genau die gleiche Methode an.«

Hannibals Gesicht verzerrte sich so monströs, dass er vor ihr zurückschreckte. »Und hier werden keine karthagischen Kinder geboren«, entgegnete sie. »Wir sind hier, um genau das rückgängig zu machen, um den Stämmen Freiheit von Rom zu geben! Was werden diese Menschen jetzt von uns erzählen? Dass wir gekommen sind, um sie dazu zu zwingen, die Kinder von einfallenden, brutalen Eroberern zu bekommen, wie alle anderen Eroberer es auch getan haben!«

Sie wurde immer lauter, und er gestikulierte, sie solle ihre Stimme senken.

»Hast du gedacht, du könntest diesen Krieg auf saubere Weise führen?«

Darauf erwiderte sie nichts. Ihre gefangenen Augen starrten nun geradeaus in die seinen, in einem Käfig, in den sie der Mord, der Elefant, der Alpenübergang, die tanitgesegneten Siege befördert hatten. Wie hätte sie so weit vorausdenken können? Sie hatte gedacht, jeder Tag sei das Ende dieser absurden Verkettung, und nun war sie hier und musste Männer kreuzigen oder werden wie sie. Sosylos wandte den Blick ab.

»Lass wenigstens Maharbal am Leben.« Vielleicht war es dumm, darum zu bitten. Sprach der Stratege aus ihm, der glaubte, dass die Kavallerie Maharbal brauchte? Oder sprach der Mann aus ihm, der Maharbal seit Jahren kannte und ihm vergab, was Hannibal nicht vergeben konnte?

»Es sind sechs Offiziere und er.« Sie ging in die Hocke und rupfte trockenes, strohiges Gras vom beinahe kahl getrampelten Boden. Einen nach dem anderen kürzte sie die Stiele, einen siebten ließ sie einen Fingerbreit länger. »Hier sind sechs kurze Halme und ein langer. Wer den langen zieht, lebt. Wer den kurzen zieht, wird gekreuzigt.«

Sosylos schlug das Herz bis zum Hals. »Das kannst du nicht ...«

Doch diesmal ließ sie sich nicht von ihm packen. »Ich kann und ich werde.« Sie starrte ihn an, doch er erwiderte den Blick nicht. Ungeduldig hielt sie ihm die Halme hin. »Geh und lass sie ziehen.«

Damit setzte sie sich die goldene Maske auf und erklomm die alabasterne Riesin. Sie verkündete ihr Urteil mit der sicheren Stimme eines Sufeten im Rat von Qart-Hadašt. Wie gut sie diese Stadt verkörperte, dachte Sosylos, ohne je dort gewesen zu sein. Mit zusammengepressten Lippen ging er zu den sechs Offizieren und ihrem Kommandanten, die mit jedem Wort finsterer dreinblickten. Er begann mit Maharbal – streckte ihm eine zitternde Hand hin, zwischen deren Zeigefinger und Daumen er die sieben Halme geklemmt hatte.

»Meint sie das ernst?« Maharbal grinste abfällig. »Das meint sie doch nicht ernst!«

Sosylos konnte selbst nicht mehr sagen, ob er es absichtlich tat oder unwillkürlich. Sein Blick wanderte zum äußersten der Halme. Er stand ein wenig abgeknickt.

Maharbal folgte dem Hinweis. Der längere Halm verließ Sosylos' Faust und mit ihm ein gewaltiges Gewicht. Die sechs Offiziere zogen nacheinander die kürzeren.

Als Sosylos sich abwandte und die sieben Männer realisierten, was die Halme für sie bedeuteten, sah Hannibal ihn durch die Goldmaske an, und er bildete sich ein, dass sie kaum wahrnehmbar nickte. Verdruss schwappte in seinem Magen und stieg ihm in die Kehle. Sie hatte gewusst, dass er Maharbal verschonen würde, ohne dass er es selbst gewusst hatte.

Eine Stunde später starben Massinissa und fünf weitere Männer an Bäumen, und Hannibal ließ das Lager abbrechen, denn es schlief sich nicht gut an Orten, an denen der schreckliche, gerechte, söhnefressende Baal Hammon Leben genommen hatte.

Ob die Erzählung von Freiheit noch gelingen konnte? Fast wünschte sich Sosylos eine Schlacht, denn wenn eines den Ruf der Stratega durch Italia trug, dann war es die Nachricht von siegreichen Schlachten. Doch obwohl Legionen bereitstanden, Felder verbrannt wurden und Dörfer geräumt, klangen der stumme Stoizismus des Dictators und die sich einer Schlacht verweigernde Wehrhaftigkeit Roms lauter als jeder Ruf zur Freiheit.

V.

Ein Schatten lag über Rom und tauchte die Gemüter in Finsternis. Hannibal hatte den Senat mit seinen Plünderungen dazu gebracht, Dörfer zu räumen und Felder zu verbrennen, um die Erträge nicht in die Hände des Puniers fallen zu lassen. Der Münzwert verfiel weiter, der Staat hatte den Notstand ausgerufen, innerhalb der Stadtmauern musste enger zusammengerückt werden – zumindest unter den Plebejern. Angst griff um sich. Die einen ertränkten die Sorgen im

Wein, die anderen flüchteten sich in religiösen Eifer oder meldeten sich zur Legion, viele ergaben sich Lethargie und Fatalismus: Die Götter würden es fügen und wenn nicht, war es jetzt eh zu spät.

Natürlich wurden auch Feste ausgerichtet, die ausgelassener waren, als es Fulvia je zu den – zugegeben seltenen – Friedenszeiten erlebt hatte. Wie zufällig war sie Tiberius Sempronius Longus nach seiner Rückkehr aus dem Krieg auf dem Forum über den Weg gelaufen. Ein paar Augenaufschläge und charmante Worte später, und sie saß bei einer Feier an der Tafel des Vorjahreskonsuls – ganz, wie Caras und sie es ausgeheckt hatten. Caras hütete heute Abend die beiden Kleinen – Aulus war in der Hinsicht zu unzuverlässig.

Obwohl Tiberius' Gattin an seiner Seite saß, fand sein Blick immer wieder zu Fulvia. Neue Sorgenfalten umgaben seine Augen, doch seine Lippen erwiderten verstohlen Fulvias Lächeln. Im Gegensatz zu anderen, die demütig aus den verlustreichen Gefechten dieses Kriegs zurückgekehrt waren, lachte er oft, und in seinem Blick lag nicht die Leere, die Fulvia von den vielen versehrten Veteranen auf dem Forum Boarium kannte. Er hatte zwar an der zweiten katastrophalen Schlacht gegen die Punier an der Trebia teilgenommen, hatte sich jedoch knapp zurückziehen können. Halb Rom schob ihm die Schuld an der Niederlage zu: Er habe sich Konsul Scipio beweisen wollen, der nach dem Hydrabiss noch zu verletzt gewesen sei, um ihn aufzuhalten; ein Fehltritt in einer Reihe von Fehltritten, die ihnen eingebracht hatten, dass nun ein Dictator die Geschicke Roms hatte übernehmen müssen.

Zu Fulvias Rechter saß ein noch relativ junger, gut aussehender Senator, der ein entsetzlich langweiliger Gesprächspartner war. Er klagte über verlorene Landgüter, dahinschmelzende Goldreserven der Staatskasse, den Unterhalt der Legionen und den Kornimport aus Sicilia. So viel zu besitzen und sich dennoch arm zu fühlen, er konnte einem fast leidtun.

Zu Fulvias Linker saß die Göttin Bona Dea. Neben ihr waren Apollo anwesend, Iuno, Venus Erycina – vor allem aber galt dieses Fest dem Mars und dem Göttervater Iupiter. Die Steinstatuetten der Gottheiten saßen auf Kissen mit am Festtisch. Auch ihnen wurden Mahlzeiten serviert, denn das heutige Fest war ein Lectisternium, ein Göttermahl – nur eins von vielen Ritualen, um die Götter zu besänftigen. Die Misserfolge auf dem Schlachtfeld zeugten von ihrem Zorn darüber, dass Konsul Flaminius die Auspizien ignoriert hatte; und dass er von Galliern zerhackt worden war, war offenbar nicht Strafe genug. Der Dictator hatte verfügt, dass ganz Rom Reue zeigen musste. Es schien noch genug Geld in der Staatskasse und den Privatschatullen der großen Familien zu sein, um dem Iupiter Spiele zu weihen und der Venus Erycina einen Tempel zu bauen – war sie doch die Mutter des Aeneas, der vor Urzeiten die römisch-punische Feindschaft begründet hatte. Ein weiterer Tempel war der Mens errichtet worden, der bislang recht unbekannten Göttin des gesunden Verstands – konnte doch die mörderische Schlacht am Trasimenischen See nur darauf zurückzuführen sein, dass Wahnsinn um sich griff.

Dieses Mahl reihte sich nahtlos in die religiösen Notmaßnahmen ein, zudem war es ein Anlass, einen Abend lang zu trinken und zu schlemmen, bis sich die Sorgen in Bauch- und Kopfschmerzen auflösten.

Dennoch dominierten Gespräche über Krieg, Wirtschaft und Politik den Anfang des Abends. Die Spannung begann sich erst nach dem süßen heißen Mulsum zu lösen, der vor dem ersten Gang serviert wurde.

Fulvia hoffte, das Gespräch mit dem Senator neben sich allmählich von Selbstmitleid zu Staatsgeheimnissen wenden zu können, als ein unerwarteter Gast den Raum betrat und mit ausladenden Gesten und großem Hallo seiner Männerfreunde begrüßt wurde. Ihr Atem stockte. Tiberius hatte eine große Überraschung für den späteren Abend angekündigt, aber dass die in Publius Cornelius Scipio dem Jüngeren bestand, der noch vor der Vorspeise hereinschneite, um sich für seine Heldentaten im Krieg feiern zu lassen, das war eine Enttäuschung. Sicherlich lag Tiberius etwas daran, nach den Gerüchten über Dissens an der Trebia wieder Einigkeit mit den Scipiones zu demonstrieren, aber sie hatte Publius unter der Führung von Vater und Onkel in Iberia vermutet. Sie hatte sogar die Hoffnung genährt, er möge dort durchbohrt von einem Barbarenspeer in der Wildnis verrecken. Doch wie so oft hatten die Götter ihre Wünsche nicht erhört. Vielleicht war es doch an der Zeit, einmal nach der illegalen Maßnahme eines Fluchtäfelchens zu greifen …

Schlimm genug, dass er in Rom weilte; noch schlimmer, dass er an ihrem Tisch zu weilen gedachte. Der Langweiler neben ihr erhob sich, um den Freund zu begrüßen. Beim brüderlichen Kuss erkannte Scipio über dessen Schulter Fulvia und warf ihr sein überhebliches Lächeln zu. Sie hoffte, dass ihr die Miene nicht zu sehr entglitt, aber erwidern konnte sie das Lächeln beim besten Willen nicht. Lieber presste sie die Lippen zusammen, um ihm nicht aus Versehen ins Gesicht zu spucken. Zum Glück ließ er sich ein paar Plätze entfernt nieder, wo ihn zwei weitere Freunde, neu berufene Militärtribune, in die Mitte nahmen. Sklaven beeilten sich, alles für den neuen Gast herzurichten.

Nachdem der erste Gang serviert worden war, bekam Fulvia von ihrem Erzfeind kaum noch etwas mit – allerdings auch nichts von den Gesprächen über Politik und Krieg. Die göttliche Bona Dea ignorierte Fulvia wie üblich, und der Senator lehnte sich von ihr weg, um Anteil zu haben an den Gesprächen seiner Freunde. Auf gefüllte Eier mit Pinienkernsoße folgten Linsen mit Kastanien, Huhn der anderen Art sowie Ferkel mit Koriandersoße. Mohnbällchen rundeten das Mahl so reichhaltig ab, dass sich einige Gäste bereits den

Gürtel der Tunika lockerten. Fulvia hatte sich zurückgehalten. Sie war nicht zum Vergnügen hier. Sie hatte beobachtet, dass auch einige Männer sich zurückhielten – besonders Scipio und seine Seilschaft stellten ihre militärische Tugend unter Beweis.

Nach dem Essen wurde die Tafel aufgehoben, und man durchmischte sich zu Einzelgesprächen oder ließ sich auf einer der Liegen an den Wänden im Triclinium mit Wein bewirten. Eine willkommene Gelegenheit für Fulvia, dem Gesprächspartner den Rücken zu kehren, der nicht gewillt schien, vor einer schönen Frau mit vertraulichen Informationen anzugeben.

Für gewöhnlich galt es als unschicklich, wenn Frauen am geselligen Teil des Abends teilnahmen. Aber da so viele Göttinnen geladen waren, machte man auch für die menschlichen Frauen eine Ausnahme. Tiberius hatte neben Senatoren und Tribunen auch Gäste aus dem Ausland, sodass Fulvia neben Latein die Weltsprache Griechisch hörte, die man vom ptolemäischen Ägypten übers Seleukidenreich im Osten bis ins tiefe Gallia im Norden verstand. Viele wichtige Männer hatten Gattinnen oder vielleicht auch Mätressen mitgebracht.

Sie suchte sich ihre Gesprächspartner in der Absicht, sich geschickt zu positionieren, um Unterhaltungsfetzen aufzuschnappen, die nicht für ihre Ohren bestimmt waren. Das erwies sich jedoch als leichter geplant als durchgeführt, denn überall, wo wichtige Dinge besprochen wurden, war Scipio nicht weit und wurde zu gern hinzugerufen.

»... in Iberia gibt es nur Barbaren und Pferde, ich werde hier dringender gebraucht!«, erhaschte Fulvia ihn in seiner Unbescheidenheit. »Wir dürfen dem treulosen Punier nicht die Bestienkriegsführung überlassen. Es wird Zeit, unsere eigenen Monster in die Schlacht zu führen. Ich sage, es reicht längst nicht mehr, die Viecher im Kerker verrotten zu lassen oder ab und an bei Spielen in die Arena zu lassen.«

Das war zwar interessant, aber seine Gegenwart war ihr körperlich unerträglich. Sie rückte ihren Schmuck zurecht und zog weiter. Tiberius war von seinen Gästen umlagert, sie schnappte jedoch auf, dass er über Dictator Quintus Fabius Maximus herzog. Ihr einstiger Gönner und – wenn es nach ihm gegangen wäre – Vergewaltiger ihres Ziehsohns war mit genug Verfügungsgewalt ausgestattet, um Roms Macht gegen Hannibal zu führen, stellte sich aber einfach nicht zur Schlacht. Stattdessen verfolgte er Hannibal zwar mit zwei Legionen auf Schritt und Tritt, ließ ihn jedoch gewähren, womit er sich einen neuen Beinamen errungen hatte: Er galt in Rom nicht mehr als »der Warzige«, sondern nur noch als Cunctator, »der Zauderer«. Am frühen Abend war seine vorsichtige Strategie noch befürwortetet worden, aber jetzt redeten alle Scipio nach dem Mund. Die Rivalität zwischen Fabii und Scipiones war ein offenes Geheimnis.

Caras würden diese Gespräche interessieren, aber nichts davon war eine Neuigkeit, die die Stadt verlassen musste. Fulvia verplemperte ihre Zeit und wurde der unnützen Gespräche immer überdrüssiger. Mit einem Becher Wein in der Hand und einem tiefen Seufzer in der Kehle lehnte sie sich abseits vom Trubel gegen das Wandgemälde einer Medusa und beobachtete männliche Prahlerei und weibliches Getuschel mit Abstand.

»Müde vom Wein oder von den Angebereien?«, sagte eine tiefe Stimme mit griechischem Akzent. Eine große Frau in einer roten Palla gesellte sich zu ihr und rieb sich die Schläfen.

»Der Wein ist nicht besonders gewässert«, bemerkte Fulvia. »Mir steigt er schon zu Kopf.« Eine Lüge, denn sie nippte kaum daran.

»Man sollte meinen, dass ich mehr vertragen würde. Rausch ist meine Bestimmung. Aber dieser Wein macht mir mehr zu schaffen als alle Dämpfe, Salben und Pilze …«

Fulvia begriff. »Du bist eine Sibylle!«, stellte sie fest. »Sicher eingeladen, weil du in diesen Notzeiten die Bücher gedeutet hast?«

Die Sibyllen waren Seherinnen, sie vollzogen die Vogelflug-Auspizien, führten Leberschauen durch und sprachen rätselhafte Orakelverse im Rausch. Sie alle waren erst mit der Priesterinnenweihe zur Frau geworden und hatten zuvor in Kindheit und Jugend als männlich gegolten; eine aus dem Osten stammende Tradition, die den in Rom gesteckten Grenzen widersprach, weshalb kein römisches Kind den Weg der Sibyllen einschlagen durfte. Sie waren mysteriös und ein bisschen unheimlich. Wenn Fulvia schon nichts von den Senatoren erfuhr, dann vielleicht vom Schicksal selbst?

»Ja und nein«, entgegnete die andere. »Ja, ich bin eine Sibylle. Gut erkannt. Und nein, das Deuten der Sibyllischen Bücher ist den zu ihren Hütern bestimmten Patriziern vorbehalten. Und das sind ausschließlich Männer. Leute wie die da.« Sie deutete auf eine Gruppe besonders angeheiterter Senatoren, von denen gerade einer über den Fuß einer Liege stolperte und von seinem Kollegen am Arm gehalten wurde. Er verschüttete Wein auf dem Boden, und ein weiterer Kollege hieb der Sklavin auf den Hintern, die zum Aufwischen herbeieilte.

»Erbärmlich«, entwich es Fulvia.

»Und ihren Familien predigen sie *mos maiorum*. Tugend, Sitte, Tradition«, sagte die Sibylle, wiewohl es definitiv Tradition hatte, sich zu besaufen und Unfreie zu berühren, deren Tugend ohnehin nicht mehr existierte. Nach kurzem Schweigen fuhr sie fort: »Was sie mit den Büchern machen, ist keine echte Wahrsagerei. Sie nutzen die Verse, um Opferriten und Bräuche umzukrempeln, wenn Rom in Not ist.«

»Und was ist echte Wahrsagerei, Seherin?«

Die Sibylle zwinkerte Fulvia nur verschwörerisch zu.

»Hast du Tiberius etwa geweissagt? Veranstaltet er deshalb dieses Fest?«

»Das habe ich. Er schien nicht zufrieden mit meinen Orakelsprüchen. Er versteht sie nicht. Und er beschloss, die Götter zu bestechen.«

»Wie lauten die Sprüche denn?« Fulvia spielte mit ihrem Ohrring. Sie wollte abwesend klingen, aber die Neugier kribbelte geradezu im Gold unter ihren Fingern.

»Das weiß ich nicht. Der Rausch nimmt mir meine Erinnerung.« Sie musterte Fulvia und lächelte. »Das enttäuscht dich wohl.«

Fulvias Blick hatte sie verraten. »Nein, das geht mich nichts an.«

Die Sibylle neigte den Kopf ihr zu. »Weißt du, was dich auch nichts angeht? Tiberius hat im Auftrag des Senats einen Boten auf einem schnellen Schiff losgeschickt. Er soll das Orakel der Pythia in Delphi aufsuchen, um meine Prophezeiung bestätigen zu lassen und mehr zu erfahren.«

Fulvia nickte beiläufig, aber innerlich stieß sie einen Jubelschrei aus. Wenn Caras das erfuhr!

»Und du, wie bist du auf diese Feier geraten? Als einzige Römerin ohne Begleitung?«, fragte die Sibylle.

»Ich bin nur ...« Fulvia wurde von Tiberius' erhobener Stimme unterbrochen und war erleichtert: Je weniger sie über sich preisgab, desto besser.

»Liebe Freunde, tapfere Bürger Roms!«, rief er. »Und auch ihr tugendhaften und schönen Frauen unserer geliebten Stadt.« Zielsicher landete sein Blick auf ihr. »Ich habe euch eine Überraschung versprochen, und ich halte mein Versprechen!« Alle Gespräche verstummten. »Wir haben miteinander und mit den Göttern gespeist. Ich hoffe, es hat euch gemundet! Aber wir erwarten noch einen Ehrengast an diesem Abend! Direkt aus dem Bestienkerker unter dem Sacrarium Martis.«

Mit ausladender Geste deutete er auf den Eingang zum Atrium, der mit Vorhängen verhangen war. Natürlich war der Überraschungsgast eine Bestie. Tiberius war immer von ihnen fasziniert gewesen, aber seit Fulvia ihn zur Pompa überredet hatte, war er genauso vernarrt wie Aulus.

Die Kerker der Bestien erstreckten sich unter dem Marsheiligtum auf dem Palatin – zufällig dem Versammlungsgebäude der Salier. Er hatte diesen Auftritt sicher gemeinsam mit Scipio ausgeheckt.

»Hier ist er, Herr über ein uraltes Volk. In ihm vereinen sich Macht und Manneskraft ...«

Hoffentlich nicht der gallische Hahn, dieses unberechenbare Vieh!, ging es Fulvia durch den Kopf. Zwei muskulöse Bestienwärter traten durch den Vorhang und zogen an schweren eisernen Ketten eine muskulöse Silhouette auf zwei Beinen.

»... der Minotaurus!«

Atemloses Gemurmel, einige unterdrückte Schreckenslaute – vielleicht stieß Fulvia selbst einen davon aus. Das Biest musste sich im Durchgang bücken und erhob sich hinter der Schwelle zu seiner vollen Größe. Hoch wie anderthalb Männer war es, die geschwungenen Hörner kratzten an der hohen Decke. Er gebärdete sich nicht aggressiv wie während der Pompa, aber dennoch ging sein Anblick durch Mark und Bein. Vier weitere Männer folgten ihm hinein und hielten ihn in Schach, auch wenn er sich nicht gegen die Ketten wehrte, sich nicht gebärdete, nicht brüllte, obwohl Tiberius das sicher gern gesehen hätte. Er stand einfach da und schnaubte durch die Nüstern. Ein gewaltiger Mann mit haarloser bronzener Haut, metallenen Muskeln und einem wie gegossenen Stierhaupt auf breitem Hals. Ein Lendenschurz bedeckte seine Scham, sonst trug er nichts außer den Eisenringen an Hals, Handgelenken und durch die Nase. Der Legende nach war er einst Gefangener und Wächter des Labyrinths von Kreta gewesen. Jetzt war er ein Gefangener Roms.

Fulvia begriff, warum er nicht brüllte, sondern nur schnaubte.

Seine Haut hatte nicht nur eine bronzene Färbung, sondern schien tatsächlich aus Metall zu bestehen. Den menschlichen

Teil seines Leibs konnte er geschmeidig bewegen, doch sein Stierhaupt war eine starre, metallene Maske mit den Augen als einzig Lebendiges darin. Dieser Blick war von einem glasigen Schleier getrübt und irrte durch den Raum. Wo sie bei der Pompa eine monströse Schläue darin gesehen hatte, fand sie jetzt eine fast menschliche Verletzlichkeit. Er stand da wie ein Mensch, der seine Peiniger nicht provozieren wollte, nicht wie ein gefangenes Tier.

Die Menge war vor ihm zurückgewichen, doch Tiberius baute sich vor dem Monster auf, und die Wärter zogen es mit den Ketten auf die Knie. Da fassten die Ersten Mut und umringten den Minotaurus.

Fulvias Blick suchte und fand Scipio, der intellektuell Abstand zur Bestie wahrte, indem er sein Gespräch mit dem langweiligen Jungsenator fortführte. Fulvia verließ die Seite der Sibylle, wagte sich wie neugierig näher und belauschte dabei Scipio.

»... ihn damit ein bisschen Eindruck schinden. Aber es sind keine exotischen Tiere. Es sind Waffen, und Rom sollte tun, was es am besten kann: lernen, wie man sie einsetzt, wie man sie verbessert. Und zwar ...«

»Fulvia!« Tiberius deutete auf sie. Alle Blicke galten nun ihr, selbst Scipios abschätziges Mustern. Sie stand nah genug, dass er ihr Lauschen bemerkt haben musste.

»Komm ruhig näher. Du darfst ihn anfassen, wenn du willst!« Tiberius winkte sie heran. Was blieb ihr anderes übrig? »Ihr müsst wissen, dass die Idee zur Bestienpompa diesem schlauen kleinen Kopf entsprungen ist!« Sie versuchte, ihn nicht zu ungnädig anzusehen. Warum führte der alte Mann sie vor? Konnte er ihr nicht im Geheimen schöne Augen machen, wie es sich gehörte? Ihr Ruf bedeutete ihm nichts. »Kein Grund, schüchtern zu sein, tritt näher heran. Er beißt nicht ... hoffentlich.« Tiberius erntete Gelächter.

Seine Frau war nirgends zu sehen, was Fulvia einerseits beruhigte und andererseits in leichte Panik versetzte. Erst jetzt bemerkte sie, dass sie ihren Armreif hin- und herdrehte, und ließ ihn abrupt los.

Sie näherte sich dem Minotaurus bis auf einen Schritt. Der Koloss ragte über ihr auf. Seine dunklen Augen fixierten sie, aber sie konnte nicht erkennen, ob Gedanken dahinter lagen.

»Na los, trau dich!«, forderte Tiberius sie auf. »Er wird ganz zahm bleiben, dafür sorgen die starken Männer hier schon.«

Ihr blieb nichts anderes übrig, als zu gehorchen. Zaghaft berührte sie das Monstrum am Arm. Das unter ihren Fingern war weder Haut noch Metall, aber warm und fest wie beides zugleich. Sie sah an ihm empor. Er starrte zurück. Unmöglich zu erahnen, was er fühlte. Sie löste die Fingerspitzen von ihm, erleichtert, dass er sie nicht auf die Hörner genommen hatte.

»Die Jungfrau zähmt die Bestie ... was für ein Anblick!« Tiberius' Worte durchschnitten den Moment. »Kommt, Männer, oder wollt ihr hinter einer jungen Frau zurückstehen?« Er selbst tätschelte dem Minotaurus die wie gedengelten Bauchmuskeln.

Endlich kam Bewegung in die Gäste, die Schultern, Ellbogen, Arm, gewölbte Brustmuskeln ertasteten. Das Wesen schnaufte abgehackt, doch als es sich zurückziehen wollte, machte es ein Wärter mit einem Ruck an der Kette des Nasenrings wieder gefügig.

Ein Mann boxte probehalber auf die unnachgiebigen Armmuskeln des Minotaurus, einer streckte sich und tätschelte ihm wie einer Kuh die Schnauze, eine Senatorengattin lüpfte kichernd seinen Lendenschurz. Ihr Mann äußerte wortlos die Enttäuschung darüber, dass das Gemächt nicht hielt, was die Körpergröße versprach. Sein Kollege, der zuvor noch der Sklavin auf den Hintern gehauen hatte, wiederholte die dreiste Tat beim Minotaurus.

Fulvia suchte wieder den Blick der Bestie, und diesmal konnte sie die Pein darin lesen. War es nur tierhafte Furcht vor Bestrafung, oder fühlte der Minotaurus den Ekel und die Entwürdigung, die ein Mensch an seiner Stelle empfunden hätte?

»Halt!«, rief jemand, und Fulvia schlug die armreifklimpernde Hand vor den Mund, als ihr klar wurde, dass sie es gewesen war. Die Missbilligung der Gäste traf sie wie geworfene Steine. Wer war diese Plebejerin, Senatoren herumzukommandieren?

Da erhielt sie unerwartete Unterstützung in ungelenkem Latein: »Sie hat recht. Ihr solltet vorsichtig sein. Ich träumte von großem Unheil!« Die Sibylle sprang ihr bei.

»Seid ganz unbesorgt!« Tiberius hob die Hände. »Die Salier haben die Bestie beruhigenden Dämpfen ausgesetzt. Trotzdem sollten wir auf die Seherin hören und Mens walten lassen, damit wir nicht übermütig werden wie der gefallene Flaminius. Tretet zurück! Wir werden den Stier herumführen, und ihr könnt ihn einzeln betrachten.«

»Danke«, hauchte Fulvia.

Die Seherin zwinkerte ihr verschwörerisch zu. »Die dunkle Seite des Rauschs hat diese Feier bald im Griff. Ich gehe jetzt. Begleitest du mich?«

»Ich muss bleiben. Ich habe hier noch Dinge zu erledigen.« Auf der dunklen Seite. Sie schauderte.

»Verstehe«, sagte die Sibylle. »Pass auf dich auf. Vale.«

Ihre Prophezeiung bewahrheitete sich. Der Wein und vielleicht auch der monströse Gast brachten die andere Seite der Senatoren zum Vorschein. Fulvia war endlich nah an Tiberius herangekommen, doch der unterhielt sich nicht mit ihr, sondern hatte sie sich nur auf den Schoß gezogen. Er streichelte ihr beiläufig den Rücken, während er sich mit seinem Gegenüber über Gewürzpreise unterhielt. Aus allen Poren roch er nach starkem Wein.

Der Speiseraum hatte sich deutlich geleert. Sie sah Männer ganz offen mit ihren Mätressen ins Atrium und in den Garten verschwinden. Wer bis zuletzt blieb, machte sich nicht mehr die Mühe, das eigene Treiben zu verhehlen. Als die höhergestellten Männer fast vollkommen unter sich waren, teilten sie die Versklavten unter sich auf, entblößten sie, bis Stoff riss, zogen sie auf die Liegen.

Fulvia selbst war vor ihnen in Sicherheit, denn die Hand ihres Gastgebers fand besitzergreifend zu ihrem Po, ihren Brüsten.

Vor einem Jahr wäre sie vor Scham im Boden versunken, doch heute war ihr Leben ein völlig anderes. Sie war Caras' wertvollste Verräterin und Spionin, und mehr noch: Sie wollte Rom brennen sehen, was bedeutete da schon eine unverschämte Hand?

Tiberius war bis zu dem Moment, an dem er sie sich auf den Schoß gezogen hatte, ihr gegenüber charmant gewesen, und er war trotz des großen Altersunterschieds nicht unattraktiv, wenn auch Fulvia nichts als eine ansprechend geformte Trophäe für ihn war. Immerhin waren ihre Motive noch niederträchtiger.

Während er sie mit schwitzigen Fingern befummelte, traf ihr Blick den des Minotaurus. Seine Wärter waren verschwunden. Hätte er die verbliebenen Männer im Raum töten können mit diesen enormen Oberarmen und Hörnern? Er tat es jedenfalls nicht. Wie ein gebrochenes Geschöpf wurde er in einer schummrigen Ecke von drei Menschen umringt. Ein Tribun lag trinkend auf einer Liege und zog dann und wann an der am Nasenring befestigten Kette, die letzte Ehegattin im Raum kniff in bronzene Brustwarzen, und ein dritter Mann hatte, verschattet von der gewaltigen Gestalt, hinter dem Minotaurus die Toga geöffnet.

Der Minotaurus aber starrte Fulvia an, und sie starrte zurück. Beide waren sie der Macht anderer ausgeliefert, ihre Verletzlichkeit überdeutlich. Bestien, Frauen, Versklavte –

Roms Ketten lagen um ihre Hälse. Rom nahm sich, was es verlangte, ob von fremden Städten oder den Mitgliedern des eigenen Haushalts.

Gleichzeitig war Fulvia schmerzlich bewusst, dass sie hier im Griff verachteter Liebkosung saß, während die Sklavinnen ganz anderes erdulden mussten. Die Ketten freier römischer Bürgerinnen existierten in den Köpfen, geschmiedet aus Erwartungen an Tugend und Gehorsam. Ja, selbst Fulvia verachtete die lüsterne Patrizierin mehr als die Männer im Raum! Solche Ketten umschlangen auch ihren Verstand und hatten vor Gericht ganz real Bestand, wenn Männer unschickliche Frauen wie diese verstießen.

Die Entscheidung traf sie aus heiterem Himmel, als hätte Tiberius sie ihr zusammen mit der Traube gefüttert, die er ihr in den Mund steckte. Sie hatte Macht, die andere nicht hatten. Sie konnte zumindest selbst entscheiden, wer ihre Kette hielt.

Sie strich mit dem Finger über Tiberius' glatt rasierten Hals. »Gehen wir endlich woanders hin, mein Lieber?«

»Du hast immer die besten Vorschläge, süße Fulvia!« Mit seligem Grinsen winkte er einen Sklaven heran. »Entzünde ein paar Öllampen im zweiten Schlafgemach.« Sie konnte die Erregung durch seine Toga spüren und nicht verhindern, an Numerius zu denken. »Wir wollen ja meine Gattin nicht wecken.«

»Mir liegt nichts an den simpleren Spielen der Venus«, flüsterte sie und deutete auf den Minotaurus. »Ich will, dass er dabei ist. Er soll zusehen. Das wird deine Manneskraft stärken, Tiberius, und ich will erleben, wie du zum Stier wirst.«

Keine Viertelstunde später schnarchte Tiberius neben ihr. Er hatte seine Lust auf eine Weise an ihr befriedigt, bei der sie nicht schwanger werden konnte. Das hätte ihr gerade noch gefehlt!

Der Minotaurus, im Raum angekettet, war stummer Zeuge, aber immerhin war er die Grapscher los. Sie hatte ihre Würde gegen seine getauscht. Wenn Rom erst brannte, würde sie der Stadt den Rücken kehren und ihre eigenen Vorstellungen von Tugend mit verbrennen lassen. Dann würde sie darüber lachen, dass ein alter Bock sich brühwarm auf sie ergossen hatte, während ein Minotaurus zusah.

Sie erhob sich vom Lager, rückte den Schmuck zurecht, richtete die Kleidung. Bevor sie ging, nickte sie dem Minotaurus zu, wie sie einem Menschen zugenickt hätte. Sein Stierkopf blieb unbewegt. Ob er ihre Tat als Rettung betrachtete, war schwer zu sagen. Vielleicht empfand er nichts – oder Ekel, auch vor ihr.

Als sie sich zur Tür wandte, sah sie etwas, das frisch in die Wand daneben geritzt war. In griechischer Schrift stand dort εὐχαριστέω.

Ihr Puls raste. Konnte er schreiben? Erschrocken sah sie ihn an. Da nickte auch er – wie ein Mensch ihr zunicken würde –, und sie stürmte aus dem Domus hinaus in die Nacht.

Als sie in der Bruchbude ankam, die sie mit dem Erbe erworben hatte und die sie – Caras sei Dank – trotz Schulden und bodenlosem Münzwertverfall hatte halten können, schliefen die Kinder schon seit Stunden, selbst Aulus. Auch Caras war am Tisch eingenickt. Sie weckte ihn, und er war sehr zufrieden mit ihren Informationen. Nur was in Tiberius' Schlafzimmer passiert war, verschwieg Fulvia. Noch war ihr Anstandsgefühl nicht zu Asche verbrannt.

»Wenn Scipio der Jüngere die Bestien zur Kriegsführung nutzen will, sollten wir so viele wie möglich seinem Zugriff entziehen. Das wird unsere nächste Aufgabe sein. Ich kümmere mich um ein paar Dinge, dann weihe ich dich ein.«

»Da trifft es sich sicher gut, dass ich einen Schlüsselbund mitgenommen habe, oder?« Triumphierend hob Fulvia den schweren Eisenring in die Luft und klapperte damit. »Ein Schlüssel gehört zur Kette des Minotaurus, vielleicht passt ein anderer zum Kerker oder zu den Zellen? Ich hab nicht gewagt, den Stiermann loszuschließen, er war so …«

»Fulvia, ich liebe dich«, unterbrach Caras und umarmte sie, und obwohl sie kurz in seiner Berührung zusammenschrak, war diese warm und vertraut und entschieden freundschaftlich. Ein bisschen, wie die Männer Scipio umarmt hatten, vielleicht.

»Ich weiß, alle lieben mich«, knurrte sie, und ein Dank auf Griechisch flammte vor ihrem geistigen Auge auf.

Tage später versicherte ihr Caras, dass das Schiff des Boten auf dem Weg nach Delphi spurlos auf dem Meer verschwunden war und Rom über seine Zukunft im Ungewissen blieb.

VI.

So ließ sich der Sommer aushalten. Im Bug eines Schiffs, auf einem Meer, das so blau war, dass es genauso gut der Himmel hätte sein können. Den Wind um die Nase und neben sich ein Paar besonders wohlgeformter nackter Brüste, das immer wieder dafür sorgte, dass Tamenzuts Blick aus der Ferne zurückkehrte. Der Sage nach war das Biest, das sie für den Makedonenkönig Philipp gefangen hatte, einst eine Nymphe gewesen, und der Sage nach war sie einst ebenso vernunftbegabt wie ewig jung und hübsch gewesen. Doch das waren Sagen, und obwohl viele Bestien doch menschenähnliche Gesichter – oder in diesem Fall menschenähnliche Brüste – hatten, waren sie nicht menschlich. Nicht, dass Tamenzut nie der Gedanke gekommen wäre, mit einem Monster zu ficken. Oder, um ehrlich zu sein, dass sie es nicht ab und an getan hätte. Wer ohnehin so weit abseits davon stand, eine Frau oder ein Mann unter Menschen zu sein, konnte auch die letzten Regeln brechen, das scherte niemanden mehr. Sie befahl es Biestern jedoch nicht, es musste schon aus gegenseitiger Anziehung geschehen.

Letztlich war es bei wenigen denkwürdigen, aber kurzen Gelegenheiten geblieben, denn auf Sex mit Ungeheuern traf das Gleiche zu, was auf Ungeheuer generell zutraf: Auch was menschlich an ihnen aussah, war ungeheuerlich. Sich dem hinzugeben, war wie ein heftiges, lautes Lied, unter dem ein Misston lauert; oder wie eine rauschhafte Berührung, die doch stets den Punkt zwischen den Knochen am Ellbogen trifft.

Bei der Besitzerin dieser kecken, fischfleischblassen Brüste kam Sex ohnehin nicht infrage: Ihr Unterleib bestand statt aus Beinen oder einem Fischschwanz aus sechs geifernden Hundeköpfen an langen geschuppten Hälsen, und Tamenzut wusste nicht, ob sich dazwischen noch irgendetwas befand, dem sie Freude hätte bereiten können. Sie verspürte wenig Interesse, zwischen den knurrenden Mäulern und den sich windenden Schuppenleibern auf die Suche zu gehen. Auch das Haupt der Kreatur, die auf drei langen Fisch-Hunde-Leibern im Bug ruhte und drei weitere ins Wasser streckte, regte nicht gerade zu weiteren Gedanken außer dem passiven Genießen des formschönen Oberkörpers an, denn der lang gezogene Kopf ging in einem Schuppenkamm in den Hals über, und das Biest starrte aus glasigen lidlosen Fischaugen in die Ferne. Wer wusste schon, ob es tatsächlich eine Zeit gegeben hatte, in der sie eine Nymphe in Gestalt einer menschlichen Frau gewesen war? Vielleicht war es nur der Versuch, etwas so Unerklärlichem wie der Skylla Sinn und Ursprung zu verleihen.

Das Loch in der Stirn, wo Tamenzut Skylla unterworfen hatte, verheilte langsam. Langsamer noch verheilten die Hundebisse an Tamenzuts Oberschenkel und Bauch.

Die makedonische Pentere war völlig überdimensioniert für die Monsterjagd, doch Philipp V. rüstete gerade massiv auf, um im Windschatten des Kriegs zwischen Rom und Qart-Hadašt gegen die hellenischen Nachbarn zu ziehen. Er war nicht nur gewillt, sich mit den Karthagern zu verbünden, sondern auch, sich bei ihnen die Monsterkriegsführung abzuschauen. Und weil er allen anderen mächtigen Reichen eine Lektion in Sachen Größenwahn erteilen wollte, begehrte er für den Anfang nichts Geringeres als den Leviathan.

Tamenzut hatte am Adriatischen Meer auf dem Fünfruderer angeheuert – unter Deck dreihundert Leute; hundertfünfzig an jeder Seite, fünf an jeder Ruderreihe. Nun waren es nur noch knapp zweihundertneunzig Ruderer, denn der Kapitän und die Besatzung aus siebzig Seeleuten und Seesoldaten hatten es mit Odysseus gehalten und der Skylla an Deck ein Dutzend ausgeloste Unglückliche als Köder angeboten, während sie in der Meerenge am Golf von Korinthos am Strudel der Charybdis vorbeisegelten. Tamenzut, freie Monsterjägerin, hatte auf eine andere Taktik gesetzt: Bestien wurden vom Odem anderer Bestien angezogen. Als zwei der Hundeköpfe die Sphinx gepackt und mit den langen, fischigmuskulösen Hälsen zu Skyllas Höhle heraufgezogen hatten, hatte sich Tamenzut, unter ihrem Flügel verborgen, mit hinauftragen lassen.

Nun gehorchte ihr eines der legendärsten Ungeheuer der Inneren See. Und war doch nichts als ein Köder für den Leviathan.

Wenige Tage später hatte sie wieder italischen Boden unter den Füßen. Taras war eine griechische Stadt an den Südgestaden von Italia, und Hauptmann Onophrios versuchte, die letzte Sichtung des Leviathans in Erfahrung zu bringen. Tamenzut kamen im Hafen vor allem Gerüchte über Hannibal zu Ohren. Es hatte keine Schlacht gegeben, die römischen Legionen belauerten das karthagische Heer, und die italischen Stämme und griechischen Kolonien wiederum belauerten das Belauern.

Sie zog es vor, beim Schiff zu bleiben. Skylla war ein mächtiger Trumpf, den andere versuchen würden, ihr abzujagen.

Doch die einzige Konkurrenz, die ihr unterkam, war ihr eigener Schüler.

Er näherte sich mit in der Abendsonne trocknender Kleidung.

»Du musst dich nicht gleich einnässen, wenn du mich siehst«, sagte sie, nachdem sie ihre Verwunderung überwunden hatte.

»Ich freue mich auch, dich zu sehen, Meisterin.« Seine Augen strahlten, weil er sich wirklich freute.

»Warum bist du hier und vollkommen nass?«

»Ich reise in Hannibals Auftrag mit der Hydra. Ich habe mich mittlerweile daran gewöhnt, aber es bedeutet Salzwasser überall.« Er seufzte und fuhr sich durch das nass schimmernde schwarze Haar, das sich beim Trocknen so sehr ringelte.

Sie grinste. Sie hatte ihn auch vermisst. Dennoch brachte er die Erinnerung daran mit, was sie in die Ferne getrieben hatte, und plötzlich schmerzte ihre bissvernarbte Zunge, und die Kante des abgebrochenen Zahns war überdeutlich.

Er setzte sich neben sie an die so typisch griechische steinerne Hafenkante. »Die Makedonen mischen wirklich beim Rennen um den Leviathan mit.«

Sie glaubte, die Hydra im Wasser zu spüren, oder vielmehr die Anziehung, die sie auf Sphinx und Skylla ausübte. Die Anziehungskraft der Monstren.

»Das *Rennen* um den Leviathan? Bislang suchen ihn doch nur die Römer. Das heißt, ein Rennen ist es erst geworden, als die Makedonen eingestiegen sind.«

»Nun – und du, für die Karthager.«

Sie schüttelte den Kopf. Er sah hinaus auf die Hafenbucht und bemerkte es trotzdem.

»Also stimmt es ... Du jagst ihn für die Makedonen.« Es war eine Feststellung. Wenn auch eine enttäuschte.

»Ich habe auf einer Kriegspentere von König Philipp angeheuert. Was, soll ich etwa die Pentere übernehmen und den Leviathan damit auf eigene Faust jagen?«

Er lachte. »Eher umgekehrt. Wenn du erst über den Leviathan gebietest, dann ist so eine Pentere doch ein Kinderspiel.«

Sie seufzte. »Sag ihr, sie soll mir ein Angebot machen.«

»Ich bin hier, weil sie dir eines macht. Es hat einen Aufstand in Syrakus gegeben. Es waren die Heimgekehrten, die an der Trebia für Rom kämpfen mussten. König Hieron ist tot, sein Sohn auch.«

»Ich hab davon gehört.« Unter Griechen verbreiteten sich solche Nachrichten schnell.

»Sie haben einen Rat gegründet, der jetzt herrscht statt eines Königs. Sie wollen ein Bündnis mit Qart-Hadašt gegen Rom, ebenso wie dein Philipp, übrigens.«

»Ja, ja, bis Syrakus sich die nächste blutige Nase holt und Rom wieder Tribut in Form von Gold, Ernte und Söhnen zahlt.« Weltpolitik war doch immer gleich, und Tamenzut war nur eine freie Bestienjägerin. Mit diesem Wankelmut hatte sie nichts zu tun.

»Rom mobilisiert schon eine Flotte, um sich Syrakus zurückzuholen.«

»Siehst du? Ich musste nicht bis Delphi reisen, um das vorauszusehen.«

Adherbal rang die Hände. »Eine Flotte, Tamenzut!«

Damit griff er unter seine klamme Tunika und holte etwas hervor, das ihm an einem Band um den Hals lag. Tamenzut hielt die Luft an, als sie den Blick aus dunklen Schlitzen erkannte: Hannibals Maske.

»Sie bietet dir das hier. Nicht als Bezahlung, sondern als Pfand. Sie tauscht es gegen dein eigenes Gewicht in Gold, wenn du den Leviathan fängst und zur Verteidigung nach Sikelia bringst.« Er streifte sich das Band über den Kopf, legte beide Hände an die goldene Totenmaske und überreichte sie Tamenzut wie das Heiligtum, das sie war.

Ihre Finger zitterten, als sie sie ergriff und rasch ins Tuch wickelte, das sie sich gegen die Sonne über Kopf und Schultern gelegt hatte. Etwas stach, doch sie wusste nicht, was. Dass Hannibal nun ohne die Maske auf dem alabasternen Biest ritt und es in Tamenzuts Hände legte, wann und ob sie die Maske je zurückerhielt? Dass alles, was Hannibal ihr in Wahrheit bot, eine Menge Gold war?

Sie tastete durch den Stoff nach den Zügen der Maske. *Ich bin bei dir,* schien der Mund zu sagen. *Ich bin deine Verbündete,* versprach der Schwung des Kinns. *Ich bin deine Schwester,* behauptete die prominente Nase. *Ich bin die, die dich bezahlt,* höhnte die Stirn.

»Dafür muss ich den Leviathan erst finden und beherrschen.« Sie wischte das Geflüster mit dem triefenden Lappen des Selbstzweifels fort.

»Er hat das römische Jagdschiff versenkt.«

»Zwischen Italia und Makedonia, heißt es. Aber wir müssen es genauer wissen.«

»Der Leviathan sucht sich die tiefsten Tiefen des Meers. Ich kenne eine kyrenische Sirenendeuterin, und sie sagt, in der Ionischen See, südwestlich vom Peloponnes, hat er sein Versteck.«

»Oh, da irrst du dich«, sagte sie, denn sie war und blieb die Lehrerin. »Er hat kein Versteck. Er hat eine Lauer.«

Er musterte sie lange, wie sie hinaus auf die See sah, vielleicht genau dorthin, wo die tiefste Stelle lag. Seinen Blick bemerkte sie nur aus den Augenwinkeln.

»Ich habe Angst, dass du nicht zurückkommst, Lehrmeisterin«, hörte sie ihn schließlich.

Sie lachte und hob das ins Tuch gewickelte Gold. »Meinst du, ich gebe mich mit einem Gesicht zufrieden und gehe in die kalte Wüste ohne mein eigenes Gewicht in Gold?«

Er wiegte den Kopf. »Tapfer, wie du mir einredest, es ginge dir um Gold.«

»Du hast recht. Du kennst mich viel zu gut.« Sie sah ihm ernst in die Augen. »Es geht mir darum, als beste Bestienjägerin der Welt in die Geschichte einzugehen und mich von keinem anderen überflügeln zu lassen.«

Er machte kurz eine Bewegung, als wolle er sie umarmen, ließ es dann jedoch bleiben. »Nicht einmal von deinem Schüler?«

»Erst recht nicht von meinem Schüler!«

VII.

Sosylos hatte nach dem Kuss nie die Gelegenheit ergriffen, noch einmal mit Adherbal allein zu sein. Es war ihm so merkwürdig erschienen, als hätte der Tod sie in Verlegenheit gebracht: ihnen erst einen letzten, traurigen Kuss gewährt, um Adherbal dann doch weiterleben zu lassen. Stattdessen schlief er mit Sedaca, der im Heer der Ochsenhirte genannt wurde, obwohl er über Flussgottheiten gebot. Sedaca war jünger als Sosylos, aber nicht jung, muskulöser als Sosylos, aber nicht muskulös, und besser aussehender als Sosylos, aber nicht gut aussehend, und er war als freier Iberer weniger kompliziert, weil er nicht bei einem versklavten älteren Griechen sofort widerstreitende Anweisungen im Kopf hatte, was auf dem Lager mit ihm zu unternehmen war. Die, die von den zivilisierten Völkern – Griechen, Phöniziern, Karthagern, Römern – Barbaren genannt wurden, wollten meist lediglich herausfinden, wie man Spaß miteinander haben konnte, und den hatten sie dann. Das war erfrischend.

Sosylos war von der gemütlichen Sorte, genoss gern auf dem Rücken liegend, während Sedaca alle paar Augenblicke eine neue Idee hatte. Gerade hatten sie einen Kompromiss gefunden, der sie beide glücklich machen würde, Sedaca kniete andersherum über ihm und stöhnte mit vollem Mund, während Sosylos' kaum noch Kontrolle über die fordernden Bewegungen seiner liebkosenden Hände hatte, die wiederum Sedacas Stöhnen begünstigten. Als sie beide schon ziemlich in Flammen standen, begann im Zelt etwas anderes zu brennen: Mit durchdringendem Gestank qualmte der Sack mit dem Hydrahaupt, keinen Schritt vom Lager entfernt.

Sie fuhren auf und auseinander. Sedaca stieß sich zwar den Kopf an Sosylos' Knie, ergoss trotzdem ein paar verunglückte Spritzer auf die Decke. Sosylos sprang auf, trat erst ratlos auf der Stelle, packte dann die Decke und schlug auf das Hydrahaupt ein, doch statt die Flammen zu ersticken, fing das Gewebe Feuer. Immerhin das konnte er mit den Sohlen von Sedacas Sandalen ausschlagen. Sedaca schüttete gewässerten Wein über das Hydrahaupt, was diesem herzlich egal war. Hungrig verschlangen die Flammen den vermoderten Schädel und verbreiteten einen durchdringenden Gestank nach verkohltem Fleisch und brennendem Öl. Sedaca sammelte Schwert samt Scheide vom Boden auf und beförderte damit den Kopf von der Zeltwand weg, bevor diese Feuer fangen konnte. Nun lag er in der Mitte des Zelts, zum Schneiden dick sammelte sich der Rauch, und die beiden Männer gaben auf, warfen sich Tuniken über und flohen nach draußen.

Hilflos sahen sie dem Brand durch die geöffnete Zeltklappe zu – Neugierige rannten herbei, schließlich sogar Hannibal, denn Sosylos' und ihr Zelt waren immer direkte Nachbarn. Sosylos wusste nicht, was er sagen oder empfinden sollte. Er fragte sich, ob er es spüren würde, wenn die Hydra starb. Ob das Band zwischen ihnen spürbar zerreißen würde. Ob es schmerzen würde – ob es bereits schmerzte und er es nur noch nicht fühlte, wie bei Soldaten, die zunächst nicht merkten, dass ihnen etwas abgeschlagen wurde.

»Der Schlangenkopf«, erklärte Sedaca Hannibal mit dem Drang eines Mannes, der sich angesichts Ranghöherer rechtfertigen muss. »Er hat einfach so angefangen zu brennen!«

Hannibal starrte in die dunklen Wolken, die dem Zelt überall entkamen, die Miene ebenso düster wie der Rauch.

»Es ist Öl«, brachte Sosylos hervor. »Die Hydra ist mit Öl übergossen worden.«

»Was ist mit Adherbal?« Hannibals Frage war müßig. Wer wusste schon, was mit Adherbal war? Er war unterwegs, immer auf der Suche nach neuen Bestien – und mit einer Botschaft an Tamenzut – und war nun vermutlich mit seinem nassen Reittier verbrannt.

»Mach schon, Ochsenhirte!«, fuhr Hannibal Sedaca an. »Geh nachsehen, was mit den Bestien ist, die Adherbal gefangen hat! Unterwerft sie, falls sie frei sind, oder versucht es zumindest!«

Sedaca warf Sosylos noch einen Blick zu, dann rannte er los, Schwert, Scheide und Gürtel in der Hand, die Tunika gurtlos um seinen eben noch vertrauten Leib schlackernd.

Langsam brannte der Schädel aus, ein schwarz verkohltes Stück ungeheuren Lebens mit zwei leeren Augenhöhlen, die ihnen aus dem von einem tapferen Öllämpchen erleuchteten Zelt entgegenblickten. Ein Windhauch stieß die fettige Rauchsäule nach Osten davon, und damit zerbröselte der schwarze Schädel, löste sich auf, wie Ungeheuer sich auflösten, wenn sie zu viel erleiden mussten. Wie der Stier am Rhodanus zerflossen war, so ergab sich die Hydra dem Wind. Ein Monster war tot. Und sein Jäger?

Doch die anderen Bestien blieben ruhig.

»Wenn er nicht tot ist und nicht zurückkehrt«, sagte Hannibal ohne eine Regung in der Stimme, »dann haben ihn wohl die Römer.«

VIII.

Fulvia hatte ihren Teil der Unternehmung erledigt: Nach Sonnenuntergang hatte sie dem Salier schöne Augen gemacht, der am rückwärtig gelegenen Eingang zu den Verliesen des Marsheiligtums Wache stand. Er hatte sie für eine Wölfin gehalten und war nicht abgeneigt gewesen, dass sie ihm den Dienst gegen ein paar Münzen versüßte. Verantwortungsvoll, wie er war, gedachte er schließlich nicht, seinen Posten dabei zu verlassen. Der Wein, den Fulvia mitgebracht hatte, und das Schlafmittel darin hatten ihm jedoch ganz andere Freuden beschert als gedacht und in Somnus' Welten entführt. Sie wagte zu hoffen, dass der Salier sie später nicht zuverlässig würde beschreiben können – es war bereits dunkel, das Gift würde seine Erinnerung trüben, und sie hatte sich wie eine billige Wölfin zurechtgemacht und geschminkt.

Ein Pfiff, und Caras tauchte mit einem Dutzend Männer und Frauen auf, die untereinander Iberisch sprachen. Sie zogen drei Karren mit sich.

»Wollt ihr da den Minotaurus draufsetzen? Oder den Riesen Cacus?«, spottete sie.

»Die werden selbst laufen müssen«, knurrte Caras und probierte einen großen Schlüssel nach dem anderen aus. Sie hatten Glück, einer passte auf die Tür unter dem Heiligtum der Salier. »Los jetzt«, kommandierte er seine Leute ins Innere.

Fulvia blieb allein zurück, huschte zu der Stelle, an der die Gasse in die großzügige Straße zwischen die Patrizierdomūs mündete, und stand Schmiere.

Da löste sich ein Schatten aus der Dunkelheit und kam geradewegs auf sie zu. Vielleicht ein Klient auf unzeitigem Weg zu seiner Werkstatt im vorderen Teil der Herrenhäuser? Ein Pater Familias, der sich von einer Geliebten heimschlich? Sie entschied, das Warnsignal noch nicht zu geben, und schüttelte testweise die Amphore mit dem Wein; es war noch ein wenig darin. Vielleicht hatte sie noch einmal Glück mit demselben Trick. Mit schwingender Hüfte schritt sie ihm entgegen und stellte zufrieden fest, dass die Goldarmreife das Mondlicht in der finsteren Straße fingen.

Sie erkannte ihr Gegenüber erst, als es fast bei ihr angekommen war, und schrak sofort aus der Wölfinnen-Pose in die Mutter-Haltung. »Aulus! Was beim Iupiter treibst du hier?«

Der Junge reckte das Kinn vor. »Die Frage ist, was du hier treibst! Ich war beim Marsheiligtum und hab dich gesehen, aber ich konnte gar nicht glauben, wie du herumläufst. Dann warst du verschwunden ... und jetzt stehst du mit Wein in einer dunklen Gasse!« Er war rechtschaffen erschüttert.

Ertappt raffte sie das Schultertuch über ihren Ausschnitt. Wie gut, dass er nicht aufgetaucht war, als sie den Salier verführt hatte. Oder als Caras und seine Leute ... Schweiß brach ihr aus. »Das ... ist meine Sache. Was schleichst du nachts auf dem Palatin herum?«

»Auf einmal willst du das wissen, ja? Ich schleiche mich doch ständig nachts raus. Du kriegst aber nichts davon mit, weil du selbst ständig weg bist ... und weil du dich einen feuchten Dreck für uns interessierst!«

Sie zuckte zusammen. Er schlich sich ständig davon? Und sie hatte nichts davon mitbekommen?

»Ich bin eine erwachsene Frau und darf ... nachts ein Heiligtum besuchen. Bleibt also noch die Frage, was du hier zu suchen hast!«

»Bestien! Die Salier bringen sie neuerdings nachts zum Circus Maximus und auch wieder zurück – die einzige Gelegenheit, einen Blick auf sie zu werfen. Auf dem Hinweg war Decimus noch dabei, aber er musste nach Hause. Und welchen Gefallen hast du denn wohl an Mars gefunden, *Mutter,* dass du nachts beten gehst, und das in so einem Aufzug?«

»Ich fürchte eben um Rom!« Sonst scherte er sich doch auch nicht um ihre Belange!

»Oh! Du hast einen Liebhaber, nicht wahr? Du willst davonlaufen und uns im Stich lassen! Ich bin bald erwachsen, dann kann es mir egal sein.« Seine Stimme verriet, dass es ihm alles andere als egal war. Es musste ihn ängstigen, mit seinen kleinen Geschwistern allein dazustehen.

»Ich verspreche dir, ich habe keinen Liebhaber, und ich lasse euch nicht im Stich.« Es fiel ihr schwer, gelassen zu klingen. »Aber du musst jetzt verschwinden. Es ist nachts zu gefährlich auf den Straßen. Geh nach Hause!«

»Erst wenn du mir sagst, warum du hier bist, warum du ständig nachts weg bist!« Er versuchte, an ihr vorbei in die Gasse zu spähen, die bergab zum tiefer im Hang gelegenen Kerkereingang führte. Er konnte den bewusstlosen Salier in der Dunkelheit unmöglich sehen.

»Das verstehst du nicht. Gehorche deiner Mutter und geh!«

»Du bist nicht meine Mutter – noch ein Jahr und ich bin erwachsen wie du! Ich gehe erst, wenn ich weiß, was hier vor sich geht.«

»Ich bin aber schon weit länger erwachsen und weiß, was gut für dich ist!« Immerhin war sie es schon mit zwölf geworden, da Mädchen früher ins heiratsfähige Alter kamen, und dieser Quälgeist würde es erst mit vierzehn sein. Wäre sie doch nur ein Mann oder hätte nie geheiratet, dann müsste sie sich nicht mit einem Stiefhalbwüchsigen herumschlagen!

Sie rang mit sich. Sie konnte ihn unmöglich einweihen, doch eine gute Lüge fiel ihr auf die Schnelle auch nicht ein. Was, wenn sie sich seine Liebe für Bestien zunutze machte?

Er mochte recht damit haben, dass sie kaum älter war als er, aber sie war eine Frau und er ein Kind.

»Bona Dea, gut, ich sage es dir.« Sie senkte die Stimme, bis sie sich selbst kaum noch hörte. »Wir befreien die Bestien ... Caras und ich und ein paar andere.«

Er keuchte ungläubig. »Bei allen Göttern ... warum das denn?«

»Sie gehören nicht eingesperrt. Sie sollten frei sein. Findest du nicht auch?«

»Natürlich nicht!« Er starrte sie an, als sei sie irre. Sein neuster Wachstumsschub verlieh ihm die Größe eines Mannes, aber die Unbeholfenheit eines Kindes. »Sie machen uns die Stämme gefügig. Willst du, dass sie aufmüpfig werden? Was meinst du, was das mit meiner Karriere macht, wenn ich erst ein Mann bin?«

Er lastete schon auf ihm, dieser Fluch der Männlichkeit, der jeden Römer erfasste. Doch mehr brachte er nicht hervor, denn der Blick über ihre Schulter ließ ihm den Mund offen stehen. Sie fuhr herum und sah, dass Caras' Leute mit einem einzelnen Öllämpchen aus dem Kerker in die Gasse traten und eine gefesselte Harpyie auf einen Wagen manövrierten, dicht gefolgt von einer Silhouette, die nur der mit Speerspitzen und Pfeilen übersäte Keiler sein konnte, den sie auf der Pompa gesehen hatte. Zwei weitere Iberer zogen ein Pferd aus dem Keller, das bei jeder Bewegung einen nicht gerade unauffälligen Glöckchenklang von sich gab. Aulus riss bei dem Geräusch die Augen auf, sicherlich wusste er sofort, um welche Bestien es sich handelte.

Aber wo ist der Minotaurus?, schoss es Fulvia durch den Kopf, bevor sie ihren Ziehsohn bei beiden Schultern packte.

»Gut, du magst nicht einverstanden sein, aber du hast die Gelegenheit, die Bestien von Nahem zu sehen!« Sein Gaffen war Antwort genug. »Wir diskutieren später darüber. Und kein Wort zu deiner Schwester, die plaudert es nur Paulla aus!« Paulla war die Sklavin der Nachbarin, die Fulvia zum

Kinderhüten ausgeborgt hatte. »Geh nach unten, sag Caras, ich hab dich geschickt. Er wird fluchen, aber er wird dich mitnehmen.«

Aulus wankte an ihr vorbei, und endlich konnte sie ihren Dienst wiederaufnehmen und die Straße im Blick behalten – und zu spät erkennen, dass ein größerer Pulk die Hauptstraße bergauf marschierte. Die Männer gingen zielstrebig und schnell und waren selbst im Mondlicht einigermaßen zu erkennen – wahrscheinlich hatten sie ihrerseits Fulvia noch nicht ausmachen können, aber sie waren näher, als ihr lieb sein konnte. Eine Gruppe aus Saliern und Legionären, zahlenmäßig schwer zu schätzen, mindestens so viele wie Caras' Leute. Und sie hatten ein Ungeheuer in ihrer Mitte – das schlangenbedeckte geierköpfige Etruskerbiest. Es schritt neben dem Mann her, der seit seiner Rückkehr überall auftauchte, wo er Fulvia das Leben als Spionin verleiden konnte: Scipio. Er hielt einen Speer mit schmutzig dunkler – blutiger? – Spitze in der Hand. Das Biest war nicht gefesselt, stattdessen wurde ein Mensch in Ketten mitgeschleift. Ein Mann mit dunklem Bart und kurz geschorenem Haar, von Legionären umringt, als sei er gemeingefährlich – oder zu kostbar, um seine Flucht zu riskieren. Die Kleidung des Mannes war ihr fremd ... Kurz kam ihr der Gedanke, dass Scipio Hannibal gefangen hatte und den Punier nun ganz ohne Triumphzug durch Rom zerrte, aber nein. Das wäre ganz und gar gegen Scipios Naturell.

Sie pfiff den Anfang vom *Iberischen Mädchen* in die Gasse hinein. Schnell entfernte sich der erste Karren in die andere Richtung. Hoffentlich war Aulus dabei.

Fulvia eilte zurück zu Caras.

»Wie viel Zeit bleibt uns?« Caras drehte den zweiten Karren herum.

»Gar keine! Sie sind fast hier!«

Caras gab einen Befehl auf Iberisch, woraufhin zwei seiner Kumpane das dritte Gefährt quer in die Gasse manövrierten und umstürzten.

»Das wird nicht reichen, da klettern sie drüber. Es sind viele – kampferprobte Leute! Und sie haben eine Bestie, den Tuch... Tuchulcha!«

Sie hörten jetzt bereits Rufe von der Straße.

»Dann soll sie das hier beschäftigen!« Caras entriss einem Mitstreiter die Zügel der glockenklingenden Stute, ließ sie los und hieb ihr kräftig aufs Hinterteil.

Sie wieherte und sprang mühelos ein Dutzend Schritt weit über den Wagen. Ein Laut wie ein tönender Gong erklang, als sie aufkam. Die Legionäre auf der Straße schrien und fluchten, Hufe galoppierten schallend.

»Weg hier!« Caras setzte sich mit dem zweiten Karren in der Dunkelheit der Gasse in Bewegung – hinab in Richtung Subura. Fulvia packte mit an, doch durch die Schatten hinter den Gärten der Domūs kamen sie quälend langsam voran, verfolgt vom Chaos der Schreie, Schritte und Befehle.

»Wo ist der Minotaurus?«, fragte sie keuchend. »Und der gallische Hahn und all die großen Bestien?«

»Tiefer sind wir nicht gekommen. Die untere Ebene ist bewacht!«

Caras' rechte Hand, eine kräftige Freigelassene mit kurz geschnittenen Haaren, winkte sie voran und drängte auf Latein: »Sie schneiden uns auf der anderen Seite der Gasse den Weg ab, wenn wir uns nicht beeilen! Die Karren machen uns zu langsam, lass sie zurück!«

»Auf keinen Fall!« Caras griff mit beiden Händen einen verschlossenen Bienenkorb, der auf dem Wagen stand und in dem sofort ein nervenaufreibendes Summen angestimmt wurde. »Dann beschäftigen wir sie eben noch etwas, und diesmal wird es schmerzhaft.«

Damit rannte er voraus, und Fulvia betrachtete mit Entsetzen, wie er in die Mündung der Gasse einbog, den Korb mit aller Kraft gegen eine Gartenmauer links von ihm schleuderte und die Öllampe gleich hinterher. »Nichts wie weg!«

Brennendes Öl und schwirrende Insekten barsten mit unheilvollem Dröhnen auseinander, wie eine wolkengestaltige Furie, die nach Rache dürstete. Mit etwas Glück würde ihr Fluch nicht den Schuldigen treffen, sondern den Nächstbesten, der versuchte, ihnen den Weg abzuschneiden – hoffentlich Scipio!

Fulvia rang nach Atem, sie stemmte sich umso mehr gegen die Trägheit des Karrens. Hinter sich hörte sie die schriller werdenden Schreie der Verfolger, die in einen legendär wütenden Schwarm Bienen gerannt waren.

IX.

Tag und Nacht hetzte sie den Leviathan oder der Leviathan sie. Die Legenden, die das tiefste Biest umrankten, waren in den jüdischen Schriften festgehalten: Niemand könne es beherrschen außer dem einen Schöpfergott, der damit täglich zu spielen pflegte; niemand könne es mit einem Haken ziehen, es zum Kampf reizen, die Wehr seiner stolzen Schuppen durchschlagen.

Tamenzut war auch deshalb so gut, weil sie nicht den Hochmut besaß, solche Zeugnisse gering zu schätzen. Natürlich konnte sie den Leviathan nicht mit einem Haken ziehen – dafür hatte sie Skylla gefangen, die wie ein Köder an einem Seilzug befestigt war. Natürlich reizte sie ihn nicht zum Kampf – nur zur Verfolgung, indem sie Skylla immer wieder in die Tiefe sandte. Und natürlich durchschlug sie auch nicht seine Schuppen, sondern ermüdete ihn, bis sich ihr die Gelegenheit bot, ihm die Stirn zu durchschlagen.

Doch bislang hatte sie nur einmal sein Maul gesehen, als er nach Skylla geschnappt und dabei – weil die Seeleute sie rechtzeitig in die Höhe gezogen hatten – fünf Ruder und die

Reling am Heck zertrümmert hatte. Es war alles wahr, was man über den Leviathan sagte: gewaltige Dreieckszahnreihen in einem schmalen Maul, das so lang wie die Pentere war, wulstige bösartige Äuglein auf dem krokodilartigen Schädel, der in einen Leib überging, den Tamenzut nicht ausmachen konnte, denn um ihn herum brodelte das Wasser in einem Chaos aus Flossen oder Fangarmen oder Gliedmaßen. Sie waren gerade so mit aller Kraft und der Gunst von Aiolos, dem griechischen Herrn der Winde, entkommen. Den Speer hatte sie nicht einmal geschleudert – dieses Biest war nicht zu beherrschen, noch nicht. Es verachtete alles, was hoch war, so hieß es in den jüdischen Geschichten, und das Höchste, was es gab, war das, was Tamenzut anstrebte: die Herrschaft einer Kreatur über die andere.

Sie mussten es erst zermürben. Sie hatte dem mittlerweile völlig erschöpften Hauptmann des Schiffs gesagt, was es ermüden würde.

Onophrios hatte ihr zugestimmt und der Besatzung verkündet: »Die ersten Strahlen der Morgensonne werden wir auf Syrakus funkeln sehen!«

Wenn der Wind nur auf ihrer Seite war. Wenn die Männer unter Deck nur weiter um ihr Leben ruderten. Sie waren nicht genug, um zu rotieren, also ruderte nur jedes zweite Ruder, und die anderen versuchten, unruhig zu ruhen, bis wieder Alarm getrommelt wurde und alle auf ihre Plätze mussten. Aber auch die Seeleute an Deck waren am Ende ihrer Kräfte. Seit Skylla die Bestie aus ihrer Lauer in den Tiefen der Ionischen See gelockt hatte, hatten sie keine Ruhepause gehabt. Tamenzut befand sich in einem deliriösen Zustand, all ihre Konzentration auf die monströse Nymphe und ihre Hundeleiber gerichtet, die unermüdlich zum Leviathan hinabstießen und nach seinen Augen schnappten, nach seinen Nüstern, nach seinem Bauch – und doch nirgends eine Schwachstelle fanden.

Das mussten sie auch nicht. Sie hielten Kurs auf Syrakus. Nicht direkt in Hannibals Auftrag, den hatte sie Hauptmann Onophrios verschwiegen. Aber einer griechischen Stadt gegen eine römische Flotte beizustehen war sowohl in König Philipps als auch in Hannibals Sinne, und Tamenzuts Plan, den Leviathan zu ermüden, bis sie ihm einen Speer in die Echsenstirn rammen konnte, kam das Vorhaben ohnehin entgegen.

Momentan ermüdeten jedoch vor allem die Menschen. Tamenzut wusste nur zu gut, wie ausdauernd mythische Biester waren. Doch wenn sie ihn erst zwischen die römischen Penteren gelockt und dort seine Zerstörungswut gefüttert hatte, würde sich ihr schon eine Blöße auftun.

Sie sahen Syrakus nicht erst in den Strahlen der Morgensonne, denn auf den Mauern brannten Feuer. Taghell hatten die Syrakuser ihr komplexes Bollwerk aus Mauern und Verteidigungsanlagen, Türmen und Brüstungen erleuchtet, wie ein Theaterstück, das nur für die Götter sichtbar war – und für jene, die sich vom Westen näherten, wie eine von einem Leviathan gejagte Pentere.

Tamenzut hatte zu wenig Erfahrungen mit allem Militärischem, um sagen zu können, ob die Belagerung einer Mauer mithilfe von Schiffen ein seltener Anblick war, doch die Reaktion der Seeleute um sie herum zeigte es. Je mehr im Näherkommen sichtbar wurde, umso lauter wurde das Erstaunen. Die römische Flotte hatte ihre Fünfruderer zu Belagerungsmaschinen umgerüstet: Immer zwei von ihnen waren aneinander befestigt worden, und über eine Seilrolle am Mast – ganz ähnlich dem Angelkonstrukt, an dem Skylla als Köder hing – waren gewaltige Leitern angebracht, die so hoch wie die Mauer gezogen werden konnten. Sie waren von einer Brustwehr geschützt, und an der Leiterspitze befand sich eine Plattform, auf der Legionäre standen – das Fackellicht wurde von Helmen und Kettenhemden zurückgeworfen. Die beiden Schiffe zu manövrieren, die als Basis dafür dienten, musste ein nautisches Kunststück sein, das offenbar bislang nicht von Erfolg gekrönt war: Über einen Mauerabschnitt ragte ein noch größeres Konstrukt aus Holz und Seil, als hätten Römer und Syrakuser einen Wettstreit im höchstmöglichen Leiterbauen begonnen. Doch dieses Ding da sei eine Art Greifarm, verkündete ein Offizier, der sich neben Tamenzut in den Bug stemmte. Der Greifer versuchte – gesteuert von hinter der Mauer – die feindlichen Leitern oder sogar die Schiffe zu packen.

»Vielleicht brauchen sie gar keinen Leviathan«, rief Onophrios und lachte. »Sie haben einen Archimedes!«

Es war eine Rangelei unbelebter Mechanismen – die Schiffe, ihre Leitern, die Kräne, ihre Greifer. Die Menschen dazwischen wie Krabbeltiere, die sich unwissend darauf niedergelassen hatten. Doch obwohl an der Mauer angeschwemmte Trümmer davon zeugten, wie die Belagerung bisher für die Römer gelaufen war, gelang es diesen Krabbeltieren jetzt, einen der Greifer zu erstürmen. Die metallenen Zangen hatten sich in einen Bug von zwei verbundenen Schiffen vergraben, waren dort jedoch so verkantet, dass sie nun ihrerseits von Legionären an Bord genutzt wurden, um die Reste einer zertrümmerten Leiter anzulegen und den Greifarm zu erklimmen. Von der Mauer hagelte es Steine und Wurfspeere, doch die Legionäre schwärmten unaufhaltsam die Mauer hinauf.

»Ich denke«, brachte Tamenzut hervor und musste darum kämpfen, überhaupt zu denken, »es ist ganz gut, dass wir hier sind. Bring das Schiff näher heran!«

Konnte sie den Leviathan dazu bringen, römische Schiffe zu zerbeißen? Konnte sie mit Skylla seine tiefseeisch-blinde Wut lenken? Sie wusste es nicht, doch im Kielwasser des Giganten schäumten die Wogen, prallten aufeinander, strudelten umeinander – die Römer konnten bei diesem Seegang zumindest keine Leitern mehr errichten.

Onophrios gab Befehle, der Flötenspieler, der sie den Ruderern weitergab, schlug ein schrilleres Pfeifen an, die müde Pentere wurde spürbar schneller, ein letzter Spurt, ohne dass Tamenzut sagen konnte, wo und wie er enden würde.

Doch, es gab eine Möglichkeit, dieses Rennen ohne Schaden zu einem Ende zu führen, und der bestand in ihrem Speer in der Stirn des Leviathans. Auch ihr Herz nahm den Takt der Trommel an, ein Kriegsrhythmus, ein Schlachtrhythmus, und durch Tamenzut spürte ihn Skylla. Ihre sechs im Wasser pulsierenden Hundeleiber wurden gieriger und wagemutiger.

Seeseitig begleiteten kleinere Schiffe die römischen Belagerungspenteren. Tamenzut wusste, dass es klug wäre, Schutz hinter einem der Schilde zu suchen, um nicht das Opfer geschleuderter Pila zu werden, doch das erlaubte der Puls nicht, der diese Jagd erfüllte. Breitbeinig stand sie im wuchtigen Bug des Schiffs, den Speer erhoben, und ein Jagdgesang gellte aus ihrer Kehle, der hier, inmitten von Wasser, die Erinnerung an Wüste brachte.

Onophrios ließ das gewaltige, breitere und längere Schiff in ein Rammmanöver übergehen, und als die Römer kurz vor dem Zusammenprall in Hektik verfielen, ließ er es abdrehen. Die Männer an den Rudern, die Seeleute am Segel, sie gehorchten ihm, wie der Leib der Skylla Tamenzut gehorchte.

Die Soldaten an Bord gaben der Skylla auf Tamenzuts Befehl hin mehr Seil, und das Biest schoss voraus, unter die römischen Schiffe, wo Tamenzut ihr befahl, nach oben zu streben.

Pila wurden geschleudert, doch nur zwei schlugen in die Schilde der Seesoldaten ein, bevor die beiden Penteren vom Krokodilschädel des Leviathans zermalmt wurden. Tamenzut jubelte, sie war es, die das gewaltigste Ungetüm des Inneren Meers unter die Römer brachte! Sie lachte, als seine Zahnreihen sich schlossen, als Holz splitterte, Taue peitschten, Männer schrien, Segel rissen, Wasser schäumte. Und dann endete ihr eigenes lachendes Jubeln in einem abgehackten Schrei, dem der Atem fehlte. Das Brodeln der Wellen erfasste trotz des Beidrehmanövers auch das griechische Schiff, kalt peitschte eine Woge in Tamenzuts Gesicht, wie ein Echo des Schreckens, der sie erfasste.

Denn die Skylla ... Tamenzut spürte das Reißen von Fleisch, das Malmen von Knochen. Die Bestie wurde auf Zähne wie auf scharfkantige Felsen geworfen, die zuschnappten und ihren Leib zerteilten. Herrinnenlose Hundekörper zuckten im Wasser oder wurden zwischen Kiefern zu Brei zerstoßen. Der Leviathan tauchte zwischen den beiden Penteren aus dem Wasser auf, höher als die Segel, höher als die Mauern von Syrakus. Er warf den Kopf in den Nacken und ließ sich den Oberkörper der Skylla triumphal in den Rachen fallen. Und damit riss Tamenzuts Verbindung zur Bestie ab.

Es wurde Zeit, sich den nächstgrößeren Fisch zu unterwerfen. Er durfte nicht abtauchen, ohne dass er ihrer war! Kein anderer Gedanke als dieser trieb ihren Sprung an. Sie ließ die Pentere hinter sich, die Trommel, das Geschrei der Mannschaft. Sie überwand den tosenden gurgelnden schwarzen Abgrund zwischen den Schiffen, tauchte zwischen gebrochenen Planken auf, entkam dem Sog des Sinkens, kämpfte sich an einer fremden Reling hoch, schlug eine Hand, die sich an ihr retten wollte, beiseite – und dann war sie dort, wo die Kiefer des Biests wüteten, wo sie menschliches Fleisch ebenso kosteten wie menschlichen Erfindungsreichtum. Sie stieß den Speer ins Holz des Mastes, zog sich daran hoch, erwischte mit dem Fuß ein sirrend straff gespanntes Seil, zog den Speer wieder heraus – und stürzte sich hinab.

Das Krokodilmaul malmte. Tamenzut war die Speerspitze und der Fall und alles, was dem Speer Wucht verlieh, und sie fuhr aus der vom tiefsten Wesen verachteten Höhe auf Schuppen herab, die wie die Schilde einer Schlachtreihe ineinandergriffen. Sie fand die Stelle, ihr Speer drang zwischen zwei Schuppen in die Stirn des Ungeheuers. Der Speer klammerte sich am Biest fest, Tamenzut klammerte sich am Speer fest. Weiß schäumende See und der tiefblaue Geist der Kreatur schlugen über ihr zusammen.

Wer?, drang es in sie wie Wasser in ihre Nase. Ihr Kopf schien zu bersten von der puren Gewalt, die keine Antwort forderte. Die Frage war nichts als Wut. *Wer kann es wagen? Wer entsetzt sich nicht vor mir? Wer will mir gleich sein?*

Sie hatte keine Antwort, keinen Namen mehr. Keinen Willen. Nur ein Gedanke flammte auf, klein und unterwürfig – *nicht ich, ich nicht!*

Dann fort mit dir, Kreatur, befahl er, und sie konnte nicht gehorchen, sie waren zu tief, das Wasser war schwarz, der Druck auf ihrem Körper zermalmte sie zu dem Nichts, das sie in seinem Angesicht war. Er drehte sich um sie, im Strudel löste sich ihre Hand vom Speer, dann prallte sie aufs Riff seiner Zähne. Er tauchte auf, in das tosende Chaos aus sinkenden Schiffen. Sie kam nicht frei, eingeklemmt vielleicht zwischen seinen Zähnen, vielleicht zwischen dichten Schuppen, sie konnte nichts wahrnehmen außer dem Tosen des Wassers und dem Toben der Kreatur und ihren eigenen jämmerlichen Versuchen, Luft zu holen. Sie wusste nicht, wie lange der Kampf dauerte – Trümmer, Schreie, Wasser, Dunkelheit, in einem Reigen, dessen letzter Tanzschritt ihr Tod war. Eine Planke schabte ihr die Seite auf, sie schrie und atmete Wasser, hustete, würgte – und dann war sie frei, ein jäher schrecklicher Moment, als sich ihr Körper losriss, jedoch ihr Geist noch an jenem tiefen ewigen Verstand klebte wie ein lächerliches Insekt, das auf Haut zerschlagen war. Dann setzte der Schmerz ein, und er war so endgültig und grässlich, dass er sich auch in ihren Geist grub und ihn losriss vom Leviathan, der sie beherrschte.

Ihr Leib brach, als sie gegen die unbezwingbare Mauer von Syrakus prallte, abwärts inmitten der Trümmer eines Schiffs auftraf und mit zerschlagener Wirbelsäule zwischen Mauerfundament und brodelndem Meer zum Liegen kam. Sie konnte sich nicht bewegen. Ihr Speer war fort. Ihr Körper zerschlagen. Aber sie sah alles.

Wie der Leviathan abtauchte, wie ein zweites römisches Schiff zersplitterte. Nie erhob der Tiefe sich weit aus dem Meer, er glitt unter der Oberfläche dahin, von Strudeln umgeben, von einem Wellenberg gekrönt – und mit zerberstenden Schiffen im Kielwasser. Panikschreie von See. Der Jubel auf der Mauer wankte, kippte in Alarm. Gefangen in einem Nebel aus Schmerz konnte Tamenzut der Bahn des Leviathans nicht mit dem Blick folgen. Irgendwann tauchte der Wellenberg wieder vor ihren Augen auf. Auf dem Meer wogte ein Trümmerfeld. Einige Penteren hatten Glück, abseits der Todesbahn des Leviathans zu treiben – aber nur wenige blieben verschont. Der Zorn des Monstrums war noch nicht besänftigt, die Alarmschreie wurden schriller, die geläuteten Glocken schneller: Der Leviathan hielt auf Syrakus zu, schnitt durch Wasser, Planken und Leiber. Immer näher kam er Tamenzut an der Stadtmauer, und sie wollte einen Arm vors Gesicht heben, doch nicht einmal das gelang ihr – als hätte es einen Unterschied gemacht! Am mauergekrönten Felsufer schob er sich aus dem Wasser, triefend und brüllend und übersät von tiefseeischen Parasiten und Narben. Die gewaltige Schnauze eines Krokodils, der fettgepolsterte Leib eines Wals brandeten gegen die Mauer und zerstörte sie, als bestünde sie aus nichts als Lehm und Zweigen. Steinquader wurden durch die Luft geschleudert, und Kräne brachen wie Zahnstocher. Immer wieder hob und senkte sich der Meeresgott wie die Naturgewalt, die er war. Mit ungelenken Flossen schob er sich durch die Bresche ins unbezwingbare Syrakus, das Maul schnappte und malmte, und Soldaten fielen ihm von der Krone zwischen die Riffzähne. Das Crescendo von Schreien und Glocken übertönte sogar die wütende Bestie.

Tamenzut verlor das Bewusstsein, und als sie erwachte, tobte der Tiefe immer noch. Er wand sich in den Trümmern, unentschlossen, ob er sich in die Trockenheit der Stadt walzen oder ins Meer zurückkehren sollte. Die niedergerissene Mauer gab Tamenzut entlang der Küste den Blick auf den abgesperrten Kleinen Hafen frei – hinter dem Leviathan bewegten sich die Aufbauten eines gewaltigen Schiffs. Nein, kein Schiff, es musste größer sein als der größte Vielruderer der makedonischen Flotte. Es schob sich über die eigene Hafenbefestigung hinaus ins Meer: ein Schiff mit Beinen – nein, eine Schildkröte – nein, eine wahnwitzige Holzkonstruktion! Rauch stieg aus Schornsteinen auf, die Gliedmaßen ruderten wie von Geisterhand bewegt, um Fahrt aufzunehmen.

»Sie haben einen Archimedes«, flüsterte Tamenzut die letzten Worte, die sie an Bord der Pentere gehört hatte. Archimedes, der berühmte Mathematiker und Konstrukteur, der Syrakus mit Bollwerken, Mauerwerk und Kränen verteidigte, war auf seine eigene Weise in die Bestienkriegsführung eingestiegen: mit einem *automaton,* einem von Menschen geschaffenen Ungetüm.

Malmend und knirschend fuhr der Leviathan herum, der seit Menschengedenken nicht am Festland gesehen worden war: Keine hundert Schritt trennten die vollkommene Bestie aus Fleisch und Blut noch von der sichtlich unvollendeten aus Holz und Metall. Mit einem tiefen Ächzen ging der Leviathan erneut zum Angriff über.

Tamenzut schrie geblendet auf, als ein Lichtblitz auf dem künstlichen Panzer aufleuchtete, sich über sie und die Mauer tastete und auf dem Leib des Leviathans zum Ruhen kam. Sie blinzelte die tanzenden Lichtpunkte weg. Die lederbespannten Planken des Schildkrötenpanzers waren am höchsten Punkt gekrönt von einer Plattform, auf der ein ... sie blinzelte ... Rindvieh angebunden war! Größer noch als das Tier waren Spiegel aus polierter Bronze. Tamenzut begriff den Teil mit der Kuh sofort, denn sie hatte selbst jahrelang hier auf Sikelia nach dieser legendären Herde gesucht, ohne sie zu finden – der Rest erschloss sich ihr erst, als es geschah: Die Hörner der Kuh leuchteten heller als die Sonne selbst, der

Spiegel bündelte ihr Licht auf dem ozeanfinsteren Leib des Leviathans – in einem Punkt, der sofort zu glühen und zu qualmen begann. Die Bestie brüllte, das Licht der Hörner verblasste wieder – da schossen aus hölzernen Aufbauten Dutzende lange Speere. Der Schwarm aus Spießen prasselte auf das Meeresungeheuer ein, und jeder einzelne vermochte, was Tamenzuts Speer nicht vermocht hatte, und drang zwischen seine Schuppen. Die Bestie stieß einen gurgelnden, unterseeischen, unheimlichen Laut der Qual aus und warf sich zurück ins Wasser.

Erneut entflammte die qualvolle Helligkeit der Hörner. Dieses Rind stammte aus der Herde des Helios: die Macht eines Gottes, zur Waffe geformt vom Erfindungsgeist eines Menschen! So unterwarf man also das tiefste aller Geschöpfe. Tamenzut schien ihre eigene Methode primitiv, naiv – passend, dass sie noch im Sterben vorgeführt bekam, wie es richtig ging.

Fleisch zischte, als der Brennstrahl ein Auge fand und an dessen Stelle eine Wunde öffnete. Doch der Herr der Meere ließ sich nicht vertreiben, sondern wälzte sich voraus. Eine Salve an Geschossen wurde entfesselt, ohne ihn aufzuhalten. Holz barst, als seine Schnauze sich in die Flanke der Schildkröte grub.

Seitliche Klingen schnappten aus der Konstruktion, doch der Leviathan konterte mit Zähnen wie Felsriffen und einem Leib wie einer Sturmflut. Das Duell zwischen Fleisch und Bein gegen Holz und Stahl dauerte nicht lange. Leiber wälzten sich übereinander, maßen ihre Kraft – und ließen die Schildkröte in Trümmern zurück, die – teils brennend – im Hafenbecken trieben.

Wie vermessen, diese Gewalt zu versklaven oder ihr auch nur standhalten zu wollen. Wie vermessen von Tamenzut, wie vermessen von Syrakus! Die tiefste Tiefe duldete solche Dreistigkeit nicht, und jetzt wälzte sich diese Gewalt in die Richtung der – nicht genug – befestigten Halbinsel Ortygia.

Tamenzut hatte sie hierhergelockt, sie und ihr Hochmut hatten Syrakus auf dem Gewissen. Sie konnte die Schreie der Stadt hören, bevor sie in der Dämmerung ihres Lebens den vertrauten Wind eines Flügelschlags spürte.

X.

Es war ein Wunder, dass die Monsterjägerin noch am Leben war. Ein Wunder, dass die Sphinx – mit einer zweiten, nachgewachsenen Schwinge – zurück zum Heer gefunden hatte, obwohl sie doch so weit durch Italia gezogen waren – durch Gebiete, die nicht verbrannt und verheert waren und die sie nicht verbrannten und verheerten. Der campanischen Stadt Capua hatte Hannibal demonstrieren wollen, dass sie in Frieden kamen – Capua wäre ein wichtiger, vielleicht der eine wichtige Verbündete, den sie brauchten, damit die Bundesgenossen ihren Bund mit Rom überdachten und sich auf ihre Stärke besannen. Doch auch Capua hatte ihnen die Tore verschlossen und zögerte eine Antwort hinaus, sicherlich in der Hoffnung, dass irgendeine große Schlacht zwischen Römern und Karthagern ihnen die Entscheidung erleichtern würde.

Doch immerhin schien die Sphinx Verbundenheit zu den Karthagern zu empfinden. Sie war beim Zyklopenelefanten gelandet, direkt vor Hannibals Zelt, mit ihrer zerschmetterten Fracht auf dem Rücken.

Hannibal hatte Tamenzut nicht ins Lazarett, sondern in ihr eigenes Zelt bringen lassen. Die Sphinx lag mitten im Eingang, das flaumig behaarte Kinn auf die Pranken gebettet. Ihre unsymmetrischen Flügel waren an den Körper gefaltet, eine muskulöse sandfarbene und eine zarte fahlweiße, wie das Echo von etwas Totem.

Tamenzut blutete nicht oder nicht mehr. Sosylos wusste nicht, welchem Biest sie begegnet war, aber es hatte sie nicht zerbissen, zerrissen und zerfetzt, sondern ihr Inneres zertrümmert, als sei ihr Leib ein Sack voller Tongefäße, der so heruntergefallen war, dass kein einziges heil blieb. So beschrieb es auch der Feldscher, den Sosylos gerufen hatte. »Sie hat gebrochene Knochen, ich glaube, auch ihr Rückgrat ist zertrümmert. Mit Sicherheit blutet sie innerlich, Organe werden gerissen sein oder zerquetscht. Dass sie noch atmet und ihr Herz noch schlägt, kann nur bedeuten, dass sie dem richtigen Gott opfert.«

Das tat Hannibal auch, sie brachte dem heilenden Ešmun ein Rauchopfer dar und der schützenden Tanit ein Mahl aus guten Zutaten und Fleisch. Sosylos beobachtete sie dabei: Selten zeigte sie ihre götterfürchtige Seite, und die Zukunftsschau vor Schlachten nahm sie zur Kenntnis, ohne Konsequenzen daraus zu ziehen. Doch diesmal sah er einen Hunger nach Antworten in ihren Augen.

Nach dem Opfer zog sie sich einen Hocker an Tamenzuts Bettstatt und betrachtete die ältere Frau. Der Heiler hatte ihre feuchten, salzverkrusteten Kleider zerschnitten, darunter lag die goldene Maske auf der Brust, und als sie das sah, presste Hannibal die Lippen zusammen. So kehrte sie also zu ihr zurück! Tamenzuts Oberkörper war grausam deformiert und blauschwarz verfärbt von jenem Gewaltigen, in dessen Klauen sie geraten war.

»Ich brauche Nachrichten aus Syrakus«, forderte Hannibal von Sosylos.

»Sie können unmöglich schneller reisen als die Sphinx.« Er wandte das Gesicht ab vom nackten Körper, dem toten Gesicht Hannibals, den Verletzungen …

»Hast du gegen den Leviathan gekämpft?« Hannibal flüsterte so eindringlich, es hätte eine Tote wecken müssen, doch Tamenzuts Lippen bebten nur unter dem unermüdlichen Strom ihres Atems. »Du musst am Leben bleiben. Ich kann nicht Adherbal verlieren *und* dich. Was ist mit dem Elefanten, wenn du stirbst? Nein. Warte.« Sie senkte den Kopf. »Ich habe bereut, dass du gegangen bist. Dass ich die Offiziere an die Bäume schlagen ließ, hat mich keinen Moment meines Schlafs gekostet. Aber dass du fort bist, weil ich dein Feldherr war und nicht deine Schwester, das hab ich bereut. Wenn du mich hörst, dann wisse, dass das der Grund ist, aus dem ich dich zurück ins Leben hole. Nicht Syrakus, nicht der Elefant.« Ohne den Kopf zu drehen, bat sie Sosylos: »Hol mir die Marserschlange.«

Sosylos wurde kalt, doch er tat wie befohlen.

XI.

Oh, dachte Tamenzut, als ihr bewusst wurde, dass sie diesmal auf der anderen Seite stand.

Es machte ihr Angst, eine größere Angst, als sie es sich ausgemalt hatte, als sie noch lebendig gewesen war. Leben oder sterben, Schmerzen oder schlafen, weiterziehen in die kalte Wüste oder gefressen werden von Würmern – sie hatte immer gedacht, dass sie es tief in sich drin begriff. Begriff, dass sie in diesen Angelegenheiten nichts zu sagen hatte. Dass sie, wenn es an der Zeit war, etwas erkennen würde, was sie lange wie durch einen Vorhang gesehen hatte. Wie die Konturen einer Toten unter einem Leichentuch. Und dann würde alles jeden oder keinen Sinn ergeben, und sie würde in den Tod gehen, wie sie gelebt hatte. Schroff und anpassungsfähig.

Immerhin bekam der Tod alle, die weder Ungeheuer noch Gottheit waren, und dann konnte er so schlimm nicht sein.

Dieser Illusion hatte die Marserschlange sie beraubt, als sie Adherbal gerettet hatte. Sterben war kalt, orientierungslos ... ungerecht. Sie war nicht bereit dafür und spürte gleichzeitig, dass niemand jemals bereit gewesen war. Als wäre sie das erste Wesen, das je gestorben war, stand sie am Steinufer eines Eisflusses, und was sie nicht bekam, war Luft, und was sie bekam, war Panik. Sie fiel auf die Knie, schlug mit den

Armen um sich, zuckte und zitterte am ganzen Leib, und ihr Innerstes schien ihr brennend durch die Haut dringen zu wollen. Wie viel davon das Sterben war und wie viel der lange, dreieckige Schlangenkopf, der sich tief in ihrem Leib verbissen hatte, wusste sie nicht.

Auch der zweite Kopf biss zu, und die andere Seite stemmte sich dagegen und zog und spürte denselben Schmerz. Tamenzut fiel der Länge nach auf den Rücken und wurde durch splitternde Kälte gezogen. Sie hätte geschrien, aber ihre Kehle war verschlossen. Schmerz und Tod in ihrem Körper und dasselbe in ihrem Geist. Erinnerungen blitzten wie Wetterleuchten auf, peitschten wie Wogen auf sie ein, zerschlugen sie wie Hagelkörner, und durch sie erkannte Tamenzut, wer auf der anderen Seite zog: Sie erinnerte sich, wie sie einen Opferdolch durch die Kehle ihres Mannes zog, um nie wieder zu sein, wer sie gewesen war. Wie ihre Mutter in die Nacht ging, um das Opfer für die Bestie zu sein, das ihre Tochter weinend verweigert hatte. Wie sie ein totes Kind gebar, nach so vielen Stunden Hoffen und Schmerz. Wie Ahinoam, ihre erste Schülerin, zu Stein erstarrte und dann unter dem Leib des Basilisken zermalmt wurde. Wie sie den leblosen, halb nackten Leib ihrer Cousine Ledia in Sagunt fand und auf dem Schoß wiegte. Wie sie einer Geliebten half, ein Ungeborenes zu töten, das ihren Leib schon wölbte, mit blutigen Händen zwischen ihren Beinen. Wie sie sechs Männer hinrichtete und nicht dorthin zurückblickte, wo sie als Mahnung ihrer Macht an den Bäumen bluteten. Wie sie die Stirn der Sphinx durchschlug, in dem Moment, in dem die ihren so menschlichen Mund geöffnet hatte, um zu sprechen.

Halb waren es Hannibals Erinnerungen und nicht ihre, doch sie kamen, Schlag um Schlag, Blitz um Blitz, bis ihr Körper und ihr Geist aufgaben und ein letzter gewaltiger Schauder durch sie hindurchging.

Und sie eine Münze ausspucken ließ, die in ihrem Hals gesteckt hatte. Nein!, schrie Tamenzut mit ihrem ersten freien

Atemzug und tastete im Dunkeln nach der Münze. Sie brauchte sie, sie musste sie sich wieder auf die Zunge legen! Doch bevor sie sie finden konnte, spürte sie, wie sich die Giftzähne aus ihr zurückzogen, wie ein Schlangenkopf vorschoss und die Münze verschlang, bevor sich ihre Finger darum krümmen konnten.

Und damit wachte Tamenzut auf und atmete mit dem Schmerz eines Neugeborenen.

Hannibal tastete nach dem Blut an ihrem Hals, doch die Marserschlange hinterließ keine Wunden, auch wenn sie welche schlug. Sie waren schon geschlossen. Sosylos reichte ihr ein Tuch, seine Augen waren angstgeweitet, sie dankte ihm mit einem knappen Nicken, ohne die nach Atem ringende Monsterjägerin aus den Augen zu lassen.

»Ich sehe draußen nach …«, flüsterte Sosylos.

Hannibal hatte die Elefantin gehört, ihr Schnauben und Stampfen. Sie hatte die Flussgötter gehört, ihr tierhaftes Gebrüll, und das Biest der Allobroger, das zweikehlige Kreischen, das durchs abendliche Lager hallte. Sie hatte die Soldaten schreien hören, die glaubten, dass die Herrin dieser Biester starb und sie mit deren Rache zurückließ.

Vielleicht würde Sosylos da draußen auf Avarro stoßen, vielleicht auf Maharbal, mit gezückten Speeren, bereit, sich eine Elefantin zu unterwerfen und darauf dem Heer voranzuziehen, um diesen Krieg wieder zu einer Angelegenheit zu machen, die Männer betraf, ausschließlich Männer.

Niemand zählte die Frauen im Heer. Niemand zählte die Frauen, die Heere auf dem Weg zu hinterlassen pflegten; verletzt, vergewaltigt, verstoßen. Auch Sosylos war nicht anders, sie waren ihm unsichtbar, wenn er seine Zahlen niederschrieb. Und Hannibal bat ihn nicht darum, sie zu erheben, sie festzuhalten. Frauen, denen es so ergangen war, traten aus der Geschichte heraus in ein verschwiegenes Reich, das sie alle einander vererbten.

Als sich die Zeltklappe hinter Sosylos schloss, öffnete Tamenzut die Augen und atmete ruhiger. Sie sahen einander an, teilten immer noch blutige Träume.

»Ich ...«, brachte Tamenzut heiser hervor, und kurz sah Hannibal sich durch ihre Augen und sie durch die eigenen.

Hannibal hatte ihr so viel sagen wollen, doch jetzt, da sie es konnte, waren es nur leere Erklärungsversuche. Darüber, wie sie versuchte, die Kontrolle über etwas zu behalten, das sich nie wirklich in ihrer Kontrolle befunden hatte.

»Ich frage mich manchmal, ob *er* diese Kontrolle gehabt hätte. Ob Männer diese Kontrolle haben können«, sagte sie, als seien ihre Gedanken ein seit Stunden geführtes Gespräch. »Und dass ich sie nicht habe. Weil ich eine Frau bin.«

»Was für ein Schwachsinn«, flüsterte Tamenzut. »Du bist einfach nur nicht so gut darin, dir einzubilden, dass du die Kontrolle hast.« Stöhnend hob sie den Arm, der noch Momente zuvor in der Schulter gebrochen an ihrer Seite gehangen hatte, und presste ihn auf die Augen. »Macht ist eingebildet.«

»Nein.« Hannibal spürte harte Muskeln in ihrem Kiefer, eine allgegenwärtige Verspannung. »Macht ist ganz und gar nicht eingebildet. Kontrolle vielleicht, aber nicht Macht. Du hast es doch selbst gesehen, welche Macht es einem verleiht, allein wenn man einen Schwanz hat. Du hättest wohl kaum selbst einen, wenn er dir keine Macht geben würde!«

Tamenzuts andere Hand zuckte an den Gürtel, den sie nicht trug, tastete auf der rostrot blutigen Decke umher, krallte sich dann in den Stoff.

»Deine Kleidung ist hier. Ich nehme an, auch der Phallus.«

»Danke, ich brauche ihn gerade nicht.« Tamenzut lachte rau, doch Hannibal sah, dass sie weinte und es zu verbergen versuchte. »Wie ... warum bin ich hier? Warum bin ich nicht tot?« Plötzlich setzte Erschrecken ein: »Die Münze! Sie hat meine Münze!«

Hannibal nickte. Sie war dabei gewesen, als die Schlange die Münze verschlungen hatte, eine selbst in der Dunkelheit golden schimmernde Scheibe, so alt und abgewetzt, dass sie die Prägung nicht mehr hatte erkennen können.

»Was heißt das?«, flüsterte sie, doch es kam aus ihrer beider Münder, also wussten sie es wohl beide nicht.

»Die Sphinx hat dich hergebracht«, erklärte Hannibal das, was sich erklären ließ. »Sie muss dich selbst auf ihren Rücken gelegt haben. Sie war sehr vorsichtig, und du warst sehr schwer verletzt.«

»Der Leviathan hat mich leiden lassen für den Versuch, das Tiefste aller Tiefen zu unterwerfen. Und nach mir Syrakus.« Sie schnitt eine Grimasse und streckte den Rücken durch, dessen Muskeln ihr wieder gehorchten. Ihr muskulöser Leib zeichnete sich durch die Decke ab, und Hannibal betrachtete ihn mit dem Wunsch, so zu sein wie sie, kraftvoll und körperlich und älter – vielleicht vor allem älter.

Es gab so Dringendes mit ihr zu besprechen; was war in Syrakus geschehen, konnte sie Adherbals Monster übernehmen, bevor die Römer einen Weg fanden? Stattdessen sagte sie: »Die Schwinge der Sphinx ist nachgewachsen.«

»Monster kann man nicht ändern. Nicht wirklich.« Tamenzut presste wieder die Hände auf die Augen, setzte sich auf, zog die Knie an und schluchzte hinein. Am nackten Rücken traten die Wirbel hervor, unheimlich heil und ebenmäßig, und Hannibal streckte eine Hand aus und legte sie vorsichtig, Fingerbreit für Fingerbreit, zwischen ihre Schulterblätter. Tamenzut schüttelte sie ab. Tränen mussten an einem Ort wie diesem ungesehen bleiben. Ruppig wischte sie sie ab, griff dann nach Hannibals Hand und quetschte sie, als bereue sie, nicht berührt werden zu wollen. »Er hat mir eine Lektion erteilt. Der Leviathan. Ich wünschte, ich könnte sie mit dir teilen, aber ich hab keine Wörter dafür, nicht in meiner Sprache, nicht in einer von deinen.«

»Versuch es. Was nützt es, etwas zu wissen, wenn es sonst niemand weiß?«, forderte Hannibal und ertrug das lange Schweigen, das folgte.

Schließlich tastete sich Tamenzut vor. »Unsere Träume«, begann sie. »Du hast sie auch gesehen, wir haben sie geteilt. Richtig?«

Hannibal nickte, und sie dachte an das Kind, das sie verloren hatte. Wenn sie es nicht verloren hätte, dann wäre sie jetzt nicht hier, sondern würde irgendwo alles dafür geben, dass es lebte und kein Römer, kein Iberer, kein Karthager sich daran verging, um sich an seinem Vater zu rächen. Und vielleicht wäre das besser, wenn auch keine Geschichte, die jemand erzählen würde.

»Als du die Gewalt gesehen hast, die den Saguntinerinnen angetan wurde, da hast du gedacht, dass du Macht brauchst – und als du im Tempel von Gades warst, da hast du gedacht, du kannst sie haben; dass ein Toter und eine gute Geschichte sie dir verleihen werden.«

»Das habe ich nicht gedacht. Die Seherin ... sie hat mich ...«

»Sie hat deine Hand geführt? Dich an die Spitze eines Heers gesetzt?«

»Sie hat die Geschichte erdacht. Den Elefanten besorgt.«

»Hast du meine Erinnerung gesehen? Dass die Sphinx mit mir sprechen wollte und ich ihr einen Speer in die Stirn schlug?«

»Ja.«

»Verstehst du?«

»Nein!« Hannibal lachte, doch das Lachen verging, als Tamenzut ihre Hand mit finsterem Blick quetschte.

»Aber ich will es mit dir teilen, Schwester!« Ein verzweifelter Hunger, den nur Teilhabe stillen würde, lag in ihrem Blick.

Hannibal nickte. Sie waren noch verbunden, auch wenn die Schlange längst wieder in ihrem Korb ruhte und blutige Träume und goldene Münzen verdaute. Hannibal rutschte von ihrem Hocker und kniete sich neben die Bettstatt, legte ihre Stirn an Tamenzuts. Sie spürte, wie das Begriffene sich in der Älteren herumwälzte wie ein Ungeborenes, wie ein Parasit, wie ein Ungeheuer, das schlüpfen wollte.

»Es ist so groß geworden, es beherrscht die ganze Welt«, flüsterte Tamenzut, nahm die Goldmaske vom Hals und legte sie neben sich – ein wertloses Pfand, lächerlich! Was bedeutete schon Gold zwischen ihnen beiden?

»Der Leviathan?«

»Nein, nicht der Leviathan! Er gerade nicht. Er ist das Tiefste der Welt, und seine Macht ist, eben nichts zu beherrschen, aber gewaltig, so gewaltig zu sein, dass er Herrschaft widerstehen kann. Wir können das nicht mehr! Nicht mal die Sphinx konnte es!«

Hannibal spürte Tamenzuts Tränen in ihrer eigenen Kehle wie eine große Traurigkeit, die dabei war, alles zu zerfressen, was weich und auflösbar war, und nur die harten Kerne übrig zu lassen. Sie hatte Angst davor, doch sie wich nicht zurück. Tamenzut legte ihr die Hände an die Wangen.

»Ich weiß nicht, wie ich es dich verstehen lassen kann.« Es zitterte in ihrer Brust. »Wir können noch so viel Macht haben: Solange wir sie haben, füttern wir sie nur. Füttern sie und nicht uns. Nicht gegenseitig. Wir hungern uns aus, einander und uns selbst, und denken trotzdem, dass der Hunger das ist, was uns satt machen wird. Verstehst du das? Nein, du verstehst es nicht, ich kann es selbst nicht verstehen. Du hast Macht über ein Heer, ich habe Macht über Monster. Niemand sollte solche Macht haben, niemand. Aber wenn wir sie nicht hätten, hätten andere sie, und deshalb haben wir entschieden, dass lieber wir sie haben. Dass wir der legendäre Feldherr werden. Die legendäre Monsterjägerin.«

»Ist das ein Fehler?«, flüsterte Hannibal. Ihre Verbindung zog sie näher zu Tamenzut. Legte Lippen an Lippen, und als sie einander zu sehr von der Welt aufgeraut fanden, öffnete der Kuss ein weicheres Inneres. Etwas Seltenes, Ehrliches.

Sie begriffen das wenige, was sie begreifen konnten. Teilten es für einen kurzen Moment, ohne danach zu hungern, ohne mehr zu wollen, ohne es auch nur zu besitzen. Alles sollte so sein, aber das war es nicht.

Und damit lösten sie sich. Hannibal begann zu weinen, nur kurz, ein abruptes Gefühl von Verlust und Selbstbetrug, und dann war es an ihr, die Tränen fortzuwischen. Tamenzut öffnete den Mund, wollte etwas fragen, vielleicht einfach nur, wie es ihr ging, warum sie weinte. Aber dafür gab es keinen Platz an diesem Ort, in diesem Heer.

Es gab keinen Ausweg, also konnten sie genauso gut weitermachen – und das war vermutlich, was alle Menschen gedacht hatten, immer.

»Die Römer haben Adherbal«, stieß Hannibal hervor und kehrte in die Welt, wie sie war, zurück. »Sie halten ihn gefangen.«

XII.

Es war ein demütiger Weg. Tamenzut legte kein Stück davon per Schiff zurück, denn wusste sie, ob der Leviathan noch danach trachtete, sie zu vernichten? Und sie ritt auch nicht auf einem Pferd, denn zum einen zog sie als einfache, flüchtende Frau in (lästiger) griechischer Alltagskleidung wenig Aufmerksamkeit auf sich, und zum anderen tat es gut, sich zur Abwechslung nur auf die Herrschaft über sich selbst zu verlassen und nicht über andere Wesen. Natürlich taten ihr nun schon seit Tagen Beine und Rücken weh – die alltäglichen Schmerzen eines alternden Körpers hatte die Marserschlange nicht mit sich fortgenommen, als sie Tamenzuts Wunden geheilt hatte –, aber die Bestienjägerin hatte es nicht eilig.

Jeden Morgen tastete sie nach warmem sandfarbenem Fell, erwartete den tiefen goldenen Blick der Sphinx, wenn sie sich aufsetzte. Doch sie war allein – eine ebenso schmerzhafte wie lächerliche Erfahrung. Denn Tamenzut hätte sich auch zuvor schon als allein bezeichnet. Die Sphinx war zwar ihre stetige Begleiterin gewesen, und obwohl Tamenzut die unergründlichen monströsen Seelen antastete und wusste, dass sie so viel mehr waren als Tiere, ja, so viel mehr als Menschen, hatte sie diese verbündete, unterworfene Kreatur doch zu einem Reittier gemacht. Einem Reittier und einer Kriegsbestie, unermüdlich und gehorsam.

Seit zwei Jahrzehnten ritt Tamenzut auf ihrem Rücken, hatte so viel gelernt, so viele Bestien unterworfen und verkauft. Man mochte alle fragen, die etwas davon verstanden, und sie würden sagen: Niemand hat so viel Erfahrung wie Tamenzut, niemand beherrscht so viele Bestien. Oder zumindest würden sie es sagen, wenn sie ehrlich wären. Und das Handwerk, das sie gelernt hatte, hatte sie gemeistert, gar selbst geformt – es war real, es funktionierte, es war machtvoll.

Wenn sie darüber nachdachte, über das Wissen, das ihre Lehrmeisterin mit ihr geteilt hatte, über alles, was sie Adherbal gelehrt hatte, dann sah sie keine Lüge. Sie hatte sich nichts vorgemacht, war in einer gewaltvollen Welt keinen Illusionen aufgesessen, hatte das Beste daraus gemacht, ja, war die Beste geworden.

War das ein Fehler?

Meile um Meile ließ sie ihre Füße mal durch Staub, mal durch Pfützen stapfen – mal durch die Asche verbrannter Felder.

Was bedeutete es, wenn sie es einen Fehler nannte?

Jeden Morgen dachte sie schmerzlich an ihre alte Gefährtin, und stets kam der trotzige Gedanke, dass die Sphinx an ihrer Seite frei gewesen war, nicht in einen römischen Käfig gesperrt. Dass sie gemeinsam gegen Maharbals Reiter gekämpft hatten wie zwei Körper mit einem geteilten Willen; dass die Sphinx ihren zerschlagenen Leib geborgen und zurückgetragen hatte. Dass eine geknechtete Kreatur so etwas nicht tun würde.

Aber dann dachte sie an die Berichte, wie Sklaven das Leben ihrer Herren retteten. Wie schlecht ließen sich doch die vielen Bande von Herrschaft und Verbundenheit, die Menschen und Monster fesselten, in einen einzigen trotzigen Gedanken fassen! Und mit der Einsicht, dass ihr das eigene Leben und die Rückschau auf eigene Taten zu kompliziert wurden, trottete sie Tag für Tag weiter.

Nach einer Woche schloss sie sich einem Tross von Landflüchtigen an, der vor dem Winter noch Rom erreichen wollte. Latein verstand sie nicht und die Leute zu wenig Griechisch, und das war ihr nur recht. Die meisten von ihnen waren zu verdrossen, um viel zu fragen, und Tamenzut antwortete ohnehin immer, was sie hören wollten – mal: ja, sie war eine Sklavin aus Griechenland; dann wieder: ja, sie war eine Siedlerin aus einer der griechischen Koloniestädte (mal dieser, mal jener); oder: ja, sie war von Sicilia geflohen, jetzt, da die treulosen Punier die Insel erobert hatten. Abends schnitzte sie den Kindern krude kleine Bestien aus Pinien- oder Olivenholz. Ihren eigenen geschnitzten Talisman verwendete sie auch, einmal erfreute sie damit eine stille junge Frau, deren Mann von den römischen Werbern geholt worden war, und einmal einen noch gut aussehenden älteren Bauern, der sich an sie heranmachte und dann erfreut willkommen hieß, was sie zu bieten hatte. Es zögerte die Albträume hinaus, bei denen sie erst an einer Münze erstickte, nur um sie zu verlieren, sobald sie sie hervorgehustet hatte.

An einem Abend begann sie, so etwas Ähnliches wie einen Elefanten zu schnitzen, als sich ein schmuddeliges kleines Mädchen in ihre Nähe wagte. Sie hielt einen dreibeinigen Löwen in einer Hand. Die verrotzten Finger der anderen Hand streckte sie nach dem gerade erst Form annehmenden Elefanten aus, und seufzend übergab ihr Tamenzut das knorrige Stück Holz. Im Tausch drückte ihr das Kind den Löwen in die Hand. Es war ein abgeliebtes, glattgewetztes Spielzeug, doch die Mähne und der muskulöse Leib waren detailreich und riefen eine solche Sehnsucht in Tamenzut hervor, dass sie es umklammerte und hilflos zusah, wie Tränen ihr einen Vorhang vor den Blick zogen.

»Ich hatte mal eine Löwin«, sagte sie auf Griechisch zu dem Kind, das sich auf den Hintern setzte und den Elefanten »Muh! Muh!« machen ließ. »Sie hatte sogar eine Mähne und ein so schönes Gesicht. Ich hab ihr keinen Namen gegeben und ihr die Gelegenheit genommen, mir einen zu nennen, falls sie einen hatte.« Sie sah dem Holztier in die abgewetzten Augen. »Ich weiß nicht. Vielleicht ist es gut so. Einen Namen zu geben wäre eine Macht gewesen, die nicht einmal ich will.« Sie lachte. »Ich weiß, die ganze Welt gibt einander Namen! Sie hat ihn mir nicht zum Abschied gesagt. Ist sie jetzt frei? Bin ich es? Ich weiß es nicht.« Sie blinzelte die Tränen weg. »Ich weiß nicht, wie man die Biester freilässt. Ich hab es so getan, wie ich sie einem anderen Menschen übergeben hätte, aber ich hab sie stattdessen sich selbst übergeben. Hab ihr eine Wunde in die Stirn geritzt und sie selbst damit gesalbt, und ich hab gesagt: Ich übergebe dich dir, massylische Sphinx. Eigentlich wollte ich noch Danke sagen. Danke, dass du mich vor den Mauern von Syrakus gerettet hast. Danke, dass du mich all die Jahre begleitet hast. Danke, dass wir unsere Wut geteilt und ich nicht allein diese Männer töten musste. Danke, dass ich deine Herrin sein durfte.« Das alles hatte sie nicht gesagt, sie sagte es jetzt der Holzlöwin. Sie zog die Nase hoch. »Sie flog einfach davon, Flügelschläge mit einer goldenen und einer weißen Schwinge. Ich hab ihr nachgesehen, bis sie fort war.« Ihre Schultern bebten unkontrolliert. »Die anderen kann ich nicht befreien. Sie gehören Hannibal, und wenn ich sie ihr wegnähme ... Nein. So ist es eben. Keine dieser Bestien ist, was die Sphinx mir war. Ihr war ich es schuldig, und die anderen ... Nun, die müssen warten, bis ich tot bin.« Ihr Fingernagel grub eine kleine Furche in die Stirn des Holzlöwen. »Hannibal ließ es zu. Danach sagte sie zu mir, dass sie mich im Heer braucht. Auch ohne Sphinx, auch ohne Flügel. Weil Adherbal fort ist. Der Schreiber vermutet, ein Jagdschiff hat statt des tiefen Biests die Hydra besiegt und ihren Herrn gefangen – keine ganz so große Trophäe, aber nützlich. Einer ihrer Spione hat es bestätigt: Ein gefangener Numider ist in Rom.«

Das Mädchen stupste den Löwen mit dem Elefanten an, und Tamenzut ließ ihn ein paar Sprünge vollführen, bevor er sich in die Luft erhob und flog. Das Mädchen rief: »Ja! Ja!« und ließ auch den Elefanten fliegen.

»Sie werden Adherbal gegen Hannibal einsetzen, so viel ist sicher«, raunte Tamenzut düster. »Sie werden ihn quälen, bis er seine Bestien zu sich ruft oder – noch besser – bis er sie dazu bringt, das Heer zu verwüsten. Sie wissen genau, wen sie da gefangen haben. In diesem Krieg wissen alle viel zu viel übereinander und wenden die schrecklichsten Listen an.« Sie seufzte schwer. »Ich habe Hannibal gesagt, ich gehe und sehe selbst nach meinem Schüler. ›Was, wenn ich euch beide verliere?‹, hat sie mich gefragt, und ich habe ihr gesagt: ›Dann musst du ohne Bestien weitermachen.‹« Sie schüttelte den Kopf, und das Mädchen wischte ihr entschlossen die Tränen von den Wangen. »Aber wie sollte sie dann weitermachen? Wie soll ich weitermachen? Aber es nützt nichts, ich muss versuchen, ihn zu befreien.« Sie schluckte und schniefte, und das Kind verschmierte neue Tränen auf ihrem Gesicht. »Weil er doch noch nicht ausgelernt hat. Ich muss ihn die letzte Lektion lehren. Allein kann ich sie nicht lernen, auch bei Hannibal nicht.«

Eine schwere Hand legte sich auf ihre Schulter. Sie sog zischend den Atem ein. Was tat sie hier? Redete sich bei einem

Kind alles von der Seele, während Erwachsene in Hörweite waren – Erwachsene, die ihr numidisches Gemurmel im besten Fall misstrauisch machen würde, die es im schlimmsten Fall verstanden! Die Hand wanderte, ein Arm legte sich um ihre Schultern, als sich Titus neben ihr niederließ, ihre nächtliche Begegnung von vorgestern.

»Hannibal, schrecklich, schrecklich«, radebrechte er auf Griechisch. »Zu Hause alles kaputt? Brennt?«

Sie nickte. »Alles brennt«, bestätigte sie trocken und wusste, dass heute Nacht vor allem Titus für sie brennen würde.

XIII.

»Wie lange noch? Wie lange soll das noch so gehen?«

»Es ist die einzig kluge Entscheidung, Maharbal«, gab Sosylos zurück.

»Und das ist das Problem.« Maharbal schnaubte unwillig wie die Stute, die er über den nächtlichen Pass führte. Sie verließen das Tal ohne Fackeln und erst recht ohne eine Schlacht – aber dafür lebendig.

Der Herbst war als ewiges Hinhaltemanöver vergangen, und Sosylos war es ebenso leid wie der Reiterkommandant. Vor Wochen hatten die Späher ein Tal westlich von Capua ausgemacht, das von der Taktik der verbrannten Erde, die der warzige Dictator Fabius anwendete, verschont geblieben war. Das Heer litt noch keinen Hunger – aber für den Winter reichte nicht, was sie zusammengeplündert hatten, und so hatte Hannibal gehofft, ein Winterlager im Tal errichten zu können. Solch ein Lager wäre eine geduldig ausgestreckte Hand Richtung Capua und zugleich eine Vorhersage Richtung Rom, eine Drohung, ein Wunsch fürs nächste Frühjahr: Lasst uns den Krieg weiterführen, dem sich euer Dictator entzieht! Im Winter würden neue Konsuln bestimmt, und die

Spione berichteten, dass sie kriegshungrig sein würden, egal, auf wen die Wahl fiel.

Qarthalo und Mago hatten versucht, Hannibal dazu zu bewegen, über den Winter Capua zu belagern wie einst Sagunt, doch selbst Maharbal war dagegen gewesen. Wozu sollten sie anfangen, sich die Zähne an Städten auszubeißen, die nicht Rom waren? Sie waren doch der großen Stadt am Tiber so nah, wenige Tagesmärsche trennten sie!

Hannibal hatte das Tal entlang des Flusses plündern lassen. Alle Scheunen und Speicher wurden leer geräumt, alle Dörfer und Höfe angezündet. Das Tempo war gemächlich, Hannibal hielt das Heer zusammen, und selbst Maharbal gehorchte, weil er sah, wie gut man von diesen Obstbäumen hängen konnte. Die Menschen, die hier gelebt hatten, flohen mit dem Nötigsten, und Hannibal ließ sie entkommen.

Maharbal sah ein letztes Mal zurück auf das nächtliche Tal, das ausgebreitet wie ein Theater hinter ihnen lag. Kein Stück war hier aufgeführt worden, bis auf diese kurze, kleine Komödie. »Wir hätten hier überwintern können, wenn sie mich hätte verhindern lassen, dass die Leute entkommen.«

Sosylos ließ das undiskutiert. Maharbal wusste so gut wie er, dass das wenige, was die Fliehenden mitgenommen hatten, nicht das Zünglein an der Waage gewesen wäre. Das Tal mit seinen Weinhängen und Obsthainen bot einfach zu wenig Substanzielles, um die Armee durch den Winter zu bringen.

»Verdammte Campanier mit ihren Weibern und Kindern und ihrem Vieh, wir hätten sie ein Lied gelehrt, das sie in Capua hätten singen können!«

Nun diskutierte Sosylos doch: »Lieder von Schrecken und Tod helfen nur Rom.«

»Das Lied von Freiheit und einem Bündnis mit Qart-Hadašt ist aber offenbar keins, das ihnen im Ohr bleibt!« Maharbal saß wieder auf, als sie so hoch gestiegen waren, dass der Mond über das Bergmassiv lugte. »Ach, scheiß auf Capua. Scheiß auf ein Winterlager! Wozu lagern, wenn wir den Winter in Rom verbringen könnten? Sie haben uns sogar eine ihrer legendär bequemen Straßen bereitet, nicht einmal eine Woche, dann sind wir da. Und wenn der Warzige uns aufhalten will, soll er es versuchen! Ein Marsch auf Rom würde ihn immerhin zur Schlacht zwingen!«

»Wir lassen es das nächste Mal dich versuchen und nicht Mago«, murmelte Sosylos und saß auch wieder auf.

Der zaudernde Dictator hatte schon vor Wochen die Pässe geschlossen. Er gedachte nicht, sich ihnen im Tal zur Schlacht zu stellen, aber er hinderte sie am Abzug – belagerte sie im Tal, wie sie Capua belagern sollten, wenn es nach Mago und Qarthalo ging. Maharbal hatte darüber gespottet; als könnten Römer, die zu feige waren, sich ihnen in der Schlacht zu stellen, sie am Abzug hindern! Mago und die iberischen Reiter, die sich besonders auf Kampf in bergigem Gebiet verstanden, hatten versucht, durchzubrechen und hatten dabei herbe Verluste hinnehmen müssen: Fast achthundert waren umgekommen – für nichts.

»Wir haben alles zu verlieren und Rom nichts«, erinnerte Sosylos Maharbal.

»Und davon lasst ihr euch Angst machen. Hannibal und du? Du bist ihr ein schlechter Ratgeber. Und das hier ist schlechter Rat!« Maharbal wies mit der Lanze zurück ins Tal.

Die letzten Fackeln am Hang waren mittlerweile erloschen. Sosylos fragte sich, was mit den Ochsen geschehen war, die sie anstelle des Heers losgeschickt hatten – entzweigehackt von Römern, die sich hatten überlisten lassen? Oder hatten sie die Herde mit ihren Fackeln einfach ziehen und sich verlaufen lassen, bis die Unruhe unter den Tieren sich aufgelöst und sie sich Plätze zum Grasen gesucht hatten? Würde den Römern auffallen, dass die zwei Stiere, die die Herde trotz der brennenden Reisigbündel an ihren Hörnern voranlockten, menschliche Gesichter hatten?

Sosylos hielt das Ablenkungsmanöver, das er mit Hasdrubal dem Hässlichen und dem deutlich attraktiveren Sedaca ersonnen hatte, ganz und gar nicht für schlechten Rat.

Eine der Viehherden des Tals war hangaufwärts gestürmt, auf die Stellungen der Römer zu, und hatte dies nach einem nächtlichen Angriff des karthagischen Heers aussehen lassen. Aber keine Herde würde ruhig vor sich hin trotten mit brennenden Ästen auf den Köpfen, da müsste schon ein Gott eingreifen. Da war Sedaca ins Spiel gekommen, der die Flussgötter vorausführte. Kühe, Ochsen, Kälber, sie alle waren dem aufregenden Duft der saguntischen Ungeheuer in ein blutiges Abenteuer gefolgt.

Und tatsächlich hatten die Legionäre sich gesammelt, waren gegen behufte Feinde ausgerückt, und ohne eine einzige Fackel stiegen die Karthager derweil über die Berge.

Sosylos' Ross führte ihn mit zögerlichen Schritten in der Dunkelheit um eine Kehre. Er konnte die Haut des alabasternen Biests wie Gestalt gewordenes Mondlicht weit vorn sehen. Er betete zu Tanit, Sedaca nicht in Ares' Klauen fallen zu lassen. Er konnte nicht noch einen Mann an die Römer verlieren.

Maharbal sprach nun lauter, und seine neuen Offiziere hörten ihm aufmerksam zu. »Diesen Winter noch.« Klare Absicht brannte in seiner Stimme, der sich die Herzen zuwandten. »Diesen Winter geben wir ihr noch. Aber ich werde nicht noch ein Jahr sinnlos durch dieses Land ziehen, weil Hannibal Menschen als Befreierin gelten will, die genauso gut vor ihr das Knie beugen könnten. Vor uns!« Genickte, gemurmelte Zustimmung. In diesem Winter würde Rom wieder wählen – den Dictator durch zwei neue Konsuln ersetzen. Niemand und erst recht nicht Maharbal konnte ermessen, was das nächste Jahr brachte, doch der fuhr fort: »Ich will mich nicht hier niederlassen. Ich bin für Beute hier und Ruhm. Ich bin hier, um Krieg zu führen.« Er reckte die Lanze in die Luft. »Und ihr?«

»Für den Krieg!«, riefen Dutzende, vielleicht Hunderte Kehlen, sodass die Römer es hören würden – doch es war zu spät. Hannibals Armee war ihnen entkommen.

»Für den Krieg!«, wiederholte Maharbal, und die Absicht strahlte wie eine Sonne gegen Hannibals Mond. »Wir sind für den Krieg gekommen!«

Noch dieses Winterlager, länger würde Hannibal diesen Mann nicht beherrschen können, wenn sie ihm keinen Speer durch die Stirn stieß.

Das 3. Jahr

I.

Jeden El-verfluchten Tag jagten die römischen Gänse den gallischen Hahn über den Platz vor dem Tempel der Iuno Moneta.

Irgendwelche Senatoren mit Priesterämtern hatten aus irgendwelchen alten Texten gedeutet, dass eine solche Tradition etabliert und beibehalten gehörte, solange der Krieg dauerte, um die keltischen Verbände im feindlichen Heer zu schwächen.

Tamenzut kannte phönizische und griechische Städte, aber sie war noch nie in Rom gewesen. All das Gute und Schlechte am Stadtleben war hier wie unter einem Brennglas bis zum Entflammen fokussiert, dabei war die Stadt selbst längst nicht so gut geplant und solide gebaut, sie wirkte im Gegenteil fast provinziell.

Eine vielschichtige und sich von Stadtviertel zu Stadtviertel und Hügel zu Hügel unterscheidende Frömmigkeit fand nicht nur in den Tempeln und an den Hausaltären statt, sondern begleitete die Menschen in Rom in Form von Gesten, Amuletten, Aussprüchen und – sehr häufigen – Festtagen bis in jeden Bereich ihres Lebens. Neuerdings hatten sie sogar angefangen, statt ordentlichen Gottheiten theoretische Konzepte anzubeten: Sieg, Verstand, Treue, ein durch und durch römisches Konzept von Freiheit und – man glaubte es kaum – Virtus, die *Mannestugend!*

Was jedoch mit Mannestugend offenbar nichts zu tun hatte, war das Glück bringende Reiben von Penissen. Natürlich keine fleischlichen, deren Reiben in der Öffentlichkeit wurde nicht als glückverheißend angesehen, und natürlich stand das Berühren von Phalli, geflügelten Penissen und bepenisten Penissen nicht allen Bevölkerungsgruppen gleichermaßen offen – eine höhergestellte Frau sollte besser keinerlei Phallus reiben und wurde für diesen Verlust auch nicht mit hölzernen, bronzenen oder elfenbeinernen Vulven kompensiert. Aber Männer, niederes Volk und Versklavte berührten Penisse an Hauseingängen und am eigenen Hals, an Handwerksbuden, Garküchen und Marktständen. Vielleicht lauerte doch ein Biest dieser Gestalt unter Rom und verlieh der Stadt Virilität. Tamenzut mochte die Assoziation mit Glück, auch ihr eigener Penis brachte ihr schließlich, wenn schon nicht Glück, so doch ein Glücksgefühl, egal, ob durch seine bloße Anwesenheit oder durch seine Verwendung. Sie fragte sich dennoch, ob die römischen Penisse in Friedenszeiten wohl seltener gerieben wurden.

Das Hahnspektakel beobachtete sie zum vierten Mal seit ihrer Ankunft in Rom. Sie musste Vorsicht walten lassen, durfte nicht auffallen innerhalb des alten Festungsgemäuers auf dem Kapitol. Der Tempel der Göttergattin, die für Roms Münzvermögen angerufen wurde, war in diese Festung – die *Arx* – hineingebaut, und die römischen Gänse stoben Tag für Tag erbost zischend aus dem Tempelinneren in den Festungshof und jagten den gallischen Hahn vor sich her – ein pferdegroßes Federbiest mit einem spitzen Maul voller Zähne und langen Krallen, das nur entfernt an einen bunten Vogel erinnerte. Auch heute drängten sie ihn fauchend an Tamenzut und einer gaffenden Meute vorbei in eine Ecke und denselben Weg wieder zurück. Der gallische Hahn schnappte nach ihnen, zuckte jedoch jedes Mal zurück, bevor er einen aufgeplusterten Gänsehals erwischen konnte. Wie üblich war der Bereich von Legionären der Stadtlegion abgegrenzt, hinter deren Schilden Menschen die Hälse reckten, um zuzusehen, wie auch heute wieder zumindest dieser Gallier geschlagen wurde. Es war ein störrisches großes Biest, und dass die Römer es besaßen, verhieß nichts Gutes. Anders als die meisten von Roms Bestien wurde dieses hier von einem Monsterjäger kontrolliert – sonst wäre das Spektakel gar nicht möglich, und der Hahn hätte sämtliche Gänse längst zerfleischt.

Hinter den Schilden der Soldaten wandte Tamenzut sich ab und überquerte die leere Hälfte des Hofs bis zu den Treppenstufen, die hinauf zu dem terrakottaverzierten Geldtempel führten. Wie eine ausländische Bewunderin sah sie hinauf und zu dem Mann, der zwischen zwei Legionären am Sockel lehnte. Wie jeden Tag war er mit einem Halsreif angekettet wie ein Tier, und wie jeden Tag war mindestens ein Pilum während des ganzen Rituals auf ihn ausgerichtet. Er hatte die Augen halb geschlossen, doch auch er erwartete sie, seine Konzentration geteilt, während er den wütend kreischenden Hahn im Zaum hielt.

Sie zwang ihren Blick, nicht auf ihm zu verharren, zog das Schultertuch über den Kopf und trat ins Innere des Tempels. Er schloss die Augen und senkte das Kinn, und am anderen Ende des Platzes auf dem Kapitol schrie der Hahn ein fast triumphales Krächzen in den Himmel, als er die Hoffnung seines Herrn spürte.

Die Dunkelheit des Tempels umfing sie. Sie spendete eine der neuen Münzen, die Rom in der Kriegsnot geprägt hatte – mit dem doppelköpfigen Ianus, der an der Schwelle des Jahres ebenso wachte wie am Übergang zwischen Leben und Tod. Eine junge Priesterin betete versunken vor der bunt verzierten Statue der Iuno. Das Licht der Öllampen blinkte auf dem mit Gold lackierten Schmuck der Göttin und auf den Armreifen an den geöffneten Händen der Betenden.

Während der Gänsejagd war es ruhig im Tempel, doch als die Gänse zurückkamen, brach ein einziges rituelles Durcheinander aus, dessen Ordnung Tamenzut gerade genug durchblickte, um zu wissen, in welchem Schatten sie wie lange abwarten, in welche priesterliche Kammer sie sich wie lange zurückziehen und durch welche Tür sie sich schließlich beim

Klang zeremonieller Bronzebecken schleichen musste, um in den Garten zu gelangen.

Der Garten des Tempels an der rückwärtigen Seite der *Arx* war die heilige Wohnstätte der Gänse, die Rom einst vor den Horden des Gallierfürsten Brennus gewarnt hatten. Außerdem wurden hier in einem Verschlag, beide von einem Halsreif und einer Kette gehalten, der Monsterjäger mit seinem Biest so lange verwahrt und von Gänsen bewacht, bis die Stadtlegionäre beide nach den täglichen Iuno-Riten zurück in die Bestienverliese unter dem Marsheiligtum brachten. So auch jetzt.

Tamenzut blieb nicht viel Zeit, nachdem die Gänse in den Garten gebracht worden waren; im Tempel erhob sich bereits der Singsang, dessen Rhythmus sie sich eingeprägt hatte, um zu ermessen, wie schnell sie sein musste.

Eine mächtige Mauer umgab den Garten, darin ein kleines Tor, das von innen verriegelt war. Tamenzut schob sich vorsichtig durch die in Todeszuckungen liegenden Gänseleiber. Die junge Priesterin aus dem Tempelinneren stand in ihrer Mitte und hielt eine tote Gans gepackt, starrte mit geweiteten Augen auf den Nacken, den sie dieser einen eigenhändig gebrochen hatte. Tamenzut war unsicher, ob es sich bei der Gänsemeute um Tiere oder Ungeheuer handelte – wie man am schlammigen Garten sah, fraßen sie, verloren Federn und legten Eier, und sie starben, wenn man sie vergiftete oder ihnen den Hals umdrehte. Doch als Gänseschwarm waren sie mehr als das – der Schwarm war das mythische Biest. Gewesen.

Tamenzut schob mit dem Fuß zwei tote Vögel aus dem Weg der Tür und öffnete mit aller Kraft die Riegel. Der iberische Schmied stand auf der anderen Seite – Hannibals Spion in Rom. Er hatte sein Werkzeug dabei, und sie hoffte, es würde ausreichen. Die junge Frau ließ die tote Gans fallen und verschwand durch die Tür, schloss sie hinter sich, um dort Wache zu stehen, und Tamenzut nahm ihren Speer vom

Schmied entgegen und stellte sich in Caras' Rücken zwischen Verschlag und Tempel auf.

Sie würde nicht ohne Adherbal gehen. Der schwieg und kontrollierte mühsam den Hahn, der sich in dem für ihn zu kleinen Hundezwinger wie wild gebärdete. Caras zerschlug mit wenigen gezielten Hammerschlägen das Schloss, während drinnen die Bronzebecken und ein Gong ertönten. Metalltöne für die Göttin jenes Metalls, das die Welt gestaltete.

»Hast du es unter Kontrolle?«, fragte Caras Adherbal auf Iberisch, und der nickte angestrengt. Der Schmied zögerte nur kurz, bevor er zum gefiederten Biest in den Zwinger kletterte. Er inspizierte Halsreife und Kettenglieder, stieß in frustrierter Anerkennung guter Arbeit die Luft aus und wendete sich dann dem Ring in der Wand zu. Er setzte eine Eisenstange an Stein und Mörtel an. »Das wird laut«, warnte er Tamenzut. »Sie werden das hören.«

»Ich gehe nicht ohne dich.« Sie sprach Numidisch, ohne Adherbal anzusehen. »Ich bin seit vier Monaten in dieser Drecksstadt, Adherbal.«

»Du bist die beste Bestienjägerin.« Er klang so dankbar.

Sie ließ den Eingang in den Garten nicht aus den Augen. Iuno und die sie Verehrenden würde der Anblick der toten Gänse in Raserei versetzen. Hinter ihr: der erste Schlag aufs Brecheisen. Krachend zersprang Mörtel. Rasch folgte ein zweiter, ein dritter Schlag. Sie wippte auf den Fußballen, den Speer fest in beiden Händen, ungewohnt der Lederpanzer unter ihrem römischen Weiberkleid.

Ein vierter Hieb und ein Fluch von Caras, da öffnete sich die Tür in den Garten. Tamenzut wartete den Alarmschrei nicht ab, zwei Schritte, ein Speerstoß in die Türöffnung, ein Schrei – die Tür fiel wieder zu, gezogen von einer Sterbenden. Der Ritus im Inneren brach ab, Schreie statt Gesang wurden laut, genagelte Soldatensohlen auf dem Steinboden des Tempels.

Tamenzut wartete nicht gern, sie riss die Tür auf, sprang in den Tempel, stach in zwei von Öllampen flackernd gezeichnete Silhouetten, wich in den Garten zurück, als sie schreiend fielen. Zwei Herzschläge – dann waren neue Silhouetten heran, diesmal hinter hohen Schilden. Latein sprach sie immer noch keins und verstand die Befehle nicht, doch sie rückten geordnet vor, Helme und Klingen ragten über die Schilde. Sie sprang zurück, ließ sie in den Garten kommen, dessen Tageslicht die Legionäre nicht nur ihre einzelne Feindin, sondern auch die tote Gänsemeute erblicken ließ. Der Schreckensschrei des Ersten und das leichte Sinken des Schilds gab ihrem Speer Raum – sie erwischte seinen Hals, doch als er blutsprudelnd zurückwich, verkantete sich ihr Speer zwischen Rüstzeug und Schild, und sein Nachbar setzte vor und stieß mit dem kurzen Schwert zu. Er erwischte ihren Brustpanzer, glitt daran ab, die beiden Männer hinter ihm drangen nach – doch bevor sie eine tödliche Blöße finden konnten, fiel ein Schatten auf sie. Über Tamenzut schoss der bösartige Halb-Vogel-halb-Echsen-Kopf des Hahns vor und trennte ein behelmtes Haupt von den Schultern.

»Meisterin! Tamenzut!« Eine Hand, die sie ergriff, dann saß sie hinter ihm auf dem Rücken der zweibeinigen Bestie. Monsterjäger und Monster waren noch mit Ketten verbunden, der Schmied schon durch die Mauerpforte entkommen.

Sie hielten sich beide mit Müh und Not am eisernen Halsreif fest – die Kreatur schnappte noch zweimal, dreimal zu und wurde dann von Adherbal durch die Pforte getrieben. Ein massigeres Biest wäre daran gescheitert, doch unter den Federn war der gallische Hahn nur Haut und Vogelknochen. Mit langen Sätzen folgte er Caras auf die Gassen eines taghell geschäftigen Kapitols.

II.

»Ins Marsheiligtum kommen wir nicht mehr – sie wissen längst, dass wir hinter den Bestien her sind, die Salier schieben bis an die Zähne bewaffnete Wachschichten.«

»Als wir in Ostia den Mantikor vom Schiff geholt haben, sind zu viele von uns gesehen worden, sie kennen unsere Gesichter!«

»Nur noch diese eine Aktion, ein letzter Paukenschlag. Hannibal braucht die Bestien, sonst läuft sich der Feldzug tot.«

»Jetzt, da Scipio weiß, wie man sie kontrolliert, kann jede, die wir ihm vorher abjagen, entscheidend sein.«

»Aber im Heiligtum laufen wir ihnen in die Falle!«

»Wir müssen uns zuallererst um den Hahn kümmern. Ein Wunder, dass noch nicht aufgefallen ist, was hier in Fulvias Haus herumkrakeelt. Er muss raus aus der Stadt!«

Seit einer gefühlten Ewigkeit wogte der Streit hin und her. Für Fulvia hatte besonders der letzte Punkt Gewicht. Dieser verfluchte gallische Hahn war kaum zu bändigen, und das ausgerechnet in ihrem Haus! Sie hatten es geschafft, ihn und den Numider über ein Netzwerk aus bereitgestellten Wagen, verhangenen Werkstätten und verschachtelten Insulahöfen herzuschmuggeln. Ihr eigenes fensterloses Schlafzimmer war kurzerhand zum Stall erklärt worden, und so roch es auch. Seither schlief sie bei den Kindern.

Die Bestien, die sie zuvor befreit hatten, hatte Caras noch aus Rom herausschaffen können, doch nicht dieses widerspenstige Biest. Caras sagte, der gerettete Numider beherrsche das Federvieh, doch offenbar reichte die Herrschaft nicht aus, es zum Schweigen zu bringen. Irgendwann würden die Geräusche aus ihrem Haus einer Nachbarin oder einem Passanten merkwürdig vorkommen.

So merkwürdig wie der nur leidlich als gut situierter Plebejerbesuch verkleidete Verschwörerkreis, der ihr Haus nutzte, um Missetaten gegen Rom zu planen.

Caras' Ziel war es, Hannibal mit den Bestien Roms auszustatten. Er hoffte, das punische Heer würde damit auf Rom ziehen, ein paar Legionen auf dem Weg vernichten und eine Kapitulation erzwingen, aber niemand blickte in die Pläne des Puniers. Wollte er Umland erobern, Rom entmachten – oder die Stadt direkt angreifen und schreckliches Leid über die römischen Familien bringen? Fulvia mied jeden Gedanken an Reue – wer so tief drinsteckte, konnte sie sich wohl kaum noch leisten.

Caras hatte seine vertrauenswürdigsten Leute hier zu einer vermeintlichen Feier im Freundeskreis versammelt, Leute standen um einen Tisch oder saßen auf den Liegen des Tricliniums, doch es gab nichts zu essen und nur wenig Wein. Seine Offiziere gaben sich als Ehepaar aus: ein runzliger, einarmiger Athener, der sich nicht vorgestellt hatte, und eine junge Dichterin aus Kusch namens Sema. Dazu Caras' kurzhaarige, muskulöse Stellvertreterin, die aus naheliegenden Gründen Secunda genannt wurde. Selbst die Wölfin Ebriete hatte sich eingefunden. Außerdem die zwei wichtigsten Gäste, deren Namen Fulvia schwerfielen. Tamenzut und Adherbal – der Jüngere war der Bestienjäger, den sie aus dem Garten der Iuno befreit hatten, die Ältere seine Lehrmeisterin, deren Äußeres wie Inneres wie abgewetztes Leder wirkten. Fulvia war von ihrer unerhörten Art gleichsam fasziniert wie abgestoßen. Meist lauschte die Ältere nur – sie sprach wenig Latein. Doch auch Caras' Leute wechselten munter zwischen den Sprachen! Auf Griechisch und Iberisch diskutierte Tamenzut mit, einmal hatte sie wortlos einen Phallus herausgeholt und damit mehrmals auf den Tisch gehauen, sehr zu Secundas Amüsement.

Fulvia fiel es immer schwerer, der Diskussion zu folgen, denn der gallische Hahn war nicht der einzige Ungeduldige im Haus. Sie hatte Sextus schon auf die Hüfte genommen, damit er nicht quengelte, doch er wurde zusehends schwer. Dazu fand Cornelia immer wieder Gründe, in den Raum zu kommen. Bei jedem Öffnen der Tür verstummte die Verschwörung kurz, als stünde die Stadtlegion davor. Fulvia schickte die Kleine immer wieder zu Aulus zurück.

»Minotaurus ist schlau, sagst du?«, sprach Tamenzut sie zusammenhanglos und mit starkem Akzent an.

»Ja, sein Verstand ... er ist kein Tier, nicht mal ein schlaues Tier könnte ... ist jetzt gut, Sextus!« Sie schob das unzufriedene Kind von einer Hüfte auf die andere. Der Schmerz im Rücken teilte ihr mit, dass er zu alt war, um so lange getragen zu werden. »Du hältst mich sicher für verrückt, aber ich glaube, er kann schreiben.«

Secunda lachte laut auf. Tamenzut schwieg.

»Auf Griechisch«, fügte Fulvia an.

»Der Sage nach musste ein Labyrinth gebaut werden, um seine besinnungslose Wut im Zaum zu halten«, warf Sema ein. »Doch viele Sagen erzählen die Seite der Menschen und nicht die der Bestien.«

Tamenzut sah Fulvia nur an, als hätte die eine Wahrheit ausgesprochen, die Tamenzut gleichzeitig fürchtete und erahnte.

»Woher weißt du, dass er schreibt?«, fragte Caras.

»Auf Sempronius' Feier ...«

»Und das sagst du erst jetzt?«

»Ich war mir nicht sicher!« Umständlich streifte sie einen Reif an dem Arm höher, der das Kind hielt. Sie straffte sich, nein, sie würde ganz sicher nicht erläutern, dass sie sich aus Mitleid für einen Stiermann von Sempronius hatte benutzen lassen. »Jetzt habe ich es ja gesagt. Und ich hab dich immer wieder gebeten, ihn zu befreien.«

Caras ließ es auf sich beruhen. »Dann müssen wir um jeden Preis verhindern, dass Scipio ihn sich unterwirft.«

Und damit setzte sich das Rad aus Argumenten und Gegenargumenten wieder in Bewegung, was Sextus zum Anlass nahm, einen Heulanfall zu kriegen. »Entschuldigt mich«, murmelte Fulvia und machte sich im Atrium auf die Suche nach Aulus. Er musste wirklich ein wenig mehr beitragen! Er war zwar nun eingeweiht, hatte sich damit arrangiert und verbrachte viel Zeit in der Nähe des Hahns, doch er bot ihr nie freiwillig Hilfe mit seinen jüngeren Geschwistern an. Entweder seine Würde, seine Ungeduld oder beides standen dem im Weg.

Fulvia hatte in die Befreiung des Hahns viel Zeit investieren und auch dabei Aulus' Unterstützung erbetteln müssen. Nach wochenlanger Vorbereitung war sie unter falschem Namen und mit einer Perückenfrisur den Dienerinnen der Iuno Moneta beigetreten, vorgeblich, weil sie dem Wertverlust des Münzgelds durch ihren Dienst an der Göttin entgegenwirken wollte. Viele ältere Frauen und Mütter erwachsener Kinder traten der Priesterschaft bei, deren höchste Ränge natürlich Männern vorbehalten waren. Man war darüber erfreut gewesen, dass die junge Witwe offenbar noch Jungfrau war, denn die heiligen Gänse im Münztempel duldeten nur diese in ihrer Nähe. Warum diese Eigenschaft, die wählerische Gottheiten, machtgeile Männer und tugendhafte Matronen an jungen Frauen so sehr schätzten, ausgerechnet Gänsen wichtig war, wusste sie nicht, aber ihr sollte es recht sein: Schlussendlich bedeutete es das Ende der Gänse, vergiftet von jungfräulicher Hand. Außer einer hartnäckigen Gans, die einfach nicht hatte verrecken wollen – ihr hatte Fulvia eigenhändig den Hals umgedreht, bevor sie hatte Alarm schnattern können.

Um Adherbal und den Hahn aus dem Garten zu holen, hatte Fulvia sich an den heiligen Gänsen vergangen, die einst den Kapitolshügel vor räuberischen Horden gewarnt hatten. Sie hatte im Angesicht eines neuen Feindes vor den Mauern das dunkelste aller Omen auf ihre Heimat heraufbeschworen.

Ausgerechnet sie, die vor Fluchtäfelchen noch zurückgeschreckt war, hatte schließlich den ultimativen Frevel begangen.

Alles nur, weil ihren angenommenen Kindern das Familienerbe verweigert wurde – doch jetzt musste sie diesen Weg weitergehen, bis Rom brannte oder sie den Preis für ihren Hochverrat bezahlte.

Aulus kam ihr von der Eingangstür entgegen, Cornelia an der Hand. Er sah aus, als hätte er etwas ausgefressen. »Können wir kurz reden?«

»Kümmer dich bitte um deinen kleinen Bruder. Ich muss wieder rein.«

»Komm«, entgegnete er nur. Es schien ihm ernst zu sein, er öffnete die Haustür einen Spalt. Draußen dämmerte es schon. »Dahinten an der Ecke stand jemand und hat das Haus beobachtet. Jetzt ist er weg.«

»Wie sah er aus?«

»Rote Tunika ... So ein kantiger Kerl, wie von einem Collegium. Oder aus der Stadtlegion.«

»Gut, dass du Bescheid sagst.« Fulvia schloss die Tür rasch wieder. »Wir müssen nicht in Panik ausbrechen, aber wir sollten wachsam bleiben. Hat der Hahn gekräht, während der Kerl da stand?«

»Er war still.«

»Ein Glück, dass du zur Tür rausgeschaut hast.«

Er blickte so betreten zu Boden, dass ein Kloß der Vorahnung Fulvia die Kehle verengte.

»Was musst du mir noch sagen? Aulus?«

»Ich habe mit niemandem über die Bestien gesprochen!«, brach es aus Aulus hervor. »Nur Decimus, du erinnerst dich bestimmt, ich habe mit ihm die Bestien beobachtet. Ich hab vielleicht was angedeutet, und er wollte es nicht glauben, also hab ich ihn nur einen Blick auf den Hahn werfen lassen. Nur ganz kurz, er ist rein und gleich wieder raus.«

Fulvia rang nach Luft. Fremde Gäste, ein neugieriger Jugendlicher, das Rumoren des Hahns im Haus, ihr kurzer Priesterinnendienst im Münztempel: Jede weitere Kleinigkeit konnte zu ihrer Entdeckung führen. Und jetzt dieser Mann vor dem Haus!

Sie öffnete erneut die Tür, die nicht gut schloss – das Haus war immer noch zur Hälfte baufällig, auch wenn Caras Maurer und Zimmerleute organisiert hatte.

»Da ist er wieder.« Aulus spähte mit einem raschen Blick hinaus. Fulvia zählte bis fünf, dann trat sie kurz vor die Tür und sah die Straße hinab. Sie entdeckte drei weitere Kerle wie ihn, aus dem gleichen Holz geschnitzt. Sie atmete durch und kehrte dann zu Aulus zurück, der sie zwar überragte, aber so hilflos dreinsah wie immer. Ihr Sohn, nur fünf Jahre jünger, aber jung genug, um vor einem Freund zu prahlen.

»Nimm die Kinder und ab zum Hinterausgang. Sofort!« Sie warf die Tür zu, stieß ihm den jaulenden Sextus in die Arme und rannte in den Besprechungsraum. »Wir sind aufgeflogen!«, platzte sie in die Versammlung. Alle Gespräche verstummten. Alle Augenpaare wandten sich ihr zu. »Legionäre umstellen das Haus.«

»Holt den Hahn, dann werden wir mit ihnen fertig!«, rief Secunda, doch Caras fiel ihr ins Wort: »Der Hahn muss zu Hannibal!«

Adherbal und Tamenzut stürmten an ihr vorbei, als Schläge gegen die Haustür dröhnten. Plötzlich hielten alle im Raum außer Fulvia Dolche und Messer in den Händen.

»Wir kämpfen«, entschied Secunda, und diesmal widersprach Fulvia. Die Kinder waren im Haus – es durfte hier nicht zu einem Kampf kommen. »Nein. Ihr verschwindet mit allen Beweisen, und ich halte sie hin. Sie werden alles durchsuchen und dann wieder abziehen.«

Caras nickte und steckte das Messer weg. Ihre Blicke trafen sich, sie las den Respekt darin, den sie einander stets entgegenbrachten, und auch den Schmerz des Unvermeidlichen.

Er griff ihren Unterarm und drückte ihn, als spräche er einem Krieger Mut zu. Sie wussten beide, dass die Legionäre nicht einfach wieder abziehen würden.

»Versprich mir, dass du die Kinder wegbringst und dich um sie kümmerst.«

»Du hast mein Wort.« Er wandte sich um und sie sich der Haustür zu.

Das schlecht sitzende Schloss barst unter dem nächsten Schlag. Die Tür flog gegen die Wand, jemand brüllte: »Im Namen von Senat und Volk Roms, alle Bewohner dieses Hauses stehen unter Arrest!«

Cornelia schrie weiter hinten im Haus. Mit dem Schrei verging Fulvias letzte Gelegenheit, sie zu beruhigen. Sich zu verabschieden. Männer stürmten ins Atrium, einige in rote Tuniken gekleidet wie einfache Bürger, andere mit den Kettenhemden der Stadtlegion, blutdurstige Gladii in der Hand. Aber dies war ihr Haus, sie war eine geachtete Bürgerin. Sie stand zwischen diesen Männern und Numerius' Kindern, ihren Kindern.

Der Anführer war ein Centurio mit quergestelltem Helmkamm – unverschämt, als befände er sich auf dem Schlachtfeld, nicht in einem römischen Haus! Mit dem Gladius deutete er auf Fulvia. »Frau! Wo ist der Hahn der Gallier?«

Sie hob die Handflächen, das Gold glomm ruhig an ihren Armen. »Das ist ein Missverständnis! Ihr beschädigt mein Haus!« Jeder Augenblick zählte für die Flucht. Für die Kinder. Für die Verschwörung.

»Dieses Haus beheimatet verräterische Umtriebe.«

»Ich verbitte mir ...«, hob sie an, doch der Centurio gab ihr keine weitere Gelegenheit zur Verzögerung.

»Ergreift sie. Stellt alles auf den Kopf! Und nehmt euch vor dem Hahn in Acht!« Mehrere Männer mit hohen ovalen Schilden drangen ins Haus vor, darüber Speere gezückt. Grobe Hände packten Fulvia und zerrten sie aus dem Weg. Hoffentlich hatte sie ihn lange genug versperrt.

»Hier!« Ein Schildträger hatte die Tür zum Schlafzimmer aufgetreten, und der durchdringende Geruch des Hahns schwappte ins Atrium. »Hier hat eine Bestie gehaust!«

»Da sind Flüchtende, hinter dem Haus!« Legionäre stürmten hinterher, weitere Kommandos wurden auf der Straße gebrüllt.

Fulvia ließ sich ohne weitere Worte abführen. Draußen reckte sie den Hals, doch sie hörte nur einmal ein Krähen der Kreatur und klirrende Klingen in der Ferne.

III.

»Es ist wie im letzten Jahr.«

Maharbal klang nach Streit, und Sosylos wunderte sich, dass es so lange gedauert hatte. Es hatte hin und wieder Scharmützel gegeben, die ihn bei Laune gehalten hatten – bei der Eroberung des Versorgungslagers und seit sie die Straßen von Apulien kontrollierten. Dafür befanden sie sich jedoch noch weiter von Rom entfernt, und Hannibal hatte Maharbal versprochen, dass sie im dritten Jahr des Kriegs die Schlacht suchen würde, die Rom an seinen Platz in der Weltgeschichte verwies.

Der dritte Sommer war hereingebrochen. »Wieder lassen wir uns hinhalten, erstarrt vor ihrer Übermacht wie die Wüstenmaus vor der Schlange.«

Hannibal schnaubte. Sie schlief schlecht, überprüfte nachts wieder und wieder die angebundenen oder eingesperrten Bestien, überprüfte die Ruhe im Lager von Maharbals Reitern, überprüfte die Position der Feuer in den beiden großen Heerlagern der Römer weiter unten am Fluss.

Ein Soldatengemüt, so hieß es mittlerweile in Qarthalos Heiliger Schar. Wie ihr Mann. Auch die Gallier sahen zu ihr auf, galt doch Fürst Avarro als ihr engster und bester Verbündeter, ihr Leibwächter und Vertrauter. Aber Sosylos sah das Getriebene in den Augen, die immer häufiger hinter der Goldmaske verschwanden, die sie glücklicherweise zurückerhalten hatte.

»Nichts ist wie im letzten Jahr, Maharbal. Siehst du nicht mehr gut?« Ihr Tonfall war schärfer, auch sie lag auf der Lauer. Hier am Rand des immer noch gewaltigen, aber kaum durch unterstützende Stämme angewachsenen karthagischen Lagers belauerten Hannibal und Maharbal statt des gegenüberliegenden Heers einander. »Rom hat niemals zuvor so eine große Armee mobilisiert. Es sind acht Legionen. Keine Familie in Rom und den römischen Gebieten, die keinen Sohn oder Bruder oder Vater dort drüben hat. Diesmal sind sie gekommen, um zu kämpfen.«

Maharbal schwang sich auf den Rücken seiner wartenden Stute, seine Bewegungen waren abgehackt, doch er tat dem Tier nicht weh – das tat er nie. »Und wenn sie das nicht sind?«, rief er von oben herab. »Wirst du sie dann dazu zwingen, oder ist es dir ganz recht so? Macht dir das Ausmaß dieses Heers Angst? Hat dich Hannibals Geist verlassen? Oder hast du Gefallen daran gefunden, gut versorgt auf der faulen Haut zu liegen? Alles davon, denke ich. Du hast nicht den Biss, den du gegen diese Schlange brauchst.« Er spie gegen eine Mauer des geschleiften Versorgungszentrums Cannae, in dem sie Zelte aufgeschlagen und Häuser besetzt hatten, dann ritt er dem allmorgendlichen Spähtrupp entgegen.

Hannibal starrte in die aufgehende Sonne, Sosylos lehnte neben ihr an der Außenmauer des Lagers. »Sie haben dieselben Bedenken.« Er wies in die von kleinen Hügeln durchzogene Flussebene. »Durch die Unebenheiten ist es nicht die beste Stelle für eine Schlacht, aber auch nicht die schlechteste. Dein Heer ist ungeschlagen, du besetzt diesen Ort hier.« Er tätschelte die Mauer. »Und die Straßen, die Rom mit Korn aus Apulien versorgen sollen. Sie werden diese Ernte nicht an dich gehen lassen. Die Zeit ist bald so reif wie das Korn.«

Sie lachte freudlos. »Wenn wir uns rechts vom Fluss schlagen – lass uns noch mal die Taktik durchgehen. Und auch die links vom Fluss.«

Er lächelte. Ihr Morgenritual. Wie immer setzten sie sich hin, zwischen Mauer und römischem Lager, zwischen karthagischem Heer und Sonnenaufgang, und gestalteten eine Schlacht, die einfach nicht kommen wollte.

Wer kam, war Maharbal – in gestrecktem Galopp, sodass sie beide aufsprangen in der Furcht, von seiner Stute niedergetrampelt zu werden. Doch er zügelte sie vor ihnen, seine Augen glommen, und die Lippen zuckten, als wollten sie grinsende Zähne verbergen.

In seiner Stimme war Zorn, als er verkündete: »Sie haben Vorratslieferungen erhalten!« Er sprang ab, mit den Füßen mitten ins Schlachtengemälde im Staub, die Sohlen traten die bemalten Holzklötze auseinander. »Deine Zurückhaltung zahlt sich also aus, Hannibal. Für sie!« Seine Hand wies anklagend in die Ebene. »Wir haben die Dörfer verschont, die Höfe, haben ihnen eine Freiheit gewährt, die sie nun nutzen, um sich wieder unter die Knute der Römer zu stellen.«

»Was ist passiert?« Hannibal sah dem Spähtrupp entgegen, der Maharbal folgte. Sie ritten im Hundert aus, um gegen einen römischen Hinterhalt gewappnet zu sein, und es war ein gemischter Trupp mit Reitern aus verschiedenen Einheiten, damit Hannibal gegen Maharbals Untreue gewappnet war.

»In der Nacht haben sie das römische Heer versorgt, trotz der Abmachung, dass sie nur uns beliefern und dass sie fällig sind, wenn sie auch nur einen Sack Mehl, eine Handvoll Korn und eine Ähre nach Rom schmuggeln.«

»Wir kontrollieren nicht das ganze Umland. Es ist zu erwarten, dass sich auch die Römer nehmen, was sie kriegen können.«

Sie winkte einem von Avarros Galliern im Trupp, und der schloss zu ihnen auf.

»Ist das wahr?«, fragte sie ihn in passablem Keltisch.

»Zweifelst du an meinen Worten?« Maharbals Stimme war leise. »Vor meinen Leuten?«

Hannibal fuhr auf dem Absatz herum. »Natürlich, Maharbal, nach allem, was vorgefallen ist! Natürlich glaube ich, dass dieses Heer dir nicht genug plündert und mordet. Dass du einen Grund suchst, an diesem Tag Blut zu vergießen, ob die Römer sich uns nun zur Schlacht stellen oder nicht.«

Der gallische Reiter wand sich, als sie wieder zu ihm herumfuhr. »Es stimmt, Hannibal. Wir haben eine Wagenkolonne gesehen. Die Römer leben davon eine ganze Weile nicht schlecht.«

»Und können uns hinhalten. Was dir ja ganz gelegen kommt.« Die Mischung aus dumpfer Wut und schriller Freude war aus Maharbals Blick gewichen und ließ etwas Nacktes, Rücksichtsloses zurück, wie man es in den Augen blaubemalter Kelten sah, die sich ohne Kleidung oder Rüstung in die Schlacht stürzten.

»Aufsitzen!«, gellte er in Richtung des Galliers.

Und bevor auch nur ein weiteres Wort gesprochen werden konnte, preschten sie ins morgendliche Lager.

»Er wird etwas sehr Dummes tun«, prophezeite Sosylos, als lese er aus einer Leber.

Hannibal nickte. »Ich brauche alle Offiziere, besonders Qarthalo, Mago, Hasdrubal, Avarro. Jetzt, in meinem Zelt.«

»Ich hole sie dir.«

Er war gerade bei Qarthalo angekommen, der ein niedriges, langes Gebäude in der Mitte der Versorgungsfeste prunkvoll mit am Trasimenischen See geraubtem römischem Schmuck hatte herrichten lassen, umlagert von seiner Heiligen Schar aus karthagischen Soldaten, als Maharbal desertierte. Qarthalo stand mit einem Becher Wein unter dem Baldachin, zu dem sein Banner aufgespannt war, und sie konnten kein

Wort wechseln, zu laut dröhnten die Hufe auf der Straße, zu hoch wirbelte der sommerliche Staub, zu grell erklangen die Schreie der Reiter, als Numider, Libyer und Iberer – alle lange schon auf Maharbal eingeschworen – das Lager verließen. Sosylos hatte Übung darin, Zahlen zu überschlagen, und zählte, bis der Letzte vorbei war und Qarthalo seinen staubigen Wein auf den Boden schüttete.

»Was war das?«, fragte Qarthalo.

»Eintausendvierhundert Reiter, die unter Maharbal desertieren.« Sosylos bemühte ich um mehr Ruhe, als er empfand.

»Und was tut er jetzt? Acht römische Legionen angreifen? So dumm ist er doch nicht?«

»Nein. Aber zornig genug, um eine Schneise der Verwüstung durchs Umland zu ziehen. Dörfer anzuzünden, denen Hannibal Freiheit versprach. Höfe zu plündern, denen Hannibal Sicherheit gab. Felder zu verbrennen, die Hannibal unser glaubte.«

»Hm.« Der einstige Verschwörer gegen Hannibal schüttelte den Kopf. »Wie unklug. Jetzt sind wir so weit gekommen, und er sucht sich diesen Ort aus, um zu desertieren.«

»Er ist wie ein Bogen, den man zu lange auf Spannung hält und zu weit zieht.« Sosylos sah der Staubwolke nach.

»Aber anders als ein Bogen, der dann einfach bricht und nichts mehr taugt, schießt er noch den Pfeil seiner Reiterei von der Sehne.«

»Alle Kommandanten werden in ihr Zelt gerufen.«

»Oh, das denke ich mir. Die würde ich nun auch um mich haben wollen, wenn die halbe Reiterei sich davonmacht.«

Die Beratung hatte kaum begonnen, als Alarm geschlagen wurde.

Hannibal erstarrte. Sosylos trat aus dem Feldherrinnenzelt, von wo aus er einen guten Blick über die Ebene hatte, blieb dort stehen – atmete ein, atmete aus. Acht römische Legionen marschierten zur Schlacht, unmissverständlich, wie Holzklötzchen in der apulischen Ebene ausgelegt.

Als er wieder ins Zelt trat, musste er nur nicken. Hannibal nahm den in der Zeit des Wartens frisch geweißten Leinenpanzer von seinem Gestell, legte ihn mit bedächtigen Bewegungen über der Tunika an, zog selbst jede Schnalle fest, befestigte die Beinschienen, nahm die Armschienen, zurrte sie sich um die Arme, sodass die sehnigen, kräftigen, sonnenverbrannten Konturen hervortraten. Sie öffnete die Truhe, nahm einen weißen, golddurchwirkten Mantel, legte ihn sich um die Schultern und befestigte ihn am so männlich gestalteten Brustpanzer. Sie tauchte die Hände in Wasser, trocknete sie, benetzte sie mit Öl, glättete die etwas zu langen Locken nach hinten. Dann gürtete sie sich mit Hannibals Schwert, und als Letztes nahm sie die Goldmaske. Sie alle im Zelt sahen zu, gebannt, gefesselt, überzeugt von jener Verwandlung, der sie seit Iberien folgten.

Es war Mago, der das Schweigen brach. »Bruder.« Er ging auf ein Knie.

Sie legte ihm die Hand auf die Schulter und lächelte. Dann setzte sie die Goldmaske auf. »Bruder«, erwiderte sie und half ihm auf die Füße.

Sie hatte vorgegeben, Hannibal zu sein, hatte das Spiel für diese Männer hier gespielt, ohne selbst Hannibal sein zu wollen. Und doch war sie er, jetzt, hier. Keine andere Geschichte war möglich als diese.

»Der Tag der Schlacht.«

»Aber ohne Maharbal …«

Sie schnitt Qarthalo das Wort ab. »Die Umfassungstaktik, die wir besprochen haben, kann trotzdem gelingen. Wir brauchen Reiterei, ja, aber wir brauchen nicht die Übermacht, die wir haben. Magos iberische Reiter und Gabrannos' gallische sind gut vorbereitet. Und Maharbal wird zurückkommen – er wird diese Schlacht schlagen wollen. Wir müssen aushalten, bis er es tut, oder ihm zeigen, dass sie sich auch ohne ihn gewinnen lässt.« Die goldene Maske sah in die Runde der Offiziere. »Wir bleiben dabei, dass die Gallier das Zentrum bilden. Avarro.«

Avarro ballte die Faust, die an der Trebia zwei Finger verloren hatte. »Wir halten das Zentrum«, sagte er in seinem taktikfokussierten Phönizisch, das er über den Winter gelernt hatte.

»Es hängt an deinen Galliern. Ihr müsst erst nachgeben, dann standhalten.«

Dort, im blutigsten Teil der Schlacht, wo beide Heere aufeinanderprallten, zurückzuweichen, um dann stehen zu bleiben, wenn die Römer tief genug in den Halbkreis vorgedrungen waren, die Linie zu halten, das römische Heer zu umfließen, bis es eingekesselt war – das war das größte Kunststück. Sosylos hatte nie an solch einer Stelle gestanden, doch er wusste von den Berichten über die Schlacht an der Trebia, dass nicht das Taktische die Schwierigkeit war, nicht das Bilden eines immer tiefer werdenden Halbkreises und das Zusammenziehen zu einem Kreis. Das Schwierigste war, nicht zu laufen, wenn man einmal mit dem Rückzug begonnen hatte.

Doch Avarro nickte. »Wir werden nachgeben, aber nicht brechen. Alles bleibt bei deiner Taktik.« Er stotterte, alle wussten mittlerweile, dass es keiner Zaghaftigkeit geschuldet war. Er ergänzte auf Griechisch, die Sprache seiner Freundschaft mit Hannibal: »Pass auf dich auf.«

Die goldene Maske nickte. »Gebt das Signal zur Schlachtaufstellung! Achtet darauf: Die Mittagshitze wird mörderisch! Aber noch tödlicher sind wir, und das werden sie heute spüren.«

Das karthagische Heer erhob sich, mörderisch wie die Sonne.

IV.

Sosylos ritt.

Es war nicht schwer, eintausendvierhundert Reiter aufzuspüren. Sie hatten das Legionslager auf einem Treidelpfad über die Hügelkämme umgangen, waren dahinter in die Ebene galoppiert und hatten Feuer an ein Gehöft gelegt, das so nah an der zu erwartenden Schlacht ohnehin seit Wochen leer stand. Der Staub, den so viele tausend Hufe aufgewirbelt hatten, hatte sich noch nicht gelegt. Doch statt weiter in die Ebene zu reiten, dem Fluss zu folgen, Dörfer und befestigte Siedlungen anzuzünden, war Maharbal mit einem Trupp Vertrauter auf die Anhöhe zurückgekehrt und beobachtete die Schlachtaufstellung unter der höher steigenden Sonne.

Als Sosylos bei dem Trupp ankam, brauchte es nur einen Blick von Maharbal, und einige Reiter stießen Sosylos mit Lanzenschäften schmerzlich vom Pferd, hielten ihn auf seinen protestierenden alten Kniegelenken in Schach.

»Maharbal.« Er seufzte. »Für einen Anschlag auf dein Leben wäre ich wirklich nicht der geeignete Mann.«

Maharbal lachte abschätzig. »Aber ich mag es, wenn du vor mir kniest, Sklave.«

»Nicht dein Sklave.« Sosylos hatte beileibe keine Zeit für die Spitzfindigkeiten, die über seine Zunge kamen. »Du siehst, was da unten geschieht.«

Wieder zuckte dieses Lächeln vom frühen Morgen um Maharbals Mundwinkel, zugleich Wut und Belustigung. »Ich sehe es. Ruft sie mich durch dich um Hilfe?«

Sosylos schüttelte den Kopf, nicht als Antwort, sondern über diese Eitelkeit. »Natürlich. Es ist die Schlacht, für die du herkamst, Maharbal. Möchtest du etwa ihrem Ende zusehen, nur um dann selbst zugrunde zu gehen, ist es das wert?«

Maharbal wandte den Blick ab und sah hinaus in die Ebene. Er kniff die Augen zusammen, begierig nach jedem Detail. Und trotzdem saß er nicht auf. »Ich will die Schlacht so sehr wie jeder Römer da unten.« Er tätschelte seiner Stute die Schnauze. »Aber ich will auch Hannibal demütigen, Grieche. Heute ist der Tag für beides gekommen, und beide werden ihre Lektion lernen. Von mir, einem Barbaren.«

Sosylos schluckte, seine Kehle war voller Staub. »Ich werde es ihr ausrichten.«

Maharbal schüttelte den Kopf. »Sie lernt nicht, wenn man ihr etwas sagt. Sie lernt, wenn man es sie begreifen lässt. Du bist doch ihr Lehrer, oder nicht? Du solltest es wissen.«

»Was soll das werden?«

Maharbal nahm die Decke vom Rücken seines Pferdes und breitete sie auf dem Boden aus. Er ließ sich darauf nieder, schlug die Beine bequem unter, zog einen Schlauch hervor und trank. Dann klopfte er neben sich. »Setz dich. Von hier aus kannst du den Verlauf der Schlacht bezeugen, es ist der beste Platz.«

Sosylos hätte sich nicht gesetzt, doch die Lanzenspitzen funkelten und bedeuteten ihm, es doch zu tun. Maharbal reichte ihm den Schlauch mit essiggesäuertem Wasser, und er trank gegen den Staub und das Entsetzen in seiner Kehle an.

»Ich sehe«, fuhr Maharbal fort, als stünden sie um einen Tisch herum, »dass sie die Grundtaktik beibehält, die sie so lange ausgeheckt hat. Das nach innen gewölbte Zentrum, in dem die Gallier stehen – und natürlich Qarthalos Heilige Schar, diese Handvoll eingebildeter Städter ohne jede Bedeutung in der Schlacht. Die Reiterei ist so gut aufgeteilt, wie es auf die Schnelle eben geht, es fehlt ja schließlich fast jeder Dritte.«

»Es kann trotzdem gelingen. Der Elefant ist bei ihnen.« Sosylos schickte es als Gebet an Athene, an Tanit, an Melqart, an Rešef-von-den-Böcken, sogar an den verhassten Ares. Die römische Taktik war die von Manipeln und Masse, eine ordentliche Schlachtreihe hinter der anderen, ein ordentlicher Block neben dem anderen – dazu die Reiterei, die die Römer als Antwort auf die karthagische Reiterei verstärkt hatten. Es war eine Übermacht an Reitern und Fußsoldaten, Sosylos überschlug ihre Zahlen, und ihm wurde in der Sommerhitze kalt, als er seine Schätzungen bestätigt sah. »Achtzigtausend Fußsoldaten, zur Hälfte Römer und zur Hälfte Bundesgenossen.«

»Die Bundesgenossen, die nicht an Hannibal glaubten. Unser Pech.«

»Fast zehntausend Reiter«, flüsterte Sosylos.

»Da macht es auch nichts, dass meine fehlen.« Maharbal wedelte eine Wespe fort. Und vielleicht hatte er recht, vielleicht konnte diese Schlacht nicht gewonnen werden, und Maharbal gewann noch einige Tage des Lebens auf der Flucht, bevor siegreiche Römer ihn niedermachten.

Unten am Ufer des Flusses Aufidus – nichts begann hier mit T, möge Tanit ihnen dennoch beistehen! – prallten die Schlachtreihen aufeinander, lautlos, die Entfernung beraubte sie jedes Klingens von Stahl auf Stahl oder Holz, aller Schlachtrufe und auch der Schreie der ersten Verwundeten. Nur ein dumpfes Dröhnen ballte sich in der Ebene zusammen und schwoll an, als fülle sich das Tal von einem Rand zum anderen mit der Melodie der Schlacht.

»Du wirst wirklich nicht eingreifen.« Wieder war Sosylos' Kehle so trocken – war es die Hitze, der Staub oder das Entsetzen?

»Ich möchte dir Gesellschaft leisten bei dem, was du so vortrefflich vermagst, Sosylos, der Hannibal wählte und mich verriet: Zeuge sein.«

Und sie bezeugten. Sie bezeugten, wie die Gallier im Zentrum zurückwichen und dann nicht innehielten, als die rauschende Flut der Übermacht ihnen folgte, um sie niederzuhacken. Wie sich der Kreis um die Legionen zu bilden versuchte, das Umfassungsmanöver, das Hannibal an der Trebia erprobt und hier zu meistern gehofft hatte. Der Kreis wurde durchbrochen, erst von fliehenden Galliern, dann von vorstoßenden Römern. Das Dröhnen stieg an, unheilverheißend wie eine hungrige Unterweltgöttin, die sich heute an diesem Scheitern satt essen würde.

Sosylos spürte keinen Schmerz, keinen Schrecken. Seine Eingeweide waren Stein. Nur seine Blase schmerzte, als habe er zu viel oder zu wenig getrunken, es war die einzige körperliche Empfindung. Selbst Maharbal schwieg. Was dort unten geschah, war sogar für ihn zu endgültig, um darüber zu spotten oder Befriedigung zu empfinden.

Und die Sonne brannte auf sie nieder.

V.

Tamenzut schämte sich dafür, wie gut es sich auf Bestienrücken reiste. Sie wünschte, es wäre anders, doch an jedem Morgen freute sie sich auf die Berührung von kohlschwarzem Fell und metallgrauer Mähne, auf den Klang wie Flötenspiel aus seiner Kehle. Was, wenn die Sphinx sie so sähe, wie sie den Ritt auf einem anderen ungeheuren – jedoch flügellosen – Löwen genoss, als wäre nichts geschehen, als wäre ihre Arroganz nicht am Tiefsten aller Tiefen zerschellt und in die Form von Demut gefallen? Auch diese Bestie hatte nur den Leib eines Löwen, dazu den über ihren Kopf gebogenen Skorpionstachel und dieses menschliche Gesicht. Es war zum Glück monströser als das ihrer Sphinx – mehrere Zahnreihen verkeilten sich hintereinander, sodass der zum Knurren verzogene Mund sich nicht schließen konnte. Und er gehorchte nicht ihr, sondern Adherbal.

Sie waren gemeinsam entkommen. Caras hatte sie und den Hahn zwischen Fässern auf einem Wagen versteckt aus der Stadt gebracht und zu dem Gehöft, in dem sie die anderen Biester eingesperrt hatten. Adherbal hatte sie gedrängt, die Hälfte davon zu übernehmen – wenigstens den Mantikor! –, doch sie hatte sich geweigert. Sie hatte ihn einweihen wollen in die Erkenntnis, die der Leviathan ihr eingeprügelt hatte, hatte gewollt, dass er sie lernte, ohne dafür ihren Preis bezahlen zu müssen. Aber nun waren auch diese Bestien versklavt, und sie war der Antwort auf die Frage, ob auch eine andere Art von Verbundenheit möglich war als Herrschaft, kein Stück näher. Adherbal ritt auf dem gallischen Hahn, und der vielfach durchbohrte Eber folgte ihnen. Die Harpyie flog voraus. Alle vier gehorchten Adherbal, und sie als Reiterin war ebenso seinem Willen unterworfen wie die vier Biester. Das musste sie ihm ja übel nehmen!

Es war der vierte Tag auf dem unermüdlichen Löwenrücken, als die Harpyie mit aufgeregt-wortlosem Gezeter zurückkehrte. Sie war ein altes Weib mit dünnen weißen Haarzotteln und ebenso dünnen zotteligen Brüsten zwischen den Federn. Tamenzut fühlte sich ihr im Altern verbunden, auch wenn sie längst noch nicht da angekommen war.

»Was hat sie?«, fragte sie, als Adherbal konzentriert zu ihr aufsah. Er konnte so wenig mit ihr sprechen, wie Tamenzut mit ihrer Sphinx hatte sprechen können, doch er empfand Spannung und Schwingung ihres Geistes.

»Ein dunkles Begehren. Du weißt, wie sie sind.«

»Blut und Tod singen zu ihnen. Es muss eine Schlacht sein!« Sie trieb den Mantikor mit den Schenkeln an, doch er gehorchte Adherbals Gedanken und nicht ihrem Körper. Brachliegende Felder und sommertrockenes Gras flogen nur so unter den Pranken dahin, während die Bestien sich ihren Weg zwischen Hainen und Gestrüpp suchten.

Und dann öffnete sich der Blick in ein weites Tal – ein sonnenblitzender Fluss, zwei gewaltige befestigte Lager und dazwischen Blut und Tod, die in der Mittagshitze sangen.

Adherbal sog den Atem ein, und mit derselben Emotion hielten die Biester inne, als stünde die Zeit still. Wie ein geöffneter Leib, in dem das Herz pochte, wogte die Schlacht unter ihnen. Tamenzut versuchte, sie zu verstehen, doch es war Chaos. Die Sonne blinkte auf den gleichen Rüstungen und Helmen, das gleiche Fleisch wurde zerhackt, damit das gleiche Blut zum Vorschein kam. Sie suchte und fand das alabasterne Biest, es war von Reitern umgeben, und darauf schleuderte eine Frau mit einer goldenen Maske Speere. Sie lebte, keiner hatte ihr Blut nach außen gekehrt, und das reichte, um Tamenzuts Herz wieder schlagen zu lassen.

»Das sieht nicht gut aus«, stieß Adherbal hervor. »Die Karthager wollten die Römer umschließen, aber ein großer Pulk ist durchgebrochen, da – und da ist ein Keil hineingetrieben und hat das Heer zerteilt.«

»Vielleicht ist das der Plan.« Hoffnung war besonders einfach für Laien.

»Nein, auf keinen Fall.« Er löste einen Speer aus der Schlaufe am Rücken. »Wir müssen hinunter.«

»Weil zwei Menschen und vier Bestien einen Unterschied machen werden, wenn das Heer zerteilt ist?« Ihr Herz wollte Hannibal beistehen. Ihr Verstand wusste, dass sie dann dem Fährmann ohne Münze gegenübertreten würde, noch bevor der Tag endete.

Er sah sie an. »Was ist los mit dir, Lehrmeisterin? Bist du nicht die größte Bestienjägerin aller Zeiten? Was ist geschehen, dass du vergessen hast, welchen Unterschied zwei Menschen machen können, die über die großen Biester gebieten? Das hier ...« Stolz reckte sich die echsenhafte Kreatur unter ihm. »... ist der gallische Hahn!«

Und er hatte natürlich recht. Auch sie löste den Speer vom Lederriemen des Geschirrs, wog ihn in der Hand. Der Krieg war nicht die Zeit, zu der man Methoden infrage stellte, die so lange schon das Gefüge von Macht und Kontrolle im Lot hielten. Sie waren die beiden Menschen, die über Bestien geboten, sie konnten sie entfesseln, sie konnten damit den Tag retten.

Adherbal und Tamenzut reckten die Speere und ritten hinunter ans Ufer des Aufidus und in die Schlacht von Cannae.

VI.

Sosylos presste die Hände vors Gesicht, die Erleichterung verschleierte ihm den Blick. Es waren Monster gekommen – als hätte die gnädige Tanit ein Einsehen gehabt, eine Erdspalte geöffnet und grausige, klauen-, zahn- und giftstrotzende Ungeheuer gesandt. Und mehr als das: Als der Hahnenschrei das Dröhnen der Schlacht so zerriss, wie die römischen Manipel Hannibals Ordnung zerrissen hatten, fanden zerstreute Fliehende ihren Mut wieder, kehrten um, schleppten sich zum weißen Elefanten, bildeten einen Pulk, einen Trupp, eine Einheit, eine Streitmacht um ihn herum. Mehr noch, viel mehr, bildeten den blutigen Teppich, den Sosylos' verschwommener Blick mit roten Kett- und Schussfäden verschmolz.

Maharbal lachte, als der gallische Hahn unter seine römischen Feinde fuhr, als Versprengte sich um ein gewaltiges Schwein sammelten, als der Mantikor aus seinem Stachel giftige Geschosse durch Schilde und Helme schleuderte. Die Scharfäugigsten unter Maharbals Männern begannen, die Schlacht zu kommentieren, als sähen sie der überraschenden Wendung eines Theaterstücks zu. Als Sosylos die Hände sinken ließ, drückte Maharbal ihm den Trinkschlauch hinein und zog sich mit einem durchdringenden Ruf, der Tausende erreichen konnte, auf den Rücken seiner Stute.

»Was ...« Sosylos starrte zwischen dem Schlauch, der Schlacht und dem Reiterfürsten hin und her.

»Ich will die Schlacht so sehr wie jeder Römer. Aber ich will sie nicht verlieren.«

»Deshalb reitest du jetzt los und ...«

»... und gewinne sie. Schreib es auf.«

»Das werde ich. Ich werde deinen Verrat aufschreiben.« Doch eine wilde Dankbarkeit durchflutete Sosylos. Es war nicht verloren – es war noch nicht verloren. Und er war hier, um es zu bezeugen.

VII.

Ihre Beine berührten kaum den Boden, als Fulvia von zwei Legionären durch die Bestienkerker unter dem Marsheiligtum geschleift wurde. Sie hatten sie geschlagen, aber nicht oft. Aufgehört hatten sie, als sie nicht länger ihre Freilassung gefordert hatte. Wange und Kiefer schmerzten, eine Eisenfessel schürfte ihr die Handgelenke auf. Sie ahnte, dass ihre Kinder in Sicherheit waren, sonst hätten sie sie längst mit ihnen unter Druck gesetzt. Secunda jedoch war geschnappt und gefoltert worden, und Fulvia hatte die ganze Nacht in einer kleinen Zelle gehockt, in der sie ihre entsetzlichen Schreie hören konnte. Bestien hatten in die Kakofonie eingestimmt. Der Geruch der Viecher war allgegenwärtig.

Wurde sie nun zu ihrer eigenen Folter gebracht? Oder gleich zu ihrer Hinrichtung? Einem Bürger Roms stand der Tod durch Enthauptung zu, Verräter am Staat jedoch wurden vom Tarpejischen Fels zu Tode gestürzt. Ihr Leichnam würde zerschmettert auf dem Forum liegen. Aber galt das alles überhaupt für Frauen? Der Felsen war zwar nach einer Verräterin benannt, aber für Frauen ließ man sich ja gern etwas anderes einfallen.

Sie hatten ihr den Schmuck gelassen, und der Gedanke, dass er sie zur Hinrichtung begleiten würde, war tröstlich. Sie wurde eine Treppe hochgezerrt, aus den Verliesen heraus und in einen Nebenraum des Marstempels. Hier standen Kisten und Fässer herum. Fleisch hing von der Decke – ein Vorratsraum. Der Bestiengeruch war auch hier allgegenwärtig – oder er hatte sich in ihrer Nase festgesetzt. Ihre Wächter ließen sie los.

»Was geschieht mit mir?«, fragte sie.

Als Antwort explodierte Schmerz in ihrem Gesicht. Einer der beiden hatte zugeschlagen, nicht so hart, dass sie stürzte, aber hart genug, dass sie keine weiteren Fragen stellte. Wenig später öffnete sich die Tür, und herein trat der Centurio, der sie verhaftet hatte. Und Scipio, natürlich.

Die beiden Wärter zwangen sie auf die Knie. Scipio blickte sie an wie einen Schmutzfleck auf der Toga, etwas, das wohl oder übel zu ihm gehörte, für dessen Entfernung er jedoch sorgen konnte. Sie hasste ihn, sie hasste es, vor ihm zu knien. Lieber hätte sie noch mal unter einem alten Mann gelegen, während ein Minotaurus zusah, und das war bislang der entwürdigendste Moment ihres Lebens gewesen.

»Fulvia, Fulvia. Wirklich? Weil ich mir ein bisschen Geld von dir besorgt habe – zum Wohle Roms wohlgemerkt –, verkaufst du die Ehre deiner Familie? An die treulosen Punier? Wie tief bist du gesunken?«

»Fahr zur Unterwelt!« Sie erwartete einen Schlag, der ausblieb.

»Was dachtest du, was passiert, wenn du mit deinen Spielchen Erfolg gehabt hättest? Glaubst du, die tierhaften Punier verschonen dich und deine Freundinnen, wenn sie plündernd und vergewaltigend über die Hügel Roms ziehen? Oder deine Kinder?«

»Wenn der Stein einmal rollt, kann man die Lawine nicht mehr aufhalten, selbst wenn man will«, entgegnete sie ungerührt. »Aber warum sollte ich es wollen, Scipio? Schau dir das Fäkaltheater doch an. Manchmal muss man alles niederreißen, damit Neues beginnt.«

Kein Schlag, kein Spott, er sah sie nur angewidert an. »Das Gerede einer Wahnsinnigen.« Natürlich verstand er nicht. »Ich denke, du Kleingeist wolltest dich an mir rächen, und das ist gehörig danebengegangen.« Als ginge es um ihn! Als wäre er ihr nicht mittlerweile nur der Inbegriff für eine ganze Stadt aus Verderbnis und Erniedrigung.

»Aber du und deine kleinen Spione habt weniger Schaden angerichtet, als ihr vielleicht glaubt. Die größte Armee, die wir je ins Feld geführt haben, ist dabei, Hannibals Heer zu zerquetschen.«

»Ganz ohne dich, den großen Scipio?«

»Wir alle haben eine Rolle für Rom. Ich stehe bereit, sollten unsere Konsuln versagen. Mit einer netten Überraschung.«

Sie entgegnete nichts. Was sollte sie auch zu dieser Prahlerei vor einer gebrochenen Gefangenen im Kerker sagen?

»Aber was machen wir nur jetzt mit dir?«

»Vielleicht weiß sie mehr als die andere.« Gewalt lauerte in der Stimme des Centurios.

»Mehr als die Stellvertreterin dieses Iberers? Das glaub ich kaum. Er wird froh gewesen sein, seinem Spionagenetzwerk eine dumme, plebejische Gans hinzuzufügen, die für alles blind ist außer für ihre persönliche Rache.«

Fulvia hätte erleichtert sein sollen, nicht die Qualen durchstehen zu müssen, unter denen Secunda geredet hatte, doch sie glaubte nicht an ein gnädigeres Schicksal.

»Die Kinder?«, wagte sie zu fragen.

»Du Furie hättest sie vielleicht nicht in deinen Rachefeldzug hineinziehen sollen. Eine gute römische Mutter wäre zu so etwas gar nicht in der Lage.« Er hatte sie nicht. Sie senkte erleichtert den Blick, doch er hob ihr Kinn an. »Was machen wir jetzt mit dir? Als mich der Numider gelehrt hat, wie man Bestien zähmt ... weißt du, was ich mich da gefragt habe? Ob man auch Menschen unterwerfen kann wie Bestien ... Wie gern ich dich zähmen würde, eine tugendhafte römische Frau aus dir machen würde, zum Wohle unserer Familien, im Andenken an meinen lieben Onkel.« Er ließ sie los und trat zurück. Wut und Trotz, die ihr eben Stärke verliehen hatten, waren verraucht, zurück blieb nackte Angst. »Aber leider sind die Götter nicht so gnädig, einen Menschen den Speerstoß in die Stirn überleben zu lassen.« Er lachte über seinen eigenen Scherz, und der Centurio fiel ein.

Die Legionäre links und rechts von ihr lachten nicht. Fulvia hatte gedacht, gegen Todesangst gestählt zu sein, aber bei allen Göttinnen, sie wollte nicht sterben.

»Aber tugendhaft wirst du nicht mehr, Fulvia. Ich habe gesehen, wie du dich auf Tiberius' Feier am Minotaurus aufgegeilt hast. Außerdem hatten wir beide schon einmal den Ärger eines Gerichtsprozesses, ich würde sagen, wir sparen uns das.« Er seufzte nachdenklich. »Lebendig begraben sollten wir dich wie eine unkeusche Vestalin.« Aber er klang nicht ganz zufrieden.

Der Centurio sprang ihm bei. »Was, wenn wir sie ihm vorwerfen? Dem Minotaurus? Lebendig begraben und Hinrichtung ad bestias in einem.«

»Damit das Biest sie totfickt?« Scipio klang entrüstet. »Solche Fantasien sind einem patrizischen Geist fremd.« Er gönnte sich eine rhetorische Pause. »Aber manchmal sind die einfachen Ideen die besten.« Fulvia sank zitternd in sich zusammen, sie bekam keine Luft mehr. »Sperrt sie zu ihm.«

Das Schicksal von Frauen, festgeschrieben, seit die Sabinerinnen nach Rom verschleppt worden waren. Eine Stadt, auf solcher Gewalt gebaut – war es ein Wunder, dass Fulvia sie brennen sehen wollte? Stattdessen sollte genau diese Gewalt Fulvias Ende sein. Legionäre schleiften sie zurück in den Kerker. Sie wehrte sich, sie schrie, doch es war vergebens.

VIII.

»Ich bin so froh, dass du da bist!«, hatte Hannibal gesagt.

Selbst sie war verwundet, ein geschleudertes Pilum hatte einen der Schilde zerschlagen, mit denen zwei Soldaten sie auf dem Elefanten beschirmt hatten, und sich in ihren linken Oberschenkel gegraben – nicht tief, aber es hatte stark geblutet und war der Bestie über die Seite und das Vorderbein gelaufen. Doch die Elefantin war auch von eigenem Blut besudelt, die alabasterne Haut von Schnitten und Speerwunden übersät. Tamenzut hatte das an ihr Leben gebundene Biest nur kurz gesehen – es kauerte mit angewinkelten Beinen da wie ein traurige Urgewalt. Ein anderes Biest bedurfte ihrer Aufmerksamkeit: Hannibal war ja so froh, dass Tamenzut da war, in der Tat! Denn sie schickte sie mit der Marserschlange über das Schlachtfeld, um tödlich Verwundete zurück ins Leben zu holen – sie und eine zusammengewürfelte Handvoll, die die Schlacht heil überstanden und noch Lebenskraft zu geben hatte.

»Holt so viele von unseren Leuten zurück, wie ihr könnt«, hatte Hannibal gesagt, und auch: »Wenn du ihre Anführer findest, die beiden Konsuln oder hohe Offiziere, und sie sind tödlich verwundet, dann heil sie und bring sie mir.«

Einen von ihnen hatte jedoch der Mantikor getötet, das wusste Tamenzut sehr gut, denn sie hatte darauf gesessen, als das Biest mit seinen Pranken und Messerzähnen erst die Leibgarde, dann das Pferd und zuletzt den Mann mit dem prunkvoll federgeschmückten Helm in Fetzen gerissen hatte.

Den zweiten Konsul hatte kurz darauf ein entsetzlich gut gelaunter Maharbal mitgebracht. Er reckte den runden Kopf im goldbeschlagenen Helm in die Höhe, an den Armen trug er seinen Schmuck und an der Seite sein Schwert. Den Rest musste er irgendwo liegen gelassen haben. »Seht, Rom ist kopflos!«, hallte sein Ruf und versuchte damit, etwas zu einem Sieg zu drehen, das allenfalls eine knapp abgewendete Niederlage war. Tausende Römer hatten die Flucht ergriffen und wären mit einem lebenden Konsul entkommen, hätte Maharbal ihm nicht nachgesetzt und seine Einheit niedergemacht.

Das karthagische Heer hatte sich in die Ruinen des Versorgungslagers zurückgezogen. Bewaffnete suchten nach Überlebenden, eigenen ebenso wie römischen, und bargen von den Leichen, was sich noch gebrauchen ließ. Tamenzut war schlecht darin, zerhackte Leiber zu schätzen, doch Sosylos mutmaßte, dass um die siebzigtausend Tote oder Schwerverletzte auf dem Schlachtfeld lagen, eine Zahl, die nichts war als ein paar Worte in Tamenzuts Kopf.

Es war ein heißer Nachmittag, es roch nach Blut und Urin und Scheiße, Fliegen schwirrten in Wolken über den Leibern, und die Krähen spiegelten sie in der Höhe. Geier kreisten und kreisten, warteten genüsslich auf das, was die Sonne mit diesem menschengemachten Mahl anrichten würde. Tamenzut hatte sich schon zweimal übergeben, aber jetzt war der Drang versickert wie die Magensäure zwischen den Toten, und sie setzte einen Fuß vor den anderen, sah alle Toten auf einmal und einen nach dem anderen. Sie konnte sie kaum unterscheiden, ein ums andere Mal sagte ihr einer ihrer Begleiter, dass sie diesen halb toten, stöhnenden Mann liegen lassen musste, weil er ein Römer war. Wie sie es erkennen konnten, bei all dem Blut, all den grausig zugerichteten, zertrampelten, zerschnittenen Körpern, konnte Tamenzut nicht sagen. Dann wieder gruben sie Menschen aus, irre Augen, stumpfe Augen, blinzelnde Augen, blutunterlaufene Augen, geschlossene Augen, flehende Augen, gepeinigte Augen, und Tamenzut hieß die Marserschlange, mit beiden Mäulern zuzubeißen. Dann lagen sie nebeneinander, ein gesunder Mensch und ein sterbender, und die Marserschlange schenkte Leben und nahm eine Münze als Bezahlung.

Alle ins Leben Zurückgeholten würgten, keuchten, husteten, tasteten nach dem, was ihnen nun fehlte. Schluchzend wühlten sie zwischen Leibern und in der blutgetränkten Erde, doch ihre Münze blieb so verschwunden wie Tamenzuts.

Was nur, was bezahlten sie da?

Die Geheilten stützten einander, der Pulk wuchs an, und zusammen wagten sie sich tiefer vor ins blutige Herz der Schlacht am Ufer des Aufidus.

Bei den Galliern war es einfacher, sie von den Römern zu unterscheiden. Eine iberische Kämpferin, für deren Heilung Tamenzut selbst den Biss erduldet hatte, spie auf einen nackten Oberkörper – die blaue Bemalung wie unirdisch gegen die Totenblässe des Mannes, der nur karierte Hosen in die Schlacht getragen hatte. »Sie sind es schuld, sind gerannt wie

Feiglinge!«, schimpfte sie über ihre keltischen Brüder und sah sie mit einem entsetzlichen Hunger an, als verlange sie mindestens die Münze zurück, die das Leben sie gekostet hatte. Doch sie gingen an die Arbeit, zogen einen zertrampelten, aber atmenden Leib nach dem anderen unter den Leichen hervor und ließen die Schlange beißen und beißen und beißen.

Tamenzut saß daneben, übersättigt von der Scheußlichkeit des Tages, angefüllt mit dem Geruch, mit dem Fliegengesumm, dem Krähengeschrei, dem sterbenden Stöhnen. Da streckte sich eine Hand mit nur drei Fingern nach ihr aus, eine Stimme versuchte sich an ihrem Namen und scheiterte, stotterte den ersten Laut, als finge er sich in seiner Kehle.

»Avarro!« Sie ging auf alle viere, Ekel hatte sie längst hinter sich gelassen, ihre Haut bis zu den Ellbogen braun von trocknendem Blut wie eine Schutzschicht. Sie folgte der Hand, wälzte einen toten Römer davon und zerrte den Gallierfürst unter dem Hals eines fliegenumschwirrten Pferdes hervor. »Avarro!«

Sie bekam kein anderes Wort über die Lippen, doch es reichte. Ein gerade erst von den Toten auferstandener Gallier legte sich und dem Allobroger die Schlange an den Hals und ließ sie ihm ihr vergiftetes Leben in die Adern speien. Auch Avarro hustete, würgte, tastete zitternd auf den Knien nach dem, was er so schmerzlich verlor. Sie beobachtete dabei seine greifende Hand, doch die Finger, die er an der Trebia verloren hatte, wuchsen nicht nach, so wie auch die Schmerzen eines Lebens als Bestienjägerin nicht aus ihren Gliedern und ihrem Rücken gewichen waren. Er weinte, als er wieder Luft bekam, und Tamenzut war es willkommen, ihn festzuhalten und die Augen zu schließen, während um sie herum weitere Halbtote zu Halblebendigen wurden.

»Mein Kind!« Seine Stimme war rau, als hätte die Münze ihm die Kehle verbrannt. Ihr Gallisch reichte für seine Wörter aus. »Es ist schon auf der Welt. Ich kenne es nicht. Ich kenne es nicht! Bin ich tot?«

»Du lebst, und ohne Münze kannst du es dir auch nicht leisten, noch mal zu sterben.« Sie murmelte es auf Griechisch.

Ein Libyer hörte es. »Die Kalte Wüste hat uns verstoßen, wir können niemals dorthin! Ohne Münze kein Übergang!«

Avarro hob den Kopf, blinzelte wie nach einem Traum, sammelte sein Griechisch. »Ist der Tod denn nicht umsonst?«

Tamenzut ließ ihn aus der Umarmung und vermisste sogleich den Schutz. »Der Tod ist umsonst. Aber irgendwas haben wir bezahlt, sonst würden wir nicht alle dasselbe sehen.«

»Wir sind ausgestoßen aus der Welt, die danach ist!« Der Libyer begann zu weinen.

»Danach ist keine Welt, es gibt nur diese Welt.« Avarro rang um jedes Wort, das Stottern schien nicht fassen zu können, dass er noch am Leben war. »Unsere Seelen kehren in den Kessel zurück und von dort aus in einen neuen Leib.«

»Tun sie das?« Tamenzut hob den Kopf, sog alles ein, all den Tod um sich herum, all das Blutrote und das Fliegenschwarze und das Knochenweiße und die vielen Töne erkaltender Haut, bis ihre Augen tränten.

Avarro, die Ibererin, der Libyer sahen sie an. Sie wusste nicht einmal, welche Sprache sie gesprochen hatte. Doch dann schüttelten sie alle die Köpfe, erstarrt, erschüttert, verängstigt. Der Libyer begann zu weinen, er war ein älterer Mann, und die bronzenen Anhänger um seinen Hals zeigten seine Frömmigkeit.

»Was ihr euch vom Tod erhofft habt und versprochen«, krächzte Tamenzut. »Ist es noch da?«

Der Libyer schluchzte. »Da ist nichts.«

Sie erhob sich. »Da ist nichts. Wir sind nur Körper. Wir werden sterben und verwesen. Es gibt keine Kalte Wüste, keinen Tartaros, keinen Kessel.«

»Aber für sie?« Avarro wies um sich. »Für alle, die so eine Münze haben, ein Stück *Geld,* für die gibt es ihn noch?«

Tamenzut folgte seinem Wink, als könne er ihr etwas Neues zeigen, doch da waren nur dieselben Leichen wie zuvor. »Sehen sie so aus, Avarro?«

Es gab nur Leben und nichts sonst, und alles, was sie damit taten, war, über Leichen zu gehen, zu vernichten, zu beherrschen. Tamenzut fühlte, dass sie am Ende war. Dass es ein Ende haben musste, all das. Doch als sie mit Avarro im Lager ankam, ging es einfach so weiter, endlos. Im Feldherrinnenzelt waren dieselben Leute anwesend: Hannibal, verwundet. Sosylos, alt und still. Die Offiziere – sogar Maharbal war da, als gehöre er noch hierher, obwohl selbst Tamenzut mitbekommen hatte, dass er desertiert war.

Sie traten mitten in einem Streit ein, auf schnellem Phönizisch ging es hin und her.

Tamenzut war müde, doch sie zog den Penis, legte ihn auf den Tisch und rollte ihn zu Hannibal hinüber. »Scheinst ihn zu brauchen.«

Stutzen, Lachen, kurzes Innehalten. Hannibal nahm ihn entgegen und klemmte ihn sich neben dem Schwert in den Gürtel.

Qarthalo nutzte die Gelegenheit, um Maharbal das Wort abzuschneiden. »Sehr passend! Deiner Untreue verdanken wir diese Niederlage. Du hast weder Schwanz noch Eier gehabt, Maharbal. Vielleicht solltest du die Bestienjägerin fragen, ob sie auch für dich einen dabeihat! Ich bin dafür, dass wir dich kreuzigen, wie Hannibal es schon längst mit dir hätte tun sollen. Für einen Numider bist du viel zu weit gekommen.«

»Haben sie dir das eine Auge ausgestochen, das noch klar sehen konnte?«, spottete Maharbal und deutete auf Qarthalos Kopfverband, der ein Auge bedeckte und nichts Gutes verhieß. »Meine Reiterei hat eingegriffen und die Schlacht gewendet! Wer hätte sie beinahe für euch verloren?« Maharbal deutete auf Avarro, der auf einen Hocker sank. »Du hast doch mit deiner Heiligen Schar direkt neben ihnen gekämpft, Karthager!«

»Er hat recht«, urteilte Hannibal ruhig und schlug sich auf die Seite ihres Feindes. Tamenzut wollte sie schütteln. »Der gallische Hahn hat die Schlacht gewendet. Erst als er kam, haben sich die Gallier besonnen. Hätten sie getan, was sie sollten – wären sie nicht gelaufen, sondern hätten gekämpft –, dann wäre das Manöver gelungen. Es hing nicht an der Reiterei. Der Verräter hätte mit ihr nach Rom ziehen können, und wir hätten die Schlacht trotzdem gewonnen.«

Was die Worte mit Avarro machten, war in seinem aschfahlen und viel zu jungen Gesicht abzulesen. »Weißt du, was, Hannibal?« Wut schlug ihm Kerben in die Worte. »Er hätte recht damit gehabt. Er *hatte* recht damit.«

Sie starrten einander an, Hannibal und der einzige Offizier, der sie achtete, der ihr Freund war. »Also liegt dir auch Verrat im Herzen, Allobroger«, stieß sie hervor.

»Wir wollen hier nicht um gar nichts kämpfen!« Seine Stimme wurde lauter und bezwang das Stottern, bevor ihm jemand ins Wort fallen konnte. »Du hast uns dazu gebracht, um des Kämpfens willen zu kämpfen! Um ein namenloses Tal! Um Leben und Tod! Um einen Sieg, der nichts bedeutet!«

»Das ist nicht wahr!«

»Gallier verstehen nichts vom Krieg!«, spie Qarthalo.

»Und Frauen auch nicht.« Maharbal grinste und suchte Magos Blick, doch der wich aus, erschüttert wirkte er, der immer so viel jünger war als seine Brüder in seinem Alter.

Tamenzut wandte sich zum Gehen. Das Blut an ihren Händen, in ihrem Blick, in ihrem Kopf – es vertrug sich nicht mit solchen Eitelkeiten.

»Die Taktik war nicht von einer Frau«, sagte der alte Sklave zwischen all diesen Mächtigen. »Sie war von mir.«

»Noch besser. Dann folgen wir also Frauen und Sklaven, die sich ficken lassen, was fast dasselbe ist.« Maharbals Stimme verfolgte Tamenzut nach draußen, wo sie unentschlossen stehen blieb. Wie ein Gallier hatte Maharbal den Kopf des Konsuls aufgespießt: Der Speer stak vor der Kommandantur im Boden, und der Konsul sah sie an, als wolle er sich beschweren.

»Ich sage, wir folgen ab jetzt mir«, hörte sie Maharbal weiter. »Ich bin nicht desertiert, sonst wäre ich schließlich nicht wieder hier. Ich habe gemeutert. Gebt mir das Kommando, und ich werde euch dorthin führen, wo wir um etwas Bedeutsames kämpfen!«

Tamenzut drehte sich langsam herum, suchte ihren eigenen Speer und wusste doch, dass sie ihn auf dem Rücken des Mantikors verloren hatte, mitten in dieser Schlacht, die um sie herum getost und sie doch nicht berührt hatte. Kurz entschlossen packte sie den ergrauenden Schopf von Konsul Paullus – sie hatte seinem Ausmarsch aus Rom zugesehen – und zog ihn vom Speer. Sie setzte ihn am Boden ab und nahm sich die Waffe, gut ausgewogen und mit einer Spitze, die Maharbals Herz durchbohren würde.

Bevor sie den Plan umsetzen konnte, hörte sie Avarros Stimme: »Dir folge ich nicht. Nicht weil du Numider bist, denn ich bin selbst Gallier, und diese Edlen aus der Stadt verachten uns beide gleichermaßen. Ich folge dir nicht, weil du ein gieriges, kaltes Herz hast. Wir können geeint sein, aber nicht unter dir. Nur unter Hannibal.«

Tamenzut hielt die Luft an, zählte das zustimmende Gemurmel. Dann sprach Avarro weiter: »Aber auch dir folge ich nur, wenn wir auf Rom ziehen, Hannibal. Und tun wir das nicht, kehre ich heim. Ich will mein Kind sehen, meine Frau, bevor ich sterbe. Nur für eine einzige Sache bin ich noch an deiner Seite: für Rom. Gegen Rom.«

Stille. Der Sklave räusperte sich, doch es war Hannibal, die sprach. »Dann werden wir gegen Rom ziehen.«

Tamenzut wartete bis in den Abend, dann erst verließ Hannibal die Baracke. Tamenzuts Penis wurde übergeben, und in jeder anderen Nacht hätte Tamenzut gefragt, ob sie ihr eine weitere Verwendung demonstrieren könne, aber nicht in dieser. Diesmal hatte sie nur einen Ratschlag für Hannibal: »Sieh zu, dass er die Schlacht um Rom nicht überlebt.«

Hannibal erwiderte nichts. Tamenzut hatte den Speer von Paullus' Blut gereinigt, und ihre Blicke trafen sich nun im Spiegel der frisch geschliffenen Spitze.

»Ich bin keine Mörderin. Aber du«, flüsterte Tamenzut, und Hannibal nickte endlich.

IX.

Der Minotaurus fickte sie, aber ganz anders, als sich das die lachenden Männer Roms vorgestellt hatten. Denn Fulvia fickte auch ihn. Sie fickte einen Stiermann. Sie fickte Rom. Sie fickte die Tugendhaftigkeit, die der *mos maiorum* von ihr erwartete.

Aber zunächst hatte sie Todesangst in der Zelle des Minotaurus ausgestanden. Angst vor den Schmerzen, Angst vor der Gewalt, die er ihr antun würde. Angst davor, dass ihr Leben unter massigen Bronzefäusten, an grausigen Hörnern, unter einem unerbittlich zustoßenden Leib enden würde. Gegen die Gitterstäbe hatte sie sich gepresst, die Angst hatte die Schreie zu Wimmern zermalmt, als sich ein Schatten in der Zelle erhob.

Als das Biest ins Licht trat, das durch ein winziges vergittertes Fenster an der Decke fiel, war von der benebelten Lethargie, die es auf Tiberius' Fest im Zaum gehalten hatte, nichts zu spüren. Es verströmte eine wilde, unmenschliche Wut, kam auf sie zu, riesig, gewaltig, muskulös. Es schnaubte heißen Atem, als es ihr ganz nah war. Am Nasenring war eine Kette an der Wand befestigt, sie war lang genug, dass es – er! – jeden Winkel der Zelle erreichen konnte. Angst und Verbitterung ließen ihr den Atem stocken, doch er ließ von ihr ab und zog sich zurück.

Ein Tag verging, und sie hockten stumm in zwei Ecken der Zelle. Ein weiterer und noch einer. Zeit war schwer greifbar in der Zelle, nur ablesbar waren Dunkelheit und Zwielicht vor dem Fenster.

Als den Wärtern klar wurde, dass sie noch nicht tot war, brachten sie ihr Brot, Wasser zum Trinken und Waschen – sogar einen Eimer für die Notdurft. Die Fesseln nahmen sie ihr nicht ab, was lästig war, aber nicht mehr schmerzhaft. Der Minotaurus aß nichts. Wie auch? Keine Bewegung störte die Ebenmäßigkeit seines bronzenen Stierkopfs, diesen einen Ausdruck archaischer Unzähmbarkeit.

Am vierten Tag näherte er sich Fulvia, zog mit sehniger Menschenhand die Schüssel mit Wasser zu sich heran, wusch sich und schrubbte sich mit Stroh. Kein Geruch ging von ihm aus, das hatte sie schon bei Tiberius bemerkt, doch den Kerkerdreck schien er zu verachten.

Am fünften Tag ging sie zu ihm hinüber. Er blickte sie an mit dieser unmenschlichen Wut in den Augen. Doch ziellos war die Wut nicht, sonst wäre sie längst tot. Beherrschte ihn Scipio? Sie konnte sich nicht vorstellen, wie ein Mensch ein solches Ungeheuer beherrschte. Seine Wut war viel zu schlau.

Sie setzte sich ihm gegenüber und zog mit der Kante der Eisenschelle am Handgelenk Linien in den Dreck und Sandstein des Bodens. Ihr Griechisch war schlecht, besonders schriftlich, doch ein paar Worte bekam sie zusammen.

Μεμηνας, schrieb sie. WÜTEND

Er betrachtete die Buchstaben, griff sich einen kleinen Steinsplitter der gemauerten Wand und schrieb.

JA

Ihr stockte der Atem. Er hatte tatsächlich das Graffito geschrieben, während sie ein Stück ihrer Würde gegen ein Stück der seinen getauscht hatte.

ERKENNEN, schrieb sie und zeigte auf sich.

JA, kam die Antwort. Und erneut, wie an der Wand: DANKE

LEBEN, schrieb sie und deutete wieder auf sich, machte eine fragende Geste, ein *Warum*.

Er schrieb einen ganzen Satz, den sie nicht verstand. Sein Griechisch war besser als ihres. Ratlos sah sie ihn an, besorgt, weil er nicht einfach nur bejaht hatte. Er schnaubte und nickte nur, dann wiederholte er ihr erstes Wort: WÜTEND, und deutete auf sie.

»O ja.« Sie nickte heftig, die Worte würgten sie beinahe, so sehr toste es in ihr. »Ich bin wütend, so verflucht wütend.«

Sie waren nah zusammengerückt, um die Nachrichten lesen zu können. Einem plötzlichen Impuls folgend streckte sie die Hand nach ihm aus, berührte den glatten Arm, der nicht Metall, nicht Fleisch war. Er ließ es geschehen.

ANGST, schrieb er und sah sie fragend an.

Sie schüttelte den Kopf, und es war die Wahrheit. Endlich war sie jenseits von Angst.

BERÜHRUNG, schrieb er dann, und sie nahm das Zittern seiner langen kräftigen Finger wahr; eine Furcht, aber eine zarte. Sie erstarrte, horchte in sich. Noch niemals hatte sie eine Erlaubnis geben können, und das Gefühl, dass sie auch den Kopf schütteln könnte, ließ sie nicken. Er strich mit seiner großen Hand über ihren Rücken.

Natürlich war es falsch. Natürlich besorgte sie, was sie damit provozierte. Aber sie wollte es, sie wollte das Falsche, denn das Richtige lohnte sich nicht. Der Druck eines Fingers reichte, ihn sanft von der Hocke ins Sitzen zu befördern. Sie raffte die Stola, setzte sich auf seinen Schoß. Er wollte sie auch, sie spürte es, und es erfüllte sie mit Sehnen und Aufregung, wie in der ersten Nacht mit Numerius, bevor er ... etwas ganz anderes getan hatte, als sie erwartete. Sie küsste die Brust des Minotaurus, er streichelte sie, ihre Wange, die kaum noch schmerzte, ihre Schultern, sein Daumen streifte ihre Brüste. Sie löste ihr Gürtelband, mit überraschendem Geschick befreite er sie von Stola und Fascia.

Sie liebten sich in der Kerkerzelle, gefesselt in Eisen, eingesperrt zwischen Bestien. Ihr ungeheurer Liebhaber war im Gegensatz zu den Männern in Fulvias Leben sanft, mehr auf ihr Wohlgefühl bedacht als auf seines, trotzdem ruhte er dabei ganz in sich, in seinem Körper – und in ihrem. Ihn dort zu spüren, war nicht schmerzhaft, obwohl Prima das von ihrer Hochzeitsnacht erzählt hatte. Er berührte sie, wo sie sich selbst gern berührte, wenn sie allein war, und lockte sie über eine Schwelle, vor der sie bisher immer zurückgeschreckt war.

Erschöpft in seinen Armen musste sie beim Gedanken an Prima kichern. Er quittierte es mit einem Schnaufen. Hatte sie die Freundin nicht noch zum Lachen gebracht mit ihrer Frage, woran zwei sich liebende Frauen merkten, wann es vorbei war? Jetzt war es ihr klar.

Sie hatte eine Bestie gefickt, noch besser: Sie hatte eine Bestie ficken *wollen.* Bestienjäger mochten sie unterwerfen, aber sie hatte sich mit dem Minotaurus verbündet, ihn zu ihrem Geliebten gemacht. Nicht einmal Kerkerwände konnten sie aufhalten.

X.

Sosylos hatte drei Jahre damit verbracht, sich vorzustellen, wie es wäre, auf eine Stadt wie Rom zu ziehen. Eine Stadt wie Qart-Hadašt, wie Athen, wie Alexandreia, Jerusalem,

Persepolis. Eine weltkreisbestimmende Stadt. Drei Jahre war es her, dass Hannibal ihm diesen Plan anvertraut hatte und nach Gades gepilgert war, um das Urteil der Götter zu erwarten. Um zu hören, ob sie es für möglich hielten.

Ein solcher Marsch löste einen Sturm aus, als geriete das Gefüge der Welt selbst ins Wanken, und sie mussten Schritt halten, Gewaltmärsche aneinanderreihen wie die Wellen einer Springflut.

Vierzigtausend Krieger bildeten einen gewaltigen Heerwurm, und Tausende von ihnen wären verloren gewesen, würde die Marserschlange nicht immer noch bei den Verletzten auf den Trosswagen neue Opfer finden und ihnen das Leben gegen eine Münze tauschen.

Doch Tamenzut hatte gewarnt: »Niemand kann sie ein zweites Mal bezahlen«, und sie hatte einen finsteren Blick mit dem Gallierfürsten gewechselt. So blieb es für die meisten von ihnen bei einem Leben, mit Glück zweien. In diesem Leben noch wollten sie Rom angreifen und – was? Erobern, plündern, anzünden, einen Waffenstillstand abtrotzen? Es versuchen, jedenfalls.

Sie mussten schnell handeln, denn obwohl die Marserschlange ihnen diente und nicht ihren Feinden, konnten die geschlagenen römischen Heere beinahe überall, außer bei den Stämmen in Norditalia, ihre Reihen auffüllen.

Das karthagische Heer wurde verfolgt, so schnell es ging. Und auch Rom lag nicht schreckensstarr da, seiner Legionen beraubt und reif für Männer wie Maharbal.

Tag um Tag mit kaum einer vollen Nacht Pause zogen sie die Via Appia nordwärts, und trotz der Bequemlichkeit einer befestigten Straße plagte sie die Sommerhitze ebenso wie die Distanz. Sie hatten bei Cannae tatsächlich um nichts gekämpft: Fernab von Rom ließen sie der Stadt beinahe einen ganzen Monat Zeit, um sich zu befestigen, unter den Bauern Campaniens neue Soldaten einzuziehen, mehr Speicher zu verbrennen, mehr Wagenladungen in Sicherheit zu bringen.

Roms Umland wurde immer reicher und dichter bevölkert, je näher sie der Stadt kamen – doch nur Gebäude, Höfe, Tempel am Wegesrand, Dörfer ließen darauf schließen. Denn niemand war da, um sich ihnen in den Weg zu stellen, auszuharren, ob sie vorüberziehen würden, oder sich ihnen anzuschließen, und wer fortzog, legte vorher noch Feuer an die erntereifen Felder wie im vergangenen Jahr.

Niemand hoffte hier auf die Freiheit, die Hannibal angeboten hatte. Libertas war die Göttin, die Rom ihnen brachte, und Freiheit war ihnen das, was Rom sagte, was es war. Wie weit die Menschen geflohen waren – ob nur in die Hügel, in die Haine oder gar den ganzen Weg bis in die Stadt –, konnte Sosylos nicht sagen, und es war ohnehin unwichtig.

Rom oder Tod. Oder beides.

Entlang des Wegs wurde geplündert und verwüstet, was nicht angezündet worden war. Sogar den großen Marstempel traf das Los – er war merklich außerhalb der Stadtmauern Roms errichtet worden, in einer Zeit, in der man dem Krieg noch nicht innerhalb der Mauern gehuldigt hatte. Viele erachteten Tempelplünderungen als ein Vergehen, das noch in den kommenden Kämpfen gesühnt werden würde, wenn der Gott zu Roms Gunsten eingriff. Doch so viele ihn auch fürchteten, im Heer überwogen die, die dem römischen Kriegsgott zeigen wollten, was sie von ihm hielten. Es war nicht Maharbal, der die Statuen herausschleifte, die reichlichen Opfergaben zertrat und Feuer an den hölzernen Dachstuhl legte, aber er sah selbstzufrieden dabei zu.

Rom verteidigte den Tempel nicht. Rom hatte die kluge Entscheidung getroffen, sich hinter der Mauer zu verschanzen, einer Mauer, die alle sieben sprichwörtlichen Hügel umgab – und mehr als Hügel waren es wirklich nicht, stellte Sosylos im Näherkommen fest. Die Mauer jedoch war ein gewaltiges Bollwerk, die nach dem ersten alle zukünftigen Keltenstürme hatte abwehren sollen: Sie bestand aus enormen grauen Steinquadern, ohne Mörtel zusammengesetzt ragte sie so hoch auf, dass sechs Soldaten einander auf den Schultern hätten stehen müssen, um gerade so über die Brustwehr linsen zu können. Davor befanden sich Wall und Graben, wie es üblich und klug war, und die Tore waren auf vernünftig schützende Weise verrammelt. Über Türme verfügte die Mauer nicht, was es für den Ansturm etwas besser machte – so waren die Tore der logischste Angriffspunkt, und das wussten auch die Römer, die den Wehrgang über den Toren mit blinkenden Perlenketten aus behelmten Legionären besetzt hatten.

Natürlich hatte Hannibal auf dem Weg Leitern zimmern, aus Höfen mitnehmen und verlängern lassen, aber Wall und Graben stellten das übliche Ärgernis fürs Aufstellen von Leitern dar. Die Mauer war großzügig gezogen worden: Es gab durchaus Besiedelung außerhalb davon, besonders am Tiber entlang, aber offenbar auch kein Platzmangel innerhalb, denn selbst die letzte Fischerhütte und der kleinste Marktflecken waren evakuiert worden. Rom trat Qart-Hadašt geschlossen entgegen.

Als das Heer nah genug heran war, dass es die Details des Bollwerks ausmachen konnte, beorderte Hannibal Maharbal damit, die Mauer erst im Westen am Flussufer, dann im Osten entlang der Hügelausläufer auszukundschaften. Er kehrte mitsamt seiner Reiter unbeschadet davon zurück, mit der einzigen Erkenntnis, dass eine Wasserleitung unweit des Tors, das vor ihnen lag, oberirdisch durch die Mauer führte – und während die Leitung selbst durchaus passierbar sei, sei doch der Mauerdurchlass zu klein und zudem vergittert. Sosylos gab zu bedenken, dass man die ummauerte Stadt von der Frischwasserversorgung abschneiden könne – doch das karthagische Heer war nicht ansatzweise groß genug, um die Stadt zu belagern. Entweder glückte ein Angriff oder eben nicht. Rom oder Tod.

»Wir werden mit den Bestien dieses Tor öffnen«, beschloss Hannibal und wies pragmatisch die befestigte Straße voraus. »Und den Kampf sofort in die Stadt tragen.« Sie wandte sich an Maharbal, dem gegenüber sie nun stets die goldene Maske trug. »Die Reiterei wird uns zwischen den Häusern nichts nützen. Mago und du werdet sie gegen die Legion führen, die uns verfolgt. In der Stadt wird alles auf den Füßen sein, was Waffen halten kann, und mit einer Legion, die uns in den Rücken fällt, könnten wir zwischen Hammer und Amboss geraten.«

»Ihre kümmerlichen Reste sind ein ziemlich kleiner Hammer«, bemerkte Maharbal.

»Die Stadt ist ein ziemlich großer Amboss«, erwiderte sie.

Als Maharbal mit einem knappen Nicken abgezogen war, wandte sich Sosylos vorsichtig an Hannibal. »Maharbal ist selbst als Hammer nicht zu verachten, wenn er sich wieder zum Meutern entschließt.«

»Solche Gedanken hegst du.« Sie zog spöttisch die Brauen hoch, er sah es trotz der Goldmaske. »Aber das bringt mich zum Nachdenken.« Sie dachte keinen Wimpernschlag nach, musste diese Überlegung bereits nächtelang gewälzt haben. »Wir bräuchten etwas, das ihn uns vom Hals hält. Einen verirrten Pfeil in einem Gefecht. Einen fehlgeworfenen Speer. Oder ein Biest, das auf den Falschen losgeht.«

»Hast du den letzten Flussgott schon verplant?«

Sie lachte. »Nein. Ich glaube nicht, dass wir ihn brauchen, um den Tiber leer zu saufen oder die Wasserleitung. Aber er hat spitze Hörner und ein unwägbares Temperament.«

»Ich kenne seinen Führer gut.«

»Sedaca.«

Sosylos nickte. Nur einer der beiden Flussgötter hatte Hannibals Ochsenlist überstanden, doch dieser war seither umso wilder und weniger zu bändigen.

»Teil ihm mit, er soll zum Marstempel zurück und das Biest dort verbergen. Wenn Maharbal kehrtmacht, statt gegen die Legionen zu ziehen, wird der Flussgott seinem Treiber wohl durchgehen.«

»Ja, er kann ihn kaum noch kontrollieren. Ich sage ihm Bescheid.«

Und das tat er auch, er, der Maharbal noch den längeren Halm hingehalten hatte.

Hannibal fackelte nicht lange. Sie würde keine Nacht vor den Mauern verbringen, in der sich vom Marsfeld im Norden Überraschungen nähern, die Römer mehr über das angreifende Heer in Erfahrung bringen oder die nahenden Legionen aufholen konnten. Sie schickte ihre Bestien sofort gegen das Tor an der Via Appia, und zwar wie folgt: Zuerst ließ sie den pfeilgespickten Eber darauf los – er war ganz offensichtlich hart im Nehmen und schien Beschuss geradezu anzuziehen. Die Legionäre auf der Brüstung schleuderten Pila auf ihn, bewarfen ihn mit Steinen und Holzbalken, überschütteten ihn mit Öl, und das schien ihn geradezu zur Höchstform anzuspornen. Wieder und wieder rannte er mit dröhnendem Schnauben gegen das Tor, hinter dem bald Alarmschreie zu hören waren. Währenddessen verfüllten die Pioniere Hasdrubals des Hässlichen den Graben und brachten Leitern an, einige Krieger schafften es bis ganz oben, doch den wichtigsten Beitrag leistete der gallische Hahn, den Adherbal die Mauer erklimmen ließ, bis er oben unter kreischenden römischen Jünglingen und alten Männern Verderben brachte und kurzerhand einen ganzen Abschnitt entvölkerte. Das Biest der Allobroger und die aus Rom befreite Harpyie beförderten in die Tiefe, wen der Hahn übersehen hatte. Endlich konnten Hannibals Soldaten Barrikaden auf der Brustwehr errichten und weitere über die Leitern nachfolgen.

Trotz der vereinten Bemühungen von Hahn und Sau wurde es ein zäher Kampf ums Tor. Es ging so langsam hin und her wie Sosylos' schwerer Herzschlag, mit jedem Schlag fiel ein Mensch von der Mauer. Er hatte wie immer von Weitem beobachten wollen, doch als er Sedaca den Auftrag und eine rasche Umarmung übergeben hatte und zur Heerführerin zurückgekehrt war, ließ sie gerade die Elefantin rüsten. Römische Schilde der Gefallenen aus Cannae beschirmten die Flanken, Hannibal selbst war geschützter denn je in einem neu gefertigten Aufbau – einem hohen Thron, mit dem die Stratega der fernen Stadt gekommen war, um diese Stadt hier zu unterwerfen. Alabastern glänzte die Haut der Elefantin, golden das Mal über dem Zyklopenauge, die Spitzen auf den Stoßzähnen und die Maske ihrer Herrin. Rot die vielen Federbüsche der geliebten Söhne Roms, die bei Cannae ihr Ende gefunden hatten – als Zierrat auf den Schilden und dem Aufbau angebracht.

»Komm«, rief Hannibal zu ihm herab. »Was passiert, wirst du nur von hier sehen können.«

Rom oder Tod, Rom oder Tod, hämmerte sein Herz, als er, der die Alpen überquert hatte, sich die Strickleiter in den Aufbau hinauf mühte. Rom *und* Tod.

Es war der Albtraum, den Rom gefürchtet hatte: dass der mysteriöse Punier mit seinen Männern und seinen Bestien vor den Mauern stand. Nein, schlimmer noch, denn sie standen nicht!

Sosylos kauerte hinter einem Schild und spürte die Angst in sich rattern und rasseln, als würde sie sein altes Herz festhalten wollen. Um den Elefanten herum strömte die noch gut tausend Mann starke Heilige Schar, dahinter ein zweiter Keltensturm aus Galliern, Iberern, Balearen. Die Angreifer auf der Mauer hatten die Wehr über dem Tor freigefegt, der Eber hatte Balken im Tor zum Bersten gebracht, jedoch noch nicht den großen Querriegel. Von der Stadtseite hagelte es Pfeile, alle duckten sich hinter Schilde. Der Elefant erreichte das Tor – selbst Sosylos spürte die Unruhe der Bestie, es war so laut hier, es roch nach Blut und den Ausdünstungen der Stadt. Die Mauer überragte das Biest, und hätte es dort oben noch Gegner gegeben, hätten diese bequem Pila in den geschützten Aufbau werfen können.

Der Elefant rannte gegen das Tor an, warf den mächtigen Kopf hin und her und ließ die hölzerne Brustwehr zersplittern, als er sich auf die Hinterbeine erhob und die Vorderbeine gegen das Tor prallen ließ. Dahinter Schreie, das Tor barst an mehreren Stellen, und obwohl sofort Spieße hindurchgeworfen wurden und die karthagische Bestie am Kopf trafen, streckte es tapfer den Rüssel hindurch und hob mit einer Fertigkeit, die Sosylos ihr nicht zugetraut hätte, den gewaltigen Riegel. Der nächste Aufprall des wilden Ebers ließ einen Torflügel aufspringen. Mit wilden, tierhaften Schmerzenslauten zog der Elefant den blutig gehackten Rüssel zurück. Doch seine Herrin trieb ihn unbarmherzig an, unter dem Gewicht seiner rammenden Flanke schoss auch der zweite Torflügel nach innen, und wer das Tor zu halten versucht hatte, wich zurück.

Die Bestie tat einen Satz, zwei, die Mauer, gewaltig, wie sie war, zog an Sosylos im schwankenden Aufbau vorüber, und dann, ja, dann war es entschieden: Rom *und* Leben. Ganz kurz war ihm dieser Moment vergönnt, der Augenblick eines Historikers: Er sah über den Schildrand in die Stadt, die sich mit Qart-Hadašt vergleichen wollte, mit Athen, mit Persepolis. Sie war ... weniger, als er erwartet hatte. Sicher, dicht an dicht ragten die Häuser auf, übersäten die sieben Hügel, ballten sich in den Ebenen dazwischen. Die meisten von ihnen allenfalls zweistöckig, nirgends war Marmor in Sicht oder anderer kostbarer Stein. Im Gegenteil, die meisten Fassaden waren aus Terrakotta-verziertem Holz, wie in Etruria! Tönerne Götterfiguren auf Giebeln statt den marmornen Konsulstatuen auf Sockeln, die er sich ausgemalt hatte. Die Straße unter den Elefantenfüßen war gepflastert, doch rechts und links gingen festgestampfte Wege ab. Rom, diese Stadt, die so arrogant die Bestien an allen Ufern der Inneren See gefangen hatte, war ein verworren gebautes, überdimensioniertes Provinznest und der alten Stadt Qart-Hadašt in keiner Weise ebenbürtig.

Aber Rom versuchte es eben, und darin war es unvergleichlich. Und so verging dieser Moment unter dem Ansturm eines Militärs, das ebenbürtig sein wollte, nein, ebenbürtig war.

Sofort umflossen Heilige Schar und Galliertrupps den Elefanten, brachten die tollkühne Heerführerin in die relative Sicherheit ihres Pulks, während ein zäher Häuserkampf begann. Die Stadtlegion hatte nicht geschlafen, jedes Fenster, jedes Dach war mit pilaschleudernden Soldaten besetzt, jede Straße mit Barrikaden versperrt. Der gallische Hahn hatte bereits die Besatzung einer ersten in die Flucht getrieben, mit seinen Krallen und Zahnreihen zerfetzt. Die Elefantin durchbrach die gestapelten Fuhrwerke und Möbel mit unruhigen Tritten.

Die Gallier kämpften sich in die Häuser vor.

Weder Hannibal noch Sosylos hatten eine ausgefeilte Taktik vorbereitet. Ihre Spione waren aufgeflogen, und niemand konnte vorhersagen, was auf sie wartete in den Häusern, auf den Straßen, an den Wasserläufen und offenen, stinkenden Abwasserkanälen hinter diesem Tor. Hier ging es um Rom oder Tod, für beide Seiten, und die Römer erwiderten ihren Ansturm mit allem, was sie hatten, mit Verzweiflung und Todesverachtung und der Inbrunst derer, die fürchteten, keine Zukunft zu haben.

Über den Dächern ragte zu Sosylos Rechter ein Hügel auf, der noch teils baumbestanden war – es musste der von Tempeln, Eichen und vereinzelten Patrizierdomūs beherrschte Caelius sein. Voraus lag links der Aventin, dicht besiedelt von den Häusern einfacher Bürger, rechts der Palatin, auf dem sich die Villen der Edlen erstreckten wie in der Oberstadt von Qart-Hadašt. Die Römer würden viel Blut vergießen, um den Palatin zu schützen. Die Straßensperren und Häuser wurden von guten Legionären gehalten, nicht zu alten oder zu jungen oder zu den Waffen gezwungenen Kriminellen, wie direkt hinter dem Tor. Jenseits einer Barrikade war der gallische Hahn niedergerungen worden, Männer hackten auf ihn ein und bezahlten mit dem Leben, doch auch aus ihm schien die Kraft zu rinnen.

Sosylos hatte keine Ahnung, wo sich der Herr des Hahns befand. Der Bestienjäger war auf dem Mantikor in den Kampf geritten und im unübersichtlichen Straßenkampf schon lange außer Sicht. Doch die Gallier wurden kopflos beim Anblick ihres Biests, ihre eigenen Leben schienen ihnen im Vergleich zum majestätischen mythischen Federvieh unbedeutend – sie brachen durch die Barrikade, hinterließen sie mit römischen und den eigenen Leichnamen gleichermaßen übersät und kämpften um die Bestie. So kam der Vormarsch ins Stocken, die Heilige Schar wurde von den Seiten in die Mangel genommen, und die andrängende Infanterie hinter ihnen zerfloss beim Versuch, die Häuser zu erobern.

Niemand folgte nach – Leichen und Schwerverwundete, Zertrampelte und vom Dach Gestürzte lagen auf den unregelmäßigen Pflastersteinen. Die Stadt hinter ihnen gähnte – holte tief Luft und stieß dann schrille Schreie aus wie die von Numidern, die ihre Pferde zu Höchstleistungen anspornten. Vom Tor eine Staubwolke, von Hufen aufgewirbelt, und dann preschte ein einzelnes Tier in Sicht. Sosylos musste Hannibal nicht warnen – sie griff nach einem kurzen Wurfspeer, denn Maharbal ritt mit gezückter Lanze näher.

»Ihr könnt nicht in den eigenen Reihen kämpfen, nicht hier, nicht jetzt, nicht du gegen Maharbal!«, wollte Sosylos sagen, doch kein Wort drang über seine Lippen. Mit loderndem Zorn in den Augen kam der Reiterfürst heran, so viel schneller, als sie sich Stück für Stück hatten durchkämpfen müssen. Er schleuderte die Lanze und Hannibal den Speer. Der Speer ging fehl, prallte an seinem römischen Schulterpanzer ab, während die Lanze traf. Sie bohrte sich in einen der Schilde an der Seite des Elefanten, Maharbal stellte auf dem Pferderücken beide Füße unter sich, stemmte sich hoch, packte die Lanze und schwang sich daran auf den Nacken des unruhigen Elefanten. Der versuchte, Maharbal mit dem Rüssel zu fassen zu bekommen, doch Maharbal schien sich von einem Gott Balance erbeten zu haben. Hannibal zückte einen zweiten Speer, doch Maharbal stürzte sich auf sie, blockierte den Speer mit der Unterarmschiene und warf Hannibal mit all seiner Wucht gegen die Wehr des Aufbaus. Sie schrie vor Schmerz, verlor den Speer aus der Hand – nein, warf ihn Sosylos zu! Er kauerte sich hin, tastete ungläubig danach. Maharbal packte Hannibal an der Kehle, presste die Finger in nachgiebiges Fleisch und schleuderte sie in Sosylos' Richtung. Gerade rechtzeitig ließ er den Speer fallen, Hannibal prallte gegen ihn ... und er, der alte Mann, durchbrach die Brüstung des Aufbaus und fiel.

Was ihn rettete, war Maharbals Lanze. Er prallte darauf, riss sich schmerzhaft Kleidung und Fleisch auf, bevor es plötzlich ganz schnell ging und er wie aus einem Fenster stürzte. Der Elefant hatte sich zur Seite geneigt, in der Panik seiner Herrin brach er in eine Gasse, und Sosylos landete nicht auf steinernem Pflaster, sondern auf gestampfter Erde, und keiner seiner alten Knochen brach.

Doch der Elefant stampfte davon, wild ausschlagend, den Kopf und die scharfen Stoßzähne schwingend, mit uralten Lauten und blutbeschmierter Haut, und mit sich riss er Läden, Werkstätten und die Front eines windschiefen Wohnhauses.

Sosylos' dröhnte der Schädel, sein ganzer Leib schmerzte. Die Perspektive des Historikers hatte er gründlich verloren – und würde auch seine Feldherrin verlieren. Die Schreie und das Waffenklirren waren ganze Querstraßen entrückt, ein gewaltiges nasses monströses Brüllen war dazugekommen. Wo waren denn alle, wo waren die Tausenden Fußsoldaten, die hinter dem Elefanten in die Stadt hätten strömen müssen?

Mit einem tief empfundenen Schluchzen stemmte er sich auf die Füße, ließ sich schütteln von Angst und Pein.

Er war allein. Und Maharbal würde Hannibal töten.

XI.

Tamenzut sah die Stadt nun mit ganz anderen Augen. Bei ihrem ersten Besuch hatte die Via Appia durch ein offenes Tor geführt, die Straßen waren gesäumt gewesen von Läden, Werkstätten und Tabernae, Fuhrwerken, Erwachsenen, Kindern, Hunden, Tauben und Essensgerüchen. Jetzt sandte sie das zweiköpfige Biest der Allobroger voraus mit dem Befehl, Dächer leer zu fegen, hinter Barrikaden niederzugehen und Männern mit scharfen Klauen die Helme vom Kopf zu reißen. Bis auf die Legionäre war dieser Teil der Stadt längst evakuiert, und außerdem hatte er ein riesengroßes Schlangenproblem.

Das an dieser Stelle unterirdisch verlaufende Aquädukt war verseucht. Durch eine einzige Schlange. Eine, die Tamenzut namentlich bekannt war.

O ja, es war Ketos, die gewaltige monströse Urmutter aller Seeschlangen, entführt aus Aithiopia und nun dem Willen eines Menschen unterworfen, und sie hatte im Wasser unter der Straße gewartet, bis ein erster Teil der Truppen in die Stadt vorgedrungen war, um sich dann aufzubäumen, Erde, Steine, Wände, sogar Dachziegel unter der Wucht ihres muskulösen Leibes in alle Richtungen zu sprengen und das karthagische Heer einfach zu zerteilen.

Tamenzut klammerte sich an Adherbal, als der Mantikor vor den berstenden Pflastersteinen zurücksprang und mit gifttropfendem Skorpionstachel mitten im Tordurchgang und einer schreienden gallischen Infanterietruppe landete.

Es gelang Tamenzut, nicht vom Löwenrücken zu rutschen und Adherbal mit zu stabilisieren, der nicht nur die gewaltige Reitbestie mit ihrem nervösen Giftstachel befehligte, sondern auch die Harpyie, den Hahn und den Eber, die alle drei im Gewirr von Straßen und Krieg verschwunden waren.

Zunächst sah sie nur Ketos' schwarzgolden schimmernde Schuppen, den Leib, der sich aus der Enge entfaltete und den beinahe durchsichtigen Rückenkamm aufstellte. Dann erhob sich aus der Staubwolke eines zusammenbrechenden Wohnhauses der Kopf. Ketos war solch eine Schönheit, Tamenzut hatte sie immer schon besitzen wollen. Doch wie Amani liebte sie sie, ohne sie je besessen zu haben. Der Kopf fuhr herab und verschlang einen schreienden Gallier. Mit einer geschmeidigen Bewegung, die klares Wasser in alle Richtungen warf, ließ Ketos den Mann in den Rachen rutschen und langte bereits nach dem nächsten.

Panik brach aus, als die Schreie der verschlungenen Männer gurgelnd verendeten. Tausende Krieger versuchten, Rettung zu finden vor diesem wellenartigen Leib, vor diesen spielerischen Kiefern. Meergrüne geschlitzte Augen schienen jeden Einzelnen zu vermessen und nur mehr die Reihenfolge festzulegen, in der sie verspeist werden würden.

»Ich muss sie unterwerfen! Bring mich heran!«, schrie Tamenzut in einem Versuch, das Offensichtliche zu leugnen.

»Sie *ist* unterworfen!« Adherbals Leib vor ihr war angespannt, er hielt auch den Mantikor zurück – ein dunkler Felsen in einer Flut aus Wasser, Trümmern, Leibern, dessen Fauchen wie durch eine Rohrflöte erklang. »Ein Römer hat sie unterworfen. Scipio.«

»Weil du ihm gezeigt hast, wie es geht!« Wie ironisch, dass ihr Schüler Lehrmeister für den Herrn dieser Bestie geworden war!

»Er hat mich gefoltert!«

»Warst du dabei? Wusstest du es? Dass er Ketos beherrscht?«

»Nein! Ich war dabei, als er ein etruskisches Biest unterworfen hat, und schon das bereitete ihm Mühe, einem staubtrockenen Furz wie ihm. Niemals hätte ich gedacht, dass er ... Ketos ... seinen Willen aufzwingen kann!«

»Tja, der staubtrockene Furz hat uns eine nasse Falle gestellt!«

»Und er wird noch andere Überraschungen auf Lager haben. Das Einzige, worauf dieser Mann noch mehr versessen ist als auf Kontrolle, ist Ruhm.«

Ketos' Schwanz peitschte und brachte die Mauerkrone des überwundenen Tors zum Einsturz. Soldaten versuchten, gegen die Nachdrängenden zurückzuweichen, andere flohen an der Innenseite der Mauer entlang, doch auch hier riss die Erschütterung der Erde die Mauerkrone los. Überall wurden Männer unter Steinquadern und Brüstungsschutt begraben. Adherbal zwang den Mantikor mit einem Satz über Trümmer, aus denen ein Arm ragte.

»Aber die Römer unterwerfen die Bestien nicht, sie kerkern sie nur ein! Sie misstrauen der Macht einzelner Männer!«

Adherbal lachte, es war ein hustender Laut, als der Mantikor weich landete. Ein höheres Mietshaus am Hang gab nach, ohne dass Ketos es berühren musste: Der Boden sackte ab, und das Gebäude fiel in sich zusammen wie Spielsteine, es war ohrenbetäubend.

Als sie einander wieder verstehen konnten, rief Adherbal: »Dass sie es mit Hannibals Bestienkriegsführung zu tun bekommen haben, hat ihre Einstellung wohl geändert! Du kennst das Biest besser als ich: Wie lässt es sich besiegen?«

Amani hatte Tamenzut im wahrsten Wortsinne in die Wüste geschickt, weil ihre Liebe zu Ketos größer gewesen war als die Liebe zu einer Bestienjägerin mit mehr Ambition als Emotion. Nun peitschte der Schwanz der Schlange wie vergnügt in der aufgerissenen Wasserleitung, ungeachtet des Schadens, den er anrichtete. Wasser übergoss die beiden Jagenden auf dem Mantikor.

»Auf dem Trockenen«, rief sie in Adherbals Ohr. »Der Wasserlauf ist tief, aber nicht breit, und wenn sie den Kontakt zum Wasser verliert, ist sie schwach. Wir müssen sie herausholen – mit Menschen, Seilen und den anderen Bestien. Ruf sie her!«

»Was, wenn Hannibal sie braucht, wo sie sind?«

»Hannibal braucht Truppen in der Stadt, und dazu muss Ketos aus dem Weg! Hol sie her!«

Adherbal nickte, der Mantikor kauerte sich zwischen zwei geduckte, stabile Häuser an der Mauer, und sie saßen ab; für den Moment in Deckung und nur mit den Gedanken und ihren Biestern in der Schlacht. Tamenzut dachte einen Befehl in Richtung des geflügelten Zwillingsbiests und spürte, wie es gehorchte. Auch nach dem Flussgott griff sie – wer, wenn nicht er konnte den Kanal leer trinken? Sie erspürte ihn, doch er war schwach. Nicht störrisch wie sonst, sondern schlimmer: Er verging! Sie öffnete fluchend die Augen.

Adherbals Gesicht war verzerrt – es war ihm immer schon schwergefallen, mehr als eine Bestie gleichzeitig zu kontrollieren.

»Ich habe dich wohl zu früh aus der Lehre entlassen.«

Er riss die Augen auf und starrte sie mit dieser jungenhaften Fassungslosigkeit an, die er nur für sie reserviert hatte. »*Du* hast dich geweigert, diese Bestien zu kontrollieren, für die Fulvia den Kerker, vielleicht sogar den Tod auf sich genommen hat, und jetzt beschwerst du dich darüber, dass ich es falsch mache?«

»Wer war Fulvia noch gleich?«

»Die *Mutter,* die sich den Römern in den Weg gestellt hat!« Adherbal keuchte, aber vielleicht war es auch die mehrgeteilte Aufmerksamkeit und nicht die Entrüstung.

Tamenzut spürte das doppelköpfige Flugbiest nahen. »Ich hatte Gründe, warum ich mich geweigert habe, die Biester zu unterwerfen. Du als mein Schüler solltest das nicht auf die leichte Schulter nehmen!«

»Du hast Gründe, alles, was du mir beigebracht hast, infrage zu stellen?«

Sie seufzte schwer, während Ketos den Hinterleib zusammenzog, um mit dem Vorderleib aus dem Aquädukt zu schießen und mitten in einen Trupp vorzustoßen, der gerade am

Tor eine Schlachtreihe gegen das Biest gebildet hatte. Die Schlachtreihe zerfiel.

»Seile!«, schrie sie die Mauer entlang. »Bringt Seile von den Pionieren!« Sie wandte sich Adherbal wieder zu: »Genau das. Ich bin alt, und ich hoffe, du wirst genauso alt und stellst dann auch lieber dein ganzes Leben infrage, als stur bei dem zu bleiben, was du früher für wahr gehalten hast!«

»Aber es ist Krieg, Tamenzut, und sicher kann deine Sinnkrise bis danach warten?«

»Nein!«, fuhr sie ihn an, als der Zwillingsadler und die Harpyie wie eine geflügelte Einheit auf Ketos' Kopf niedergingen. Die Seeschlange schnappte nach ihnen, bekam einen Kopf des Adlers zu fassen und schleuderte das Biest gegen die Stadtmauer, dass es knackte. Doch es war so hart im Nehmen wie der Stamm der Allobroger selbst. »Genau jetzt ist die Zeit, es zu überdenken! Wessen Krieg das hier ist und weshalb! Die Bestien aus Rom zu befreien, das war gut. Aber das hier ist menschliches Töten, menschliches Sterben, und sie sind zu gewaltig, zu ewig dafür!«

»Wenn wir sie einfach freigelassen hätten, hätte Hannibal die Schlacht bei Cannae verloren!«

Adherbal befahl dem Mantikor den Angriff, und endlich erschien der Hahn aus den Trümmern. Gemeinsam stürzten sich die beiden Bestien auf Ketos' Schwanz. Der Mantikor verschoss giftige Dornen, der Hahn grub die Zähne in die majestätischen Goldschuppen. Ketos zog sich zusammen, fuhr mit weit geöffnetem Rachen und aufgestellter Halskrempe herum. Am Tor nutzten die ersten Bewaffneten die Gelegenheit, um den gähnenden Graben im Boden zu umgehen – doch auch die Legionäre waren nicht untätig und versuchten, sie zurückzudrängen.

»Es gibt immer eine Rechtfertigung!« Sie schrie, während sie das Zwillingsbiest erbarmungslos zurück in den Kampf beorderte, als wäre die Rechtfertigung ausreichend. »Obwohl sie so alt sind, so ewig, so viel mächtiger als wir, haben wir sie unter unsere Herrschaft gezwungen, Adherbal.«

»Weil wir listiger sind, klüger, *anders* als sie!«

»Weil wir Stahl haben und das Wissen darum, was passiert, wenn wir ihnen den ins Hirn rammen, Lehrling!« Sie keuchte, als das Zwillingsbiest knapp dem geifernden Schlangenmaul auswich. »Nur wer die Macht hat, kann sie wieder abgeben. Und es gibt immer die eine oder andere Rechtfertigung, es nicht zu tun. Weil sie Rache wollen könnten. Weil wir einen Krieg verlieren könnten. Weil wir es hassen, weniger Macht zu haben.«

»Tamenzut!« Er fuhr zu ihr herum und packte sie an den Schultern. »Was ist los mit dir? Warum bei allen Wegen in die kalte Wüste, warum bei Tanit und der Sphinx, warum sollten wir Macht abgeben? Wenn sie das Einzige ist, was uns am Leben hält?«

Sie nickte und lachte und umklammerte den verfluchten Penis in seiner Lederscheide, während Tränen in ihre Augen traten. »Ja, warum?«

Die Bestien, die geflügelten vorn, die erdgebundenen hinten, und nun das heranrennende Schwein von der Seite, versuchten, Ketos aus dem Wasser zu treiben, doch Ketos war überall – ihr Maul, ihre Windungen, ihr Schwanz. Sie hob Bestien hoch und warf sie in zusammenbrechende Hausfassaden, und zwischendurch verschlang sie Männer, die versuchten, ihrer Herr zu werden.

Adherbal schüttelte sie. »Sag es mir! Was ist denn in dich gefahren, dass du die Macht nicht mehr willst, die du mich gelehrt hast? Die uns hierhergebracht hat? Was hat der Leviathan dir angetan, dass du denkst, was du noch nie gedacht hast? *Wer bist du denn* ohne diese Macht?«

»Weißt du, warum Hannibals Verlockung von Freiheit niemanden außer einer Handvoll Gallier begeistert hat? Sie bietet ihnen die Freiheit von einer Macht, die sie als Freiheit empfinden. Rom bietet seinen Bürgern die Freiheit, genau den Platz einzunehmen, den es für sie vorgesehen hat. Die Freiheit, über denen zu stehen, die keine Freiheit haben. Frauen. Kindern. Versklavten. Die größte römische Eroberung ist die Freiheit, Adherbal, sie haben sie umgebaut und zu einer römischen Kolonie gemacht. Und diese Mauern wird Hannibal niemals einrennen.«

»Aber *diese* Mauern hier! *Diese* Stadt hier! Und dazu brauchen wir Ungeheuer, die wir uns unterworfen haben! Ich verstehe dich nicht!« Er war aus der Deckung aufgesprungen, ein Schatten vor dem Glänzen und Schäumen der Seeschlange in der gleißenden Nachmittagssonne.

»Bestien *sind* frei! Wir haben eine Weise gefunden, kurz ihre Wege zu lenken, aber sie sind ewig und so viel größer als wir. Was ihre Freiheit ist, können wir Menschen nicht einmal mehr erfassen in unserem Spiel aus Gewalt und Überhöhung und Unterwerfung.«

»Fürchtest du etwa ihren Zorn?«, schrie er vor einer Kulisse aus Zorn. Stein barst, Gebälk brach, Ton zersplitterte, Wasser toste.

»Nein!« Verstand er es denn wirklich nicht? »Sie zu befreien bedeutet, dass wir etwas wiederfinden, was wir verloren haben. Wir balancieren hoch oben über etwas derart Tiefem, kontrollieren, was für immer außerhalb unserer Kontrolle sein wird! Wir müssen sie freilassen, Adherbal, weil die tiefe, alte, wilde Welt etwas ist, das uns nur teilhaben lässt, aber nicht herrschen.«

»Das sind doch die Gedanken einer Priesterin, keiner Bestienjägerin! Einer Philosophin, keiner Kriegerin! Aber jetzt ist Krieg und nicht die Zeit, unsere Methoden zu verändern oder gleich unsere Stellung in der Welt!«

»Was, wenn immer Krieg ist? Immer Not, immer Hunger, immer Tyrannei, immer Gewalt, immer Vergewaltigung und Mord und Unterdrückung? Wenn das immer ist, weil wir es *machen?* Was, wenn wir nie darüber nachdenken können, weil wir doch nicht jetzt – nicht ausgerechnet jetzt – das infrage stellen können, was uns hierhergebracht hat? Was dann, Adherbal?« Und damit hatte sie genug, sie musste jetzt rennen, kämpfen, vielleicht sterben, so weh tat ihr das Herz. In diesem Krieg, der ein Krieg der Menschen war und nicht der Bestien.

Sie packte ihren Speer, fühlte schmerzhaft, dass es nicht ihr Speer war, den sie zwischen den Schuppen des Leviathans verloren hatte. Doch auch dieser machte sich gut zwischen Schuppen: Sie sprang aus der Deckung, zog sich damit bis zum Rückenkamm auf den wogenden Leib der Schlange. Seilbewehrte Pioniere, der gallische Hahn, der Mantikor, die geflügelten Biester, der ewig wütende Eber, sie alle drängten Ketos zusammen.

XII.

Der Krieg hatte die Stadt erreicht.

Er war auch Fulvias Werk, und sie empfand trotz des Leids und der Zerstörung, der Alarmrufe und Angstschreie, die aus der Stadt durch das schmale Oberlicht drangen, einen schmerzhaften Stolz. Sie gehörte hierher, ein Monster an diesem Ort der Monstren. Sie lag in Ketten und war eine Befreierin. Sie befreite die Welt von Rom.

Auf der anderen Seite der Gittertür war die Aufregung mittlerweile abgeklungen. Zum Kampf gerüstete Salier und in Leder gewappnete Wärter hatten unruhige Bestien aus den benachbarten Zellen, Käfigen und Verschlägen gezerrt.

Der Minotaurus in Fulvias Zelle hingegen lehnte angespannt an der Wand, unbeeindruckt vom Chaos, bis dieses Chaos auch sie erreichte in Gestalt eines Saliers in Bronzepanzer, Spitzhelm und Mantel und in Begleitung von vier Wärtern.

»Aufsperren!«

Ein Schlüssel wurde im Schloss gedreht, ein Wärter nötigte den unwilligen Minotaurus an der Nasenkette aus der Zelle. Sobald er im Gang war, trieben ihn zwei weitere mit langen Stangen vor sich her. Auch für ihn galt die Befreiung nicht, deren Zeit Fulvia hatte anbrechen lassen, und das brach ihr das Herz.

Der vierte Wärter, der Fulvia bekannt vorkam, näherte sich ihr. Im Dämmerlicht konnte sie nicht sagen, woher sie ihn kannte – wahrscheinlich war er unter denen gewesen, die sie geprügelt hatten.

»Was ist mit dem Mädchen?«, fragte er den Salier und riss Fulvia so grob an den Handfesseln in die Höhe, dass ihr das Eisen ins Fleisch schnitt. Ihr war danach, ihn anzuspucken, aber sie hatte gelernt, keine Schläge zu provozieren.

»Publius hat nichts über sie gesagt.«

»Aber das Biest ist noch nicht unterworfen. Sie kann als Köder herhalten. Dass er sich das Mädchen gefügig gemacht hat, können wir nutzen.«

Der Salier knurrte zustimmend, und der Wärter stieß Fulvia hinter dem Minotaurus her durch die schwach von Oberlichtern und Öllampen beleuchteten Gänge, folgte ihr mit auf sie gerichtetem Speer. Tatsächlich sah sich der Minotaurus nach ihr um, suchte sie mit warmen, lebendigen Augen, obwohl der Wärter sofort an der Kette ruckte.

Sie passierten eine Kreuzung und bogen nach rechts ab. Links machte Fulvia eine schwere Holztür mit Metallbeschlägen aus. Die Verriegelung mit mehr als Gitterstäben, die Art, wie die Schritte der Wärter hastiger wurden, das nervöse Schnauben des Minotaurus verrieten Fulvia, dass in dieser Zelle etwas Bedeutsames verborgen war. Etwas Furchterregendes, Schreckliches.

Fast alle anderen Verschläge auf dem Weg gähnten ihr leer entgegen, die Bestien waren für den Kampf um Rom in Stellung gebracht worden. Einige Zellen waren tief in den Palatin gehauen, seit Jahrzehnten, vielleicht Jahrhunderten Heimstatt gigantischer Gefangener. Auch sie waren leer. Nur wenige mit Pferden und Ochsen und ein paar – an diesem Ort winzig wirkenden – Kleintieren wie Füchsen waren nicht geöffnet.

Als endlich Tageslicht den Gang erhellte, hielten sie unvermittelt an – jemand blockierte den Weg. Ein großer Mann; Fulvia erkannte die Silhouette des breiten Brustkorbs und ebenso stattlichen Bauchs.

»Caras«, entfuhr es ihr. Was tat er denn hier, er sollte doch ihre Kinder in Sicherheit bringen!

Das Messer in seiner Hand stak einen Wimpernschlag später in der Kehle des Wärters, der den Minotaurus an der Kette führte. Der Mann ließ die Kette los, packte in den Blutstrom und brach röchelnd zu Boden. Der Salier zog das Schwert, aber bevor er damit auf Caras losgehen konnte, stieß Fulvias Wärter sie zur Seite, warf sich von hinten auf den Salier und stach ihm mit einer kleinen Klinge am Brustpanzer vorbei in die Seite.

Schon als das andere Ende der Kette rasselnd zu Boden gefallen war, war der Minotaurus herumgefahren, nun entriss er einem seiner Wärter die Stange und durchbohrte ihn mit dem stumpfen Ende. Der zweite war zu Fulvia herumgefahren und packte sie, doch bevor er begreifen konnte, was gerade passierte, umfasste der Minotaurus seinen Kopf und brach ihm mit einem Knacken das Genick. Die Mordtat wirkte so sanft, als wollte das Monstrum Fulvia nicht erschrecken.

Die langgliedrige Hand des Minotaurus berührte ihre Wange, vergewisserte sich, dass es ihr gut ging. Sie nickte.

Schreckensstarr und mit blutigen Klingen standen Caras und der verbliebene Wärter da, den Fulvia endlich als einen von seinen Leuten erkannte.

»Fulvia«, raunte Caras alarmiert. »Wenn du mit dem Biest reden kannst, sag ihm, dass es uns nicht fressen soll.«

Der Minotaurus schnaufte, Fulvia legte ihm eine Hand auf den Rücken. An ihre beiden Befreier gewandt, sagte sie: »Er kann euch gar nicht fressen. Allerdings kann er euch hören, versteht aber nur Griechisch. Was ist mit den Kindern?«

»In Sicherheit, keine Sorge«, sagte Caras. »Aber ich musste zurückkommen, ich lasse niemanden von meinen Leuten hier verrotten. Wo ist Secunda?«

Fulvia presste die Lippen zusammen und schüttelte den Kopf. Er verstand. Tränen schüttelten ihn, als er sie und den Minotaurus mit dem Schmiedehammer von den Fesseln befreite.

»Draußen steht ein Karren ... Ich hab gehofft, dass du lebst, ich hab gehofft, dass du recht hast, was den Minotaurus angeht. Ihr findet da etwas, ich hab es selbst geschmiedet. Nehmt es ... helft Hannibal.« Mit Überwindung wandte er sich mit schlechtem Griechisch an den Minotaurus: »Töte Scipios Bestien! Töte Rom!«

Der Minotaurus schnaufte beinahe belustigt.

»Und du?«, fragte Fulvia.

»Ich befreie alle, die noch hier unten sind, und stifte Chaos.«

»Sie haben fast alle Bestien herausgeholt. Aber es gibt eine gesicherte Tür«, sagte sie. »Dahinter muss etwas Gefährliches gefangen sein. Vielleicht kommst du rein?«

»In Ordnung. Jetzt hau ab!«

Fulvia nahm den Minotaurus bei der Hand und hastete die Treppe hinauf – das Licht blendete nach all der Zeit im Halbdunkel. Tief atmete sie den Geruch der Stadt unter freiem Himmel ein und kämpfte kurz mit ihrer Fassung: dass sie diesen Kerker lebend verlassen würde!

Auf dem Karren unter einer groben Decke fand sie zwei Falcatas, das Markenzeichen iberischer Waffenschmiede. Die Klingen waren gekrümmt, der Griff oben und unten mit einem Handschutz versehen, der wie zwei Stierhörner gestaltet war. Die Arbeit schien hastig, aber mit Sachverstand geschmiedet. Keine Miniatur aus Holz wie das Kinderspielzeug, das Fulvia beim Auszug aus Numerius' Haus in Truhen geworfen hatte. Aus geschärftem Stahl, und vor allem: für die Hände einer Bestie gefertigt. Keines von ihnen war für sie gedacht – der Stiermann nahm beide, schwang sie, prüfte ihre Balance mit der Selbstverständlichkeit eines geübten Kriegers und kaltem Blick.

An der Seite des Minotaurus zog sie in den Kampf.

Von der anderen Seite des Palatins stieg Rauch auf – hoffentlich waren es ein paar prunkvolle Domūs, die brannten. Legionäre schwirrten umher wie Ameisen, die ihren Bau verteidigten, aber Fulvia sah keine fremden Soldaten auf dem Hügel – waren sie schon zurückgedrängt? Sie selbst und der Minotaurus blieben zwischen den evakuierten, still daliegenden Häusern und ihren Gärten ungesehen, entfernten sich vom Brand und Kampfeslärm im Tal. Der Minotaurus sog immer wieder Luft ein, schien die anderen Bestien zu wittern. Scipios Bestien.

Sie stiegen hinab zum Forum, der Minotaurus geduckt, nur selten dort, wo das Sonnenlicht auf seiner bronzenen Gestalt spielen konnte. Das Forum war nahezu menschenleer, zwischen den zusammengewürfelten Ehrenbildern, Triumphsäulen, dem Schiffsschnabeldenkmal aus dem ersten Punierkrieg und dem einen oder anderen Baum, wie dem berühmten Feigenbaum mit der bronzenen Wölfin, standen vereinzelte Biester herum, als warteten sie darauf, in den Circus geführt zu werden. Sie waren nicht sichtlich angebunden, sondern unsichtbar an Salierpriester geknüpft. Scipio hatte schnell von Adherbal gelernt.

Es gab keine Absprachen, keinen Plan: Wie ein Gewitter brach der Minotaurus auf das Forum los und machte kurzen Prozess mit Roms Monstren: Mit einer Klinge trennte er den Kopf eines Hengstes ab, wirbelte die zweite und schnitt einem Vogel, der aschen vor sich hin glomm, die Seite auf, zertrat einer Schlange den Kopf. Alles, was von einem Salier geritten oder geführt wurde, wurde niedergemacht. Auch die Salier selbst kamen nicht davon – ein behelmter Kopf rollte vor die Stufen des Gerichts und starrte blind durch den Portikus, hinter dem das Unrecht seinen Anfang genommen hatte, das Fulvia hierhergebracht hatte.

Diese Bestien hatten dem Racherausch des Minotaurus nichts entgegenzusetzen. Sie hinterließen keine Leiber, sie zerbluteten, zerstoben zu Asche oder bröckelten als Lehm zu Boden. Die besonneneren Priester flohen. Keiner sah Fulvia im Schatten.

Doch der Tod, der sich hier ausbreitete, blieb nicht unbemerkt: Ein bestialisches Brüllen erklang von der Straße zum Circus Maximus. Fulvia sah ihn, lange bevor er das Forum erreichte: Das Holz der Häuser vibrierte ebenso unter seinen Schritten wie der Boden unter Fulvias Füßen, und sein Haupt ragte selbst über die dreistöckigen Häuser und Markthallen. Mausgroß fühlte sie sich, als der Riese Cacus mit einem langen Schritt aufs Forum trat und die Ehrenstatue eines Konsuls umfegte. Feuer schoss aus seinem Rachen und leckte an Terrakottafassaden und Straßenpflaster, als er seine Herausforderung brüllte. Auf seiner Schulter, auf einer Art Sattel, saß ein Salier wie ein zahmer Vogel.

Der Minotaurus schob Fulvia zurück in die Deckung des Ianustempels, schnaubte einen letzten sanften Atemzug in ihre Richtung und stürzte Cacus entgegen. Er entging einem Fausthieb des Riesen, der mehr als doppelt so groß war wie er, und schlitzte ihm den Wanst mit einer Klinge auf. Cacus war davon unbeeindruckt, mit einer Rückhand traf er den Minotaurus und schleuderte ihn durch die Holzfassade vom Atrium Regium, dessen Dach in sich zusammenfiel und den Stiermann unter sich begrub.

Fulvia schrie auf, und Cacus fuhr zum kleinen Tempel des zweigesichtigen Ianus herum, in dessen Eingang sie Schutz suchte. Zu Kriegszeiten stand der Eingang stets offen, und Fulvia zog sich dorthin zurück, richtete ein stummes Gebet an einen Gott, dessen Tempel sie doch mit Rom brennen sehen wollte, und hielt die Luft an, als der Blick des Riesen sie fand.

Cacus tat nur einen Schritt auf sie zu, da fuhr der Minotaurus aus den Trümmern und auf den haarigen Rücken des Riesen. Immer wieder stach er mit einer Klinge zu – die andere musste er verloren haben.

Welches Lebewesen konnte solche Wunden überleben? Der Riese Cacus konnte es, und er warf sich immer wieder mit dem Rücken gegen Gebäude, um den Feind im Nacken loszuwerden. Einige Wände hielten stand, andere nicht. Mit seinem Gewicht versuchte er, den Minotaurus zu erdrücken, und Fulvia presste die Hände vor die Lippen, um nicht zu schreien. Als der Riese sich aus dem nächsten eingestürzten Haus hochstemmte, einem der letzten Wohnhäuser am Forum, blieb der Minotaurus unten. Er kam auf die Knie und schnitt dem Riesen über die Ferse, dann robbte er zurück. Er war verletzt, sie sah es, sie spürte es.

Cacus brüllte vor Schmerz, Geifer lief ihm aus dem Mund. Er fuhr herum und humpelte durch die Trümmer auf seinen Feind zu. Der Salier hing leblos im Sattel, doch auch ohne dessen Kontrolle kämpfte Cacus weiter. Der Minotaurus stemmte sich in die Höhe und erwartete ihn mit erhobener Klinge.

Cacus holte Luft und spie dem Minotaurus eine Feuerwalze entgegen. Fulvia konnte die Hitze spüren, aber diesmal zog sie sich nicht zu Ianus ins Innere des Tempels zurück. Sie würde Zeugin dieses Kampfes sein; ihr Bangen würde ihrem Liebsten Kraft geben.

Der Minotaurus wich zurück, immer weiter, bis zum Säulenbau der Curia, des Senatssitzes. Der Flammenatem hatte um sich gegriffen, Gebälk und verzierte Fassaden gepackt. Rauch versperrte ihr die Sicht, sie sah nur, wie Cacus in seine eigenen Flammen schritt und wie ihm ein gehörnter Schatten hinter einem Feuerschleier entgegensprang. Schreckliche Augenblicke vergingen, alles gloste und waberte, und sie kniete in der Hitze und fragte sich, ob ihre Zuneigung für einen stummen Mann mit Stierkopf ausreichte, um hier auszuharren, bis sie mit dem Tempel des Ianus verbrannte – oder ob sie fliehen würde.

Kurz bevor sie die eine oder andere Antwort fand, entstieg der Minotaurus dem Feuer. Blaues Blut sickerte ihm aus Wunden, seine bronzene Haut rauchte, aber er lebte. Der wabernde Schatten von Cacus hingegen taumelte in die Curia, seine Haut platzte auf und offenbarte darunter nichts als Glut. Dann fiel er, und ein gleißendes Inferno verschlang ihn und den Sitz des Senats.

Fulvia rannte der Hitze entgegen, zog den Minotaurus in die Arme. Er roch nach Rauch und Kupfer, doch er schien wohlauf. Kurz stützte er sich schwer auf sie, ließ dabei die Falcata nicht los.

Sie lösten sich voneinander. Sie wusste wie er, dass es noch längst nicht vorbei war. Der Riese war vom Circus Maximus gekommen, und dahin wandte sich auch der Minotaurus. Sie wünschte, sie könnte ihm sagen, er solle sich ausruhen. Doch Rom war noch nicht besiegt.

Der Vicus Tuscus, die Straße am Palatin entlang, führte sie zum Circus – am Abwasserkanal passierten sie das Heiligtum der Venus Cloacina, und Fulvia stieß ein Stoßgebet dafür aus, dass sie beide das Fäkaltheater überstehen würden.

Die neu errichteten Tribünenränge des Circus warfen lange Schatten. Die meisten waren aus Holz, durch die Verstrebungen hindurch konnte Fulvia die Sandbahn sehen; wie dafür gemacht, Bestien gegeneinander antreten zu lassen. Es fiel ihr schwer, die Lage zu erfassen: Am südlichen Ende des Circus wurde gekämpft, ebenso in den Straßen jenseits davon. Auf dem Sandplatz war es ruhig – wo war Scipio?

Doch der Minotaurus schien zu hören, wohin ihn der Kampf rief. Alle Tore und Gatter in die Rennbahn waren geöffnet, sie traten hinein, und er trat auf der anderen Seite wieder hinaus. Er ließ den Blick über die Sandbahn schweifen, über die Wimpel in der Mitte, das lange Oval der Bahnen, die Stehplätze für die Armen, die steinernen Sitzbänke für die Reichen. Fulvia hielt sich hinter ihm im nach Pferden riechenden Durchgang – konnte es hier wirklich so still und leer sein?

Geduckt und mit gezückter Waffe tat der Minotaurus einen weiteren Schritt, seine Füße knirschten im Sand, als es über ihnen auf den Holzrängen krachte. Klauen ließen Holz splittern, und ein gestreckter Schatten fuhr in die Arena nieder.

Fulvia schrie auf, doch ihr Schrei verging im Grollen aus der Kehle der römischen Wölfin. Sie hatte dort oben gelauert, vielleicht sogar in Scipios Loge!

Kaum trafen ihre Pranken auf, schnappte ihr geiferndes Maul zu. Sie schleuderte den Minotaurus fort, er konnte noch ein einziges Mal mit der Klinge zuschlagen, brachte der Wölfin eine klaffende Wunde an der Schnauze bei, doch sie setzte nach, schloss die gewaltigen Kiefer um seine Mitte, schüttelte ihn, biss härter zu, bis etwas schrecklich krachte – uralte Knochen aus vormenschlicher Zeit. Den zermalmten Körper warf sie achtlos auf die Sandbahn, blaues Blut malte den Bogen nach, den er stürzte. Viel zu viel blaues Blut, dort, wo er auftraf.

Ohne Luft holen zu können, rannte Fulvia zu ihm, das Lachen der Parzen, die ihr Schicksal längst gesponnen hatten, verdrehte ihr das Innerste. Warum hatten sie sie im Kerker zusammengebracht, warum sie aller düsteren Aussichten zum Trotz befreit? Warum, wenn sie einer Kreatur wie dem Minotaurus dann ein so grässliches, abruptes – unwürdiges! – Ende bescherten?

Als sie neben ihm auf den Knien landete, leerte sich sein Blick bereits, die Augen starrten in den Himmel. Als sie ihn berührte, war er warm und weich unter ihren Fingern. Erschrocken hob sie die Hand – er klebte an ihr! Seine Haut, sein ganzer Körper begann zu flüssiger Bronze zu zerfließen, es begann dort, wo die Kiefer ihn zermalmt hatten, doch schon konnte er die Hand mit der Falcata nicht mehr heben. Er hob die andere.

Abgehacktes Schluchzen gab ihr endlich den Atem zurück, als ein langer Finger sich in das eigene warme Metall einschrieb. Auf Griechisch malte er die Worte ICH WERDE DICH SUCHEN hinein, und sie glommen warm wie Bronze im Feuer.

»Du ... mich ...« Sie flüsterte, doch heißer Atem im Nacken ließ die Abschiedsworte, die sie suchte, unvollendet. Die Wölfin. Sie würde auch ihr Ende sein.

»Fulvia, na, so was! Dich habe ich ja ganz vergessen«, erklang eine Stimme in ihrem Rücken.

Fulvia weigerte sich, zu ihm aufzusehen, mitzuspielen im letzten Akt, hier auf der Bühne des Fäkaltheaters, das Publius Cornelius Scipio der Jüngere so trefflich arrangiert hatte. Venus Cloacina musste ihn lieben und sie hassen.

»Du hast ihn wirklich gefickt, hab ich gehört. Eine römische Frau, so tief gesunken. Abscheulich! Wie kannst du solche Schande bringen über meinen dahingeschiedenen Onkel, über den Namen Cornelius Scipio?«

Die haushohe Wölfin knurrte, Fulvia blieb unbewegt neben der erstarrenden Bronzepfütze sitzen, die ihr Liebhaber gewesen war. Sie sah nicht auf, packte ihren Armreif fest mit der anderen Hand und wartete auf den Tod.

»Ich nehme an, du und dein ... bestialischer *Gatte* seid dafür verantwortlich, dass ich auf Cacus verzichten muss.« Er schnaubte angewidert. »Du bist die ultimative Verräterin am Volk Roms, Fulvia, ich hätte dich als Schande für dein Blut doch vom Felsen stürzen ...«

Fulvia war dankbar für das Getöse, das ihn unterbrach. Die Tribüne am südlichen Ende des Circus brach in sich zusammen. Fulvia löste den Blick von dem Blinken des Metalls ihres Armreifs und ihres Geliebten in der Sonne. Aus Staub, wirbelndem Sand, auseinanderbrechendem Holz brach eine weitere Bestie, der Wölfin ebenbürtig. Gewaltige golden blitzende Stoßzähne fegten die Balken hinweg, als der Zyklopenelefant in den Circus Maximus stürmte. Eine Gestalt mit golden blitzender Maske saß auf seinem Rücken wie auf einem Turm – Hannibal.

Bereitwillig ließ die Wölfin von Fulvia ab – dies war ihr wahrer Widersacher, nicht die kleine undankbare Patrizierwitwe im Staub.

Fulvia nutzte, was die Parzen noch für sie übrig hatten, und rannte. Als sie sich fliehend noch einmal umsah, standen sich Wölfin und Elefant auf der Sandbahn gegenüber; Scipio und Hannibal, bereit, den Kampf zweier Städte hier und jetzt zu entscheiden.

XIII.

Ironisch, dass er, der immer den Blick aus der Distanz auf diesen Krieg gerichtet hatte, und sie, die auf dem Elefanten stets über diesen Krieg hinausgeragt war, nun mitten darin steckten. Nicht dort, wo die Krieger waren, wo die Schildwälle und die Barrikaden und das Gemetzel stattfanden, und auch nicht dort, wo die beiden Bestien gegeneinander antraten, sondern am Hang des Aventins, auf dem sich die panischen Massen in Bewegung setzten, die nicht reich genug waren, um sich in der *Arx* zu verschanzen. Es waren Mütter, Großeltern und ältere Geschwister mit kleinen Kindern, manche bewaffnet, wie man sich in der Not bewaffnete – mit Knüppeln, Messern, Werkzeugen –, andere verzweifelt umklammernd, was ihnen unentbehrlich schien. Die meisten nur mit Kleidung am Leib und Kindern auf der Hüfte oder auf dem Rücken.

Gebäude stürzten ein, Sosylos wusste nicht, warum, er wusste gar nichts mehr. Er hatte keinen Überblick, keine Orientierung, keine Gewissheit. Er war ein spartanischer Sklave auf der Flucht, und wenn er gestoßen wurde, sodass er das Gleichgewicht verlor, waren es die Füße griechischer Sklaven, römischer Bürger, latinischer Landflüchtiger, etruskischer Bauern, libyscher Händler, die ihn trafen und traten in ihrem achtlosen, atemlosen Lauf. Er raffte sich immer wieder auf, manchmal gab es auch eine helfende Hand. Er verlor Hannibal nie von der Schulter, an die sie sich klammerte, doch sie war schwach, kaum bei Bewusstsein, sie taumelte, hatte sich übergeben.

Wohin flohen denn nur alle? Wo war man denn in Sicherheit? Roms Volk schien es zu wissen, sie alle strömten zusammen wie ein donnernder Fluss aus Geschrei und besohlten wie unbesohlten Füßen. Es riss sie mit. Niemand rief aus: »Dort ist Hannibal!«

Niemand hielt diesen Fluss an, damit seine Wellen über der Feldherrin zusammenschlagen konnten. Die Gestalt mit der blutenden Kopfwunde und dem schmutzigen Leinenpanzer, sie mochte einer der eigenen sein, es scherte die fliehenden Massen vom Aventin nicht.

Sosylos hielt sich eine Weile auf den Beinen, ließ sich mitreißen, das Herz eingestimmt in den Rhythmus der blicklosen Panik. Dann sackte Hannibal zusammen, er konnte sie nicht halten und ging mit ihr in die Knie. Ein Körper rempelte ihm in den Rücken, ein weiterer, und er war auf allen vieren, eine Hand noch um Hannibals Arm geschlossen. Zwischen den stampfenden Beinen sah er ihre aufgerissenen Augen, auch sie mehr Herdentier als Mensch in diesem Augenblick.

Nein – nein, so würden sie auf keinen Fall sterben! Sosylos ließ sie nicht los, zog sie beiseite, es waren nur wenige Schritte, doch krabbelnd fühlten sie sich an wie der Hang, den Sisyphos erklomm. Ein Eingang, feste Mauern: eine Töpferwerkstatt am Rand eines Wohnhauses. Zweistimmig keuchte ihr Atem, als sie sich dort aneinander festhielten, der Schreiber und die Feldherrin, und draußen liefen sie alle vorbei, alle, ganz Rom, verfolgt vom Krachen und Bersten zerstörter Häuser. Wenn diese Zerstörungswut hier ankäme, dann würden sie darunter begraben werden. Doch sie blieb weit zurück.

Als ihr Atem gemeinsam einen tieferen, langsameren Takt fand, rang Sosylos nach Worten: »Maharbal ... deine Elefantin ...«

Er war dem Biest gefolgt, hatte gesehen, wie Hannibal gestürzt war. In weitem Bogen, als sei sie aus Stroh, gegen eine Hauswand, dann zu Boden, fast, wie es ihm ergangen war. Doch sie war verletzt, er wusste nicht, wie schwer. Der Elefant hatte nicht innegehalten. Und Sosylos war bei seiner Feldherrin geblieben.

»Er hat sie«, flüsterte sie. »Er hat sie ... sich genommen. Er hat mich mit dem Schwertknauf niedergeschlagen, ich habe es kaum gesehen: Er hat sich eine Wunde in die Stirn geschnitten, hat meine Hände genommen – hat alles genauso getan wie Tamenzut, als sie sie mir übergeben hat.«

»Woher wusste er ...«

»Er wusste es halt, es ließ sich in den vergangenen Monaten wohl herausfinden!« Sie lachte harsch. »Oder er hat Sedaca gezwungen, es ihm zu zeigen. Hat ihn überwältigt, als der ihn aufhalten wollte. Ich weiß es nicht! Er wusste es!«

»Und du ... spürst sie nicht mehr? Deine Verbindung zu ihr ist ... fort?«

Hannibal bedeckte Augen, Stirn, die heftig blutende Wunde mit den Händen. »Ich ... spüre sie noch, aber ...« Sie stöhnte gequält. »Mein Kopf ...«

Er stützte sie, fast fiel sie im Sitzen zur Seite.

»Du musst ihr befehlen, ihn abzuwerfen!«

»Wir müssen ... näher heran. Es fühlt sich an, als wäre sie weit weg.«

Sosylos stemmte sich vorsichtig mit ihr hoch. Sie mussten weiter. Sie mussten dorthin zurück, wo sie hingehörten – von fern und von oben in den Kampf blicken, wie es ihnen bestimmt war.

XIV.

Fulvia schmeckte Blut. Nach ihrem Sprint den Palatin hinauf und in die Verliese unter dem Marsheiligtum hinunter rang sie nach Luft, aber Trauer und Wut schmeckten metallener als jede Erschöpfung.

Sie fand, wen sie suchte. Caras lehnte an der verstärkten Tür. Er hatte alle Schlösser und Riegel aufgestemmt, aber Todesangst stand in seinem Blick. Hinter ihm war die Tür angelehnt, sie ließ sich nicht mehr verschließen.

»Du willst da nicht rein, Fulvia, glaub mir«, flüsterte er. Er keuchte, schien jedoch unverletzt.

»Ich muss!« Er wollte protestieren, doch sie schrie ihn nieder: »Denkst du, mich schert jetzt noch, was immer dahinter ist?« Sie stieß ihn beiseite und öffnete die Tür.

Schwach fiel das Licht von Caras' Öllampe ins Innere der Zelle und auf drei Statuen. Ihr stockte der keuchende Atem: keine Statuen, versteinerte Menschen! Sie erkannte Caras' Mitstreiter und zwei Legionäre. Und dennoch, es kümmerte sie jetzt nicht mehr, entweder dieses letzte Monstrum würde ihr beistehen oder sie war zum Tode verdammt.

Sie betrat die Zelle, und ein Zischen empfing sie. Der Odem des Biests, der hier waberte, verbrannte beim Atmen ihre Kehle. Aus der Dunkelheit schob sich der gewaltige geschuppte Leib, hochaufgerichtet und mit stolz vorgestreckter Brust, in der sich der giftige Hauch sammelte.

Fulvia konnte sich keine Ungeheuer unterwerfen. Sie war keine Bestienjägerin, und mit diesem Biest zu schlafen war keine Option. Sie hatte längst begriffen, wen sie vor sich hatte.

Könnte sie den König der Schlangen doch nur auf die falsche Schlange Scipio hetzen, der den Thron giftspeiender Monstren für sich beanspruchte! Aber wie? Wie konnte sie mit einem Ungetüm verhandeln, dessen Atem sie vergiften, dessen Blick sie versteinern würde?

Der schmale horngekrönte Schädel des Basilisken senkte sich aus den Schatten zu ihr herab und starrte ihr direkt in die Augen. Sie hielt den Atem an und straffte sich. Es würde geschehen, was geschehen musste – und wenn schon eine Statue, so wollte sie wenigstens eine gute abgeben.

XV.

Um Tamenzut herum stand keine Etage mehr auf der anderen. Sie erkannte Hasdrubal; es war ein schmerzhafter Moment des Erkennens, als der alte Kommandant in die Höhe gerissen und von Ketos zermalmt wurde. Als Tamenzut den Rückenkamm mit dem Speer zerriss, pflügte sich Ketos vor Schmerz und Zorn mit dem ganzen Leib durch ein dicht bebautes Viertel am Hang, wälzte sich in den Trümmern, um die Angreiferin loszuwerden. Der gelang es gerade so, abzuspringen und sich vom doppelköpfigen Adler fangen zu lassen, der seine scharfen Krallen um ihre Arme schloss und sie ein Stück in die Höhe trug, bevor er mit ihr in einem halbierten Haus absackte. Die Trümmerwolke verbarg den gesamten Aventin vor Tamenzuts Blick.

»Ihr Schwanz ist noch im Wasser! Schafft ihn raus, legt sie trocken!«, schrie sie die Soldaten an.

Ob sie gehorchten, erfuhr sie nie, denn ihr Blick suchte Adherbal und fand Ketos Unterstützung: weitere Schlangen, zahllose kleine, die einen Krieger mit nacktem, borstigem, bösartigem Geierkopf bedeckten wie Haut. Der Schnabel des

Geiers war zu einem breiten Grinsen verzogen, ein Auge hatte er auf sie geheftet, als fordere er sie heraus, zuzusehen.

Wo war der Tuchulcha hergekommen? Und warum stand er über Adherbal, am Rande des gewaltigen Grabens, den Ketos gerissen hatte? Tamenzut schrie und schlitterte mit leeren Händen das Trümmerfeld herab. Ein Balken unter ihr glitt davon und ließ sie stürzen, und als sie, halb auf zwei Beinen, halb auf allen vieren, wieder auf der Straße landete, war es zu spät.

Er war waffenlos, doch die Schlangen, die ihn umgaben wie Kleidung, hatten die Hälse gereckt, die Mäuler geöffnet, die Zähne in Adherbal entleert, und dessen Speer war zwischen ihnen hindurchgegangen und steckte nun quer im Geierkrieger, als bestünde der aus nichts als wimmelnden Leibern.

Adherbal lag am Boden, und das Gift begann ihn zu schütteln. Sie schrie seinen Namen, würde nun ebenfalls in das Ende laufen, das diese Schlangen bereiteten. Doch wie abwesend wandte sich der Geierkopf von ihr ab, all seine Schlangen rasselten und raschelten, die Schuppen knisterten aneinander.

Sie schleuderte einen Befehl zur Marserschlange, die bei der Nachhut verwahrt wurde, obwohl sie wusste, dass Adherbal sie nicht noch einmal bezahlen konnte – und auch dort spürte sie das Rascheln, das Zittern, den Ekel, die Furcht, die auch die Schlangen des Geierkriegers erfasst hatten. Der Geierkrieger stieß einen grellen Raubvogelruf aus, und dann stürzte er davon. Im Hang des Aventins erschauerte Ketos, sträubte sich vor Widerwillen.

Adherbal gab ein Geräusch von sich, als sie endlich an seiner Seite war. Sie hatte es für einen Laut des Sterbens gehalten – doch es war ein Lachen. »Der Basilisk ist frei. Alle Schlangen fürchten ihn«, stieß er hervor. »Aber auf welcher Seite kämpft er? Die Römer ... hatten ihn in ihren Kerkern, wagten sich aber kaum je an ihn heran.«

»Du wirst jetzt nicht sterben! Das bisschen Schlangengift!« Sie nahm ihn in die Arme. Sein Hals war von Schlangenbissen übersät, ebenso seine Hände. Sogar sein Kiefer, seine Wangenknochen. »Du hast noch nicht ausgelernt!«

»Wir sterben alle, ohne dass wir ausgelernt haben, Meisterin.«

»Aber du musst mich noch überflügeln. Damit ich als Ausnahme vergessen werde und du im Sinn bleibst! So ist der Lauf der Welt, und du kannst das jetzt nicht verhindern!«

»Es ist alles, wie es sein soll. Ich bin dein Schüler, und du bist die beste Bestienjägerin aller Zeiten.«

»Ich wollte mit dir lernen, wie man sie befreit«, flüsterte sie. »Ich hatte gehofft, eines Tages – heute vielleicht schon oder morgen ... könnten wir sie befreien. Sie von unserem Krieg befreien. Uns von diesem Krieg befreien. Fortgehen. Du und ich. Vielleicht auch Hannibal.« Sie weinte nicht, obwohl es solch rührseliges Gefasel war.

»Deine letzte Lektion verstehe ich zwar nicht, Meisterin. Aber ich mache dir ein Abschiedsgeschenk: Ich lasse meine Bestien frei.«

Sie schluckte, schloss die Augen und ließ die Welt draußen. Presste ihre Stirn an seine. »Zeig mir, wie es geht«, flüsterte sie.

Und er zeigte es ihr. Das Gift ließ sein Herz erst unregelmäßig schlagen, seine Lunge nach Atem ringen, dann ruhte sein Herz und kurz darauf auch alles andere. Als sie die Augen öffnete, war sein Blick stumpf wie Kiesel.

Und seine Bestien waren frei.

Die Harpyie, der Eber, der gallische Hahn, die Unterwelthunde, die iberischen Pferde, der Mantikor, all die kleinen Biester im Heer.

Sie wiegte ihn, während all diese Kreaturen taten, was immer sie wollten. Freies, Bösartiges, Wildes, Tiefes, Rachsüchtiges, Zerstörerisches und Monströses. Sie waren frei. Das hier war nicht länger ihr Krieg. Und als sei sie hier, um das zu bestätigen, senkte sich ein geflügelter Schatten auf die beiden Menschen – den toten und den lebendigen.

Tamenzut sah auf in ein gelassenes, sandfarbenes, kluges Frauengesicht. Auf den Rücken falteten sich eine goldene und eine bleiche Schwinge.

Tamenzut sah ihr in die Augen und wusste es. Sie wusste, dass die Bestie nicht frei war, es nie gewesen war. Immer noch waren sie aneinander gebunden.

Wenn dies wahrhaftig kein Krieg der Monstren war, dann mussten auch Tamenzuts Monstren frei werden. Und es gab nur einen Weg dafür. Sie atmete durch und trat ihn an.

XVI.

Eine Schneise der Verwüstung zog sich vom Circus über den Palatin. Zwei Bestien, rollend, stampfend, schnappend, kratzend, stoßend, beißend, wälzten in ihrem Weg alles nieder. Herrenhäuser, Geschäfte, Tempel, Versammlungshallen, Denkmäler, nichts war vor ihnen sicher. Rom war ihre Arena, ausgeleuchtet von den Bränden, die sich vom Forum ungehindert durch die Holzgebäude fraßen, immer hungriger, je mehr sie verzehrten.

Wölfin und Elefant, zwei entfesselte Naturkatastrophen, Fell und Haut blutüberströmt. Die Wölfin hatte ein Auge verloren und humpelte, ein Stoßzahn des Dickhäuters war abgebrochen. Ein verzweifelter Schwung mit dem verbliebenen schleuderte die Wölfin durch die Mauer des Marstempels, dem Zentrum von Roms Bestienmacht. Als gäbe ihr das Kraft, rappelte sie sich wieder auf, näherte sich dem Feind mit gefletschten Zähnen. Der Elefant war kraftlos, der letzte Stoß schien seine Reserven aufgezehrt zu haben. Seine Vorderbeine knickten ein, er kippte zur Seite und erschütterte alle sieben Hügel mit seinem Aufprall. Ein Mann mit goldener

Maske – Hannibal! – stürzte vom Rücken des Elefanten, blieb genauso verkrümmt und geschlagen liegen.

Die römische Wölfin folgte ihrem eigenen langen, triumphierenden Schatten, all ihren Verletzungen zum Trotz bereit zum finalen Kehlenbiss.

»Scipio!«, zerriss eine Stimme dieses letzte Aufeinanderprallen. »Ich verfluche dich und deine Ahnen! Scipio!«

Immer wieder schrie sie seinen Namen wie einen Zauberfluch. Irgendeine Macht, sei es Lar, Ahnengeist oder Gottheit, würde sie schließlich erhören.

Publius Cornelius Scipio der Jüngere wandte sich zur Witwe seines Onkels um. Einen kurzen Moment lang war sie wichtiger als das punische Biest, der listige Feldherr, der Triumph über beide.

Fulvia stieg aus den Trümmern des Marstempels. So eine zierliche Frau, mädchenhaft, mit einer kerkerschmutzigen Verletzlichkeit. Ein winziger Umweg, ein einziger Schritt kolossaler Pranken, und die Bestie würde Fulvias Leib zwischen diesen riesigen Zähnen zermalmen, sie mit Klauen zerschmettern, bevor dieselben Zähne, dieselben Klauen Karthago den Garaus machten. Scipio schnalzte mit der Zunge, und die Wölfin sprang auf Fulvia zu. Mit Augen wie Stein sah diese dem Tod entgegen.

Mitten im gestreckten Satz gefror die geschmeidige Bewegung der großen römischen Bestie. Von der Schnauze über den Leib bis zum Schwanz kräuselte sich ihr Fell, eine letzte Bewegung, dann ergraute es: Haut, Knochen, Fleisch, alles verwandelte sich. Und mit der Wölfin Scipio.

Er hatte erwartet, für seinen Sieg gegen Karthago in Gold in Rom verewigt zu werden. Doch so edel war sein Standbild nicht: Sandstein, die Augen darin zwei eingeschlossene Kiesel.

Der Basilisk hatte sich hinter Fulvias schmaler Gestalt aus den Trümmern geschlängelt, sich aufgerichtet und wiegte nun zufrieden das Schlangenhaupt über Fulvias Kopf. Der

König der Schlangen ließ den Leib auf den Boden sinken, ohne Fulvia weiter zu beachten. Ihre Vereinbarung war erfüllt. Er verschwand zwischen den Ruinen, um in Augenschein zu nehmen, welche Schlangen Rom noch zu bieten hatte.

Fulvia blieb stehen, wie sie dem Tod ins Auge geblickt hatte – auch sie schien wie versteinert. Sie sah kaum, wie Caras den verwundeten Feldherrn mit der goldenen Maske in Sicherheit brachte. Sah kaum, wie die Gallier Feuer an die Domūs des Palatin legten. Wie der Abend hereinbrach und die Sonne über dem Horizont schmolz wie ihr Geliebter im Sand.

Vor ihr Scipio, auf der Wölfin reitend. Sie hatte ihn getötet, diesen perfekten Sohn, diesen Inbegriff Roms. Sie hatte die Wölfin getötet, sie hatte Rom getötet.

Sie hatte es für ihre Kinder getan und für den Minotaurus. Sie hatte es für alle getan, die Unrecht erfahren hatten in dieser Stadt. Und vor allem hatte sie es für sich getan.

Dieser Gedanke endlich schüttelte sie, packte sie mit heiseren Schluchzern, ließ ihre Knie nachgeben und sie unter dem Gewicht von Reue und Triumph, Freude und Hass zusammensinken.

Irgendwann kehrte Caras zu ihr zurück, griff sie am Arm, als sich die Sterne über der Stadt mit den Funken aus der Stadt mischten, zog sie auf die Füße, drückte sie an sich, als sie zitterte und keine Tränen mehr hatte.

»Wie bei allen Quellen hast du das gemacht?«, flüsterte er, und sie konnte es nicht sagen. Wie sollte sie Caras begreiflich machen, dass das Ungeheure in ihr verstanden hatte, was das Ungeheure der Bestie begehrte? Dass sie dasselbe begehrt hatten. Dass sie einander angesehen hatten, und der eine Geist war der Spiegel des anderen gewesen – Mensch und Monstrum.

»Ich bringe dich hier raus, bevor du mir doch noch umgebracht wirst. Aulus, Cornelia und Sextus werden froh sein, dich wiederzuhaben.«

XVII.

Sie kamen beinahe gleichzeitig bei der alabasternen Riesin an. Mit einer dankbaren Berührung des Nackenfells stieg Tamenzut vom Rücken der Sphinx. Hannibal kam von irgendwoher, woher sollte sie das wissen bei all dem Chaos?

Die Elefantin lag geschlagen da, die grauweiße Haut blutüberströmt, von unzähligen Wunden wie gerastert. Ihr Brustkorb hob und senkte sich mühsam, sie schnaubte wie eine alte Frau, die am Sterbebett die lächerlichen Abkömmlinge erkennt, die ihr den letzten Respekt zollen.

Hannibal, selbst blutbesudelt und verletzt, das Gesicht aschen, sackte vor dem einen Auge der uralten Gigantin auf die Knie und umarmte den mit Goldplatten verzierten Rüssel, den abgebrochenen Stoßzahn. Noch in der zärtlichen Geste begann sie, die schmückenden Ketten zu lösen und die Bestie von all dem menschlichen Zierrat zu befreien. Niemanden kümmerte das steinerne Bildnis der römischen Wölfin mit einem Feldherrn auf dem Rücken, das in der Nähe wartete wie ein Versprechen. Sie wussten, was es bedeutete.

Tamenzut berührte die Flanke des kauernden alabasternen Biests, spürte die zarte Haut, den lebendigen Atem darunter.

»Befrei sie.« Hannibal steckten die Wörter im Hals, es war ein Würgen, ein Schluchzen.

Tamenzut sah die Sphinx an, und die weisen Augen im sandfarbenen Gesicht erzählten, was sie bereits wusste: Diese Wesen würden nur frei von ihrer Macht sein, wenn sie starb.

Sie nickte, und dann tat sie es, warf die Barriere zwischen ihrem Geist und dem der Sphinx aus dem Weg und dachte es mit aller Macht:

Töte mich.

Die Sphinx fletschte die spitzen Zähne, ihre Muskeln spannten sich, und sie tat einen geschmeidigen Satz auf tödlichen Pranken auf Tamenzut zu. Und als sie bei ihr ankam, öffnete sie den Mund und sprach mit einer tiefen, bronzenen Stimme: »Was geschehen ist, ist geschehen.«

Tamenzut brach in Tränen aus, die ihr die Sicht nahmen, auf die Riesin, auf Hannibal, auf die verheerte Stadt. Die Mähne der Sphinx unter den Händen war die ganze Welt. Um Adherbal hatte sie nicht geweint, doch jetzt, als es ihr eigener Tod war, das diese Ungeheuer befreien würde – jetzt weinte sie?

»Was geschehen ist, ist geschehen«, wiederholte die Sphinx ihr Urteil. »Es kann nicht mit etwas so Schlichtem ungeschehen gemacht werden wie einem Gedanken. Einer Entschuldigung. Einem menschlichen Tod.«

»Aber wie sonst? Was kann ich denn sonst tun, damit es besser wird, damit besser wird, was ich getan hab, damit alles anders wird?« Sie schluchzte. »Außer Sterben? Außer mich und alles, was ich bin, aus der Welt nehmen?« Sie sank auf die Knie und umarmte die Sphinx, ihr warmes Fell, drückte das Gesicht in die monstrenduftende Mähne.

»Töte mich«, flüsterte sie oder dachte es nur.

»Macht aufzubrechen ist, als würde man etwas, das wüst gefallen ist, wieder zu einem Garten pflegen«, sagte die Sphinx sanft. »Kannst du das für uns tun?«

Tamenzut kannte die Wüste und wusste, dass es nicht unmöglich war. Dass es nur alles fordern würde, was sie geben konnte. »Ich würde nichts lieber tun«, brachte sie hervor. »Wie ... wie kann ich anfangen?«

»Ihr beide. Ihr beide werdet anfangen«, sagte die Sphinx. »Ihr werdet etwas wahrhaft Monströses für uns tun. Mit uns.«

Tamenzut löste sich von der Sphinx, ihr eigener Atem war laut in ihren Ohren. Sie rieb sich durchs Gesicht und sah Hannibal an, die die letzten herabhängenden Schilde vom Rücken der Elefantin löste. Ein achter Hügel in Rom, ein graues, uraltes Heiligtum, unantastbar, wie es sein sollte. Das

Blut begann zu versiegen. Die Elefantin ruhte nun wie schlafend, auf ihren untergezogenen Beinen.

Monster waren zäh. Sie würde heilen.

Hannibal sah die Sphinx an, nicht misstrauisch, doch aufmerksam, wie die große Gefahr, die sie war. »Was verlangst du von uns?«

Die Sphinx sprach, und es war ein schrecklicher, grässlicher, großer Wunsch. Die beiden Menschen stimmten zu.

XVIII.

Sosylos bezeugte, wie Rom zerstört wurde.

Den ganzen folgenden Tag über zogen schwarze Rauchschwaden, grelle Feuerzungen und eine wandernde Glut von Süd nach Nord. Und über die Asche flog die Sphinx, wieder und wieder, und von ihrem Rücken streute eine Frau mit einer goldenen Maske Salz in die Trümmer, auf dass dort nie wieder etwas wachsen sollte.

Eine ganze Lieferung aus den Salinen hatte am Flusshafen gewartet, wie ein Wink des Schicksals. Natürlich war es nur eine Geste. Kein Feuer, kein Salz konnte einen Ort wie diesen für immer von Menschen befreien.

Aber *für immer* lag nicht in der Macht von Menschen. Nur das Ungeheuerliche kennt die Ewigkeit. Rom war nicht mehr, und was immer hier einst entstehen würde – weder Qart-Hadašt noch Rom würde darüber herrschen.

Das Feuer wütete wild und gefräßig, doch die Stadt war leer. Von Scipios und Adherbals Tod freigelassen, hatten sich die ganze ungeheuerliche Nacht hindurch Bestien durch Rom gewälzt. Beide Seiten flohen aus ihren Scharmützeln. Alle Häuser wurden verlassen. Die *Arx* und die Tempel des Kapitols waren geschleift.

In der Morgendämmerung hatten die Bestien der Zerstörung alles Menschengemachtem zufrieden den Rücken gekehrt.

Das karthagische Heer hatte auf dem Marsfeld im Norden Zuflucht gesucht. Die Marserschlange hatte dem, der die Goldmaske getragen, der gegen die Wölfin angetreten war, das Leben zurückgegeben und suchte immer noch nach Verwundeten, deren Münzen sie kosten konnte.

Und nach Osten strömten Römer und Römerinnen, Freie und Sklaven, Plebejerinnen und Patrizier, Fremde und Einheimische, Menschen mit heller und dunkler Haut, hellem und dunklem Haar, Alte wie Junge, Kinder wie Erwachsene; sie alle strömten von Rom fort, mit nichts als dem, was sie bei sich trugen. Bei einigen war es mehr – sie hatten Wagen gerettet, ließen sich von Untergebenen beschützen, steuerten warme, trockene Landgüter an. Bei den meisten war es weniger – Familien, oft ohne Vater, oft ohne ältere Brüder, ohne erwachsene Söhne, mit ein paar Münzen, der Kleidung am Leib, irgendwelchen Zufälligkeiten in Bündeln und Tränen auf den Gesichtern. Sie gingen fort, und wer konnte sagen, was aus ihnen wurde?

In den leeren Häusern hatten die Karthager, die Numider, die Libyer, die Iberer, die Balearen, die Gallier an sich gerissen, was sie konnten, bevor die Feuer den Rest beanspruchten und sich dabei die längste Zeit nahmen. Das Salz fand nur noch Asche.

Sieben Hügel und so viel Geschichte, so viel Geschichte! So viele Menschenleben, die sich in diesen Ort eingeschrieben hatten wie Nachrichten in die Wände.

Sosylos war das Herz schwer. Er konnte nicht einmal sagen, ob er die Tat verstand oder nicht. Aber er fühlte, dass er an einem Endpunkt stand, dass er nicht länger Zeuge sein würde.

Und als Geschichtsschreiber liebte er dieses Gefühl.

Nach dem Krieg

I.

So viele Schritte waren sie gegangen, so viel Blut hatten sie vergossen, so viele Umwege hatten sie genommen, und was war nun übrig?

Ein paar Tage später waren alle Entschlüsse gefällt, und noch ein paar Tage später kamen die ersten karthagischen Schiffe aus Sikelia in Ostia an, wurden den Tiber hinaufgerudert oder -getreidelt. Das Marsfeld außerhalb der Stadtmauer war nun ein karthagisches Heerlager, seine Tempel umgewidmet, seine Gebäude geplündert und zu Wohnungen umgewandelt, bis in den großen Festplatz hinein zogen sich die Reihen der Zelte. In den Basilicae waren die Reichtümer angehäuft, die man Rom entrungen hatte, bevor es brannte. Doch es war ein vorübergehendes Dorf – niemand wollte, niemand würde hier herrschen. Wozu sieben Aschehügel besetzen?

Schon begannen die Offiziere, von ihrer Zukunft in der karthagischen Politik zu schwärmen. Die ersten iberischen und gallischen Verbände brachen nach Hause auf, wie Avarro zu Kindern, die sie nicht kannten, zu Familien, denen sie fremd geworden waren.

Asche waberte um Tamenzuts Füße, als sie Adherbals Grab besuchte. Eine ziemlich gewaltige Feuerbestattung hatte er bekommen, und sie konnte nur anhand des Verlaufs von Mauer und Aventin nachvollziehen, wo er den Preis der Münze nicht mehr hatte zahlen können. Sie blieb stehen, wo sie vielleicht mit ihm in den Armen gekniet hatte. Mit der Fußspitze zog sie ein heiliges Zeichen in die Asche und den

Staub – Leben und Tod, beides eins. Dann sprach sie, aber sie sprach ins Nichts.

»Schüler, kleiner Bruder, Geliebter, mein Sohn. Du kannst mich nicht hören, denn alles, was wir sind, bist du nicht mehr.« Hohl flüsterten die verkohlten Gebäudereste ihre Worte zurück. »Warum will ich trotzdem mit dir sprechen, auch wenn ich weiß, dass du nicht da bist, um zuzuhören?« Sie zögerte, kam sich lächerlich vor in ihrem Bedürfnis. In ihrem Wunsch, dass noch etwas von ihm hier wartete, das Ohren hatte. »Alle gehen heim. Die Karthager in das eine oder andere Qart-Hadašt. In Iberien wird noch gekämpft, dort sind römische Legionen, die langsam wissen müssten, dass sie keine Heimat mehr haben, und – wer weiß – sich eine neue schaffen wollen. Es heißt, es ist der Vater oder der Onkel von dem, der auf der Wölfin versteinert ist. Aber das schert mich nicht.« Sie setzte sich einfach auf die Steinstufe eines Gebäudes, das für immer fort war. Wie Adherbal. Sie vergrub das Gesicht in Händen, an denen Asche klebte, wie an allem in den letzten Wochen, egal, wie viel man sich wusch.

»Ich wünschte, wir könnten gemeinsam losziehen und diese letzte Lektion lernen, mein Schüler. Wie man Bestien befreit. Wie man Herrschaft besiegt, auch die eigene, gerade die eigene! Wie man zurückgibt, was man nie besessen hat. Die Sphinx wird es mich lehren, und ich werde eine geduldige Schülerin sein zur Abwechslung. Eine demütige, hoffe ich. Du warst das immer, hattest mehr Erfahrung darin als ich. Ich bräuchte dich jetzt, Adherbal.« Sie schniefte, es roch immer noch nach Feuer. Sie ließ den Blick schweifen. »Ich muss wohl mit dem auskommen, was von dir in mir ist. Denn du bist nicht mehr da. Hier ist nichts, ich rede mit mir selbst.« Sie lachte leise, die Sohle ihrer Sandale verwischte das Symbol. Es gab keine Götter, keine Göttinnen, kein Leben nach dem Tod, keine kalte Wüste. Es gab nur Monster, Menschen – und das Leben, nur dieses eine, um sich an Gerechtigkeit zu versuchen. O ja, und wie froh sie war, dass es ihr noch blieb! Dass sie sich daran versuchen konnte!

Sie machte sich auf den Rückweg, zog zwischen Aventin und Palatin hindurch über den Circus Maximus, ließ das Kapitol zur Rechten, nahm eines der Tore am Tiber, auf dem die karthagischen Segel rot, blau, weiß leuchteten wie Perlen auf einer Schnur.

Ketos war fort, den Tiber hinab ins Meer. Vielleicht würde Amani ihr großes Biest wiederfinden – oder umgekehrt.

Der Abzug hatte bereits begonnen. Die Heilige Schar und die numidischen und libyschen Söldner würden nach Qart-Hadašt aufbrechen, mit den Schiffen, mit der Flut. Sie brachten ihre eigene Bezahlung mit, Gold und Gepränge, wertvolle Tuche, Töpferwaren, Waffen, Metallbarren, Silber und Bronze, Münzen, so viele Münzen wurden verladen, dass die Schiffe tiefer in den Fluss sanken. Doch niemand war versklavt worden, und die wenigen, die es doch waren, hatte Hannibal wieder freigelassen.

Tamenzut kam am Hafen an, als die Wölfin verladen wurde. Wie auf einem Schlitten, mit runden Balken, die vorn untergelegt wurden, wurde sie vorsichtig über eine Planke an Bord des stolzesten phönizischen Frachtschiffs befördert. Es konnte den Tiber gerade so beschiffen. Kurz stockte das Gewese der Seeleute, und Tamenzut nutzte die Gelegenheit, um an die Wölfin heranzutreten und eine Hand auf den kalten grauen Stein zu legen, der einst lebendiges Fell gewesen war wie das der Sphinx.

Sie sah auf, ehrfurchtsvoll ob des großen Biests der Stadt, spöttisch ob des verewigten Sterblichen auf ihrem Rücken. »Kehre zurück«, flüsterte sie der Wölfin zu. »Wie es keinem Menschen vergönnt ist, aber dir, großes Biest. Mögest du frei sein in deinem nächsten Leben, mögest du diesmal vielleicht zwei Töchter großziehen, und mögen meine Nachfahren dich ehren, wo meine Ahnen dich unterwarfen.«

»Geh aus dem Weg, Frau«, schallte eine gut gelaunte Stimme. Ihre Hand zuckte zum Penis. »Tamenzut«, korrigierte er sich und nannte zum ersten Mal ihren Namen. Maharbal ging mit den großen, sicheren Schritten eines Mannes, auf den noch Größeres wartete, hinter der Wölfin her.

»Störe ich hier einen Moment des Triumphs, Reiterfürst?«, fragte sie.

Er winkte grinsend ab. »Den werde ich haben, wenn ich in Qart-Hadašt ankomme. Ein Numider, der gegen dieses Biest antrat und siegte.«

»Wo ist dein Basilisk, der dies vermochte?«, stichelte sie, und er ließ den Blick von ihr abprallen in die Ferne, wo er so allerlei behaupten würde.

Tamenzut kehrte ihm den Rücken. Menschliche Angelegenheiten – was scherte sie der Triumph, der ihn in Qart-Hadašt erwartete? Der Hannibal dort erwartete? Tamenzut hatte Monströses zu erledigen, für den Rest ihres Lebens, und ja, sie konnte es nicht erwarten!

Nur noch eines – nur noch eines hatte sie noch zu tun. Sie musste nicht lange suchen, denn die alabasterne Riesin war immer noch die höchste Landmarke des karthagischen Heers. Hannibal und ihr Schreiber saßen im Schatten der Riesin – ein Auge, ein Zahn –, als wäre es nur ein weiterer Tag auf diesem Feldzug, dessen Ende die Stratega fürchtete.

Tamenzut klopfte sich Asche aus der Kleidung und von der unter den stumpfen Schichten braun glänzenden Haut.

»Ist es nicht an der Zeit? Oder meinst du, das Schiff geht unter, wenn noch eine Bestie an Bord ist?«

Sosylos nickte zu Tamenzuts Worten. »Wir sollten an Bord gehen, Hannibal.«

Hannibal machte einen Laut, Tamenzut konnte ihn nicht einordnen. »Es gibt auch einen langen Weg«, sagte sie endlich, als die beiden anderen ratlos schwiegen. »Einen langen Weg außen herum. Richtig?«

»Wohin? Bist du nicht genug gelaufen?« Tamenzut tauschte einen Blick mit Sosylos.

»Ehrlich gesagt bin ich die meiste Zeit geritten und könnte es vertragen, mir die Füße zu vertreten.«

»Sie will nicht.« Sosylos seufzte. »Vielleicht hört sie auf dich.«

»Auf mich? Ich habe noch nie zu ihrem Heer gehört.«

»Vielleicht gerade deshalb. Sag ihr, dass sie Maharbal nicht das Feld überlassen kann! Dass sie nicht zulassen kann, dass er das Ergebnis dieses Kriegs für sich beansprucht! Sag ihr, dass sie nicht wieder Himilke sein kann. Sie muss mit der Elefantin nach Qart-Hadašt zurückkehren! Sie muss dort Hannibal sein, Hannibal Barkas!«

Tamenzut sah Hannibal an, bemerkte das Funkeln in den grauen Augen. Diese Frau hatte so viel mehr versuchen, wagen, tun müssen als jeder andere – sollte sie jetzt mutlos werden, wenn es galt, dem Rat von Qart-Hadašt entgegenzutreten als Gleiche, als Edle, als Hannibal Barkas?

Das Funkeln in ihren Augen war eine Herausforderung. Sie hatten einst die gleichen Gedanken gedacht, die Schlange hatte vermischt, woran sie sich erinnerten – wer sie waren. Hatte gezeigt, was sie teilten, und so lachte Tamenzut das Lachen, das stumm in Hannibals Augen lag.

»Himilke gibt es nicht mehr, aber Hannibal ist nicht Hannibal Barkas. Sie wird nicht nach Hause gehen, weil es nicht ihr Zuhause ist. Ihr Zuhause ist belagert, verbrannt, mit Gewalt genommen worden. Wie diese Stadt. Sie ist eine Tochter der Nicht-Orte. Männer wie Maharbal gibt es viele in Qart-Hadašt, und sie formen die Welt. Aber wir ...« Tamenzut kniete sich vor Hannibal hin und nahm ihre Hände. »Wir haben nicht Teil daran.«

Hannibal nickte, Sosylos sah es fassungslos.

»Schülerin, kleine Schwester, Geliebte, meine Tochter«, flüsterte Tamenzut, und wieder nickte Hannibal. »Es gibt einen langen Weg. Hinaus aus Italia, durch Makedonia, durch das Seleukidenreich, an den Ufern der Ptolemaier entlang.«

»Sie will heim.« Hannibal deutete mit dem Kinn auf die Bestie hinter sich. »Aber sie hat es nicht eilig.«

»Aber es darf nicht sein, dass Maharbal als Triumphator heimkehrt!«, protestierte der Grieche. »Dass Qarthalo, dass Mago ... dass sie einstreichen, was dir zusteht!«

Hannibal ließ Tamenzuts Hände los und wandte sich Sosylos zu, der mit fast hervorquellenden Augen unter den buschigen weißen Augenbrauen flehte: »Begleite das Heer nach Hause, wenn du möchtest. Nimm alles mit, was du über mich geschrieben hast. Das reicht doch, oder? Damit nimmst du Hannibal mit. Übergib es, mach es ewig, damit Sonderlinge wie du es einst lesen und darüber denken, was sie wollen.«

»Ist das dein Wunsch, Hannibal?« Er flüsterte – erstickt, entsetzt.

»Nein«, sagte sie und nahm nun seine Hände. »Sosylos, hast du es noch nicht gemerkt?« Er schüttelte ratlos den Kopf, berührt von der Geste, von seinen eigenen knotigen sonnengebräunten Schreiberhänden in ihren langgliedrigen Fingern. »Du bist frei. Geh nach Qart-Hadašt, wenn es *dein* Wunsch ist.«

Tamenzut und Hannibal warteten darauf, dass der alte Mann die Sprache fand. Er bedankte sich nicht – wofür auch? Ihm zu gewähren, was niemals hätte genommen werden sollen, bedurfte keines Danks. *Es kann nicht mit etwas so Schlichtem ungeschehen gemacht werden wie einem Gedanken. Einer Entschuldigung. Einem menschlichen Tod,* hörte Tamenzut die Sphinx, von der sie wusste, dass sie in der Nähe war. Dass sie wartete, wie immer, in den Hügeln, auf den Aufbruch.

»Es ist mein Wunsch, ja.« Sosylos' Stimme war heiser. »Denk nicht, ich verstehe dich nicht, Hannibal.« Er blinzelte gegen Tränen an. »Aber lass mich heimgehen. Für dich.«

»Und für dich.«

»Von mir aus.« Er lächelte bescheiden.

Sie gingen leise, in der folgenden Nacht. Sosylos war der Einzige, der sie sah, er schon an Bord des Schiffs, mit der goldenen Totenmaske in der Hand, während sie zu Fuß gingen, zwei Menschen, zwei Bestien. Den langen Weg.

Tamenzut atmete die Asche von Rom ein. Und ließ sie hinter sich.

II.

»Salve! Lebt eine Fulvia hier? Ich habe eine Botschaft«, fragte eine Stimme in akzentbehaftetem Latein.

»Fulvia lebt hier. Und du bist ...?«

»Hanno. Ebriete schickt mich.«

»Lass ihn rein, Gaia, ich erwarte einen Boten von Ebriete«, rief Fulvia zum Eingang des Landhauses. Sie ließ die Arbeiten an dem großen Webrahmen ruhen und stand auf.

»Cornelia, nimmst du Sextus mit zu Aulus, ja? Er ist draußen.«

»Bei den Pferden?«, fragte die Kleine aufgeregt.

»Ist er nicht immer bei den Pferden?« Fulvia schenkte ihrer Tochter ein Lächeln. Cornelia nahm ihren kleinen Bruder an der Hand und tapste mit ihm davon.

Fulvia hatte eine Vereinbarung mit Aulus getroffen: Sie sorgte weiter für die drei, ermöglichte ihnen ein gutes Leben, dafür unterstützte er sie, hütete seine Geschwister, wenn Fulvia ihrem Hauptgeschäft nachging. Es funktionierte gut. Er hatte viele Ambitionen hinter sich gelassen, die römische Heranwachsende umgetrieben hatten, als ihre Stadt noch stand. Seine Zeit verbrachte er am liebsten mit den Pferden. Nur

Aulus und Fulvia wussten, dass eine der Stuten aus dem Bestienverlies stammte.

Sie waren bei einer wohlhabenden Bauernfamilie im nördlichen Etruria untergekommen. Wein und Oliven wuchsen üppig in den Hügeln, Roms Ruinen und die vielen gegenwärtigen Unruhen waren weit genug entfernt, der nächste Hafen jedoch in Reichweite. Dem äußeren Schein nach hatten sich Gaius und Fortunita der mittellosen, geflüchteten Mutter mitsamt ihrer Kindern angenommen. Tatsächlich erhielt die Familie gute Asse dafür, bei allem wegzusehen, was Fulvia tat.

Im Atrium wartete ein Mann auf sie, der Kleidung nach Phönizier, dem sie die Strapazen einer langen Reise ansah: am Straßenstaub auf Sandalen und Tunika und in der erschöpften Miene. Hausherrin Fortunita goss ihm gewässerten Wein aus einem Krug ein.

»Salve, Hanno. Du hast eine Nachricht für mich?«

Er neigte kurz und respektvoll das Haupt, wie ein Soldat einen Offizier grüßt, und übergab ihr mehrere Pergamentstreifen. Sie entschuldigte sich kurz, kehrte zum Webstuhl zurück und nahm die Skytale, den Entschlüsselungsstab, der harmlos in einem Korb voller Spindeln lag. Sie entrollte das erste Schriftstück, faltete den Pergamentstreifen um den Stab, bis die unsinnigen Reihenfolgen der untereinander angeordneten Buchstaben Sinn ergaben.

Der erste Streifen verriet ihr, dass es sich um Neuigkeiten von großer Wichtigkeit handelte. Seit Monaten war bekannt, dass die punische Flotte nie in Karthago angekommen war. Alle Schiffe waren verschwunden – gesunken, jedoch ohne Sturm –, kein einziges hatte sein Ziel erreicht. Die Wölfin, die als Siegessymbol nach Karthago hätte geschafft werden sollen, war entweder geraubt oder stand am Grund des Meers.

Karthago vermutete proromische Kräfte in Sicilia hinter der Katastrophe, doch Fulvia hatte Ebriete gebeten, erfahrene

Späher auf Spurensuche zu schicken. Und was sie hier in den bebenden Fingern hielt und Streifen um Streifen, um den Stab gelegt, entzifferte, war tatsächlich der ersehnte Bericht von aufgespürten Schiffbrüchigen!

Die wenigen Überlebenden, an der libyschen Küste an Land gespült, berichteten, der Leviathan selbst habe die punische Flotte verschlungen. Welche ironieliebende Göttin ihn dazu angestiftet hatte, konnte Fulvia sich nicht einmal ausmalen.

Ohne diese Flotte war Karthago geschwächt – selbst Verbündete wie die Makedonen rasselten schon mit den Schwertern. Ihre Kunden würden diese Information zu schätzen wissen. O ja, Hohepriesterinnen und Könige waren auf die Dienste des Spionagenetzes angewiesen, das Fulvia mit Ebriete und Caras geknüpft hatte.

Sie kehrte zu Hanno zurück. »Ruh dich hier noch zwei Tage lang aus, leg die Füße hoch. Fortunita und Gaius werden sich um dich kümmern, danach aber muss ich dich bitten, zurückzukehren. Nimm Kontakt zu diesem ...« Sie hatte sich den Namen des so eloquenten Schiffbrüchigen gemerkt, von dem der Bericht stammte. »... Sosylos auf und bring ihn her. Ich muss mehr darüber wissen, wo der Leviathan sein Unwesen treibt.«

In der kühlen Frühlingsdämmerung verließ sie das Haus und schlang sich ein selbst gewebtes Wolltuch um den Leib.

Sie stieg hinter der Villa in die Hügel, wo neu gepflanzte Obstbäume sich unter die ältesten Olivenbäume mischten. Hinter dem Hain stieg sie die Stufen im Berghang hinauf zu einer windschiefen Hütte, nicht mehr als ein Unterstand für Hirten, doch keine Herde graste hier in den Kräutern, die nach dem Winter zu blühen begannen. Kurz blieb sie auf der Schwelle stehen, wandte sich um und sog die alltägliche Schönheit der flammenden Wolken im Westen in sich auf.

Sie rückte ihre Armreife zurecht, den goldenen und den mittlerweile ebenso geliebten aus Eisen – eine der Kerkerschellen, die Caras ihr zu Schmuck umgearbeitet hatte.

Anders als der Bewohner der Hütte konnte Fulvia aufrecht durch die Tür treten. Das Innere war einfach eingerichtet, weder Speise noch Trank befanden sich auf dem Tisch – nur ein Wachstäfelchen.

Im letzten Tageslicht konnte sie darauf die griechischen Worte entziffern: ICH BIN IM GARTEN.

Sie lächelte und folgte ihm.

Nachwort

»Mag man es Gewalt nennen, diese Gewalt ist den Mädchen willkommen«, schrieb der römische Dichter Ovid zum Thema Vergewaltigung. Ovids Geisteshaltung begegnet uns heute immer noch, wenn Frauen von sexualisierter Gewalt berichten – vielleicht ist uns die römische und griechische Antike also wirklich »das nächste Fremde«, wie es der Philologe Uvo Hölscher gesagt hat, und wir haben uns mehr davon bewahrt, als uns bewusst ist. Selbst wenn es um Vergewaltigung als Kriegswaffe geht, kursieren relativierende Aussagen wie »Das ist doch Teil des Kriegs [...]. Kriege sind immer mit Kriegsverbrechen verbunden«, wie 2023 von Sahra Wagenknecht. Und tatsächlich waren Kriege immer schon mit dieser Art Kriegsverbrechen verbunden, das ist wahr. Krieg als männlicher Bewährungsraum, der nicht nur auf den Schlachtfeldern, sondern auch auf den Körpern von Frauen, Zivilist*innen und Besiegten stattfindet, hat sich immer sexualisierter Gewalt bedient – eine schreckliche, monströse Tatsache, die nicht besser wird durch das Argument, dass es immer schon so war.

Wir haben uns für diesen Roman mit den Hintergründen dieser Kriegswaffe beschäftigt – letztlich handelt es sich auch bei Vergewaltigung um eine Kommunikation von Mann zu Mann: »IHR könnt EURE Frauen nicht vor UNS beschützen.«

Wir haben uns gefragt, wie eine Frau an der Spitze eines Heers innerhalb der Zwänge von Macht und Männlichkeit agieren könnte.

Die Ereignisse nach der erfolgreichen Belagerung von Sagunt haben selbst antike Quellen als besonders grausam bezeichnet – sie sind der Ausgangspunkt von Himilkes Verwandlung in Hannibal. Natürlich hätte unsere Geschichte ohne diese Erfahrung auch anders laufen können: Auch Frauen und queere Menschen können Täter*innen und Kompliz*innen sein. Aber unsere Hannibal bedient sich schon der einen Sorte Monster – die andere, menschliche Art sollte ihr nicht zum Verbündeten werden.

Wie bei unserem letzten Roman *Schildmaid – Das Lied der Skaldin* haben wir auch diesmal versucht, möglichst historisch akkurat zu bleiben, sieht man von den mythischen Elementen des Romans ab. Besonders hilfreich war das Buch *Schwarze Tage – Roms Kriege gegen Karthago* von Michael Sommer, das nicht nur viele historische Details bietet, sondern auch Augen öffnende Einblicke in die Verzahnung von Krieg und männlicher Macht.

Ein ganzer Erzählstrang dieses Romans basiert jedoch auf ganz andere Weise auf historischen Tatsachen: Fulvia wurde inspiriert von Christians Stief-Oma. Nach dem Tod seiner ersten Frau gab Christians Großvater seine Kinder ins Waisenhaus, um sich eine neue Frau zu suchen. Wenige Monate nachdem er neu geheiratet und die Kinder wieder in den Haushalt geholt hatte, starb er an einer Blutvergiftung nach einer Zahnbehandlung. Christians Stief-Oma war zwar keine siebzehn, dafür waren es fünf Kinder statt drei, die sie großzog und um deren Erbe sie streiten musste. Soweit wir wissen, wurde sie keine Spionin – aber sie hätte unser vollstes Verständnis, falls sie doch eine war. Von uns aus gesehen ist das gerade einmal zwei Generationen her. Die Rechte und die Selbstbestimmung, die Frauen und queere Menschen in Deutschland heute haben, sind jung, zerbrechlich und ganz und gar nicht vollumfänglich.

Weltweit führen uns Kriege und Kriegsverbrechen, wie aktuell in der Ukraine, die Entmenschlichung von Frauen und queeren Menschen in Iran und Afghanistan, die Gesetze gegen geschlechtliche und reproduktive Selbstbestimmung in den USA und viele andere Anlässe ständig vor Augen, dass es immer noch *a men's world* ist, in der wir leben. Wir müssen entschlossener dafür kämpfen, dass Frauen und queere Menschen nicht als Menschen zweiter Klasse behandelt werden, über die verfügt wird und die fremdbestimmt, wie Eigentum behandelt und deren Körper entweder als störend oder als Uterus auf zwei Beinen angesehen werden.

Krieg, Gewalt und Männlichkeit bilden eine uralte Macht, die immer noch ihren Schatten auf uns wirft. Das aufzubrechen, ist, als würde man etwas, das wüst gefallen ist, wieder zu einem Garten pflegen, und jede*r Einzelne von uns wird nötig sein, damit das gelingt.

Vielen Dank fürs Lesen

Eure Vögte

Dank

Wir danken Kathrin und dem Team vom Piper-Verlag dafür, dass sie sich für ein »feminist Hannibal retelling« begeistern konnten.

Danke an Lena, Oscar, Frank, James und Heike, die in allen Schreib- und Lebenslagen immer nur eine Chatnachricht entfernt sind.

Danke an Jenny-Mai Nuyen, das Gespräch zu Macht und Männlichkeit während der Picknicklesung war zwar zeitlich kurz, hat aber lange nachgehallt.

Danke an Jenny Dolfen, die uns auf der FeenCon unsere Hannibal analog zu ihrem *Darkness over Cannae*-Hannibal gezeichnet hat.

Vielen Dank an Andrea und Heike fürs Lesen und an Hannah für die Gespräche über proscipionische Geschichtsklitterung! Danke an Dr. Michael Kleu fürs Lesen, die historische Beratung, die sehr witzigen Kommentare und die Begeisterung für die Leviathanjagd von Philipp V. und den Archimedes-Mecha.

Vielen Dank an alle, die uns auf Patreon und im Vriends-Slack unterstützen, an Max und an die Kolleg*innen, die unsere Begeisterung für allerlei Monströses teilen!

Tausend Dank wie immer an die beste Hanka, auf deren Lektorat wir uns jedes Mal freuen.

Und danke an dich, fürs Lesen – ohne dich wäre es nur Druckerschwärze auf Papier.

Verzeichnis

Gottheiten und mythische/historische Figuren

Aeneas trojanischer Prinz, der einer Sage nach Rom gründete
Aiolos griechischer Gott der Winde
Alexander der Große makedonischer König und Feldherr
Aphroditos männliche Form der Liebesgöttin Aphrodite
Apollo vielbegabter Gott des Lichts, der Dicht- und Heilkunst
Ares griechischer Gott des Krieges
Atalante griechische Sagenfigur; jungfräuliche Jägerin, die sich weigerte zu heiraten, bis sie jemand im Laufen besiegte. Ihr Verehrer warf ihr die Äpfel der Aphrodite vor die Füße, die sie gezwungen war, aufzuheben, weshalb er das Rennen gewann und sie heiratete.
Athene griechische Göttin der Weisheit und Strategie
Baal Hammon Hauptgott Karthagos, der Herr der Räucheraltäre
Bona Dea römische Göttin der Frauen
Castor und Pollux Dioskuren genannte mythische Zwillinge
El u. a. phönizischer Göttervater
Ešmun phönizischer Heilgott
Fides römische göttliche Personifizierung der Treue
Hera griechische Göttermutter
Herakles/Hercules griechischer Held und Halbgott
Ianus römischer Gott von Anfang und Ende
Iuno (Moneta) römische Göttermutter, die »Mahnende«
Iupiter römischer Göttervater
Iustitia römische Göttin der ausgleichenden Gerechtigkeit
Laren Schutzgeister der Familie

Mars römischer Gott des Krieges

Medusa, Perseus, Pegasos Die schlangengekrönte Gorgone Medusa wurde von Perseus getötet, ihrem durchtrennten Hals entsprang das geflügelte Pferd Pegasos, ihr Sohn.

Melqart phönizischer Gott von Schifffahrt und Expansion

Mens römische göttliche Personifizierung des Verstands

Minotaurus im Labyrinth des kretischen Königs eingesperrte Mythengestalt

Plejaden/Siebengottheit Sternbild zur Bestimmung landwirtschaftlicher Jahreszeiten und sieben Nymphen der griechischen Mythologie

Pudicitia römische Göttin der Schamhaftigkeit

Pythia Titel der weissagenden Priesterin in Delphi

Rešef-von-den-Böcken u. a. phönizischer Gott (mutmaßlich des Krieges)

Sisyphos mythischer König, der in der Unterwelt einen Felsbrocken auf einen Hügel schaffen muss, der stets herunterrollt

Somnus Gott des Schlafes

Spes römische göttliche Personifizierung der Hoffnung

Tanit Schutzgöttin Karthagos

Telesilla Dichterin im 5. Jh.v. u. Z., die Argos mit Frauen, Männern im nicht waffenfähigen Alter und Sklav*innen verteidigte, nachdem die im Heer dienenden Männer gegen die Spartaner gefallen waren

Teuta illyrische Königin, die nach dem Tod ihres Mannes ein Königreich und eine Piratenflotte kommandierte

Venus Erycina römische Göttin der Liebe in ihrer Rolle als Mutter des römischen Stammvaters Aeneas

Venus Cloacina Schutzgöttin der römischen Abwasserleitung Cloaca Maxima

Vesta römische Göttin von Herdfeuer und Keuschheit

Dramatis Personae

Adherbal Tamenzuts Schüler, Bestienjäger des karthagischen Heers

Ahinoam Tamenzuts erste Schülerin, versteinert

Amani Tamenzuts ehemalige Geliebte, Priesterin der Ketos
Archimedes Mathematiker, Physiker und Ingenieur aus Syrakus
Aulus Fulvias halbwüchsiger Stiefsohn
Avarro Gallierfürst der Allobroger
Barmokar militärischer Berater aus Karthago
Caras iberischer Schmied in Rom
Cornelia Fulvias kleine Stieftochter, das mittlere Kind
Decimus Aulus' Freund
Dido Seherin im Heiligtum Gades
Ebriete Hausherrin eines römischen Lupanars (Bordells)
Emešmun Tamenzuts Lehrmeisterin
Gaius Flaminius römischer Konsul 223 und 217 v. u. Z.
Fortunita und Gaius Ehepaar, bei dem Fulvia Zuflucht findet
Fulvia Numerius' Witwe
Gabrannos gallischer Anführer einer Reitereinheit im karthagischen Heer
Gaia Sklavin in Numerius' Haushalt
Gisgo Infanteriekommandant im karthagischen Heer
Gnaeus Servilius Geminus Konsul 217 v. u. Z.
Hamilkar Barkas Oberbefehlshaber des karthagischen Heers im 1. Punischen Krieg und Vater von Hannibal, Hasdrubal und Mago sowie Schwiegervater seines Nachfolgers Hasdrubal des Schönen
Hannibal Barkas Oberbefehlshaber/in des karthagischen Heers
Hanno Hannibals Neffe (Sohn von Hasdrubal dem Schönen)
Hasdrubal der Hässliche Kommandant der Pioniere im karthagischen Heer
Hasdrubal der Schöne Hannibals Vorgänger als Oberbefehlshaber, sein Schwager
Hasdrubal Barkas Hannibals mittlerer Bruder, Befehlshaber der Truppen in Iberien
Hieron II. greiser König von Syrakus auf Sicilia/Sikelia
Himilke Hannibals Frau
Iulia Quintus Fabius Maximus' Frau
Ledia Hannibals Cousine in Sagunt
Lucius Aemilius Paullus römischer Konsul im 3. Kriegsjahr

Lucius Porcius Fulvias Anwalt

Mago militärischer Berater aus Karthago

Mago Barkas Hannibals jüngster Bruder

Maharbal Kommandant der numidischen Kavallerie

Marcus Primas Mann, Klient der Scipiones

Massinissa Maharbals Stellvertreter

Myrkon Qarthalos Stellvertreter in der Heiligen Schar

Numerius Cornelius Scipio Bruder von Publius dem Älteren, verstorbener Ehemann von Fulvia

Onophrios Kommandant eines Bestienjagdschiffs

Paulla Sklavin von Fulvias Nachbarin

Philipp V. König von Makedonia

Prima Fulvias Jugendfreundin

Publius Cornelius Scipio der Ältere Konsul 218 v. u. Z., Vater von Publius dem Jüngeren, Bruder von Gnaeus und Numerius

Publius Cornelius Scipio der Jüngere patrizischer Staatsmann in Ausbildung

Qarthalo Kommandant der Heiligen Schar im karthagischen Heer

Quintus Fabius Maximus Verrucosus »der Warzige« genannter patrizischer Staatsmann, Konsul 233 und 228 v. u. Z.

Secunda Caras' Stellvertreterin

Sedaca iberischer Bestientreiber im karthagischen Heer

Sema Dichterin aus Kusch

Sextus Fulvias jüngstes Stiefkind

Shemen Tamenzuts Mitschüler in der Ausbildung

Sosylos Chronist im karthagischen Heer

Tamenzut numidische Bestienjägerin

Tiberius Sempronius Longus Konsul 218 v. u. Z., zusammen mit Publius dem Älteren

Titus Mitreisender von Tamenzut nach Rom